基于空间、人口、产业的中国都市圈多维度特征研究

华夏幸福重点课题研究成果集

顾　强　刘学敏 ◎ 主编
李　强　蒋　凯 ◎ 副主编

中国经济出版社
CHINA ECONOMIC PUBLISHING HOUSE
北京

图书在版编目（CIP）数据

基于空间、人口、产业的中国都市圈多维度特征研究：华夏幸福重点课题研究成果集／顾强，刘学敏主编．—北京：中国经济出版社，2020.11（2023.9重印）

ISBN 978-7-5136-6398-4

Ⅰ.①基… Ⅱ.①顾… ②刘… Ⅲ.①城市群 - 发展 - 中国 - 文集 Ⅳ.①F299.21-53

中国版本图书馆CIP数据核字（2020）第234834号

责任编辑　王　建
责任印制　巢新强
封面设计　久品轩

出版发行　中国经济出版社
印　刷　者　北京建宏印刷有限公司
经　销　者　各地新华书店
开　　　本　787mm×1092mm　1/16
印　　　张　20.5
字　　　数　369千字
版　　　次　2020年11月第1版
印　　　次　2023年9月第2次
定　　　价　98.00元

广告经营许可证　京西工商广字第8179号

中国经济出版社 网址 www.economyph.com　社址 北京市东城区安定门外大街58号 邮编 100011
本版图书如存在印装质量问题，请与本社销售中心联系调换（联系电话：010-57512564）

版权所有　盗版必究（举报电话：010-57512600）
国家版权局反盗版举报中心（举报电话：12390）　　服务热线：010-57512564

编委会

主　任：顾　强　刘学敏

副主任：李　强　蒋　凯

编委会成员（按姓氏音序排列）：

陈红艳　陈雪琴　戴特奇　窦睿音

高建寰　黄大全　金建君　李政寰

梁进社　刘梦圆　聂　伟　孙　乐

王玉海　肖海燕　张　华　张文新

序言一　城市空间格局重塑与都市圈的兴起

历史巨轮滚滚向前，人类对城市的追求从未停息，城市发展也从未止步。

"在人类创造物中，城市是最持久和最卓越的"[①]，城市已经成为全世界的共同选择，发达国家城市化水平多在 80% 以上。中国改革开放 40 多年来，从乡村到城市，进行着人类历史上最大规模的人口迁徙，而这样的流动还远远没有结束。

在我国新型城镇化步入关键历史阶段的今天，对城市空间演化方向的探讨已迫在眉睫：人口不断涌入，城市在国土空间上会如何演化？空间分布的形态是否有迹可循？是以中小城市均衡分散为主，还是大城市不断扩张及至发展成都市圈和城市群，或者几者兼容？城市是一个"有机生命体"，是人与空间的有机融合，研究城市空间演化趋势，首先需要回答以下 3 个问题。

第一，城市，承载着什么？

聚集是城市的突出特征。人才、资本、技术、信息和数据等生产要素在城市的高度集中，形成规模经济，推动产业、基础设施、公共服务等的快速发展，为人们提供了多样性的生产生活，保证了人们生活的高质量。多元人才集聚的背后是社会资源多元的交互和更多观点的碰撞，从而又不断强化城市作为创新引擎的地位。城市是诞生奇迹之所，是人类最伟大的发明与"最美好的希望"。[②]

第二，城市，边界在哪里？

城市的边界有两类：行政管辖的区划界线和实际的经济边界。一座城市严格意义上的物理边界到底在哪儿？没有精准的答案，或者说再精准的答案也没有太多实质意义。能级小的城市，实际发展边界要小于行政边界划分；而更具活力的城市，则都带着天生的冲动，时刻想着冲破行政边界"得陇望蜀"，实现"跨城发展"。

[①] 斯皮罗·科斯托夫.城市的形成：历史进程中的城市模式和城市意义[M].北京：中国建筑工业出版社，2005：25.

[②] 爱德华·格莱泽.城市的胜利[M].上海：上海社会科学院出版社，2012：8.

现实中的城市边界是不断变化的，那么是否存在最佳的发展边界？从城市经济学的角度看，城市的规模大小和边界均由效用水平决定，是"集聚带来的规模经济"和"扩张带来的规模不经济"共同作用的结果。我国城市发展的实际情况表明，具备比较优势的中心城市的集聚和扩散效应正在逐步增强，正日渐成长为中国的创新尖峰、产业高地和经济支柱，城市的发展边界开始突破行政边界。

第三，城市，将往何处走？

人口城镇化的内在动力和迁移路线是驱动城市发展的核心动力，结合区域承载能力、人口流动方向和产业发展基础，预计未来中国将形成"都市连绵区—都市圈—区域性中心城市和其他城市化地区"所构成的多层级、广域化城镇空间形态。

其中，发育较为成熟的优势地区，如长三角核心区，已由两个或两个以上的都市圈相互联结交融，在城市化空间上形成难以分割的都市连绵区形态。截至2019年，长三角都市连绵区共计1.16亿人口，GDP达到2.35万亿美元，相较而言，美国的波士华都市连绵区共计4983万人口，GDP为3.50万亿美元。以整个长江经济带作为广阔经济腹地的长三角都市连绵区，未来必将逐步发展成为比肩波士华大都市区的全球超级经济圈。

对于绝大部分中心城市，目前仍然处于开始跨越边界、对外辐射，成长为都市圈的阶段。资源仍然向中心城市集聚，并由中心城市向周边的小城市扩散，逐渐形成都市圈，这将是我国未来10年部分中心城市的主要演化方向。

都市圈通过构建"中心城市—副中心—节点城市—微中心"的主体框架，构建有序连接的城镇网络和高效衔接的广阔都市空间，形成优势区域内要素合理流动和高效集聚的经济空间新格局，在增强中心城市创新发展动能、推动形成以服务经济为主的经济业态的同时，通过产业体系和组织的空间重构带动周边中小城市协同发展，最终形成以都市圈为经济空间载体的高质量发展"动力系统"。

区域性中心城市及其他中小城市，虽然整体人口呈现外流态势，但区域内农村人口众多、经济腹地广阔，仍然存在较大规模的本地人口城镇化需求，是我国城市空间演进的重要组成部分。

长期以来，对于我国城镇化空间的主体形态具体应该呈现何种模式，一直存在着争论。对于中国城镇化发展空间的认识也是一个"摸着石头过河"的过程。从"控制大城市规模，合理发展中等城市，积极发展小城镇"，"逐步形成大中小城市和城镇规模适度，布局和结构合理的城镇体系"，到"要以大城市为依托，以中小城市为重点，逐步形成辐射作用大的城市群"，再到"增强中心城市和城市群等经济发展优势区域的经济和人口承载能力"。空间治理理念转变的背后是我国对城镇化空间发展规律认识的转变，即从薄弱环节转向优势区域，从全面均衡转向相对集中。核心推动力正是我国的经济基础、发展阶段和增长动能已经发生了根本性变化。

未来，中心城市作为优势发展区域的地位将得到进一步强化，以中心城市为核心的都市圈将成为支撑中国经济新动能换挡、产业高质量发展和企业全球化竞争的重要平台。都市圈将是我国未来10年内，区域经济发展新格局的典型特征。

城市向都市圈的演进不只是城市物理规模的扩张，更是区域发展、辐射和协同能力的提升。都市圈的发展，需要抢占的不只是物理空间的制高点，更是未来全国乃至世界经济和科技的制高点。未来，随着都市圈的逐步发展壮大和成熟，带来的将是中国经济在全球竞争力的不断提高。

"春江浩荡暂徘徊，又踏层峰望眼开。"

站在中国新型城镇化的历史进程中，作为都市圈战略的践行者和区域产业新城的打造者，华夏幸福长期致力于都市圈发展的研究，构建了"经济与产业""城市与空间""政策与治理"三位一体的都市圈"ECP"研究体系。本书是华夏幸福研究院和北师大都市圈研究中心在都市圈"ECP"领域携手合作共同研究的成果。未来，我们将继续基于华夏幸福建设都市圈的实践成果，不断完善研究体系，以服务我国都市圈的发展和建设。

顾 强

2020年3月24日

序言二 都市圈孕育着城市发展的未来

城市化是现代社会的重要标志之一。随着社会生产力的发展、科学技术的进步，以及产业结构由以农业产业为主向以非农产业（第二产业、第三产业）为主的调整升级，人口逐渐向城市地区聚居，社会结构也会发生深刻变化。

人口聚居的过程就是城市化的过程。在城市化过程中，依托于人口地理空间的分布，客观上会形成具有一定时空地域结构的大中小城市及广泛分布的城镇网络，这便是城市体系。历史地考察，在城市体系中一些城市会不断成长为大城市，而另一些当时的大城市则会出现衰落甚至消失，还有一些城市则停留在原来的发展阶段，即发展处于停滞状态，这当然是经济发展和自然因素共同影响的结果。

事实上，一些曾经繁荣的城市被淹没在历史的尘埃中，如位于新疆若羌县罗布泊西的楼兰古城、位于陕西靖边县毛乌素沙漠腹地的统万城[1]、位于河北临漳县的邺城[2]、位于内蒙古和林格尔县的盛乐[3]等城市就永远地消失了，留下来的只是残垣断壁；还有一些城市如临淄[4]等，衰落以后就再也没有重现曾经的辉煌。

经济重心的转移（尤其受自然环境因素的影响），导致了某些中心城市的消失和衰落。历史上各个强大帝国灭亡的根本原因是生存环境的恶化，城市的衰落也是一样。"把流沙赶下海岸的山羊和斧头，远比征服者的马匹和标枪更具有毁灭性"。[5] 特别是近代以来，随着科学技术的不断进步及工商业的快速发展，国际经济与贸易发展逐渐从陆地走向了海洋，资源便向有港口的地方集中，以方便海运及文化交流，这就使原来沿海的小城镇、小渔村都有机会发展成为大都市，以前的内陆城市则因失去发展机会

---

[1] 统万城，东晋时南匈奴赫连勃勃建立的大夏国都城，后被沙漠吞噬，现留下残垣断壁。

[2] 邺城，位于河北省邯郸市临漳县，历史上曾为曹魏、后赵、冉魏、前燕、东魏、北齐的都城。在中国历史上，作为北方政治、经济、军事、文化中心达4个世纪之久。

[3] 盛乐，位于内蒙古自治区呼和浩特市和林格尔县，历史上曾为北魏拓跋鲜卑代政权时期的北都。

[4] 临淄，位于山东省淄博市，历史上曾为周代齐国国都。

[5] 威廉·福格特.生存之路[M].北京：商务印书馆，1981：107.

而陷于停滞,有些甚至走向衰落。这是城市发展的历史演进规律。

在城市化过程中,大城市的成长也有规律可循。人口聚居导致了城市的扩张,这又会导致生产、生活成本的提升,因而城市会继续向外扩展。有一些城市发展到一定程度如达到中等规模后就达到了扩张的极限,而另一些城市却因其超强的活力进一步扩张。于是,大都市就产生了。当然,这个发展过程除了受城市扩张的内在动力,即那只"看不见的手"——市场力量的影响外,还受着另外一只"看得见的手",即政府力量的影响。譬如,如果政府奉行的管制哲学是"控制大城市人口、积极发展中小城市和小城镇、区域均衡发展",那么政府便会找出各种借口以限制大城市的扩张,进而在土地资源再开发利用时就会限制农业用地向建设用地的转化;又如,大城市的成长还依赖于"大政府"的存在,如目前各省的省会城市都成长为大城市或特大城市,而一些原来的省会城市如张家口[①]、承德[②]等因其所属省的撤并而丧失了发展的机会。

大城市、特大城市的超强吸引力,导致人口的进一步聚集并导致城市的继续扩张,这就使城市沿着交通线向外圈层扩展,把周边的区域也纳入城市的体系中,于是形成了都市圈。从理论上说,都市圈是经济圈,它把中心城市与周边区域紧密地连接起来,形成一个相互依存的经济体;都市圈也是交通圈,它有连接中心城市与外圈层各节点城市及各功能组团之间通勤的发展轴线,这也就基本厘定了区内人口的生产、生活半径;都市圈还是文化圈,它往往受地缘相近、人文同源、历史文化积淀等方面的影响,使核心城市与周边区域之间存在着广泛的文化认同。

当然,在都市圈内中心城市与周边圈层区域之间各要素的流动,必然要遵循经济规律。譬如,基于从中心城市到周边区域生活成本具有衰减倾向的事实,当人们感觉北京生活成本高到无法忍受时,便可以迁往周边河北省的某个地方。但是,当生活变得不便或者成本变化超过预期时,就会远离这个都市圈而迁入别处。当然,劳动力的流动受着稳固的社会关系的影响,它不像资本那样容易流动。

都市圈的形成还在于,城市向外扩张也是一个功能疏解的过程。随着人口的聚居和各种功能的持续集中,中心城市便会因为环境约束、地价飙升、工资上涨等问题出现拥挤效应,使居民生产、生活成本上升,城市自身的竞争力也会下降,这就必然导致一部分产业和居民向郊区和邻近低成本的节点城市迁移。这是市场规律作用的结果,它不以人的意志为转移,"就像房屋倒在人的头上时重力定律强制为自己开辟道路

---

① 张家口市原为察哈尔省省会。察哈尔省,建省于1912年,1952年撤销。
② 承德市原为热河省省会。热河省,建省于1928年,1955年撤销。

一样"①。但是，政府的作用也不可小觑。譬如，政府可以根据城市的发展规划交通线，这就会影响都市圈的空间结构和发展走向。又如，近年来北京重新定位首都功能，将"非首都功能"向外疏解，并修改了原来的发展规划，同时将北京的产业定位为可以参与国际竞争的高端产业，并引导原来的"低端产业"离开首都。

在现代城市的成长过程中，之所以要突出都市圈，就是因为它与一般的城市发展不同。都市圈内的中心城市往往具有依托于高等院校和科研机构丰富的科技资源、智力资源和人才资源，有对周边区域超强的辐射和带动能力，在城市扩张中形成了创新高地，其外围地区则延伸着与其高度相关的制造业等产业形态，从而在都市圈内形成中心城市与城市外圈层之间功能互补、产业协同的发展格局，形成具有分工协作关系的产业体系。在现代国民经济体系中，都市圈既是城市化的高地，也是国家的创新高地，它把城市化促进经济社会发展的巨大能量释放出来，极大地提升了区域和国家的竞争力。可以说，都市圈推动了经济强劲增长，它孕育着城市发展的未来。

值得注意的是，都市圈不是城市群，二者不可混为一谈。城市群是区域内城市的集群，它可以有（当然也可以没有）一个或者若干个大城市或特大城市。城市群是经济发展中的客观存在。都市圈则有其科学的内涵，它绝不是城市群换了一个"马甲"。须知，都市圈是发展起来的，不是规划出来的。尽管政府可以有所作为，但这毕竟是一个"自然历史过程"②。

还有，都市圈是城市发展的未来，但不能企望它可以解决城市发展的所有问题。比如，企图通过都市圈的发展以解决"大城市病"，缓解交通拥堵、房价高企等问题，可能也是一种奢望。

2019年2月19日，国家发展和改革委员会出台了《国家发展改革委关于培育发展现代化都市圈的指导意见》，这是我国第一份以"都市圈"为主题的文件。嗣后，掀起了一个研究都市圈的热潮，甚至有研究称2019年为"都市圈元年"。基于此，北京师范大学地理科学学部与华夏幸福研究院联合，针对研究生设置了一些课题，在双方导师的指导下，产生了一批研究成果。本书辑集的就是这些研究成果。

刘学敏

2020年3月15日

---

① 马克思.资本论：第1卷[M].北京：人民出版社，1975：92.
② 马克思.资本论：第1卷[M].北京：人民出版社，1975：12.

目 录

借鉴国际经验，加快推进我国都市圈协同发展 / 华夏幸福研究院 ……………… 1

我国 30 个主要都市圈内部城镇识别及规模等级结构分析
　　/ 昝骁毓　蒋凯　李政寰　李强　张文新 ……………………………… 7

促进人口有序流动，提升都市圈一体化发展水平 / 华夏幸福研究院 ………… 43

典型都市圈分圈层人口变动趋势对比研究 / 刘哲达　张华　陈红艳 ………… 50

北京都市圈分圈层流入人口特征分析 / 张思梦　梁晨　张华　陈红艳 ……… 83

北京都市圈实有人口规模估算 / 黎玲玲　张华　陈红艳 ……………………… 108

顺应梯度化分布规律，促进都市圈产业协同发展 / 华夏幸福研究院 ………… 133

北京都市圈产业的空间分异性研究
　　——以食品产业为例 / 张鹏飞　王玉海　颜辰亦 ……………………… 139

弥合公共服务落差，促进都市圈高质量发展 / 华夏幸福研究院 ……………… 159

跨行政区职住分离对公共服务空间非均等化的作用研究
　　——以北京市基础教育为例 / 耿江南　梁进社 ………………………… 165

行政边界对都市圈公共服务可达性的影响 / 卢文清　戴特奇　蒲劲秋 ……… 185

长三角城市群住宅价格空间分布的溢出效应研究
　　/ 朱世豪　黄大全　孔繁灏　李政寰 …………………………………… 209

重点都市圈轨道交通站点周边区域 POI 分布研究 / 张超　戴特奇　蒲劲秋 … 219

北京都市圈协同雾霾治理机制创新研究
　　——基于国内外案例分析的启示 / 林路遥　聂伟　陈桂生 …………… 253

都市圈核心城市规模等级与主题公园分布规律研究
　　/ 汪欣欣　王玉海　刘梦圆　高建寰 …………………………………… 275

后记 ……………………………………………………………………………… 311

借鉴国际经验,加快推进我国都市圈协同发展

华夏幸福研究院*

摘　要　作为城镇化进程中的后来者、追赶者,我国都市圈发展尚处于起步阶段,对都市圈地域空间的演化特征和治理逻辑仍缺乏科学研究和系统论证。本书通过系统梳理国外典型都市圈(纽约、伦敦、东京和巴黎)的发展历程,总结其在城市建设、产业发展、生态管控、区域治理等方面的发展经验和共性特征,以期为准确把握我国都市圈发展趋势,指导我国城镇化建设提供有益借鉴。研究发现,都市圈空间范围通常以1万~2万km^2为有效辐射范围;轨道交通建设是构建都市圈综合交通体系的重要方面;区域产业分工协作是解决"大城市病",获得都市圈整体竞争优势的重要途径;打破行政分割,实现区域生态协同,是实现都市圈可持续发展的重要保障;建立可操作的跨区域协商机制是落实都市圈发展重大事项的关键。

关键词　国际都市圈　产业分工　生态协同　区域治理

未来,国家间的竞争就是都市圈间的竞争!《国家发展改革委关于培育发展现代化都市圈的指导意见》(以下简称《意见》)的发布,标志着中国新型城镇化已进入现代化都市圈建设时代,我国城市发展已经以都市圈为单元登上国际竞争的舞台。

"强辐射"加"场效应",都市圈在世界经济发展中发挥着重要枢纽作用。纽约、伦敦、东京和巴黎四大都市圈,以其雄厚的经济实力、强大的科技创新能力、人才的高度集聚和无与伦比的全球影响力,成为世界经济发展的重要"引擎"。借鉴这些成熟都市圈的发展经验,总结其中的共性规律,对我国由城市经济转向都市圈经济意义重大。

---

* 本报告由都市圈研究中心与城市空间团队共同完成。

1 通勤决定都市圈腹地

"1小时通勤圈"是都市圈的核心腹地范围。研究发现，人们可忍受的最长通勤时间为45分钟到1小时。这意味着该时间范围内所能够到达的最大距离，往往就决定了一个都市圈由中心到边缘的最大半径。实际来看，伦敦都市圈内绝大多数新城都分布在50km圈层之内；巴黎都市圈内的城镇也主要位于50km圈层以内；东京都市圈半径从1960年的40km发展到1995年的80km，2015年拓展至100km，但其DID（城市人口密集区）地区仍稳定在50km范围。由此看来，都市圈的核心腹地范围稳定在1小时通勤范围内。

1万~2万km²是都市圈的有效辐射范围。参照四大都市圈空间发展的经验值可知，空间连绵、联系紧密的成熟都市圈伸展半径稳定在50~80km，面积为1万~2万km²，平均人口密度>1000人/km²。都市圈的有效辐射范围最远不超过2小时通勤圈，空间面积一般也不超过2万km²（见表1）。

表1 2010年四大国际都市圈相关指标汇总

都市圈范围	面积（万km²）	人口（万人）	人口密度（人/km²）
伦敦（大伦敦地区）	1.54	1548	1004
纽约（纽约大都市区）	1.73	1890	1091
东京（一都三县）	1.36	3562	2627
巴黎（巴黎大区）	1.20	1179	981

资料来源：各城市官网，华夏幸福研究院。

《意见》中对于都市圈的定义，即"都市圈是城市群内部以超大特大城市或辐射带动功能强的大城市为中心，以1小时通勤圈为基本范围的城镇化空间形态"，符合国际都市圈发展的规律，具有较强的应用价值和现实指导意义。

2 轨道交通支撑都市圈融合

轨道交通支撑都市圈高强度的出行需求。伴随东京都市圈人口的持续增长和职住分离现象的不断增加，产生大量的通勤出行需求。轨道交通以其全天候、运量大、速度快、占地少、节能环保等优点，成为东京都市圈交通基础设施中的优先选项，支撑其高强度的内部通勤流。目前,东京都市圈的轨道交通出行比重已经高达58%,远高于其他都市圈,成为名副其实的"轨道上的都市圈"。

轨道交通促进都市圈人口产业合理有序分布。伴随人口产业不断向中心集聚,东京都市圈内部也出现用地紧张、人口拥挤、环境污染等问题。为了引导产业向外围转移,日本政府着力打造以轨道交通网和快速道路系统为骨架的交通体系,便捷的交通体系不仅保障了大都市的运转效率,也使远距离城市间的联系更加紧密,在更大范围实现产业空间布局的优化,促使东京都市圈工业的空间分布沿交通干线向外生长。与此同时,轨道交通也加速了东京都市圈新城的形成与发展,引导人口不断向外围疏解。

《意见》指出"以增强都市圈基础设施连接性贯通性为重点,以推动一体化规划建设管护为抓手,织密网络、优化方式、畅通机制,加快构建都市圈公路和轨道交通网",充分肯定了轨道交通对于都市圈空间结构发展的重要性,阐明了建设"轨道上的都市圈"的必要性。

3　分工提升都市圈优势

依托卫星城疏解核心城市压力。伦敦都市圈新城建设走在世界前列,自1944年大伦敦规划提出在伦敦周围地区建设8个卫星城以后,到1974年,英国先后建立了32个新城。第一代新城主要是指1946—1955年建设的新城,共有14个,其中8个位于大伦敦地区,此时的新城定位实质是"睡城",核心目的是疏散伦敦核心区的人口。第二代新城的开发建设数量并不多,但定位逐渐趋于半独立职住结合的新城,开始注重功能的自我平衡。第三代新城一般指从1967年开始建立的新城,共确立了10个新城,其中弥尔顿凯恩斯、彼得伯勒和北安普顿均位于大伦敦地区。此时的新城建设已充分认识到了产业导入的重要性,继续强调经济对人口的承载作用,通过新城自身创造就业岗位实现职住平衡。具体内容见图1。

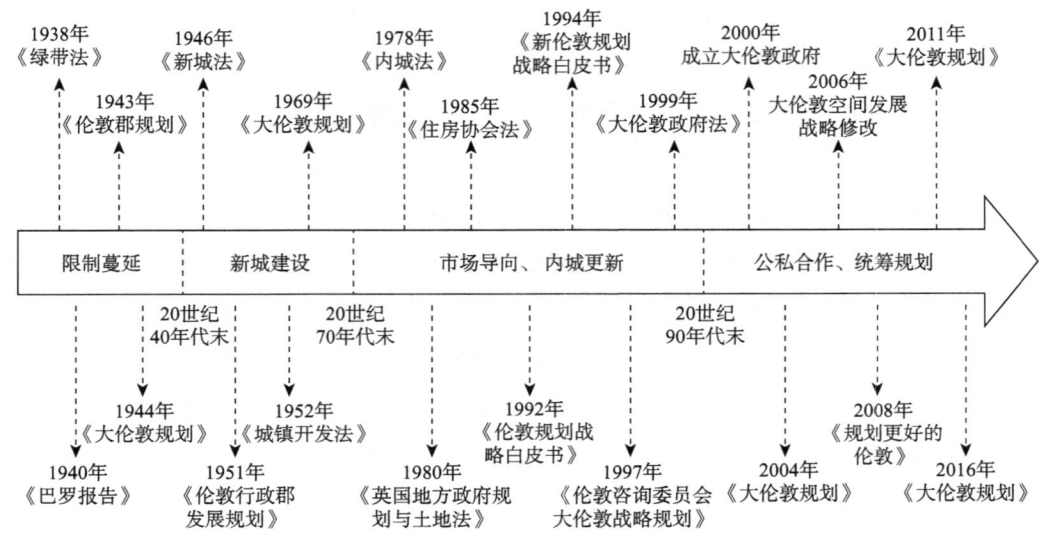

图 1 伦敦都市圈发展规划梳理

资料来源：根据公开网络资料整理，华夏幸福研究院。

近年来，伦敦分区政策广受关注，即在区域规划的基础上，对不同的区域采取不同的发展定位。其中，内伦敦以办公、休闲业为主，中部以金融和商业服务业为主，外部以制造业为主。此外，还通过"增长廊道"规划实现区域均衡，重点突出从泰晤士河口朝向欧洲大陆的发展廊道，以及向北往剑桥方向的发展廊道，并强调剑桥等区域的高科技产业发展定位。

卫星城的规划建设及区域发展的差异化定位，不仅降低了由"大城市病"带来的城市衰落的可能性，而且围绕核心城市呈现出集群式城市密集区，实现了区域竞争力的整体增强。《意见》指出："以推动都市圈内各城市间专业化分工协作为导向，推动中心城市产业高端化发展，夯实中小城市制造业基础，促进城市功能互补、产业错位布局和特色化发展。"这有利于将核心城市所具有的多种职能分散到周边大中小不同规模的城市，形成功能分工合理、城市体系健全、城市间有机协作的都市圈。

4 生态保障都市圈可持续

生态一体化规划建设十分必要。绿带理念在国际都市圈发展过程中发挥了重要作用，不但推动了区域空间结构的优化，同时也增强了区域自然生态功能。英国的绿带建设已成为世界典范，特别是伦敦的绿带模式，被世界许多国家城市效仿。在伦敦绿带空间建设过程中，大伦敦整体规划的出台和城乡规划法的颁布是保障绿带有效建设的关键，此后各地政府在其发展规划中均被要求编制绿带规划内容。此外，绿带政策也被引入了法国的规划体系中。大巴黎政府通过建设5条绿带、发展郊区农业、整治郊区森林和绿地、实施绿色空间计划等一系列措施保护本地区自然环境资源，维护区域生态平衡，同时也为未来发展留下一定空间。

《意见》指出："以推动都市圈生态环境协同共治、源头防治为重点，强化生态网络共建和环境联防联治，在一体化发展中实现生态环境质量同步提升，共建美丽都市圈。"这也体现了重视生态环境协同的要求，强调了建设生态共同体和生态都市圈的重要性，有利于保障都市圈未来的可持续发展。

5　协同实现都市圈共赢

自上而下、由中央政府主导的跨区域协调机制是主体。伦敦各地政府依据法律法规和相关政策指引，在中央政府的调控下，通过举办地方政府峰会、建立政治领导小组等机制，加强跨区域协同事务的沟通和组织，各地政府权力清晰，职责明确。

自下而上、非正式的协调机制成为有益补充。日本是一个中央集权化特征明显的国家，在区域协作方面仍然以中央政府为主导，以地方政府为主体的区域联合组织和活动受到诸多行政法令的严格限制。尽管中央政府主导地位突出，但东京都市圈内各地方自治体之间也探索出与中央集权主导相配套的一些区域性协作机制，其中跨区域协议会最具有代表性，如"东京都市圈交通规划协议会""七都县首脑会议""首都圈港湾合作推进协议会"等，这些由地方自发组成的协议会保证了处理具体区域问题的针对性和灵活性。为了控制郊区的无序蔓延，促进城乡协调发展，纽约都市圈涌现了大量非营利性区域协调组织，如区域规划协会、纽约大都市区委员会等，这些组织的成立并未对地方政府的权力造成冲击，反而成为传统体制的重要补充，在解决跨区域问题方面发挥着重要作用。

《意见》指出："加快构建都市圈协商合作、规划协调、政策协同、社会参与等机制，凝神聚力推进都市圈建设重点任务落地。"该论述既强调了都市圈跨区域协商的重要性，同时又倡导了跨区域协调机制形式的多样性，为都市圈落实区域重大事项提供了强有力的制度支撑。

总体来看，国际都市圈的发展经验表明，都市圈的空间范围通常以1万~2万 km^{2}为有效辐射范围；都市圈可以"轨交"为主体构建一体高效的综合交通体系，强化内外交通联系,实现都市圈产业和人口的合理有序分布;通过科学定位、优势互补,进行区域产业分工协作,建立核心区功能有效疏解机制,解决"大城市病",获得整体竞争优势;打破行政分割,协同保障都市圈生态系统意义重大;建立可操作的跨区域协商机制是落实都市圈发展重大事项的保障。

参考文献

[1] 邹军,王兴海,张伟,等.日本首都圈规划构想及其启示[J].国际城市规划,2003,18(2):34-36.

[2] 谢鹏飞.伦敦新城规划建设的经验教训和对北京的启示[J].经济地理,2010,30(1):47-52.

[3] 张捷,赵民.新城规划的理论与实践:田园城市思想的世纪演绎[M].北京:中国建筑工业出版社,2005.

[4] 文萍,吕斌,赵鹏军.国外大城市绿带规划与实施效果:以伦敦、东京、首尔为例[J].国际城市规划,2015,30(S1):57-63.

[5] 张军扩.东京都市圈的发展模式、治理经验及启示[N].中国经济时报,2016-08-19(5).

我国30个主要都市圈内部城镇识别及规模等级结构分析

昝骁毓[1] 蒋 凯[2,3] 李政寰[2] 李 强[1] 张文新[1]

（1.北京师范大学地理科学学部，北京 100875；
2.华夏幸福研究院，北京 100027；3.中央财经大学
会计学院，北京 100081）

摘 要 围绕大城市或者特大城市形成的都市圈在带动区域发展中扮演着重要角色，界定都市圈范围并识别都市圈内部城镇对于研究不同区域都市圈的形成过程和基本特征具有重要意义。本书基于夜间灯光遥感数据，以中国30个主要都市圈为对象，提出利用局部等值线树算法识别都市圈内部城镇的基本思路，并在确定城镇建成区范围的基础上，结合人口数据，对内部城镇进行规模等级划分，分析都市圈内部由中心城市、节点城市、次节点城镇和微中心构成的城镇体系特征。同时，根据非中心城镇数量、城镇均衡度、城镇聚集度3个参数，对都市圈内部城镇空间结构进行分析。研究结果表明：①都市圈内部城镇识别方法能够精准刻画突破行政区划界线的实际城镇空间范围。②都市圈建成区的整体人口规模较大，多数都市圈内部核心城镇的集聚作用明显，呈单中心结构。但是，有一些都市圈内部的城镇结构不完善，存在断档现象。③综合建成区面积、规模等级和空间结构特征，30个主要都市圈可以划分为单核型、单中心Ⅰ型、单中心Ⅱ型、双中心型、组团型、网络型6种类型。

关键词 都市圈 夜间灯光遥感数据 局部等值线树算法 规模等级结构 空间结构

1 引言

2019年2月，国家发展和改革委员会发布的《国家发展改革委关于培育发展现代

化都市圈的指导意见》指出，都市圈是城市群内部以超大城市、特大城市或辐射带动功能强的大城市为中心，以1小时通勤圈为基本范围的城镇化空间形态。在我国长期以来城镇化快速发展的背景下，不同区域已有许多都市圈逐渐形成，并在带动区域发展中扮演着重要角色。

都市圈的形成突破了原有的城市行政区划，为了促进都市圈的健康发展，以及规划都市圈的公共基础设施和公共服务，有必要在界定都市圈范围的基础上，对都市圈内部的城镇建成区范围进行精准识别，并分析内部城镇的规模等级结构。其结果能够为优化都市圈范围内的城镇规模结构、完善都市圈产业分工协作体系、实现都市圈的一体化发展、提升都市圈整体竞争力奠定基础。

城镇体系是一个国家或一个地域范围内由一系列规模不等、职能各异的城镇所组成，并具有一定的时空地域结构、相互联系的城镇网络的有机整体，城镇体系研究主要是从规模结构、功能联系、空间布局3个方面展开。Jefferson（1939）和Zipf（1951）最早对城市体系的规模分布规律进行了研究，提出城市首位律和位序规模法则；Henderson（2000）后来又从相互作用、等级体系、网络、节点、界面、扩散等6个方面，研究了区域城镇体系的演化过程；还有Hino（1977）、Aiken（1984）等分析了日本和德国的城镇体系演化特征和规律。

我国有关城镇体系的研究起步较晚，最早见于梁思成1945年发表的《市镇的体系秩序》，1964年严重敏将克里斯泰勒的中心地理论应用于解决社会生产中的实际问题。随着改革开放以来我国城镇化的快速发展，有关城镇体系研究及规划建设工作日益受到关注，相关研究涉及城镇基本概念、城镇体系结构、城镇体系发展演化过程、特定城市的城镇体系案例研究等多个方面。例如，1983年于洪俊等在《城市地理概论》中引入法国学者戈特曼关于"巨大都市带"的概念。周一星等（1986，1995）讨论了城镇及城市实体地域的概念，认为行政地域与实体地域的概念混乱使城市人口的统计数据一直处于困境。李健等（2007）研究了20世纪90年代以来上海人口空间变动与城市空间结构重构等问题。王红霞（2009）研究了上海多中心化空间演变进程中的城镇体系建设，提出中心城区、通勤区和郊区的三圈层空间结构。梁辉等（2011）研究了武汉城市圈的流动人口空间体系与城镇体系的相互影响，认为人口流动加强了城市圈内部不同城镇间的联系。李植斌等（2012）认为杭州市的快速交通有助于突破单中心结构，促进多中心形成，优化城镇体系。江曼琦等（2015）从人口聚集的视角，参考了城市公共设施服务状况，提出了城市化地区的测度方法。近年来，Long（2016）、马爽（2019）等利用POI[①]等大数据，尝试重新定义城镇体系和识别城市实体地域范围。总体来说，城镇体系的研究相对成熟，但对都市圈内部节点城镇建成区的识别及规模等级结构的分析仍然十分有限。

2 研究区与资料来源

2.1 研究区

研究区涵盖我国30个主要都市圈，包括北京都市圈、上海都市圈、广州都市圈、深圳都市圈、海口都市圈、贵阳都市圈、南宁都市圈、哈尔滨都市圈、南昌都市圈、太原都市圈、石家庄都市圈、沈阳都市圈、福州都市圈、长春都市圈、济南都市圈、昆明都市圈、乌鲁木齐都市圈、长沙都市圈、合肥都市圈、青岛都市圈、天津都市圈、厦门都市圈、宁波都市圈、郑州都市圈、成都都市圈、南京都市圈、重庆都市圈、西安都市圈、杭州都市圈、武汉都市圈。都市圈范围划定的具体方法见本文3.1节"都市圈范围的划定"。

2.2 资料来源

2.2.1 夜间灯光遥感数据

"珞珈一号"是武汉大学研发的新一代夜间灯光遥感卫星，于2018年6月2日在酒泉卫星发射中心发射，具有幅宽250km的成像能力，其数据分辨率为130m×130m，理想条件下可在15天内完成全球夜间灯光影像，能够提供我国及全球的GDP指数、碳排放指数、城市住房空置率指数等专题遥感数据产品。

2.2.2 其他数据

研究中利用的其他数据还包括：高德人口分布和通勤数据集（2018，1km×1km或半径200m）、7大类POI（咖啡厅、餐饮相关场所、购物相关场所、商务住宅相关场所、学校、交通站点、公司企业）分布数据集（2018，1km×1km或半径200m）、基于GF-1幅宽16m影像的都市圈建成区提取数据集（2017），以及ArcGIS 10.3平台上的高德影像地形图、百度在线地图数据等。

2.3 数据预处理

由于研究区涵盖分布于不同地域的30个都市圈，首先，需要对分幅夜间灯光影像

---

① 感兴趣点，Point of Interest。

进行拼接。其次，为保证投影面积误差最小，将拼接后的影像投影转为 Albers 投影。最后，根据研究区范围对影像进行裁剪，完成 130m×130m 分辨率的重采样。

3 研究方法

3.1 都市圈范围的划定

划定都市圈范围的方法主要有 3 种，分别为"半径确定法""等时圈范围法"和"综合研判法"。

半径确定法是指以核心城市的中心为圆心，以一定距离为半径确定圈层范围的方法。该方法的优点在于简单明确、易于理解，但最终划分的圈层形状过于规则，与复杂的都市圈空间形态不匹配，且未考虑不同区域间的关联因素。

等时圈范围法是目前应用较广泛、接受度较高的一种方法，其原理是以核心城市的中心为起点，根据一定时间所能到达的地域确定圈层范围。该方法能够反映交通因素的影响，但影响因子过于单一，难以描述复杂的区域关系。

华夏幸福研究院以大数据为支撑，参考已有的都市圈范围划定方法，应用综合研判法进行都市圈范围的划定，认为都市圈由核心圈、城市圈和辐射圈构成。第一圈层称作核心圈，按照人口密度和 POI 密度加权平均确定；第二圈层称作城市圈，按照与核心圈的单向通勤率大于 10% 确定；第三圈层称作辐射圈，以 1.5 小时等时圈、叠加 80km 等距圈，并综合夜间灯光遥感数据、建成区范围、地形、文化民俗等因素，通过专家研判确定，辐射圈的边界也即都市圈范围。相比前两种方法，综合研判法在划定核心圈时使用了人口、POI 等多项指标，在划定城市圈及辐射圈时，既借鉴了国际上已有的通勤率指标，又参考了半径圈和等时圈用以校验圈层范围，使范围划定结果更为合理。需要指出的是，都市圈范围突破了核心城市所属的行政区划。综合研判法主要包括以下几个步骤。

3.1.1 核心圈范围划定

以工作时段和休闲时段的人口分布为主要依据，综合考虑大型商场、公共设施、政府机构、餐饮美食、楼宇住宅、文化教育和医疗服务等的 POI 分布，筛选出成片的高密度区域，再进一步利用城市建成区范围和夜间灯光遥感影像图进行校验，最终确定核心圈范围。

工作时段的人口分布在很大程度上能够代表企事业单位的分布状况，休闲时段的人口分布在一定程度上能够代表休闲娱乐场所和居住场所的分布状况。因此，两个时段的人口分布高密度区域能够体现生产力高度集中、生活功能完善的特点，可以作为都市圈核心区域范围划定的主要依据。而大型商场、公共设施、政府机构、餐饮美食、楼宇住宅、文化教育和医疗服务等的 POI 分布，以及建成区范围、灯光图等作为新型大数据手段，可以辅助都市圈核心区域范围的划定。

3.1.2 利用通勤率确定城市圈范围

作为都市圈的第二圈层，城市圈与核心圈有较强的联动关系。参考已有的都市圈划定方法，基于两个圈层之间有 10% 以上日常通勤率的标准，划定城市圈范围。A 区域到 B 区域的通勤率定义为：居住在 A 区域且工作在 B 区域的人数占 A 区域总人数的比重。进一步根据城市建成区范围和夜间灯光遥感影像图，对初步确定的城市圈范围进行校验，将其中的连片区域（包含部分飞地）确定为城市圈的最终范围。

3.1.3 利用等时圈确定辐射圈范围

辐射圈作为承接核心圈和城市圈产业转移和人口迁移的潜在区域，在都市圈中具有不可或缺的作用。结合不同城市的发展实际，考虑到 1.5 小时是日常通勤可以接受的极限时间，因此采用距核心城市 1.5 小时等时圈为辐射圈的划定标准。同时，考虑到核心城市的辐射半径与其自身的交通条件等因素有关，进一步采用 80km（一线城市为 100km）的等距圈对辐射圈范围进行校正。其中"X 小时等时圈"是指从核心城市中心出发，驾车 X 小时可达的范围。"Xkm 等距圈"是指以核心城市中心为圆心、Xkm 为半径的空间范围。

3.2 都市圈建成区范围的提取方法

《城市规划基本术语标准》对城市建成区的定义为：城市行政区内实际已成片开发建设、市政公用设施和公共设施基本具备的地区。随着城市空间扩张和人类活动重心的迁移，建成区范围也在动态演进，快速、准确地提取城市建成区范围对城市管理和规划具有重要意义。官方公布的建成区面积是以行政区划为单元的统计数据，但都市圈的范围往往打破了行政界线，因此无法与统计数据的面积进行匹配。遥感技术具有多波段、多时相及覆盖范围广的特性，使其在城市化扩展监测和城市规划管理等研究中得到了广泛的应用。夜间灯光遥感数据能探测到城市灯光甚至小规模居民地、车流等发出的低强度灯光，并使之明显区别于黑暗的乡村背景，被广泛应用于城市研究中。基于夜间灯光遥感影像提取城市建成区范围的重点在于获取最佳的阈值，并以此阈值对夜间灯光遥感数据进行分割，从而得到城市建成区范围。

对于最佳阈值的获取方法主要分为4类：经验阈值法、突变检测法、统计数据比较法、较高分辨率影像数据空间比较法。本书用局部等值线树算法、自然断裂法、人口核密度分析法提取了北京都市圈的建成区范围（见表1），通过对比这3种方法的结果发现，相比人口核密度分析法和自然断裂法，局部等值线树算法能够进行多区域独立搜索，可以更好地反映符合特定区域实际的细节特征，使建成区范围的提取更加准确，因此本书采用局部等值线树算法提取都市圈建成区的范围数据。

表1 都市圈建成区范围提取方法对比

内容	局部等值线树算法	自然断裂法	人口核密度分析法
阈值设定	起始等值线值0、等值距10000、最小面积5km²、人口多于2万人	灯光图像分为10级，筛选人口多于2万人且面积大于5km²的斑块，当仅能识别出一个斑块时停止	搜索半径从1km开始，依次增加1km，当识别的斑块数为1时停止。筛选密度大于4000人/km²，面积大于5km²的区域

局部等值线树算法的目标是利用"图论"中的等值线树表示等值线图，最早被使用在地形分析中，用于快速寻找地表的洼地及表征洼地的内部空间结构。与洼地相反，山峰是海拔高度明显高于周围区域的地形。由于城镇是相较于周围区域拥有高聚集度和高密度的人口活动区域，因而识别城镇可以认为是在夜间灯光遥感影像中寻找"山峰"。局部等值线树算法中的"局部"是指按照等值线间的拓扑关系，将整个地理空间划分成多个区域，对每个区域生成独立的树。在等值线树里，每个节点代表一条等值线，而每条边代表的是相邻两条等值线间的拓扑关系。利用等值线树算法识别城市建成区范围的步骤，分别是寻找种子等值线、生成常规等值线树、简化等值线树。种子等值线的定义是一条不包括其他等值线树且有一个局部最高点的等值线。如图1所示，S_1和S_2为仅有的两条种子等值线，作为局部等值线树算法检索的起始点，逐条等值线向外检索。如果其向外的最邻近等值线仅包含该种子等值线，则该等值线将被认为与种子等值线具有相同级别，否则将赋予更高的级别，即二级节点。在图1中，S_2与T为一级节点，U为二级节点。通过反复迭代直至判别完所有的等值线，可以得到常规等值线树。此外，通过保留每个分支的最后一个节点（面积最大的节点）代表整条分支，从而对常规等值线树进行简化。

生成夜间灯光等值线图需要设置3个参数，分别是起始等值线值、等值距、最小面积。起始等值线值是指低于某一阈值的夜间灯光亮度将不会被用于生成等值线，本书设置起始等值线为夜间灯光亮度等于0。等值距是指两条相邻的夜间灯光亮度等值线的差值，等值距越小，生成的等值线越密集，越能够反映更丰富的夜间灯光亮度细节信息。考虑到"珞珈一号"夜间灯光遥感数据的灯光值范围（最大值的数量级为10

万），因此将等值距取值为10000。最小面积是指局部等值线树中一级节点的面积。如果最小面积取值较小，会识别出许多较为破碎的城镇区域范围。相反，如果最小面积取值过大，则无法体现都市圈内部城镇的异质性。因此，选择5km²作为最小面积。

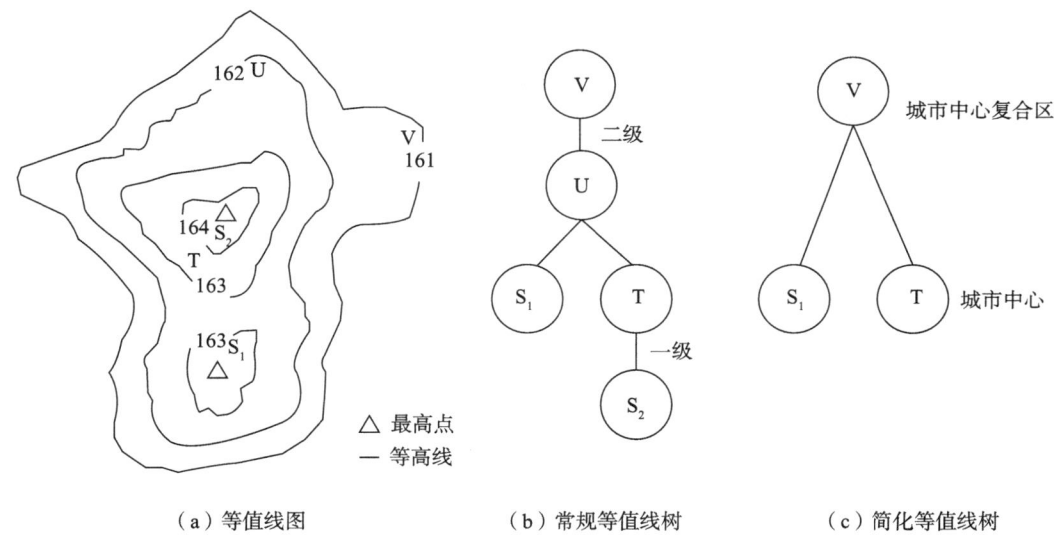

图 1　局部等值线树算法示意

3.3　城镇规模等级的确定

城镇规模等级的划分有很多标准，美国的大都市统计区（Metropolitan Statistical Area）是指至少有一个人口规模5万以上的城市化地区（Urbanized Area），小都市统计区（Micropolitan Statistical Area）是核心区人口为1万~5万人。城市化地区定义为人口密度不低于1000人/mi²（390人/km²）的连续普查区组，并且其相邻的普查区组的人口密度都不低于500人/mi²（190人/km²）。

我国主要按照《国务院关于调整城市规模划分标准的通知》，以城区常住人口为统计口径，将城市划分为5类7档，分别是：城区常住人口在50万以下的为小城市，其中20万~50万人的为Ⅰ型小城市，20万人以下的为Ⅱ型小城市。城区常住人口50万~100万人的为中等城市；城区常住人口100万~500万人的为大城市，其中300万~500万人的为Ⅰ型大城市，100万~300万人的为Ⅱ型大城市。城区常住人口500万~1000万人的为特大城市。城区常住人口达1000万人以上的城市为超大城市。对于都市圈而言，其内部包含的城镇也具有规模不等、职能不同、空间分布各异的特点，不同城镇之间存在密切联系，其空间结构形态随着时间的推移及城镇间联系强度的改变而发生变化。但是，都市圈通常是围绕一个核心城市形成的，其内部城镇的规模明显会更小。因此，参考国家城市规模划分标准，结合都市圈的具体特征，将其内部的城镇规模划分为4类9档，分别是：城区常住人口达1000万人以上的为中心城市；100万~1000万人的为节点城市，其中包括100万~300万人、300万~500万人和500万~1000万人等3个类型；20万~100万人的为次节点城镇，其中包括20万~50万人和50万~100万人等2个类型；2万~20万人的为微中心，其中包括2万~5万人、5万~10万人和10万~20万人等3个类型。

4 结果与分析

4.1 都市圈的建成区范围

城镇建成区是指城镇人口生活和生产的主要区域，因此本书在对建成区进行识别时遵循的基本原则为：每个被识别出的城镇都是在地理空间上相对独立未连片，且每个城镇人口规模不低于2万人、面积不小于$5km^2$，即人口密度不低于4000人/km^2的综合区域。基于上述原则，本书利用局部等值线树算法提取了30个都市圈内部城镇的建成区范围数据，进一步统计了30个都市圈内部城镇的建成区面积及都市圈范围的总面积，结果见表2。

一方面，从都市圈的面积来看，排前5位的都市圈分别是：北京都市圈、上海都市圈、广州都市圈、成都都市圈和杭州都市圈，其中最大的都市圈是北京都市圈，面积达到$28523.10km^2$；排后5位的都市圈分别是：乌鲁木齐都市圈、海口都市圈、南宁都市圈、太原都市圈和南昌都市圈，其中最小的都市圈是乌鲁木齐都市圈，面积为$6963.69km^2$。

另一方面，从都市圈内部的城镇建成区面积来看，排前5位的都市圈分别是：上海都市圈、广州都市圈、北京都市圈、南京都市圈和重庆都市圈，其中最大的都市圈是上海都市圈，城镇建成区面积为$5086.70km^2$（与都市圈总面积的排序有一定差异）；排后5位的都市圈分别是：海口都市圈、贵阳都市圈、南宁都市圈、哈尔滨都市圈和南昌都市圈，其中最小的都市圈是海口都市圈，城镇建成区面积为$197.74km^2$（与都市圈总面积的排序有一定差异）。

为了揭示不同都市圈内部的城镇化程度，本书进一步计算了都市圈内部城镇建成区面积占都市圈总面积的比例。结果表明，比例较高的前5个都市圈分别是：上海都市圈、广州都市圈、南京都市圈、重庆都市圈和厦门都市圈，其建成区面积占比为

9.36%~18.03%，其中上海都市圈的城镇建成区面积占比最大，为18.03%。与上述建成区面积前5位的结果进行对比就可以发现，北京都市圈的总面积虽然较大，但其内部城镇建成区的面积占比并不高，未进入该项排名前5。城镇建成区面积占比较小的5个都市圈分别是：贵阳都市圈、沈阳都市圈、海口都市圈、石家庄都市圈和福州都市圈，其建成区面积占比为2.14%~3.06%，其中贵阳都市圈的城镇建成区面积占比最小，为2.14%。实际上，贵阳都市圈和海口都市圈内部的城镇建成区总面积也很小，均排在后5位。

表2 2018年都市圈面积、内部城镇建成区面积与建成区面积占比   单位：km², %

都市圈	都市圈面积	排序	内部城镇建成区面积	排序	建成区面积占比	排序
上海	28213.00	2	5086.70	1	18.03	1
广州	24878.20	3	2682.80	2	10.78	2
南京	16342.30	8	1558.58	4	9.54	3
重庆	14740.50	12	1390.01	5	9.43	4
厦门	11163.20	21	1044.46	10	9.36	5
深圳	10167.60	24	943.25	12	9.28	6
宁波	12644.60	17	1048.07	9	8.29	7
乌鲁木齐	6963.69	30	546.67	18	7.85	8
西安	11146.50	22	836.66	14	7.51	9
郑州	15796.80	9	1148.46	7	7.27	10
青岛	11933.00	19	867.85	13	7.27	10
北京	28523.10	1	1795.93	3	6.30	12
天津	12923.70	15	802.46	16	6.21	13
成都	21550.80	4	1280.79	6	5.94	14
长沙	12140.60	18	683.01	17	5.63	15
武汉	19707.80	6	1074.63	8	5.45	16
合肥	15771.30	10	832.11	15	5.28	17
杭州	21187.60	5	1032.24	11	4.87	18
长春	10800.10	23	483.40	21	4.48	19
太原	9165.38	27	394.49	25	4.30	20
昆明	12666.60	16	538.87	19	4.25	21
南昌	9566.33	26	388.62	26	4.06	22
济南	13846.40	14	517.34	20	3.74	23
南宁	8853.82	28	325.70	28	3.68	24
哈尔滨	10114.70	25	333.27	27	3.29	25

续表

都市圈	都市圈面积	排序	内部城镇建成区面积	排序	建成区面积占比	排序
福州	15475.00	11	473.97	22	3.06	26
石家庄	13912.10	13	425.57	24	3.06	26
海口	7372.96	29	197.74	30	2.68	28
沈阳	16551.40	7	430.03	23	2.60	29
贵阳	11845.50	20	253.70	29	2.14	30

注：建成区面积占比 = 内部城镇建成区面积 / 都市圈面积。

4.2 都市圈内部城镇规模等级特征

在提取都市圈内部城镇建成区范围的基础上，按照前述的城镇规模等级确定方法，对都市圈内部城镇的规模等级结构进行分析。表3和图2的结果揭示了都市圈内部城镇规模等级的主要特征。

表3 2018年都市圈内部城镇规模等级结构

都市圈	城镇建成区总人口（万人）	中心城市 >1000万人	节点城市 500万~1000万人	节点城市 300万~500万人	节点城市 100万~300万人	次节点城镇 50万~100万人	次节点城镇 20万~50万人	微中心 10万~20万人	微中心 5万~10万人	微中心 2万~5万人	城镇数量（个）
上海	3348.00	1	0	0	4	8	12	4	8	41	78
广州	2073.72	1	0	0	2	2	8	9	9	10	41
北京	1505.68	1	0	0	0	2	6	10	6	12	37
成都	1318.29	0	1	0	0	6	8	6	2	3	26
重庆	1241.09	0	1	0	0	4	10	2	2	4	23
武汉	1199.80	0	1	0	0	2	11	4	6	3	27
南京	1119.95	0	0	1	1	2	8	11	11	9	43
郑州	1004.33	0	0	1	1	2	8	9	2	2	25
深圳	882.51	0	1	0	0	0	3	7	5	9	25
合肥	855.63	0	0	1	0	1	2	3	3	2	15
厦门	832.11	0	0	0	2	2	4	6	5	3	22
长沙	820.06	0	0	1	0	2	7	1	1	2	14
西安	787.21	0	0	1	0	1	8	7	2	4	23
青岛	771.39	0	0	0	0	6	2	1	1	10	21
杭州	752.44	0	0	0	1	1	7	8	9	15	41
天津	654.51	0	0	1	0	1	5	3	8	7	25
宁波	558.98	0	0	0	0	1	0	9	3	1	12	26
南昌	556.17	0	0	0	1	2	4	3	3	0	13

续表

都市圈	城镇建成区总人口（万人）	中心城市 >1000万人	节点城市 500万~1000万人	节点城市 300万~500万人	节点城市 100万~300万人	次节点城镇 50万~100万人	次节点城镇 20万~50万人	微中心 10万~20万人	微中心 5万~10万人	微中心 2万~5万人	城镇数量（个）
福州	537.61	0	0	0	1	0	4	6	1	4	16
济南	463.98	0	0	0	1	0	5	4	1	2	13
昆明	456.55	0	0	0	1	0	3	6	4	6	20
石家庄	449.34	0	0	0	1	0	3	7	7	1	19
贵阳	424.92	0	0	0	1	0	1	7	2	2	13
沈阳	424.26	0	0	1	0	0	1	2	1	4	9
南宁	322.94	0	0	0	1	0	1	0	3	2	7
海口	281.04	0	0	0	1	0	0	0	0	0	1

注：由于乌鲁木齐都市圈、哈尔滨都市圈、长春都市圈、太原都市圈缺少人口数据，所以未在统计之列。

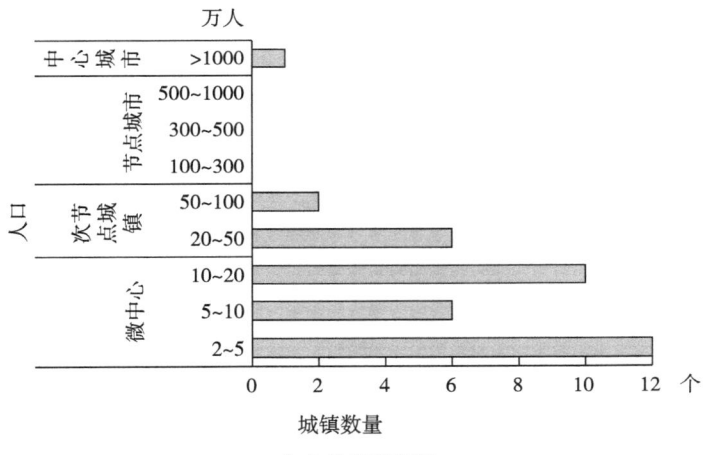

（a）北京都市圈

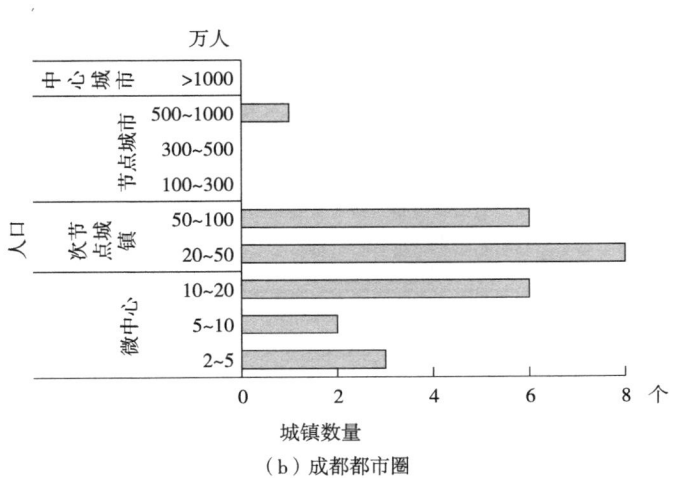

（b）成都都市圈

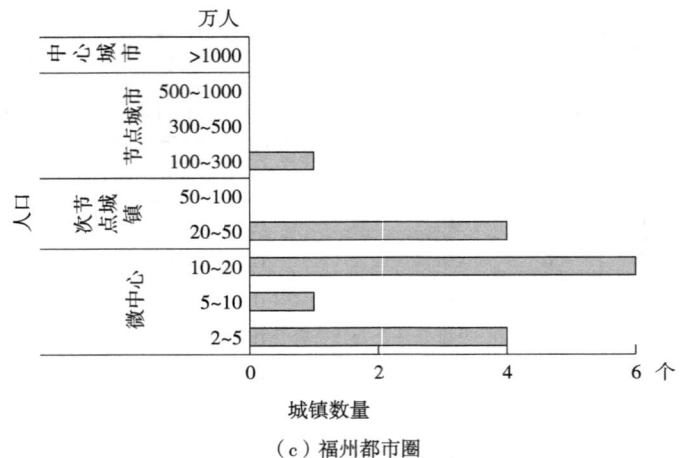

（c）福州都市圈

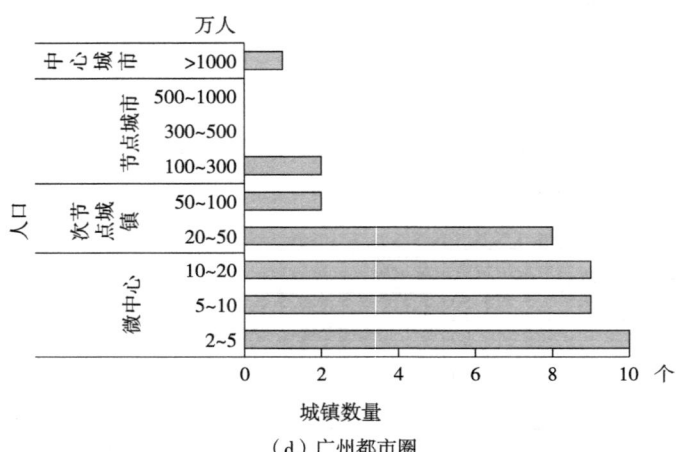

（d）广州都市圈

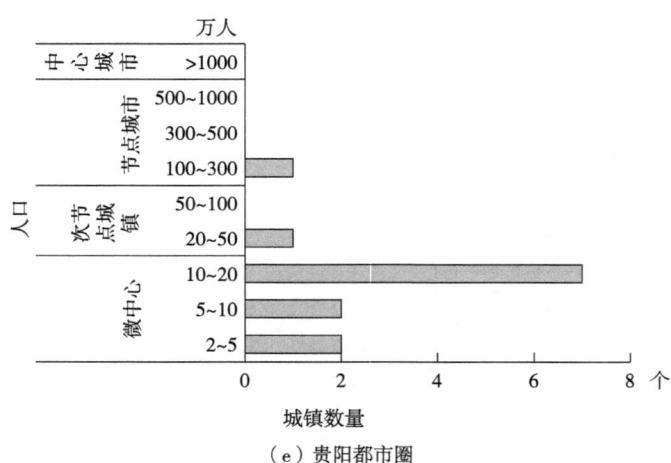

（e）贵阳都市圈

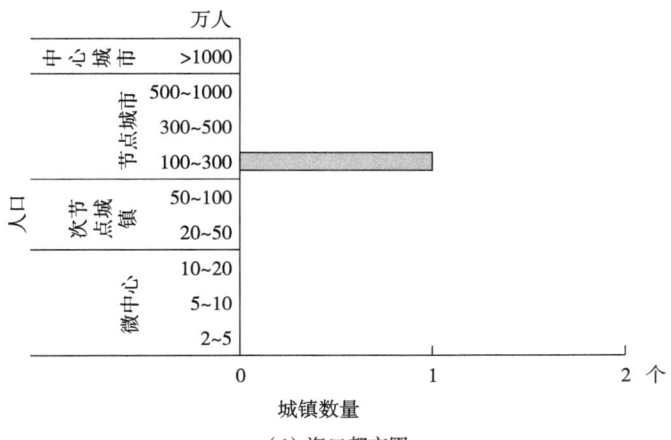

（f）海口都市圈

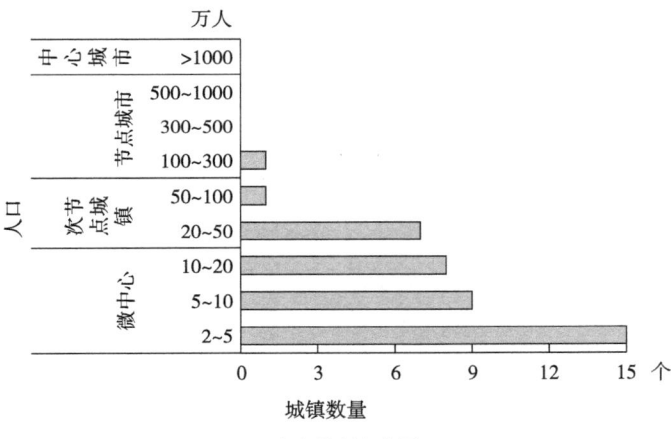

（g）杭州都市圈

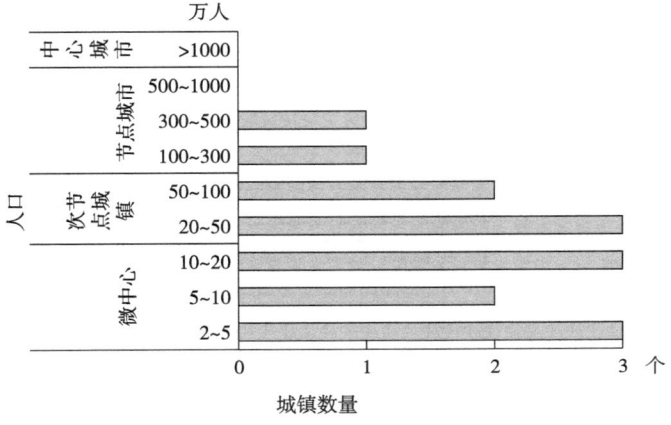

（h）合肥都市圈

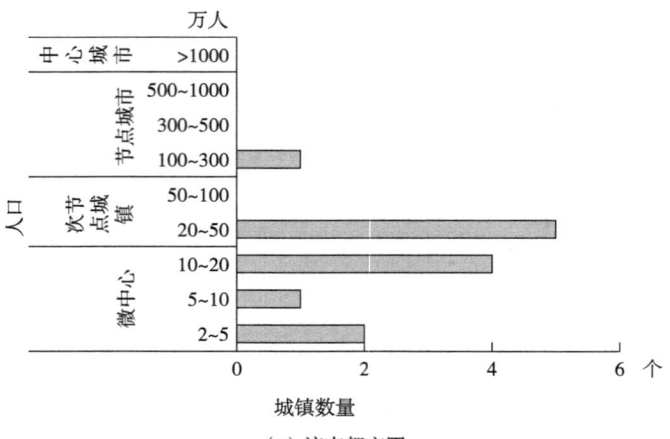

（i）济南都市圈

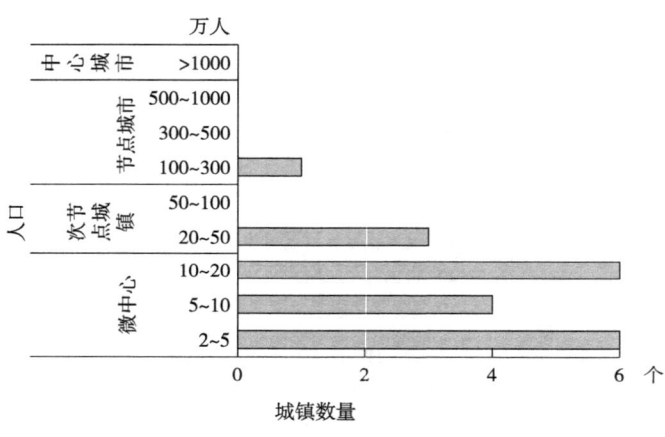

（j）昆明都市圈

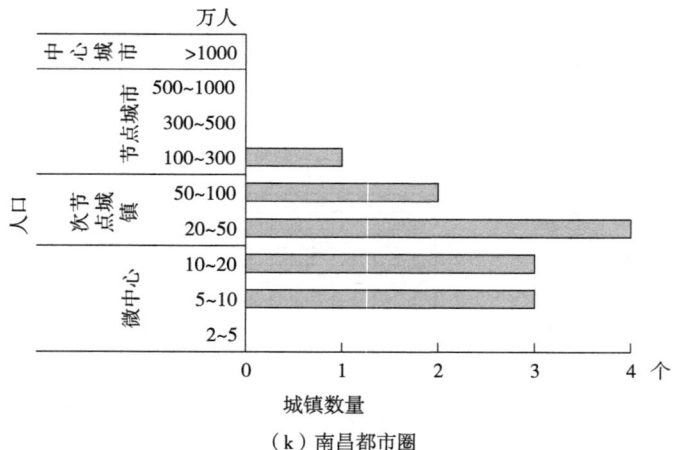

（k）南昌都市圈

我国30个主要都市圈内部城镇识别及规模等级结构分析

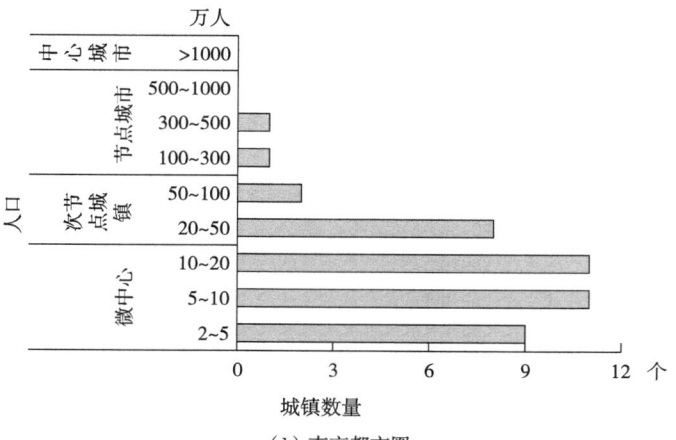

（l）南京都市圈

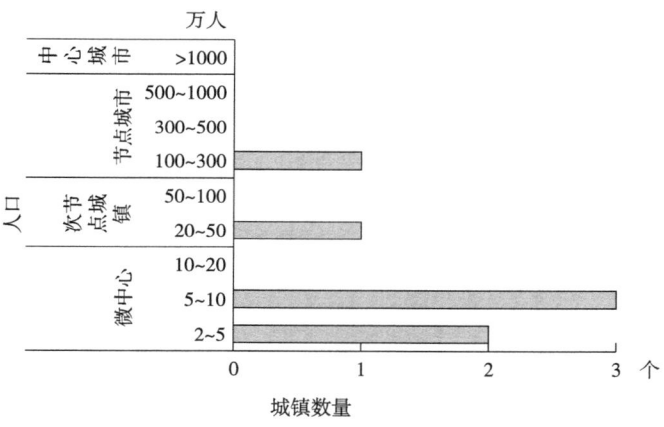

（m）南宁都市圈

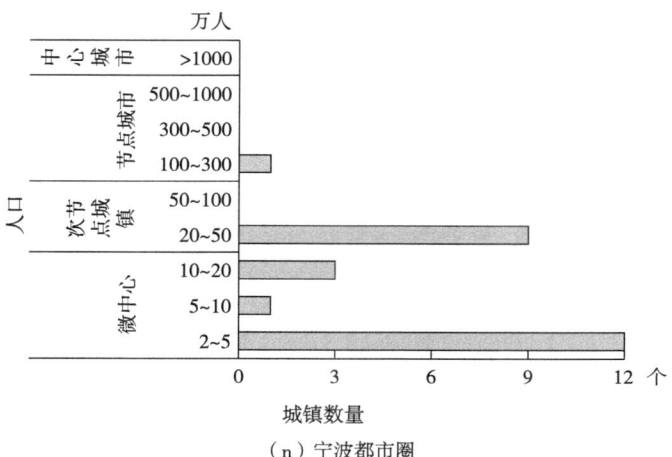

（n）宁波都市圈

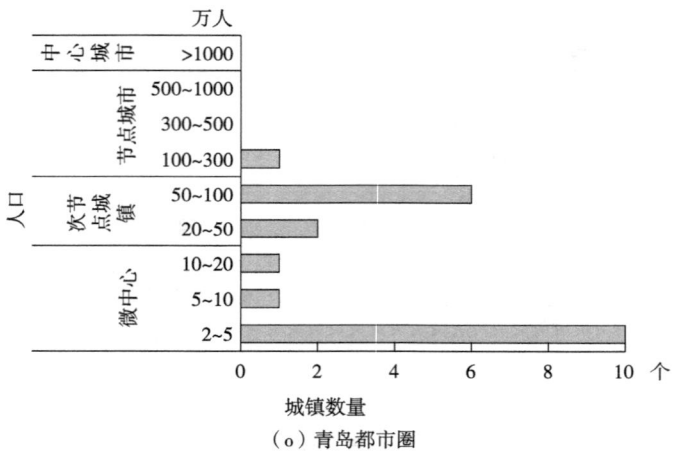

(o)青岛都市圈

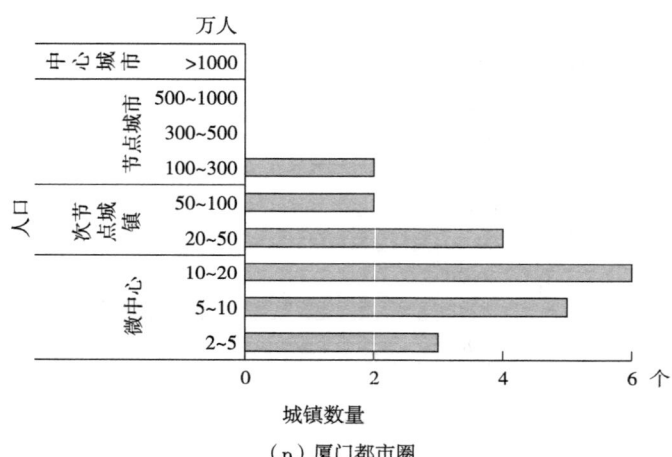

(p)厦门都市圈

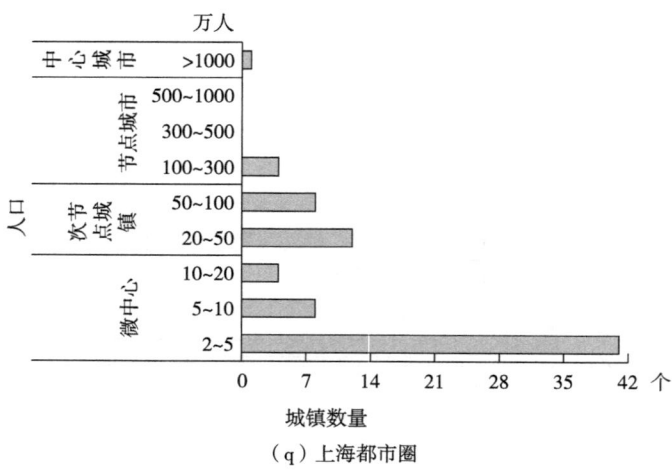

(q)上海都市圈

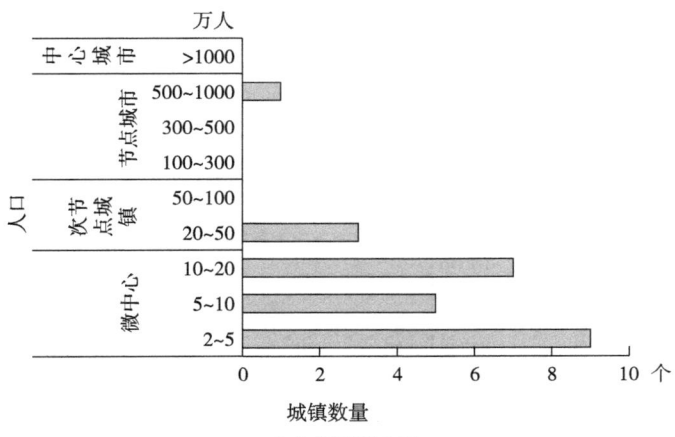

（r）深圳都市圈

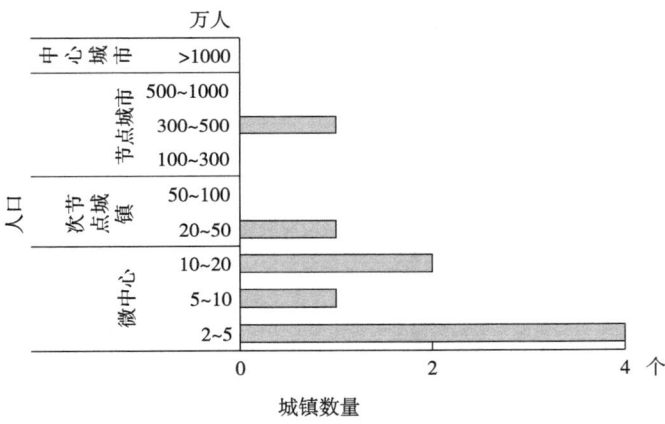

（s）沈阳都市圈

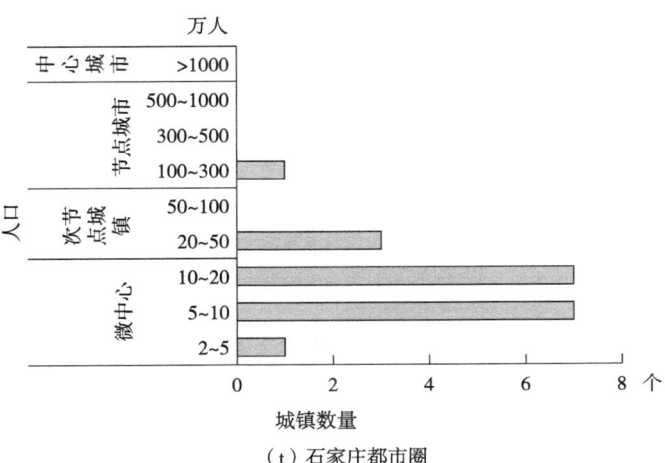

（t）石家庄都市圈

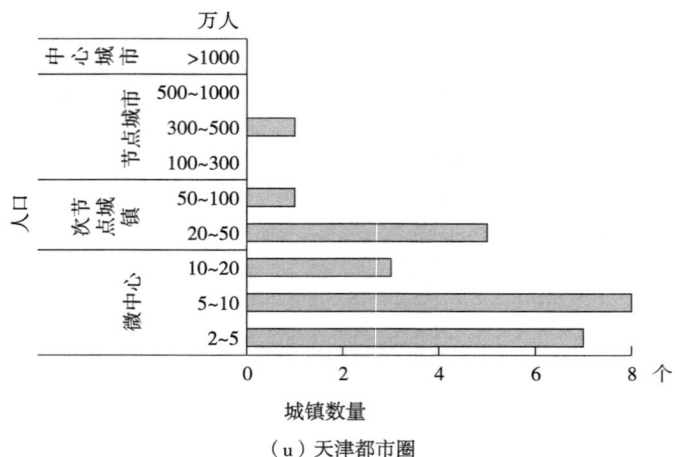

(u) 天津都市圈

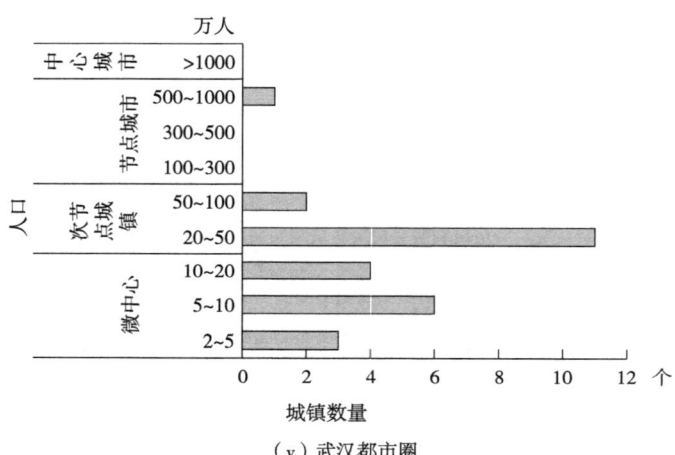

(v) 武汉都市圈

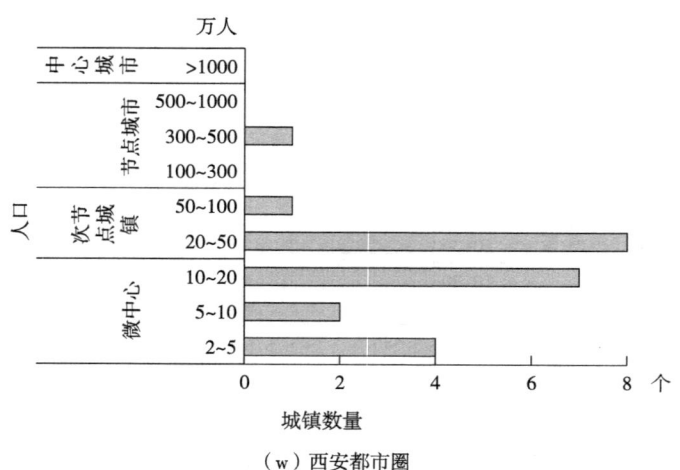

(w) 西安都市圈

我国30个主要都市圈内部城镇识别及规模等级结构分析

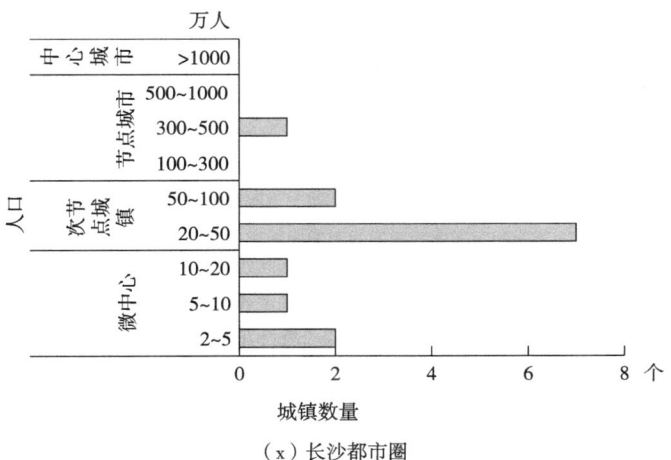
(x) 长沙都市圈

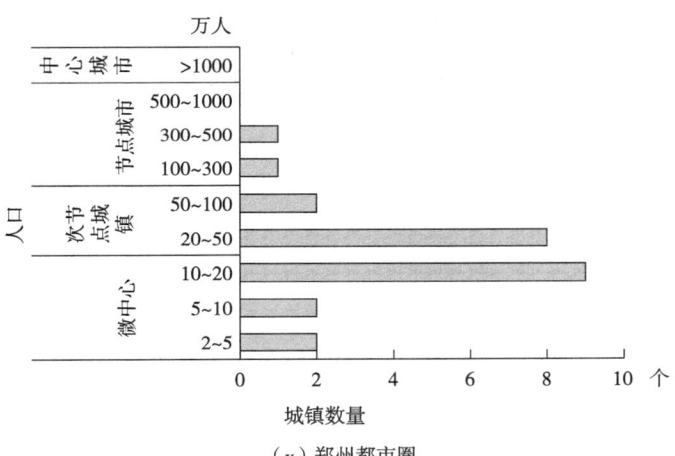
(y) 郑州都市圈

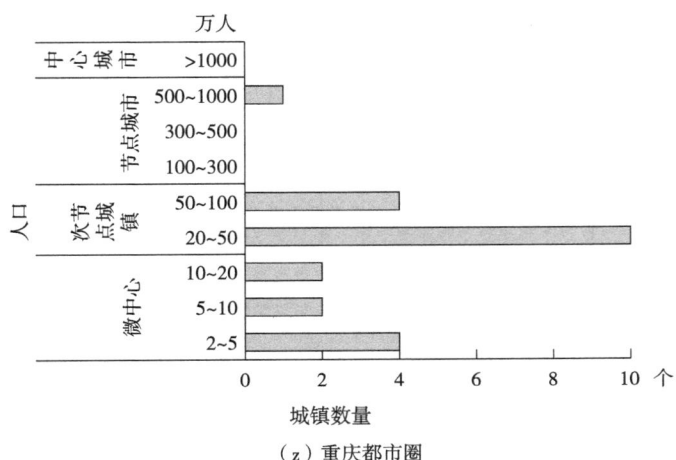
(z) 重庆都市圈

图2 2018年都市圈内部城镇规模等级结构

（1）都市圈内部城镇建成区具有较大的人口规模。在全部都市圈中，内部城镇建成区人口大于500万人的有19个，其中上海都市圈、广州都市圈、北京都市圈、成都都市圈、重庆都市圈、武汉都市圈、南京都市圈、郑州都市圈的内部城镇建成区人口均超过1000万人，海口都市圈内部城镇建成区的人口最少，约为280万人。

（2）都市圈内部核心城镇的集聚作用明显。除厦门都市圈以外，其余都市圈的最高等级城镇均为1个，表现出核心聚集明显的单中心结构特征。有一半以上都市圈的最高等级城镇为人口数在300万人以上的城市，但除上海都市圈和广州都市圈以外，其余都市圈人口数量大于100万人的城镇最多为2个，次节点城镇与微中心占主体的特征明显。

（3）都市圈内部城镇等级存在结构缺失现象。在所有都市圈中，18个都市圈的内部城镇在最高等级与次一级之间存在断档，有15个都市圈的次节点城镇占比不足30%。中间位序城镇发育薄弱，在一定程度上制约其承接和疏解上一级城镇功能的能力。

4.3 都市圈内部城镇的规模等级聚类

基于前述的城镇规模等级特征分析，进一步利用SPSS软件对所有都市圈进行聚类分析，结果见图3和表4。

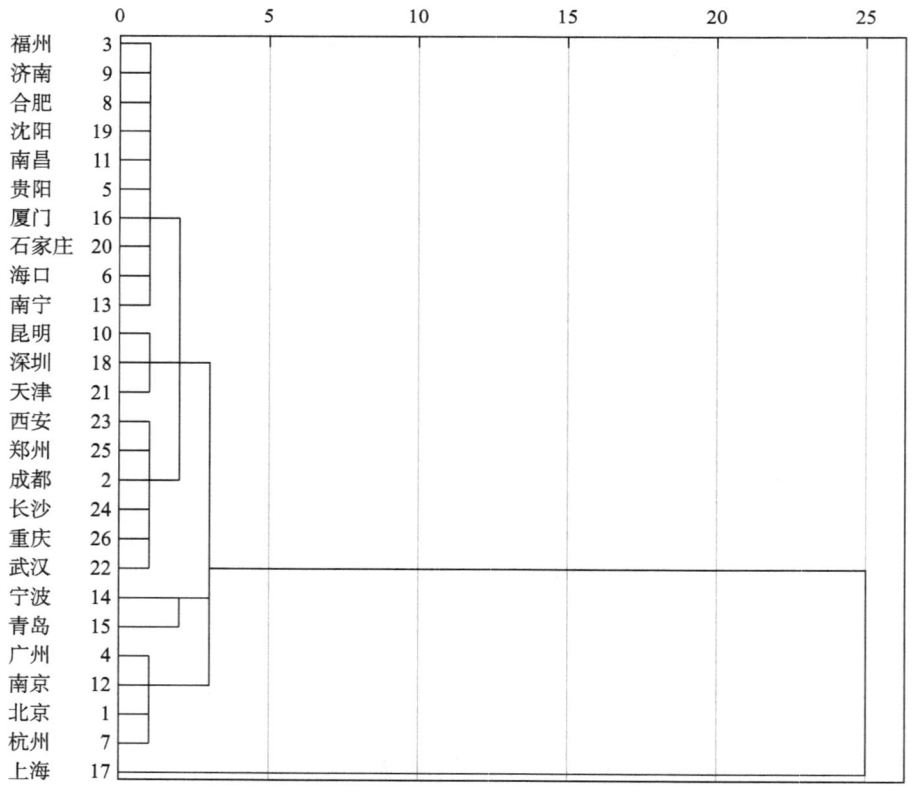

图3 都市圈内部城镇的规模等级聚类谱系

表 4　都市圈内部城镇规模等级聚类结果

都市圈	类别
福州、贵阳、海口、合肥、济南、南昌、南宁、沈阳、厦门、石家庄	1
成都、重庆、郑州、长沙、西安、武汉	2
北京、广州、杭州、南京	3
昆明、深圳、天津	4
青岛	5
上海	6
宁波	7

根据聚类分析的结果，可以将都市圈分成7个类别。类别1包含10个都市圈，其主要特征为：最高等级城镇的人口数量为100万~300万人（合肥都市圈和沈阳都市圈除外），城镇总数在15个左右（海口都市圈、沈阳都市圈、南宁都市圈除外）。类别2包含6个都市圈，其主要特征为：最高等级城镇的人口数量达到300万~1000万人，城镇总数在20个以上（长沙都市圈除外）。类别3包含4个都市圈，其中北京都市圈和广州都市圈最高等级城镇的人口达到1000万人以上，城镇总数在40个左右。类别4包含3个都市圈，主要特征是以次节点城镇和微中心为主，城镇总数在25个左右，微中心个数在20个左右。类别5、类别6和类别7各有1个都市圈，分别是：青岛都市圈、上海都市圈和宁波都市圈，表现出与其他都市圈明显不同的特点。例如，上海都市圈的内部城镇建成区人口数量最多，最高等级城镇的人口在1000万人以上，次节点城镇和微中心数量也相对较多。

4.4 都市圈内部城镇的空间结构

都市圈内部不同规模的城镇在空间分布上形成具有一定结构的有机整体，为了揭示都市圈内部城镇之间的相互联系和作用，采用非中心城镇数量、城镇均衡度、城镇聚集度等3个指标，从点、线、面等3个维度对都市圈内部城镇的空间结构进行分析。

4.4.1 非中心城镇数量

如前所述，多数都市圈内部的城镇呈现单中心结构。就具体都市圈而言，中心城镇指的是都市圈内部城镇中最高等级的城镇，除此以外的其他城镇统称为"非中心城镇"。中心城镇的发展与其周边的非中心城镇密切相关，非中心城镇具有承接和分散中心城镇功能的作用。因此，非中心城镇数量的多少是表征都市圈内部城镇空间结构的指标之一。

如表5所示，除海口都市圈以外，多数都市圈的非中心城镇数量为10~26个，沈阳都市圈、南宁都市圈和哈尔滨都市圈的非中心城镇数量少于10个，北京都市圈、广州都市圈、杭州都市圈和南京都市圈的非中心城镇数量分别为：36个、40个、40个、42个，上海都市圈的非中心城镇数量最多，达到77个。

4.4.2 城镇均衡度

除了考虑都市圈内部城镇的中心与非中心城镇数量对比以外，需要进一步分析二者的面积差异。一般而言，都市圈内部城镇建成区的总面积会随着非中心城镇数量的增加而增加。但是，根据表5可知，对于城镇建成区总面积同样在1000km²以上的都市圈而言，成都都市圈、郑州都市圈、武汉都市圈、重庆都市圈、厦门都市圈和宁波都市圈的非中心城镇数量均为20多个，而杭州都市圈、南京都市圈、广州都市圈和上海都市圈的非中心城镇数量则均在40个以上，说明这些都市圈的内部城镇结构存在一定差异。因此，需要构建城镇均衡度指数表征都市圈中中心城镇与非中心城镇的差异。

$$a = \frac{S_o}{S_c} \tag{1}$$

其中，a为城镇均衡度指数；S_o为非中心城镇的总面积；S_c为中心城镇的面积。a值越大说明都市圈内部城镇之间的差异越不明显，单中心性越不强，非中心城镇的承接和疏解能力越好，都市圈内部的城镇发展越均衡。

由表5的结果可知，对于城镇建成区总面积在1000km²以上，并且非中心城镇数量在20个左右的6个都市圈，其城镇均衡度的差异较大。但是，对于非中心城镇数量在40个以上的4个都市圈而言，其城镇均衡度均较大，说明其非中心城镇数量较多，在一定程度上可以使都市圈内部的城镇发展更均衡。

表5　2018年都市圈内部的城镇均衡度　　　　　　　　　　　单位：个，km²

都市圈	非中心城镇数量	城镇建成区总面积	中心城镇面积	非中心城镇面积	城镇均衡度
南京	42	1558.58	223.36	1335.22	5.98
天津	24	802.46	148.87	653.59	4.39
上海	77	5086.70	1068.02	4018.68	3.76
宁波	25	1048.07	228.49	819.58	3.59
杭州	40	1032.24	249.74	782.50	3.13
厦门	21	1044.46	260.19	784.27	3.01
青岛	20	867.85	224.98	642.87	2.86
郑州	24	1148.46	348.20	800.26	2.30
广州	40	2682.80	908.44	1774.36	1.95
石家庄	18	425.57	151.06	274.51	1.82
北京	36	1795.93	646.84	1149.09	1.78
昆明	19	538.87	195.24	343.63	1.76
重庆	22	1390.01	549.11	840.90	1.53

续表

都市圈	非中心城镇数量	城镇建成区总面积	中心城镇面积	非中心城镇面积	城镇均衡度
西安	22	836.66	349.32	487.34	1.40
济南	12	517.34	216.26	301.08	1.39
福州	15	473.97	211.52	262.45	1.24
武汉	26	1074.63	489.23	585.40	1.20
乌鲁木齐	18	546.67	253.13	293.54	1.16
南昌	12	388.62	188.67	199.95	1.06
贵阳	12	253.70	124.68	129.02	1.03
成都	25	1280.79	632.40	648.39	1.03
太原	10	394.49	217.58	176.91	0.81
深圳	24	943.25	541.02	402.23	0.74
合肥	14	832.11	493.42	338.69	0.69
长春	14	483.40	288.90	194.50	0.67
哈尔滨	9	333.27	200.09	133.18	0.67
长沙	13	683.01	433.49	249.52	0.58
南宁	6	325.70	253.11	72.59	0.29
沈阳	8	430.03	337.03	93.00	0.28
海口	0	197.74	197.74	0.00	0.00

4.4.3 城镇聚集度

都市圈内部城镇之间的距离是其空间分布的直观表征，城镇之间的距离越短，意味着城镇之间的联系越密切。由于不同都市圈的规模不同，平均距离不具有可比性，因此构建如下城镇聚集度指数。

$$b = \frac{S_t}{\overline{D}} \tag{2}$$

其中，b 是城镇聚集度指数；S_t 是都市圈面积；$\overline{D}$ 是非中心城镇之间的平均距离，b 值越大说明都市圈内部的非中心城镇越聚集。

对于除中心城镇以外两个城镇间的距离，可以利用 ArcGIS10.3 软件，通过得到每个城镇的几何中心，进而计算得到其平均值（见表6）。由表6中的结果可知，城镇聚集度较高的前5位都市圈分别是：杭州都市圈、广州都市圈、北京都市圈、上海都市圈和成都都市圈，其中心城镇属于特大城市或者新一线城市。城镇聚集度较低的后5位都市圈分别是：海口都市圈、南昌都市圈、乌鲁木齐都市圈、太原都市圈和贵阳都市圈，其中心城镇的实力直接影响城镇的聚集度。

表6 2018年都市圈内部的城镇聚集度   单位：km，km²

都市圈	平均距离	最大距离	最小距离	都市圈面积	城镇聚集度
杭州	57.18	148.83	4.17	21187.60	370.54
广州	74.12	193.61	0.65	24878.20	335.65
北京	88.22	199.30	6.31	28523.10	323.32
上海	90.11	226.94	4.51	28213.00	313.10
成都	70.65	152.49	9.19	21550.80	305.04
沈阳	54.49	125.04	5.00	16551.40	303.75
南宁	31.48	55.06	4.60	8853.82	281.25
天津	49.60	148.07	5.26	12923.70	260.56
石家庄	54.76	115.81	15.78	13912.10	254.06
南京	66.03	162.58	0.51	16342.30	247.50
武汉	80.78	163.76	5.24	19707.80	243.97
郑州	65.32	134.08	12.14	15796.80	241.84
深圳	44.67	130.90	5.78	10167.60	227.62
福州	68.45	157.15	6.43	15475.00	226.08
重庆	69.07	172.66	8.10	14740.50	213.41
昆明	61.38	151.53	5.87	12666.60	206.36
西安	55.02	128.68	5.81	11146.50	202.59
青岛	60.27	155.12	3.96	11933.00	197.99
长春	56.20	136.92	6.78	10800.10	192.17
合肥	83.02	174.22	5.83	15771.30	189.97
厦门	60.98	176.21	5.13	11163.20	183.06
宁波	69.88	152.30	3.70	12644.60	180.95
哈尔滨	57.54	119.97	7.42	10114.70	175.79
长沙	69.61	151.56	8.65	12140.60	174.41
济南	79.88	152.02	7.17	13846.40	173.34
贵阳	71.21	183.38	0.65	11845.50	166.35
太原	55.96	127.23	11.00	9165.38	163.78
乌鲁木齐	51.69	144.30	4.26	6963.69	134.72
南昌	80.73	162.94	5.74	9566.33	118.50
海口	0.00	0.00	0.00	7372.96	0.00

4.4.4 空间结构特征

前文基于非中心城镇数量、城镇均衡度、城镇聚集度等3个指标，从不同维度对都市圈的空间结构进行了分析。非中心城镇具有承接和分散中心城镇功能的作用，而城镇均衡度可以表征都市圈中的中心城镇与非中心城镇的差异。当非中心城镇的承接和疏解能力较强时，都市圈内部城镇的发展会较为均衡。城镇聚集度表征都市圈内部城镇之间联系的密切程度，同时都市圈内部中心城镇的实力直接影响城镇聚集度。3个指标的排序结果见表7。

表7 2018年都市圈的空间结构特征　　　　单位：个

都市圈	非中心城镇数量	排序	城镇均衡度	排序	城镇聚集度	排序
杭州	40	3	3.13	5	370.54	1
广州	40	3	1.95	9	335.65	2
北京	36	5	1.78	11	323.32	3
上海	77	1	3.76	3	313.10	4
成都	25	7	1.03	20	305.04	5
沈阳	8	28	0.28	29	303.75	6
南宁	6	29	0.29	28	281.25	7
天津	24	9	4.39	2	260.56	8
石家庄	18	17	1.82	10	254.06	9
南京	42	2	5.98	1	247.50	10
武汉	26	6	1.20	17	243.97	11
郑州	24	9	2.30	8	241.84	12
深圳	24	9	0.74	23	227.62	13
福州	15	19	1.24	16	226.08	14
重庆	22	12	1.53	13	213.41	15
昆明	19	16	1.76	12	206.36	16
西安	22	12	1.40	14	202.59	17
青岛	20	15	2.86	7	197.99	18
长春	14	20	0.67	25	192.17	19
合肥	14	20	0.69	24	189.97	20
厦门	21	14	3.01	6	183.06	21
宁波	25	7	3.59	4	180.95	22
哈尔滨	9	27	0.67	25	175.79	23
长沙	13	22	0.58	27	174.41	24
济南	12	23	1.39	15	173.34	25
贵阳	12	23	1.03	20	166.35	26
太原	10	26	0.81	22	163.78	27
乌鲁木齐	18	17	1.16	18	134.72	28
南昌	12	25	1.06	19	118.50	29
海口	0	30	0.00	30	0.00	30

根据3个指标的排序结果，可以看出：3个指标同时较高或者同时较低的都市圈数量占比达到了56.7%，反映出这3个指标具有很好的一致性。没有都市圈呈现非中心城镇数量多，而城镇均衡度和城镇聚集度都较低的特点，说明非中心城镇数量较多的

都市圈，其均衡发展程度或城镇之间的联系程度也较高。对于非中心城镇数量较多和城镇均衡度指数较高的都市圈，说明其城镇发展均衡，中心城镇和非中心城镇的差异不大，通常表现为非中心城镇的面积较大。而对于非中心城镇数量较多和城镇聚集度指数较高的都市圈，说明城镇分布较为紧凑。此外，还有城镇均衡度与城镇聚集度均较高的都市圈，说明其内部城镇之间的差异小且分布聚集。

4.5 考虑内部城镇空间结构的都市圈聚类

在前述分析的基础上，综合考虑非中心城镇数量、城镇均衡度、城镇聚集度等3个表征都市圈内部城镇空间结构的指标，利用SPSS软件对都市圈再次进行聚类分析，结果见图4和表8。

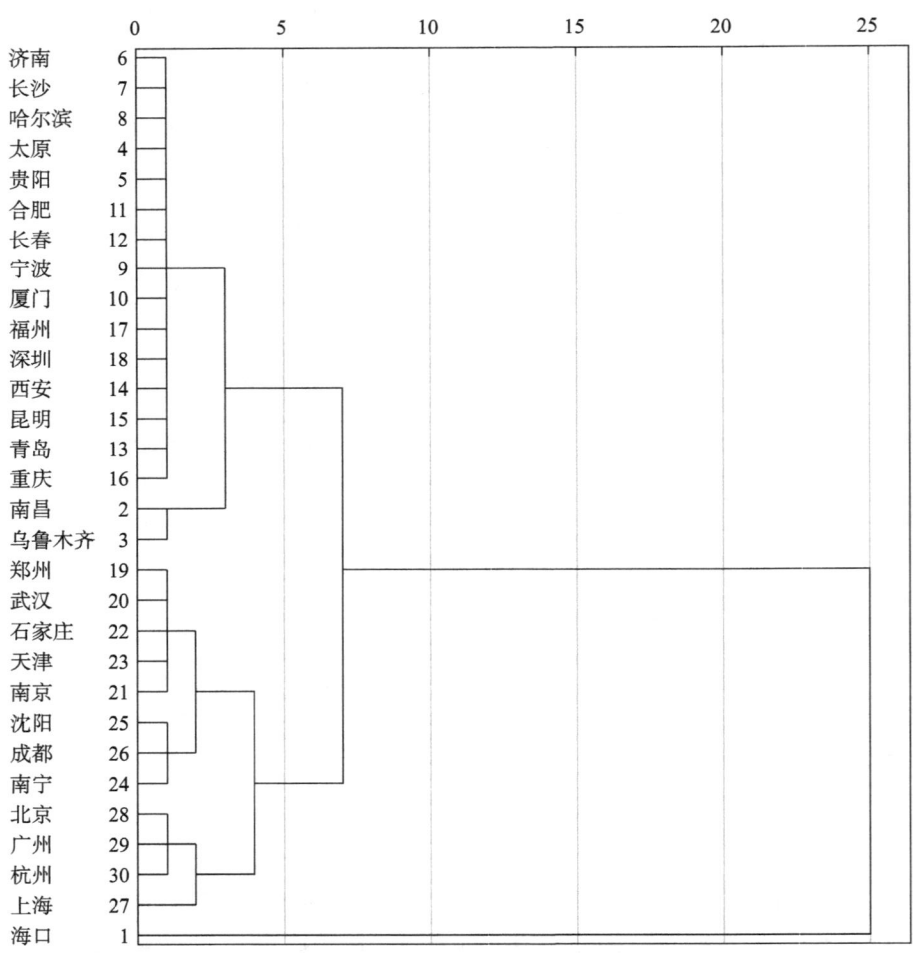

图4 考虑内部城镇空间结构的都市圈聚类谱系

表 8 考虑内部城镇空间结构的都市圈聚类结果

都市圈	类别
哈尔滨、太原、贵阳、济南、福州、长春、合肥、长沙、西安、昆明、青岛、厦门、重庆、深圳、宁波	1
武汉、郑州、天津、石家庄、南京	2
广州、北京、杭州	3
南宁、沈阳、成都	4
南昌、乌鲁木齐	5
上海	6
海口	7

根据表 8 的结果，主要都市圈可以分成 7 个类别。类别 1 包括 15 个都市圈，主要特征表现为：都市圈内部的非中心城镇数量较少，平均为 17 个，哈尔滨都市圈最少，只有 9 个，宁波都市圈的非中心城镇数量最多，达到 25 个；都市圈内部的城镇均衡度整体较低，除了宁波都市圈（3.59）、厦门都市圈（3.01）、青岛都市圈（2.86）以外，其余都市圈的城镇均衡度皆在平均值 1.5 以下或接近平均值，而长沙都市圈的城镇均衡度最小，为 0.58。此外，都市圈内部城镇的聚集度也较低，平均值为 191.59，仅有福州都市圈、昆明都市圈、西安都市圈、重庆都市圈、深圳都市圈等 5 个都市圈的城镇聚集度在 200 以上。

类别 2 包括 5 个都市圈，除南京都市圈外，其余都市圈内部的非中心城镇数量在 20 个左右。5 个都市圈的城镇均衡度差异较大，平均值为 3.14，南京都市圈的城镇均衡度最大，为 5.98，而武汉都市圈的城镇均衡度最小，为 1.20。但 5 个都市圈的城镇聚集度差异不大，平均值为 249.59，天津都市圈的城镇聚集度最大，为 260.56，郑州都市圈的城镇聚集度最小，为 241.84。

类别 3 包括 3 个都市圈，总体特征为都市圈内部的非中心城镇数量较多，在 40 个左右。城镇均衡度平均值为 2.29，杭州都市圈的城镇均衡度最大（3.13），北京都市圈的城镇均衡度最小（1.78）。该类别的都市圈内部城镇聚集度的差异不大，平均值为 343.17，同样是杭州都市圈最大（370.54），北京都市圈最小（323.32）。

类别 4 包括 3 个都市圈，总体特征为都市圈内部的非中心城镇数量差异较大，成都都市圈的非中心城镇有 25 个，而南宁都市圈仅为 6 个。3 个都市圈内部的城镇均衡度均较低，沈阳都市圈的城镇均衡度最小（0.28），成都都市圈的城镇均衡度最大（1.03）。而且 3 个都市圈内部的城镇聚集度差异不大，南宁都市圈的城镇聚集度最小（281.25），成都都市圈的城镇聚集度最大（305.04）。

类别 5 只包括南昌都市圈和乌鲁木齐都市圈，二者内部的非中心城镇数量很少，分别为 12 个和 18 个。而且两个都市圈内部的城镇均衡度也偏低，南昌都市圈为 1.06，乌鲁木齐都市圈为1.16。同时，两个都市圈内部的城镇聚集度也偏低，南昌都市圈为118.50，乌鲁木齐都市圈为134.72。

类别6和类别7各包括1个都市圈，分别为上海都市圈和海口都市圈。上海都市圈内部有77个非中心城镇，数量最多；且城镇均衡度和聚集度均很高，分别为3.76和313.10。海口都市圈仅有一个中心城镇，非中心城镇数量为0。

4.6 都市圈聚类结果的对比分析

将仅考虑内部城镇规模等级的都市圈聚类结果，与考虑内部城镇空间结构的都市圈聚类结果进行对比，可以发现，有11个都市圈（贵阳都市圈、济南都市圈、福州都市圈、合肥都市圈、厦门都市圈、郑州都市圈、武汉都市圈、北京都市圈、广州都市圈、杭州都市圈、上海都市圈）在两种情况下均属于同一类别，说明这些都市圈无论是从规模等级还是从空间结构来看，都具有高度的相似性。还有9个都市圈（南宁都市圈、沈阳都市圈、重庆都市圈、长沙都市圈、西安都市圈、昆明都市圈、深圳都市圈、青岛都市圈、宁波都市圈）虽然在两种聚类情况下，由于不同的聚类指标导致聚类的结果有差别，不完全属于同一类，但是都市圈之间仍然具有很大的相似性。在仅考虑内部城镇规模等级的都市圈聚类时，南宁都市圈和沈阳都市圈都属于类别1，而在考虑内部城镇空间结构的都市圈聚类时则都属于类别4。重庆都市圈、长沙都市圈、西安都市圈在仅考虑内部城镇规模等级的都市圈聚类时都属于类别2，昆明都市圈和深圳都市圈都属于类别4，青岛都市圈属于类别5，宁波都市圈属于类别7；但是在考虑内部城镇空间结构的都市圈聚类时，这些都市圈均属于类别1。

另外，通过基于不同类别都市圈所处的地理位置可以发现：类别1的都市圈绝大多数处于东南地区；类别2的都市圈均处于中部地区；类别3的都市圈均以特大城市为中心，且除北京都市圈以外，皆为沿海地区；类别5是上海都市圈，属于我国的经济中心。

对比两种聚类结果可以发现，虽然存在一定的差异，但很多都市圈始终属于同一类型，说明这些都市圈在规模等级和空间结构上具有很大的相似性。

4.7 都市圈综合分类

综合考虑前述的都市圈建成区面积、内部城镇规模等级和空间结构特征，选取6个指标（见表9）对主要都市圈进行综合分类。6个指标分别是：非中心城镇数量、城镇均衡度、城镇聚集度、建成区面积占比、中心城镇人口占比、断档级数。其中，非中心城镇数量、建成区面积和中心城镇人口占比从不同侧面反映都市圈的城镇化程度；城镇均衡度表征都市圈内部中心城镇与非中心城镇发展的均衡程度；城镇聚集度表征都市圈内部城镇之间联系的密切程度；断档级数反映的是都市圈内部城镇的等级结构是否完善。

人口规模是城镇综合实力的重要体现之一，都市圈内部的中心城镇人口占比可以反映中心城镇在都市圈中的重要程度，其计算公式为

$$c = \frac{P_o}{P_s} \quad (3)$$

其中，c 为中心城镇人口占比；P_o 为都市圈内部的中心城镇人口数；P_s 为都市圈总人口数。c 值越大说明都市圈内中心城镇的重要程度越高。

如前所述，都市圈的内部城镇规模共包括 4 类 9 档，有 18 个都市圈的内部城镇在最高等级与次一级之间存在断档。为反映城镇等级结构的完善性，利用如下公式计算各都市圈的内部城镇断档级数。

$$d = L_2 - L_1 - 1 \quad (4)$$

其中，d 为断档级数；L 为城镇的等级数，设定中心城市的等级数为 1。L_1 和 L_2 分别为某一都市圈最高等级城镇的级数和次一级城镇的级数。当 $L_1=1$ 且 $L_2=2$ 时，$d=0$，表示该都市圈不存在断档现象；若 $L_1=1$ 且 $L_2=3$ 时，$d=1$，表示在最高等级与次一等级之间缺失一级，依次类推。

表 9　2018 年都市圈综合特征指标　　　　　　　单位：个，%

都市圈	非中心城镇数量	城镇均衡度	城镇聚集度	建成区面积占比	中心城镇人口占比	断档级数
北京	36	1.78	323.32	6.30	63.97	3
深圳	24	0.74	227.62	9.28	69.53	3
成都	25	1.03	305.04	5.94	43.79	2
广州	40	1.95	335.65	10.78	50.33	2
上海	77	3.76	313.10	18.03	43.80	2
沈阳	8	0.28	303.75	2.60	81.92	2
武汉	26	1.20	243.97	5.45	48.57	2
重庆	22	1.53	213.41	9.43	44.52	2
福州	15	1.24	226.08	3.06	54.08	1
贵阳	12	1.03	166.35	2.14	63.69	1
济南	12	1.39	173.34	3.74	46.06	1
昆明	19	1.76	206.36	4.25	51.74	1
南宁	6	0.29	281.25	3.68	83.73	1

续表

都市圈	非中心城镇数量	城镇均衡度	城镇聚集度	建成区面积占比	中心城镇人口占比	断档级数
宁波	25	3.59	180.95	8.29	33.20	1
石家庄	18	1.82	254.06	3.06	41.81	1
天津	24	4.39	260.56	6.21	47.98	1
西安	22	1.40	202.59	7.51	47.71	1
长沙	13	0.58	174.41	5.63	51.39	1
海口	0	0.00	0.00	2.68	100.00	0
杭州	40	3.13	370.54	4.87	33.63	0
合肥	14	0.69	189.97	5.28	53.93	0
南昌	12	1.06	118.50	4.06	42.93	0
南京	42	5.98	247.50	9.54	27.76	0
青岛	20	2.86	197.99	7.27	33.78	0
厦门	21	3.01	183.06	9.36	33.66	0
郑州	24	2.30	241.84	7.27	33.36	0
哈尔滨	9	0.67	175.79	3.29		
太原	10	0.81	163.78	4.30		
乌鲁木齐	18	1.16	134.72	7.85		
长春	14	0.67	192.17	4.48		

  根据以上6个指标对26个都市圈进行聚类分析（哈尔滨都市圈、长春都市圈、太原都市圈、乌鲁木齐都市圈因缺失人口数据，未进行聚类分析），得到如图5所示的聚类谱系。26个都市圈被归为单核型、单中心Ⅰ型、单中心Ⅱ型、双中心型、组团型和网络型等6种类型。另外，对于哈尔滨都市圈、长春都市圈、太原都市圈、乌鲁木齐都市圈，根据其空间结构的聚类结果，这4个都市圈分别属于类别1和类别5，类别1中绝大多数都市圈属于单中心Ⅰ型，类别5的南昌都市圈也属于单中心Ⅰ型，因此将这4个都市圈归为单中心Ⅰ型，最终得到30个主要都市圈的综合分类结果（见表10）。

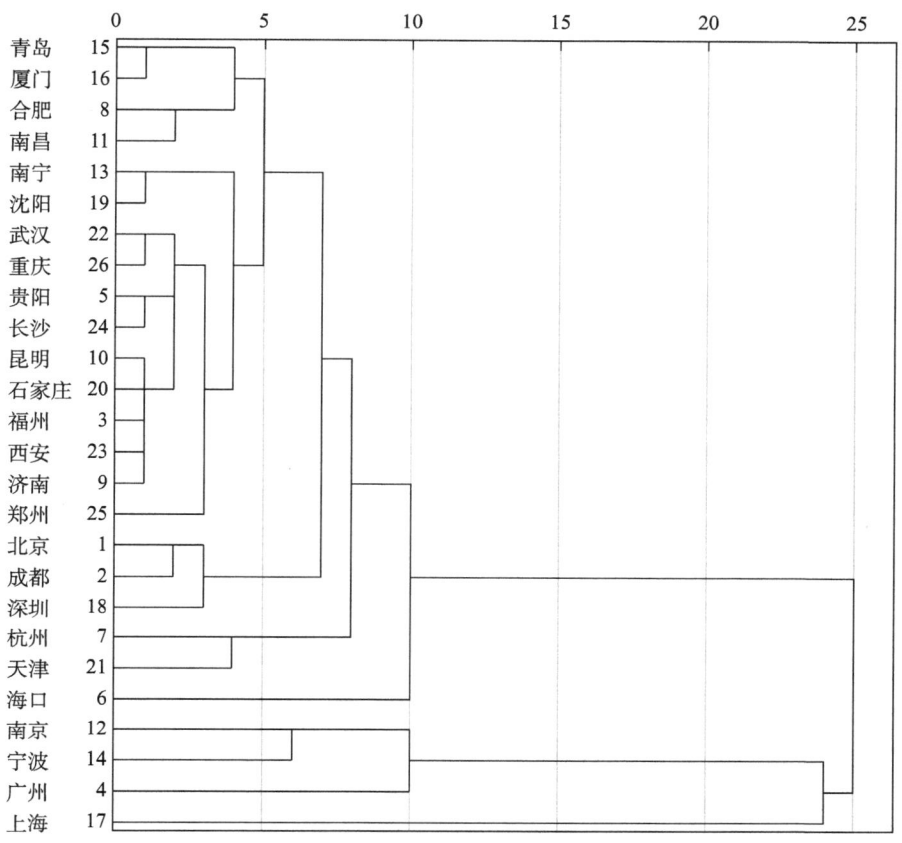

图 5 都市圈综合聚类谱系

表 10 30 个主要都市圈的综合分类结果

类型	都市圈
单核型	海口
单中心 I 型	福州、贵阳、合肥、济南、昆明、南宁、沈阳、武汉、西安、长沙、南昌、重庆、郑州、厦门、青岛、长春、太原、石家庄、哈尔滨、乌鲁木齐
单中心 II 型	深圳、北京、成都
双中心型	杭州、天津
组团型	南京、宁波
网络型	广州、上海

（1）单核型都市圈。海口都市圈是唯一只包含一个中心的都市圈，将其归为特殊的单核型都市圈。

（2）单中心 I 型都市圈。单中心 I 型都市圈是主体类型，包含 20 个都市圈。其主要特征为：都市圈内部的非中心城镇数量较少；城镇均衡度和城镇聚集度都偏低，除了厦门都市圈、青岛都市圈、郑州都市圈以外，其余都市圈的城镇均衡度均在 2 以下；除了沈阳都市圈、南宁都市圈、石家庄都市圈以外，其余都市圈的城镇聚集度均在 250 以下。说明都市圈内部的最高等级城镇作用强，但辐射带动能力不足，非中心城镇分布零散。

（3）单中心 II 型都市圈。单中心 II 型包含 3 个都市圈，分别是深圳都市圈、北京都市圈和成都都市圈。其主要特征为：最高等级城镇与第二等级城镇差异大，存在明显的断档现象；都市圈均衡度较低，为 0.74~1.78。该类型与单中心 I 型相似，表现为都市圈内部最高等级城镇的作用很强。但是单中心 II 型与单中心 I 型还有许多不同，如最高等级城镇人口数量更多，均在 500 万人以上；都市圈内部非中心城镇数量更多，为 24~36 个；城镇聚集度更高，为 227.62~323.32；建成区面积占比更高，为 5.94%~9.28%；最高等级城镇人口占比较高，为 43.79%~69.53%。说明该类型的都市圈仍是以最高等级城镇为中心，但是都市圈内外围城镇联系紧密，在空间分布上更加聚集。

（4）双中心型都市圈。双中心型包含杭州都市圈和天津都市圈 2 个都市圈。其主要特征为：都市圈内部非中心城镇数量较多；都市圈人口数量相对较多，杭州都市圈 752 万人，天津都市圈 654 万人；城镇均衡度和城镇聚集度均较高，城镇均衡度分别为 3.13 和 4.39，城镇聚集度分别为 370.54 和 260.56；建成区面积占比相较于单中心 II 型都市圈偏低，杭州都市圈为 4.87%，天津都市圈为 6.21%；最高等级城镇人口占比较高，杭州都市圈为 33.63%，天津都市圈为 47.98%。该类型都市圈内部有两个核心城镇，并且最高等级城镇与第二等级城镇差异不大，非中心城镇联系紧密、发展均衡，能够较好承接和疏解中心城镇的功能。

（5）组团型都市圈。组团型包括南京都市圈和宁波都市圈，与双中心型都市圈相似，其主要特征为：都市圈内部的城镇非中心数量较多；城镇均衡度较高，宁波都市圈 3.59，南京都市圈为 5.98；建成区面积占比较高，南京都市圈为 9.54%，宁波都市圈为 8.29%。最高等级城镇人口占比较低，南京都市圈为 27.76%，宁波都市圈为 33.20%。此外，该类型都市圈与双中心型都市圈最大的区别在于：最高等级城镇与次一级城镇在空间上的分布较为均匀且相互间离散，并且在次一级城镇周围聚集着许多小城镇，在空间上呈现出组团式的分布结构。

（6）网络型都市圈。网络型都市圈包括广州都市圈和上海都市圈，其主要特征为：都市圈人口总数在所有 6 个类型都市圈中最多，广州都市圈为 2073 万人，上海都市圈为 3348 万人；最高等级城镇与第二等级城镇差异大，存在明显的断档现象；都市圈非中心城镇数量较多，广州都市圈 40 个，上海都市圈 77 个；最高等级城镇的人口数较多，均大于 1000 万人，且最高等级城镇人口占比较高，上海都市圈为 43.80%，广州都市圈为 50.33%；城镇聚集度和城镇均衡度均较高，城镇均衡度分别为 1.95 和 3.76，城镇聚集度分别为 335.65 和 313.10；建成区面积占比极高，为都市圈中前两位，广州都市圈为 10.78%，上海都市圈为 18.03%。此外，该类型都市圈内部的最高等级城镇与非中心城镇的差异较小，并且空间分布较为紧凑，在空间上呈现出从中心向外围蔓延的网络状结构。

5 结论与讨论

基于夜间灯光遥感数据，以 30 个主要都市圈为对象，首先，利用局部等值线树算法识别都市圈内部的中心和非中心城镇及其建成区范围。其次，结合人口数据进行都市圈内部城镇规模等级划分，包括中心城市、节点城市、次节点城镇和微中心 4 个等级。再次，提出非中心城镇数量、城镇均衡度、城镇聚集度 3 个参数，用以表征都市圈内部城镇的空间结构特征。最后，综合考虑都市圈建成区面积、内部城镇的规模等级和空间结构特征，通过非中心城镇数量、城镇均衡度、城镇聚集度、建成区面积占比、中心城镇人口占比、断档级数 6 个指标，对都市圈进行综合分类。研究结果如下：

（1）局部等值线树算法对于识别都市圈内部城镇具有适用性，能够精准提取突破行政区划界线的实际城镇空间范围数据。该方法不仅可以提取城镇范围数据，还可以识别城市空间层级结构，但需要人为设置最小面积、起始等值线值、等值距等参数。

（2）主要都市圈的内部城镇规模等级特征表现为：都市圈内部城镇建成区具有较大的人口规模；多数都市圈内部中心城镇的核心集聚作用明显，呈单中心结构；一些都市圈内部城镇规模等级结构不完善，存在断档现象，节点城市和次节点城镇的承接作用有限。

（3）依据都市圈建成区面积、内部城镇的规模等级和空间结构特征，将 30 个主要都市圈划分为 6 种类型，分别为：单核型、单中心Ⅰ型、单中心Ⅱ型、双中心型、组团型和网络型，其中以单中心型为主体，双中心型、组团型和网络型尚属少数，处于逐步形成阶段。

在都市圈研究日益受到重视的背景下，有必要加强对于都市圈内部城镇之间相互关系的理论研究体系构建和适用方法开发。本书仅仅是对都市圈内部城镇规模等级和空间结构的初步探索，方法和结论都需进一步推敲和完善，如对于空间结构的分析还需综合考虑不同都市圈的区位因素和地形条件等；除了规模结构和空间结构以外，都市圈内部城镇的功能结构还有待进一步研究。

参考文献

[1] 中华人民共和国国家发展和改革委员会. 国家发展改革委关于培育发展现代化都市圈的指导意见[EB/OL].（2019-02-21）[2020-06-04]. https://www.ndrc.gov.cn/xxgk/zcfb/tz/201902/t20190221_962397.html.

[2] 顾朝林. 中国城镇体系：历史、现状、展望[M]. 北京：商务印书馆，1992：1.

[3] JEFFERSON M. The law of the primate City [J]. Geographical review, 1939, 29（2）：226-232.

[4] ZIPF G K. Human behaviour and the principle of least effort [J]. American journal of sociology, 1951, 57（1）：92-94.

[5] HENDERSON V. Handbook of regional and urban economics [M]. Amsterdam: North Holland, 2000.

[6] HINO M. Fundamental dimensions of the Japanese urban system in the years of 1950, 1960, and 1970 [J]. Geographical review of Japan. 1977, 50（6）：335-353.

[7] AIKEN S M. Corporate influence and the German urban system: headquarters location of German industrial corporations, 1950-1982 [J]. Economic geography, 1984, 60（1）：38-54.

[8] 严重敏，刘君德，孙大文，等. 试论苏锡地区农业发展与中小城镇的关系[J]. 地理学报，1964（3）：234-247.

[9] 于洪俊. 城市地理概论[M]. 安徽：安徽科学技术出版社，1983.

[10] 周一星. 关于明确我国城镇概念和城镇人口统计口径的建议[J]. 城市规划，1986（3）：10-15.

[11] 周一星，史育龙. 建立中国城市的实体地域概念[J]. 地理学报，1995（4）：289-301.

[12] 李健，宁越敏. 1990年代以来上海人口空间变动与城市空间结构重构[J]. 城市规划学刊，2007（2）：20-24.

[13] 王红霞. 多中心化空间演变进程中的城镇体系建设：以上海为例的研究[J]. 上海经济研究，2009（1）：13-22.

[14] 梁辉，岳彩娟. 流动人口空间体系及其与城镇体系的相关分析：以武汉城市圈为例[J]. 南方人口，2011, 26（2）：39-47.

[15] 李植斌，邓洪娟，程安顺. 快速交通对大都市区建设的提振效应：以杭州为例[J]. 上海城市管理，2012（4）：53-57.

[16] 江曼琦，席强敏. 中国主要城市化地区测度：基于人口聚集视角[J]. 中国社会科学，2015（8）：26-46, 204-205.

[17] LONG Y. Redefining Chinese city system with emerging new data [J]. Applied geography, 2016, 75:

36-48.

[18] 马爽,龙瀛.中国城市实体地域识别:社区尺度的探索[J].城市与区域规划研究,2019,11(1):37-50.

[19] 高分辨率对地观测系统湖北数据与应用中心.珞珈一号01星数据与应用服务[J].卫星应用,2019(5):26-29.

[20] 国家质量技术监督局,中华人民共和国建设部.城市规划基本术语标准[S].北京:中国建筑工业出版社,1999.

[21] 李德仁,余涵若,李熙.基于夜光遥感影像的"一带一路"沿线国家城市发展时空格局分析[J].武汉大学学报(信息科学版),2017,42(6):711-720.

[22] 何春阳,李景刚,陈晋,等.基于夜间灯光数据的环渤海地区城市化过程[J].地理学报,2005(3):409-417.

[23] MILESI C, ELVIDGE C D, NEMANI R R, et al. Assessing the impact of urban land development on net primary productivity in the southeastern United States[J]. Remote sensing of environment, 2003, 86(3): 401-410.

[24] 刘小平,黎夏,陈逸敏,等.景观扩张指数及其在城市扩展分析中的应用[J].地理学报,2009,64(12):1430-1438.

[25] 吴健平,张立.卫星遥感技术在城市规划中的应用[J].遥感技术与应用,2003(1):52-56.

[26] ELVIDGE C D, CINZANO P, PETTIT D R, et al. The nights at mission concept[J]. International journal of remote sensing, 2007, 28(12): 2645-2670.

[27] 陈晋,卓莉,史培军,等.基于DMSP/OLS数据的中国城市化过程研究:反映区域城市化水平的灯光指数的构建[J].遥感学报,2003(3):168-175,241.

[28] 卓莉,李强,史培军,等.基于夜间灯光数据的中国城市用地扩展类型[J].地理学报,2006(2):169-178.

[29] SUTTON P, ROBERTS D, ELVIDGE C, et al. Census from heaven: an estimate of the global human population using night-time satellite imagery[J]. International journal of remote sensing, 2001, 22(16): 3061-3076.

[30] IMHOFF M L, LAWRENSE W T, STUTZER D C, et al. A technique for using composite DMSP/OLS "City Lights" satellite data to accurately map urban areas[J]. Remote sensing of environment, 1997, 61(3): 361-370.

[31] 何春阳,史培军,李景刚,等.基于DMSP/OLS夜间灯光数据和统计数据的中国大陆20世纪90年代城市化空间过程重建研究[J].科学通报,2006(7):856-861.

[32] HENDERSON M, YEH E T, GONG P, et al. Validation of urban boundaries derived from global night-time satellite imagery [J]. International journal of remote sensing, 2003, 24 (3): 595-609.

[33] 陈佐旗. 基于多源夜间灯光遥感影像的多尺度城市空间形态结构分析 [D]. 上海：华东师范大学, 2017: 56-58.

[34] WU Q, LIU H, WANG S, et al. A localized contour tree method for deriving geometric and topological properties of complex surface depressions based on high-resolution topographic data [J]. International journal of geographical information science, 2015, 29 (12): 2041-2060.

[35] CHEN Z, YU B, SONG W, et al. A new approach for detecting urban centers and their spatial structure with nighttime light remote sensing [J]. IEEE transactions on geoscience and remote sensing, 2017, 55: 6305-6319.

[36] 董磊, 王浩, 赵红蕊. 城市范围界定与标度律 [J]. 地理学报, 2017, 72 (2): 213-223.

[37] 中华人民共和国中央人民政府. 国务院关于调整城市规模划分标准的通知 [EB/OL]. (2014-11-20) [2020-04-05]. http://www.gov.cn/zhengce/content/2014-11/20/content_9225.html.

促进人口有序流动,提升都市圈一体化发展水平

华夏幸福研究院

摘 要 都市圈是承接我国城镇新增人口的核心载体。伴随经济发展水平的提高,人口的出生率和自然增长率在低位徘徊,自然增长对人口增长的贡献逐步弱化,迁入人口成为都市圈人口增长的关键支撑。然而长期以来,人口流动不充分成为制约我国都市圈一体化和高质量发展的重要问题,促进人口有序流动是提升都市圈一体化水平的必然要求。未来,逐步打破阻碍人口流动的户籍壁垒,让流动人口"进得来";提升外来人口的社会融入度,让流动人口"留得住";共建共享一体化人才管理平台,把都市圈的内外圈层人才管理工作衔接好,将是促进人口有序流动,提升都市圈一体化发展水平的有力保障。

关键词 人口迁移 户籍制度 都市圈 一体化发展

1 都市圈是承接新增城镇人口的核心载体

1.1 都市圈是吸纳流动人口的主体空间,一定时期内都市圈人口规模将持续增长

都市圈是区域发展的增长极,较高的经济发展水平和优质的公共服务资源对人口具有较强的吸引力,使都市圈的人口规模在一定时期内将持续增长。以东京都市圈为例,其人口增长历程体现了都市圈强大的人口吸引力和集聚力。1920—2015年,东京都市圈的人口规模更是从768万人增加至3613万人,人口规模净增长达到2845万人(见图1)。特别是20世纪70年代以后,虽然日本城镇化基本进入晚期,人口流动速度大幅减缓,但东京都市圈的人口规模仍然在持续增加。

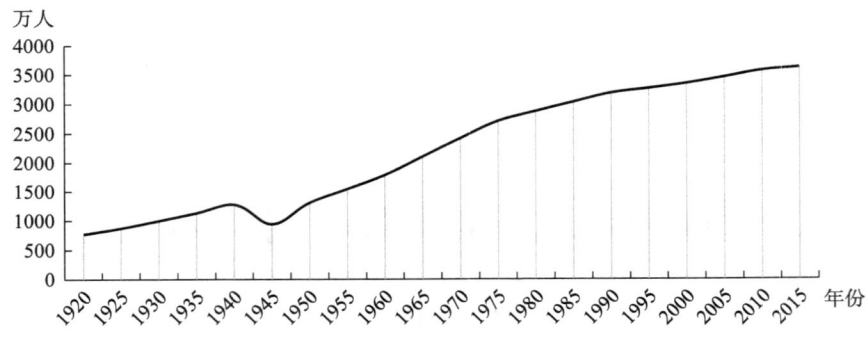

图1　1920—2015年东京都市圈人口发展历程

资料来源：日本总务省统计局，华夏幸福研究院。

伴随经济发展水平的提高，人口的出生率和自然增长率开始在低位徘徊，人口自然增长的贡献力逐步弱化，迁入人口成为都市圈人口增长的关键支撑。以京沪为例，北京外来人口占总人口的比重从1990年的5%增加至2016年的37%，上海则是从1990年的4%增长为2016年的41%，迁移增长对都市圈人口增长的贡献可见一斑（见图2和图3）。

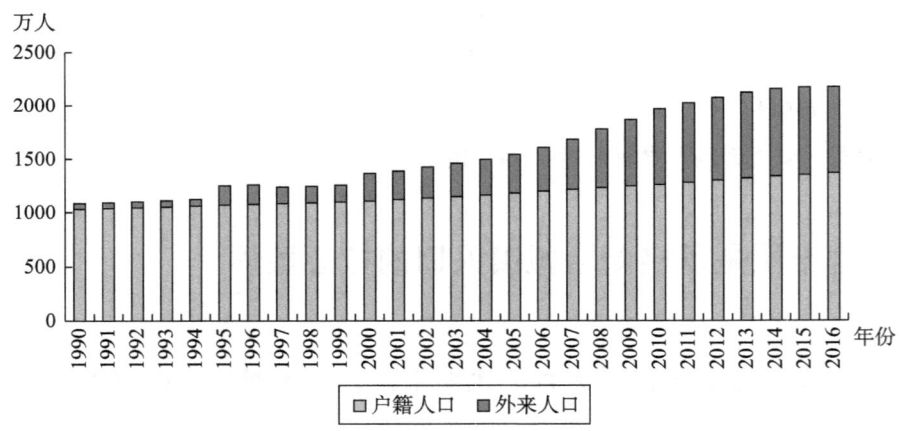

图2　1990—2016年北京户籍人口和外来人口规模变化

资料来源：《北京统计年鉴2017》，华夏幸福研究院。

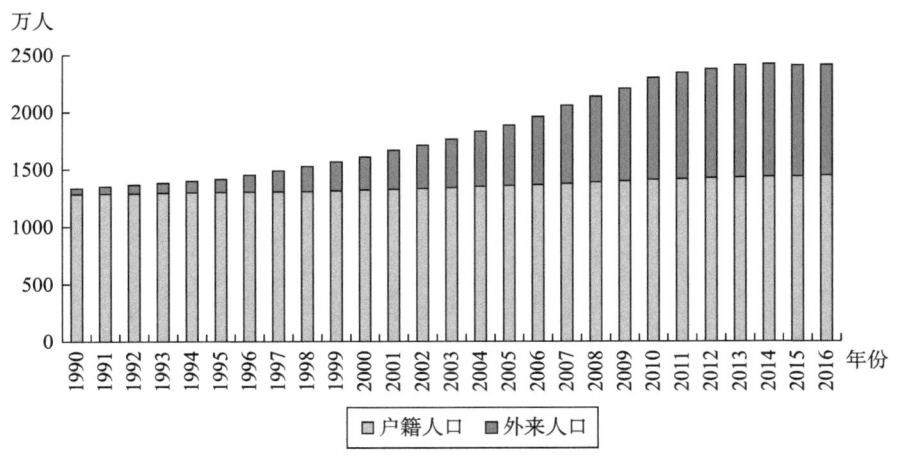

图 3　1990—2016 年上海户籍人口和外来人口规模变化

资料来源:《上海统计年鉴 2017》,华夏幸福研究院。

1.2　随着核心圈人口规模趋于稳定,外圈层成为新增人口的集中承载地

都市圈人口发展历程呈现明显的阶段性特征。以东京都市圈为例,发展初期,东京的人口加速增长,外围区县的人口增长缓慢;进入发展中后期,东京的人口增长趋于稳定,外围区县成为新增人口的主体吸纳空间(见图 4)。北京都市圈也表现出类似的规律,2014 年以来外围区县的人口增速开始超过核心圈,成为北京都市圈人口增长的主力区域(见图 5)。

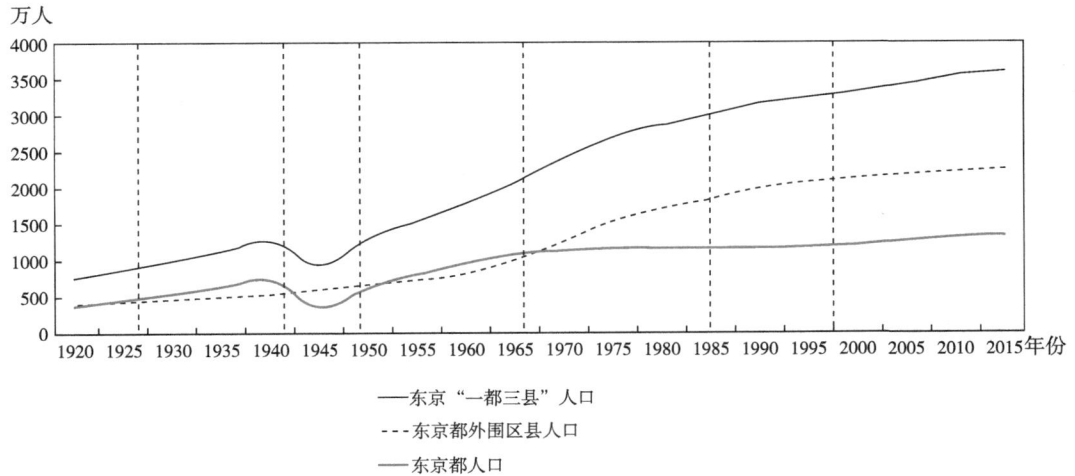

图 4　1920—2015 年东京都市圈人口发展历程

资料来源:日本总务省统计局,华夏幸福研究院。

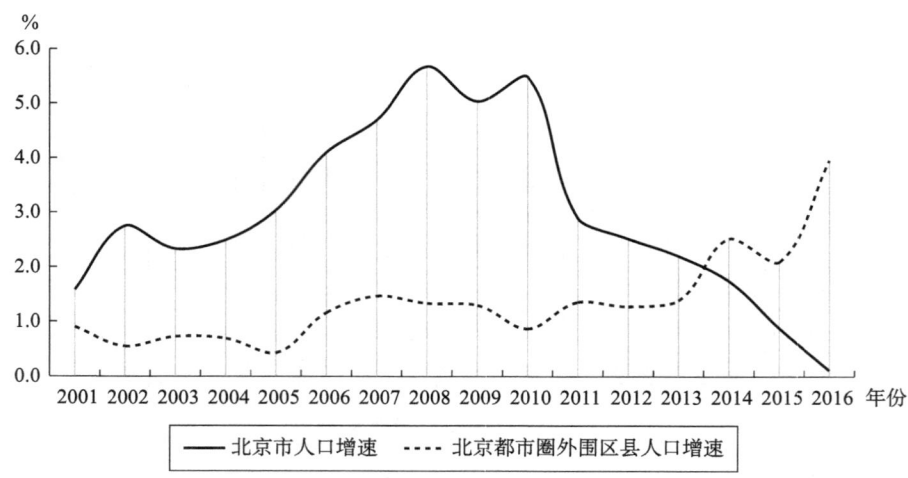

图 5　2001—2016 年北京都市圈核心区与外围区县人口发展增速变化

资料来源：《北京统计年鉴 2017》《河北经济年鉴 2017》，华夏幸福研究院。

从北京都市圈的情况来看，20 世纪 90 年代，核心圈人口加速集聚，年复合增长率高达 4.6%，外圈层人口增长缓慢；进入 21 世纪以来，由于核心圈人口密度过大，"大城市病"逐步显现，在政府调控和市场机制共同作用下，核心圈人口增速急剧下滑，同时城市圈和都市圈的人口增长先后发力。考虑到核心圈居高不下的人口密度和内外圈层巨大的人口密度落差，基于都市圈发展理念，未来北京都市圈的外圈层人口有望进一步加速增长。

2　人口流动不充分制约我国都市圈一体化高质量发展

2.1　我国都市圈的内外圈层落差大，核心区辐射带动效应较弱

伴随着交通网络的日益完善和城市产业的转型升级，成熟的都市圈内圈层辐射带动外圈层发展的作用逐渐增强，外圈层承载内圈层人口和产业转移的必要性日渐突出。可以看到，在中心城市带动下进行区域一体化发展的地区，在人口和产业承载方面远远好于割裂或孤立发展的城市或地区。

然而，由于限制人口流动的事实壁垒仍然存在，我国都市圈普遍存在人口过度集中于核心圈，外圈层人口数量过少和城镇化水平过低，核心区辐射带动效应较弱的现象。以北京都市圈为例，30~50km 圈层内每平方公里的人口数仅为 400 人左右（见表

1),分别约为东京、纽约都市圈相应圈层的14.3%、4.6%。都市圈外围的城镇化率与核心区相比明显偏低,以北京都市圈为例,2017年北京的城镇化率高达87%,河北地区的城镇化率仅为55%。

表1 2015年北京、上海、东京、纽约都市圈人口密度圈层分布　　单位:万人/km²

半径	北京	上海	东京	纽约
0~5km	2.02	3.67	1.08	2.66
5~10km	2.09	2.19	1.41	0.87
0~10km	2.07	2.56	1.33	1.32
10~20km	1.09	1.19	1.24	0.55
20~30km	0.18	0.21	0.33	0.22
30~50km	0.04	0.15	0.28	0.87

资料来源:卓贤,陈奥运.从城镇化到都市圈化[EB/OL].(2018-02-01)[2020-05-05].http://bijiao.caixin.com/2018-05-30/101259403.html.

2.2 我国都市圈城镇体系不完善,人口承载水平较低

为高效组织物质财富的生产和流通,城镇空间结构应是以中心城市为核心,并由相应多级城镇构成的网络体系。伴随着交通网络的日益完善和城市产业的转型升级,都市圈的城镇空间格局应逐渐向网络化、多中心、组团式发展,圈层逐渐外拓,外围节点型城市逐渐增加,城镇体系不断完善。

然而,当前我国都市圈尚未建立起大中小城市各具活力的城镇体系,都市圈核心区"一股独大",中小城镇发展滞后,制约了都市圈,特别是外圈层人口承载潜力的发挥。以北京都市圈为例,除核心区外,100万人以上的城市,东京都市圈有4个,北京都市圈为0;50万~100万人以上的城市,东京都市圈有5个,北京都市圈仅有1个;20万~50万人的城市,两者的差距更为明显,东京都市圈内高达20个,北京则仅有6个。

3 促进人口有序流动是提升都市圈一体化水平的必然要求

人口有序流动有利于提升都市圈的人口承载力,优化都市圈的人力资源配置,促进都市圈一体化高质量发展。结合《国家发展改革委关于培育发展现代化都市圈的指导意见》(以下简称《意见》)内容,我们认为,都市圈治理的政策措施可以从以下几

方面入手，让外来人口进得来，留得住，能衔接。

3.1 进得来：逐步打破阻碍人口流动的户籍壁垒

促进人口有序流动应该先让圈外人口"进得来"。按照《意见》精神，"放开放宽落户限制"，扩大人口流动的自由选择，使城市与人口之间拥有更大程度的双向选择权，有利于进一步优化城市的人力资源配置；"实现户籍准入年限同城化累积互认"，将大大增强都市圈外围节点城市的吸引力，在促进人口有序流动的同时，进一步完善都市圈城镇体系的建设。

在《意见》精神指引下，我们认为，城市现阶段应以改革户籍管理制度为起始和指引，配合社会保障、住房保障、教育、医疗等政策同步或逐步的阶段性改革和完善，逐步消除限制人口自由流动的障碍。随着都市圈一体化发展的逐渐深入，异地投资的企业越来越多，应加快推进核心城市与周边城市的社保互认，以及医疗和教育资源的协同。

3.2 留得住：提升外来人口社会融入度

外来人口进入新城市后，只有适应其中的生产体系和社会互动规范，最终成为适应新社会生活的成员，才算实现了真正的迁移。《意见》指出，统筹推进本地人口和外来人口的市民化，就是要提升区域的城镇化水平和外来人口的社会融入度。

我们认为，现阶段国家一方面应探索构建外来人口的服务管理体系，为外来务工人员提供必要的政策咨询、法律援助、就业服务等，保障其基本权益；另一方面应加大宣传力度，提高社会包容度，在全社会营造关爱、尊重外来人口的和谐氛围，让外来人员参与社区治理，努力形成共建共享、和谐发展的良好社会。

3.3 能衔接：共建共享一体化人才管理平台

《意见》中提到，要推动人力资源信息共享、公共就业服务平台共建，旨在促进都市圈人力资源的交流合作，实现区域间的优势互补。

结合《意见》精神，我们认为，在人力资源共享方面，应平衡都市圈内各城市利益，建立起人力资源分享和补偿机制；对于区域引进的人才资源，努力实现城际之间的相互承认，统一标识。在公共就业服务平台共建方面，要发挥都市圈中心城市的辐射带动作用，配合"互联网＋政务"，在服务内容、服务流程、服务标准等方面逐步实现一体化。

4 结语

都市圈是承接我国新增城镇人口的核心载体。预计到2035年，中国城镇化率将提高至70%，即我国70%的人口将集聚在城市。2017年，都市圈的城镇人口净增量占全国净增量的2/3，预计未来仍将维持该比重。

"一个流动的中国，充满了繁荣发展的活力。"人口的有序流动和城市融入问题，不仅关系到新型城镇化战略推进之成败，也是决定中国经济能否实现可持续发展的关键所在。本次《意见》的出台，为促进人口有序流动，培育更高质量发展的都市圈提供了有力保障。让我们看到，以人为本，"流动的中国"未来可期！

参考文献

［1］接栋正. 以人口有序流动促进城镇化健康发展："新型城镇化与人口有序流动"论坛综述［J］. 人口与经济，2017（1）：124-126.

［2］陈振明等. 外来人口社会管理与公共服务供给机制的创新：基于厦门市某区调研的分析［J］. 东南学术，2007（6）：39-45.

［3］庞飞. 区域一体化发展下的人力资源共享分析：基于公共政策视角［J］. 人力资源管理，2011（7）：34-35.

［4］王石川. 以人为本，"流动的中国"未来可期［N］. 光明日报，2019-01-24（2）.

［5］中华人民共和国国家发展和改革委员会. 国家发展改革委关于实施2018年推进新型城镇化建设重点任务的通知［EB/OL］.（2018-03-13）［2020-05-07］. http：//www.gov.cn/xinwen/2018-03/13/content_5273637.htm.

［6］中华人民共和国人力资源和社会保障部. 人力资源社会保障部办公厅关于推进公共就业服务专业化的意见［EB/OL］.（2017-07-25）［2020-05-07］. http：//www.mohrss.gov.cn/SYrlzyhshbzb/jiuye/zcwj/201708/t20170807_275328.html.

典型都市圈分圈层人口变动趋势对比研究

刘哲达[1]　张　华[1]　陈红艳[1,2]

（1.北京师范大学，北京　100875；2.华夏幸福研究院，北京　100027）

摘　要　都市圈的形成改变了原有大城市和中小城市的关系，都市圈内的人口变动也直接反映了整个都市圈的内外发展情况。北京都市圈、上海都市圈和深圳都市圈是我国的典型都市圈，本书通过对三大都市圈分区县圈层划分，并根据已有的人口普查统计资料和高德数据，分别运用定性和定量分析方法分析了各都市圈及其内部圈层的人口规模与属性变动趋势。研究表明：①三大都市圈人口规模增长明显，其中上海都市圈人口规模最大，北京都市圈内外圈层差距最大，在变动幅度上核心圈人口规模变动幅度较大；另外，三大都市圈的人口性别和受教育程度结构呈现"失衡化""高知化"，人口所属行业结构呈现"均衡化"。②北京都市圈和上海都市圈总体上具有一致性，深圳都市圈在与其他两大都市圈的对比中略显特殊，其都市圈辐射面积仍处于一个较低的水平，内部的核心圈人口仍处于快速增长的阶段。③从都市圈内部来看，三大都市圈的核心圈人口规模变动较大，城市圈人口性别、年龄和受教育程度结构变动较大，辐射圈人口所属行业结构变动幅度较大，各圈层均呈现出不同的变动特点。

关键词　都市圈　人口规模　属性结构　人口变动

1　研究背景和意义

1.1　研究背景

城市是人类社会进步的主要载体，随着城市的不断发展，对人口的吸引力也在日益提升，人口最密集的地区逐渐形成了大城市，人口较密集的地区则逐渐形成了中小城市。我国大城市在发展过程中出现规模过度膨胀、交通拥挤、住房紧张、资源不足及环境污染等"城市病",而中小城市和小城镇功能普遍弱化,市(镇)区规模偏小,基础设施和公共服务落后,缺乏产业支撑(李瑞鹏,2019)。在城市化集聚效应不断强化的过程中,大城市对周围地域的影响力不断增强,甚至开始跨越原有的行政边界发展,形成都市圈(华夏幸福研究院,2019)。

人口因素是都市圈发展的重要因素,因为人口规模既决定劳动力供给的数量与质量,又决定社会总需求水平(王应贵等,2018),所以人口的变动直接反映了整个都市圈的内外发展情况。跨越行政边界都市圈的形成有助于缓解大城市的"城市病",促进中小城市的功能提升,为中小城市提供产业支撑;同时也使都市圈内部的人口规模和人口属性发生较大变化,研究这一变化有助于把握都市圈的发展情况。

我国关于人口变动的研究较多,研究内容涉及多个方面,其中关注点较集中于人口变动空间格局及趋势分析等方面。金德谷通过第五次、第六次人口普查数据的对比,总结出了各民族人口城乡构成的变动规律(金德谷,2014);曾宪新在北京城市规模快速增长的基础上,通过对比第五次、第六次人口普查数据,对北京不同区域人口数量的增减、人口分布变动等方面做出总结(曾宪新,2015)。除此之外,城市人口变动的影响因素及结果也是重要的研究方向之一,政策、环境被认为是影响人口变动的重要因素(童玉芬等,2014;刘小敏,2019),许多研究者也关注人口变动与某些因素的内在关系,侯亮、周海坚等对城市人口变动和城市房价的关系进行研究,探索两者之间的关系(侯亮等,2009;周海坚,2018)。人口变动在研究尺度上从城市到城市群均有涉及,张善余等以东京市为例(张善余等,2002),付颖则从东三省城市群出发(付影,2006),张耀军等以北京市为例(张耀军等,2013),秦新喜等以乌鲁木齐市为例(秦新喜等,2017;毛亚会等,2017),都对城市进行了人口变动的研究。人口变动的大部分研究方法是将人口空间化,辅以其他手段进行分析。张耀军等利用空间聚类方法以沿海城市为例,分析其人口变动格局(张耀军等,2012);鲁继通基于 ROXY 指数分析京津冀都市圈变动与城市化的空间发展态势(鲁继通,2015)。多位学者通过不同的研究方法,为各自的人口变动结论提供了支撑。总体来看,在研究内容、研究尺度和研究方法上,我国学者对于城市人口变动的研究均较为丰富。

目前,我国已形成了多个都市圈,包括北京都市圈、上海都市圈、广州都市圈等。虽然关于特定城市的人口变动研究较多,但关于我国某个都市圈人口变动的研究仍然较少,尤其是对都市圈内部的中小城市关注不足。因此,需要加强对于都市圈人口变动的研究。另外,目前人口研究的数据仍以统计数据为主,大多使用 10 年 1 次的普查数据及相应年份的抽样数据，该数据虽能较好地反映普查或抽样年份都市圈的人口特征，但不能反映都市圈无普查或抽样年份的人口特征，大数据的兴起使高德数据、手机信令数据等逐渐应用到人口研究领域中。

本文的主要内容包括完成对北京都市圈、上海都市圈和深圳都市圈的分区县圈层划分，并根据已有的人口普查统计资料和高德数据，分别运用定性和定量分析研究各都市圈及其内部圈层的人口规模与属性变动趋势，以及总结讨论三大典型都市圈的人口变动特点。

1.2　研究意义

本书的研究意义主要包括以下几个方面。

（1）我国目前对都市圈内部圈层的划分还缺乏科学的界定，而且基于行政区划的统计数据不能直接与都市圈的不同圈层匹配。本文对华夏幸福研究院提供的都市圈划定结果进行调整，为都市圈分圈层方法与统计数据的结合提供了参考。

（2）本文以北京都市圈、上海都市圈和深圳都市圈三大典型都市圈为对象，对其人口变动趋势进行研究，在一定程度上可弥补目前这方面研究的空白。

（3）本文将使用高德数据辅助统计数据，对2010—2018年三大都市圈各圈层的人口变动趋势进行判断，并以此评估高德数据人口属性字段的相对准确性，得出高德数据在人口变动研究中的可应用性。

2　研究区概况和资料来源

2.1　研究区概况

北京都市圈、上海都市圈和深圳都市圈是本书选定的典型都市圈，都市圈内部依据一定的划分方法分为3个圈层。第一圈层是核心圈，划分方法以工作人口分布为主，辅以POI数据、夜间灯光遥感数据、建成区范围、地形等；第二圈层是城市圈，以通勤数据为核心，将核心圈外围1km×1km网格人口到核心圈通勤比例达到10%的部分连成片，辅以POI数据、夜间灯光遥感数据、建成区范围、地形等，以此作为城市圈，该圈层可能包含飞地；第三圈层是辐射圈，也是都市圈的最外层，是以1.5小时等时圈为核心，叠加80km圈层及POI数据、夜间灯光遥感数据、建成区范围、地形等，最终确定辐射圈。

由于研究区中有很多区县跨了2个或3个都市圈内部圈层，而统计数据无法将区县的人口属性数据分开，所以对于跨圈层的区县，根据中科院制作的2015年全国人口1km×1km栅格数据，计算出各区县的跨圈层人口占比结果，将其行政区域范围归入占比最高的圈层。对于并未全部被包含在都市圈最外围圈层范围内的部分区县，将其中在都市圈内人口占比较小的区县剔除，是对既定都市圈划分方法的一个调整。

北京都市圈包含北京市（包括全部16个区）、天津市（仅蓟州区1个区）和河北省（包括张家口市、保定市、廊坊市和唐山市的部分区县，共涉及21个区县），共计32个区县（见表1）。

表1　北京都市圈涉及区县

圈层	区县
核心圈	东城区、西城区、朝阳区、丰台区、海淀区
城市圈	石景山区、通州区、顺义区、昌平区、大兴区、大厂回族自治县
辐射圈	门头沟区、房山区、怀柔区、平谷区、密云区、延庆区、蓟州区、定兴县、容城县、安新县、雄县、涿州市、高碑店市、怀来县、安次区、广阳区、固安县、永清县、香河县、霸州市、三河市

上海都市圈包含上海市（包括15个区）、江苏省（包括无锡市、常州市、苏州市、南通市和镇江市的部分区县，共涉及22个区县）和浙江省（包括嘉兴市和湖州市的部分区县，共涉及8个区县），共计45个区县（见表2）。

表2　上海都市圈涉及区县

圈层	区县
核心圈	黄浦区、徐汇区、长宁区、静安区、普陀区、虹口区、杨浦区、宝山区
城市圈	闵行区、嘉定区、浦东新区、松江区、青浦区、奉贤区、昆山市、太仓市
辐射圈	金山区、梁溪区、锡山区、惠山区、滨湖区、江阴市、宜兴市、天宁区、钟楼区、戚墅堰区、新北区、武进区、姑苏区、虎丘区、吴中区、相城区、常熟市、张家港市、吴江区、崇川区、启东市、南湖区、秀洲区、嘉善县、海盐县、海宁市、平湖市、桐乡市、南浔区

深圳都市圈包含深圳市（包括6个区）和广东省（惠州市和东莞市的部分区县，共涉及5个区县），共计11个区县（见表3）。

表3　深圳都市圈涉及区县

圈层	区县
核心圈	罗湖区、福田区、南山区、宝安区、龙岗区
城市圈	盐田区、东莞市
辐射圈	惠城区、博罗县、惠东县、惠阳区

三大都市圈面积差异较大，呈现北京都市圈＞上海都市圈＞深圳都市圈的特点。其中，北京都市圈面积为26662.08 km^2，上海都市圈面积为25318.11 km^2，两个都市圈

面积相差不大，辐射范围大致相当；而深圳都市圈面积为 15300.88 km²，与北京都市圈和上海都市圈面积相差较大，辐射范围相对较小。

三大都市圈虽然整体面积有一定差异，但内部结构有着大体相同的特点，均为辐射圈面积占比最大，大体为从外向内面积占比逐渐减小。其中，北京都市圈的辐射圈为面积占比最大的圈层，达 78.10%；上海都市圈的辐射圈面积占比达 71.95%；深圳都市圈的辐射圈面积占比相对较小，为 65.28%。另外，北京都市圈和上海都市圈的核心圈面积占比都比较小，分别为 4.84% 和 2.91%，圈层分布呈现近似同心圆的结构；而深圳都市圈则是城市圈面积占比最小，核心圈面积占比比城市圈占比略大，但远大于北京都市圈和上海都市圈的核心圈面积占比，由此可见深圳都市圈的外围地区发展相对较好（见表4）。

表4　2018年三大典型都市圈的面积　　　　　　　　　　　　　　　单位：km², %

圈层	北京都市圈		上海都市圈		深圳都市圈	
	面积	面积占比	面积	面积占比	面积	面积占比
核心圈	1290.60	4.84	736.62	2.91	2730.03	17.84
城市圈	4548.57	17.06	6366.22	25.14	2582.64	16.88
辐射圈	20822.91	78.10	18215.28	71.95	9988.20	65.28
都市圈合计	26662.08	100.00	25318.12	100.00	15300.87	100.00

2.2　数据来源

本文使用的数据包括全国第五、第六次人口普查数据（以下简称五普、六普），2018年高德人口属性数据，典型都市圈圈层划分底图，典型都市圈涉及区县行政地图，2015年全国人口 1km×1km 栅格数据。其中，人口普查数据来源于国家统计局、高德数据和底图来源于华夏幸福研究院，人口栅格数据来源于中科院资源环境数据中心。

3　三大都市圈及其分圈层人口规模及变化

本节基于 2000 年、2010 年和 2017 年的统计数据，通过常住人口数量、人口密度和增长幅度研究三大都市圈及其分圈层人口规模及变化情况。

3.1　都市圈整体人口规模及变化情况

三大都市圈的人口规模呈现出十分鲜明的特点，2000年、2010年和2017年三大都市圈的常住人口数量均为上海都市圈＞北京都市圈＞深圳都市圈。2017年，上海都市圈常住人口达5108.37万人，北京都市圈和深圳都市圈常住人口分别为2962.40万人和 2525.51 万人，上海都市圈常住人口数量远远高于北京都市圈和深圳都市圈，其总体人口数量接近北京都市圈和深圳都市圈的总和（见图 1）。

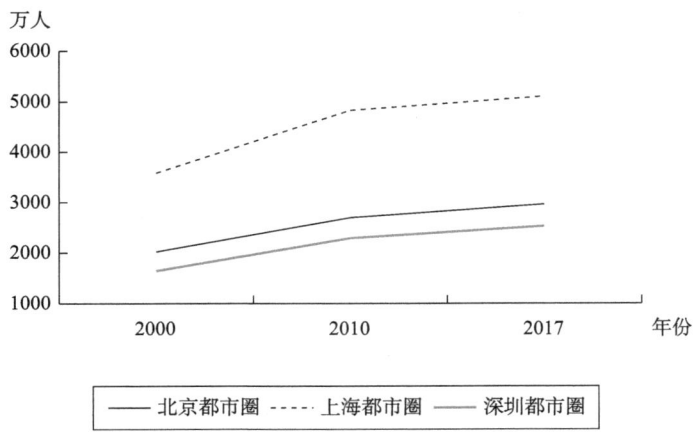

图 1　2000 年、2010 年和 2017 年三大都市圈常住人口数量变动趋势

三大都市圈的人口密度也呈现出十分鲜明的特点，2000 年、2010 年和 2017 年三大都市圈的人口密度均呈现上海都市圈 > 深圳都市圈 > 北京都市圈。2017 年，上海都市圈人口密度达 2018 人 /km²，深圳都市圈和北京都市圈人口密度分别为 1651 人 /km² 和 1111 人 /km²，上海都市圈不仅常住人口远多于深圳都市圈和北京都市圈，人口密度也居首位，而深圳都市圈的人口密度超越了北京都市圈，说明深圳都市圈集聚能力较好，但辐射能力较差（见图 2）。

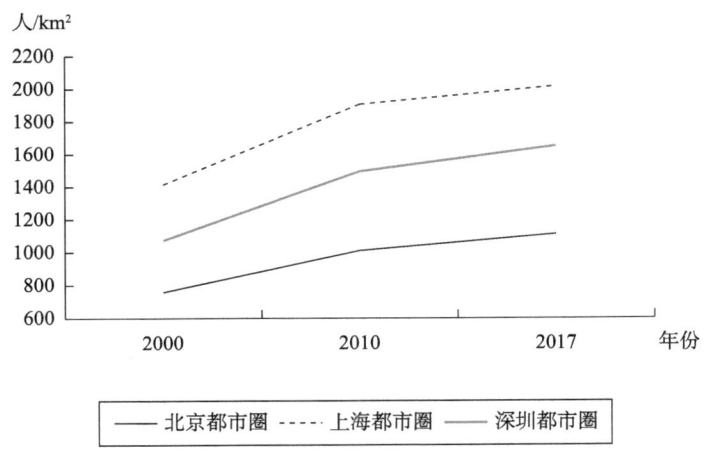

图 2　2000 年、2010 年和 2017 年三大都市圈人口密度变动趋势

另外，从三大都市圈 2000—2017 年的变化情况也能看出，三大都市圈常住人口数量和人口密度的增长幅度也大致相同，均在 40% 以上，保持了较高的增长速度，其中深圳都市圈的增长速度达到54%。从2000—2010年和2010—2017年两个分段时间的数据来看，2000—2010年的年均增速相较2010—2017年高，2000—2010年的年均增速均在3%以上，而2010—2017年的年均增速均在1.5%以下，说明近几年来各都市圈的常住人口增长幅度明显放缓，人口已逐渐趋向于饱和。

3.2 都市圈分圈层人口规模及变化

三大都市圈各圈层的人口规模均呈上升趋势，但各自的内部占比呈现不同的特点，2000—2017年各都市圈的部分圈层变化幅度较大。2017年，北京都市圈和深圳都市圈的核心圈人口占比较高，人口趋向于向内集聚；而上海都市圈则是辐射圈人口占比较高，人口趋向于向外扩散。从2000—2017年的变化角度来看，北京都市圈3个圈层的人口占比变化均较大，上海都市圈和深圳都市圈则是核心圈和城市圈的人口占比变化较大，辐射圈的人口占比基本保持不变。下面对各都市圈内部圈层的人口占比变化情况做具体的说明。

2017年，北京都市圈各圈层的人口占比呈现出核心圈 > 辐射圈 > 城市圈的特点，核心圈和辐射圈不相上下，城市圈占比稍低；另外，从人口占比变化看，核心圈和辐射圈均起伏不定，城市圈变化最为明显。具体来看，辐射圈人口占比总体呈下降趋势，从2000年的44.50%下降到2017年的36.96%；核心圈的人口占比呈波动变化趋势，从2000年的39.67%先上升到2010年的41.20%，后又下降到2017年的38.74%，总体上有轻微的下降；而城市圈呈现明显的持续上升趋势，从2000年的15.83%上升到2017年的24.30%，与核心圈和辐射圈的占比差距在逐渐缩小（见图3和表5）。

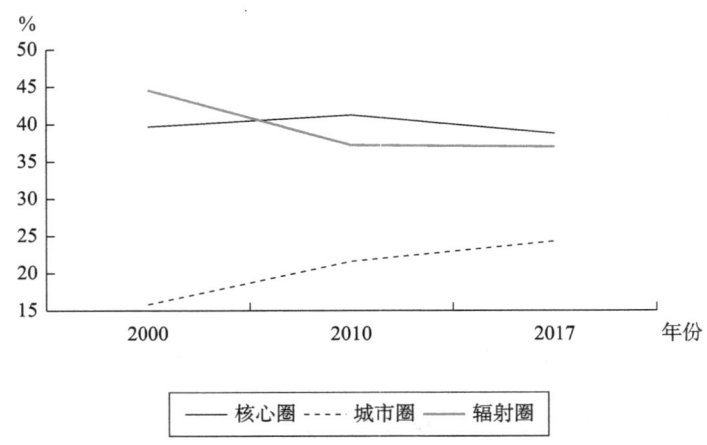

图3 2000年、2010年和2017年北京都市圈各圈层人口占比变动趋势

从北京都市圈各圈层的人口密度看，呈现出核心圈 > 城市圈 > 辐射圈的特点。具

体来看,核心圈的人口密度从 2000 年的 6209.47 人 /km² 上升到 2017 年的 8891.99 人 /km²,上升速度居中;城市圈的人口密度从 2000 年的 703.25 人 /km² 上升到 2017 年的 1582.39 人 /km²,上升速度较快,达 125%;辐射圈的人口密度从 2000 年的 431.72 人 /km² 上升到 2017 年的 525.88 人 /km²,上升速度相对较慢(见表 5)。

表 5　2000 年、2010 年和 2017 年北京都市圈各圈层的人口规模变化

圈层	面积（km²）	面积占比（%）	2000 年人口占比（%）	2010 年人口占比（%）	2017 年人口占比（%）	2000 年人口密度（人/km²）	2010 年人口密度（人/km²）	2017 年人口密度（人/km²）
核心圈	1290.60	4.84	39.67	41.20	38.74	6209.47	8601.07	8891.99
城市圈	4548.57	17.06	15.83	21.60	24.30	703.25	1279.75	1582.39
辐射圈	20822.91	78.10	44.50	37.20	36.96	431.72	481.43	525.88
都市圈	26662.08	100.00	100.00	100.00	100.00	757.72	1010.66	1111.09

2017 年,上海都市圈各圈层的人口占比呈现出辐射圈 > 城市圈 > 核心圈的特点,辐射圈的人口占比处于遥遥领先的位置,城市圈和核心圈人口占比较低,两者之和不足 50%;另外,从变化角度看,2000—2010 年核心圈和城市圈的人口占比变化较大,2010—2017 年各圈层的人口占比均无明显变化。具体来看,辐射圈人口占比一直为最大,但总体呈小幅下降趋势,从 2000 年的 54.07% 下降到 2017 年的 50.94%;核心圈的人口占比呈波动趋势,从 2000 年的 22.79% 先下降到 2010 年的 16.26%,后又上升到 2017 年的 17.48%,总体上有轻微的下降;而城市圈的人口占比呈现明显的上升趋势,从 2000 年的 23.14% 上升到 2017 年的 31.58%(见图 4 和表 6)。

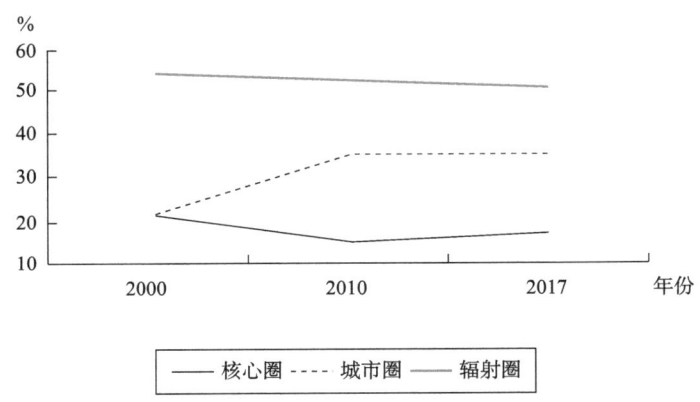

图 4　2000 年、2010 年和 2017 年上海都市圈各圈层的人口占比变动趋势

从上海都市圈各圈层的人口密度看,也呈现出核心圈 > 城市圈 > 辐射圈的特点。具体来看,核心圈的人口密度从 2000 年的 11075.48 人 /km² 上升到 2017 年的 12124.16

人/km²，就数值来说，也远高于同时期的北京都市圈和深圳都市圈的核心圈人口密度；城市圈的人口密度从 2000 年的 1301.28 人/km² 上升到 2017 年的 2534.41 人/km²，上升速度较快，达 94.76%；辐射圈的人口密度从 2000 年的 1062.73 人/km² 上升到 2017 年的 1428.38 人/km²，上升速度相对居中（见表 6）。

表6　2000 年、2010 年和 2017 年上海都市圈各圈层的人口规模变化

圈层	面积（km²）	面积占比（%）	2000 年人口占比（%）	2010 年人口占比（%）	2017 年人口占比（%）	2000 年人口密度（人/km²）	2010 年人口密度（人/km²）	2017 年人口密度（人/km²）
核心圈	736.62	2.91	22.79	16.26	17.48	11075.48	10655.46	12124.16
城市圈	6366.22	25.14	23.14	31.17	31.58	1301.28	2363.83	2534.41
辐射圈	18215.28	71.95	54.07	52.57	50.94	1062.73	1393.35	1428.38
都市圈	25318.12	100.00	100.00	100.00	100.00	1414.03	1906.85	2017.68

深圳都市圈各圈层的人口占比在 2000 年、2010 年和 2017 年均呈现从内到外逐渐减少的特点，核心圈人口集聚能力更强；从变化角度来看，核心圈和城市圈的人口占比变化较大，辐射圈基本不变，相对来说更为稳定。具体来看，辐射圈的人口占比一直为最小，从 2000 年到 2017 年一直维持在接近 20% 的水平；核心圈的人口占比呈明显上升趋势，从 2000 年的 41.80% 上升到 2017 年的 48.37%，成为人口占比最大的圈层，人口集聚能力明显增强。而城市圈的人口占比呈现明显的下降趋势，从 2000 年的 40.22% 下降到 2017 年的 33.97%（见图 5 和表 7）。

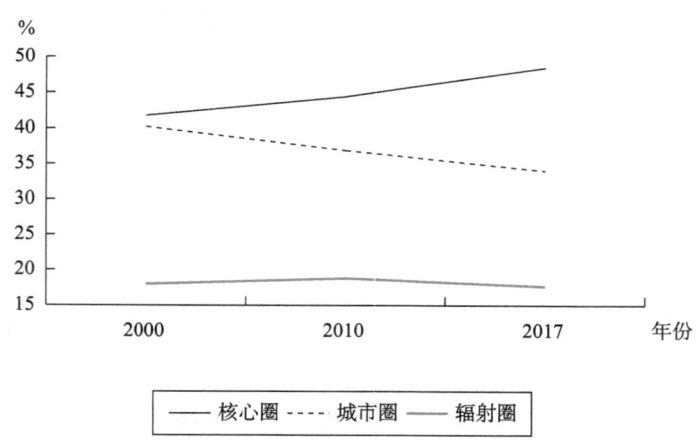

图5　2000 年、2010 年和 2017 年深圳都市圈各圈层的人口占比变动趋势

从深圳都市圈各圈层的人口密度看，核心圈人口密度为最高，但相对于北京都市圈和上海都市圈来说数值较小，说明其各圈层间差距也较小。具体来看，核心圈

的人口密度从 2000 年的 2511.51 人 /km² 上升到 2017 年的 4474.49 人 /km²，上升速度较快，达 78.16%；城市圈的人口密度从 2000 年的 2416.86 人 /km² 上升到 2017 年的 3142.71 人 /km²，上升速度相对较慢；辐射圈的人口密度从 2000 年的 1079.89 人 /km² 上升到 2017 年的 1632.91 人 /km²，上升速度相对居中；与其他都市圈不同的是其城市圈和辐射圈人口密度均相对较高（见表 7）。

表 7　2000 年、2010 年和 2017 年深圳都市圈各圈层的人口规模变化

圈层	面积（km²）	面积占比（%）	2000 年人口占比（%）	2010 年人口占比（%）	2017 年人口占比（%）	2000 年人口密度（人 / km²）	2010 年人口密度（人 / km²）	2017 年人口密度（人 / km²）
核心圈	2730.03	17.84	41.80	44.37	48.37	2511.51	3717.55	4474.49
城市圈	2582.65	16.88	40.22	36.86	33.97	2416.86	3087.72	3142.71
辐射圈	9988.20	65.28	17.98	18.77	17.66	1079.89	1571.86	1632.91
都市圈	15300.88	100.00	100.00	100.00	100.00	1072.14	1494.80	1650.57

综上所述，北京都市圈和深圳都市圈在人口规模方面有着大体相同的特点，即各圈层的人口占比现状为核心圈人口占比较高；上海都市圈则比较特殊，为外围辐射圈的人口较多。从变化趋势角度来看，北京都市圈和上海都市圈各圈层的人口占比变化趋势有着大体相同的特点，即城市圈的人口占比快速上升，城市圈承载的人口逐渐增多；深圳都市圈则为核心圈的人口快速增长，与北京都市圈和上海都市圈处于不同的人口增长阶段。

4　三大都市圈分圈层人口属性特征及变化

本节基于 2000 年和 2010 年的人口普查统计数据，以及 2018 年的高德数据分析三大都市圈的人口属性特征，包括性别比例、年龄结构、受教育程度和人口所属行业结构。

4.1　基于人口普查统计数据的分析

4.1.1　性别比例

都市圈各圈层性别比例变化采用男女性别比来描述。2010 年，深圳都市圈男女性别比的数值明显高于北京都市圈和上海都市圈，性别比例更为失衡，男性人数较多；从 2000—2010 年的变化来看，北京都市圈总体向男女均衡态势回归，上海都市圈和深圳都市圈总体男女性别比更加失衡。总体来看，北京都市圈和上海都市圈的内部圈层男女性别比例变化的特点大致相同，而深圳都市圈的男女性别比例的变化则有其独有

特点，下面对各都市圈内部圈层的变化情况做具体的说明。

北京都市圈的性别结构失衡之势逐渐弱化，男性数量稍微偏多，整体男女性别比从2000年到2010年稍有下降；2010年男女性别比呈现城市圈＞核心圈＞辐射圈的特点；从变化趋势看，仅城市圈的男女性别比呈现上升趋势。具体来看，核心圈的男女性别比下降趋势明显，从2000年的110.52下降到2010年的104.59，性别结构趋于均衡化；城市圈的男女性别比上升趋势十分明显，从2000年的107.97上升到2010年的111.59，成为各圈层中性别结构最失衡的圈层；辐射圈的男女性别比有较小幅度的上升，从2000年的103.19上升到2010年的104.17，一直为北京都市圈中性别结构最为均衡的圈层（见图6）。

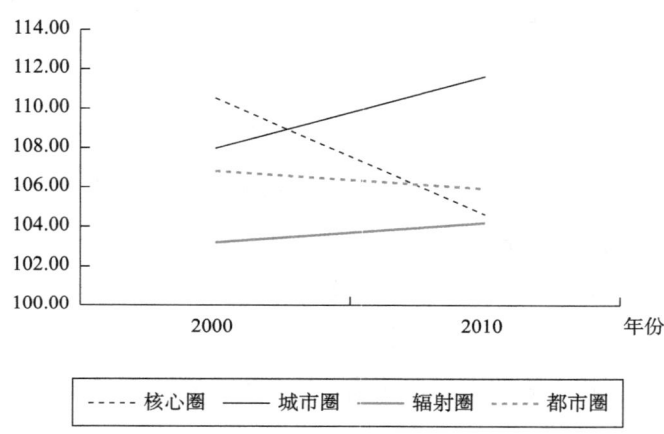

图6　2000年和2010年北京都市圈及各圈层男女性别比的变动趋势

上海都市圈的性别结构不均衡现象较为明显，男性数量偏多，整体男女性别比从2000年到2010年稍有上升；2010年男女性别比呈现城市圈＞辐射圈＞核心圈的特点；从变化趋势看，仅核心圈的男女性别比呈现下降趋势。具体来看，核心圈的男女性别比下降明显，从2000年的106.88下降到2010年的102.29，性别结构趋于均衡化，成为性别结构最为均衡的圈层；城市圈男女性别比的上升趋势十分明显，从2000年的104.73上升到2010年的109.14，成为各圈层中性别结构最失衡的圈层；辐射圈男女性别比有较小幅度的上升，从2000年的100.28上升到2010年的103.40，逐渐高于核心圈的男女性别比（见图7）。

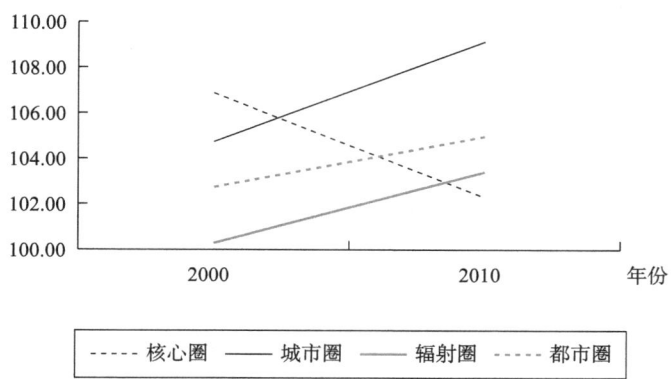

图 7　2000 年和 2010 年上海都市圈及各圈层男女性别比的变动趋势

深圳都市圈的性别结构不均衡现象最为明显，整体男女性别比从 2000 年到 2010 年大幅上升；2010 年男女性别比呈现核心圈＞城市圈＞辐射圈的特点；从变化趋势看，各圈层均大幅上升，总体性别结构由不均衡变为均衡，再变为不均衡。具体来看，核心圈的男女性别比上升明显，从 2000 年的 97.15 上升到 2010 年的 118.29，性别结构趋于更加的不均衡，成为各圈层中性别结构最失衡的圈层；城市圈男女性别比的上升趋势最为明显，从 2000 年的 89.24 上升到 2010 年的 117.85，上升速度最快；辐射圈男女性别比的上升幅度稍缓，从 2000 年的 101.01 上升到 2010 年的 111.71，也是男性占比一直高于女性的圈层（见图 8）。

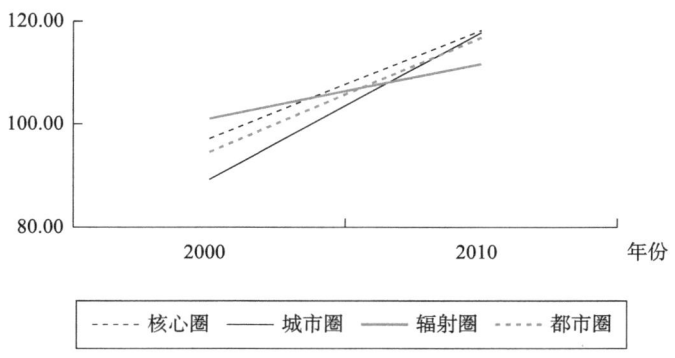

图 8　2000 年和 2010 年深圳都市圈及各圈层男女性别比的变动趋势

综上所述，相对而言北京都市圈和上海都市圈的男女性别比较为均衡，深圳都市圈的男女性别比较为失衡；北京都市圈和上海都市圈均是城市圈的男女性别比最为失衡，而深圳都市圈则是核心圈和城市圈的男女性别比均较高。

4.1.2　年龄结构

人口普查统计数据将年龄划分为 3 个阶段，分别为"0~14 岁""15~64 岁"和"65

岁及以上"。按照国际的通用标准,少儿人口为"0~14 岁",劳动年龄人口为"15~64 岁",而老年人口则为"65 岁以上"。

本小节年龄结构研究将主要采用劳动年龄人口占比来描述。2010 年深圳都市圈的劳动年龄人口占比最高,接近 90%;从变化角度来看,北京都市圈和上海都市圈的劳动年龄人口占比趋势明显上升,深圳都市圈则基本不变。总体来看,北京都市圈和上海都市圈的内部圈层呈现的年龄结构特点大致相同,深圳都市圈呈现的年龄结构则略有不同,下面对各都市圈内部圈层的变化情况做具体说明。

2010 年,北京都市圈的劳动年龄人口占比呈现出城市圈>核心圈>辐射圈的特点;从变化情况角度看,3 个圈层均呈明显的上升趋势,其中城市圈的上升幅度最大。具体来看,核心圈的劳动年龄人口占比从 2000 年的 80.01% 上升到 2010 年的 82.81%,上升幅度较小;城市圈的劳动年龄人口占比上升趋势十分明显,从 2000 年的 76.33% 上升到 2010 年的 83.91%,成为各圈层中劳动年龄人口占比最高的圈层;辐射圈的劳动年龄人口占比的上升趋势也十分明显,从 2000 年的 70.19% 上升到 2010 年的 77.10%,一直为劳动年龄人口占比最小的圈层(见图 9 和表 8)。

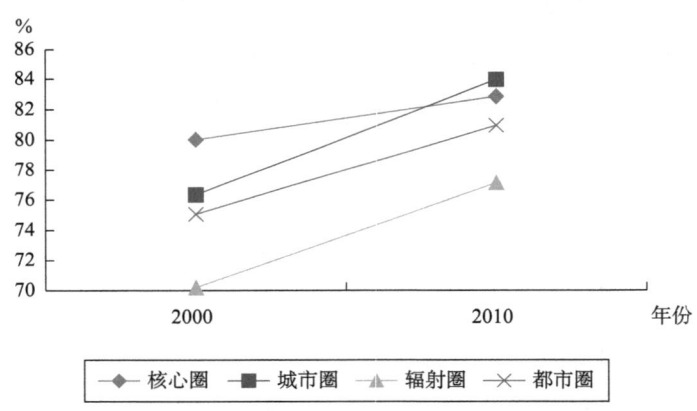

图 9　2000 年和 2010 年北京都市圈及各圈层劳动年龄人口占比的变动趋势

从年龄结构总体来看,从 2000 年到 2010 年北京都市圈呈现少儿人口占比小幅下降,而劳动年龄人口和老年人口占比均有小幅上升的特点,总体来说老龄化现象比较突出。核心圈和辐射圈的变化趋势与都市圈大致相同,核心圈的少儿人口占比一直最低;而城市圈的不同之处是老年人口占比呈下降趋势,其他方面的变化趋势与整体相同,但人口年轻化现象更为突出(见表 8)。

表 8　2000 年和 2010 年北京都市圈及各圈层的年龄结构变化　　　　单位：%

圈层	2000 年 0~14 岁比重	2010 年 0~14 岁比重	2000 年 15~64 岁比重	2010 年 15~64 岁比重	2000 年 65 岁及以上比重	2010 年 65 岁及以上比重
核心圈	11.06	7.84	80.01	82.81	8.93	9.35
城市圈	16.21	9.04	76.33	83.91	7.46	7.05
辐射圈	22.25	14.32	70.19	77.10	7.55	8.58
都市圈	16.86	10.51	75.06	80.92	8.09	8.57

2010 年，上海都市圈的劳动年龄人口占比也呈现出城市圈 > 核心圈 > 辐射圈的特点；从变化情况角度看，3 个圈层均呈明显的上升趋势，其中城市圈的上升幅度最大。具体来看，核心圈的劳动年龄人口占比从 2000 年的 75.51% 上升到 2010 年的 79.82%，上升幅度较小；城市圈劳动年龄人口占比的上升趋势相对明显，从 2000 年的 77.17% 上升到 2010 年的 82.77%，成为各圈层中劳动年龄人口占比最高的圈层；辐射圈的劳动年龄人口占比也从 2000 年的 74.81% 上升到 2010 年的 79.77%，一直为劳动年龄人口占比最小的圈层（见图 10 和表 9）。

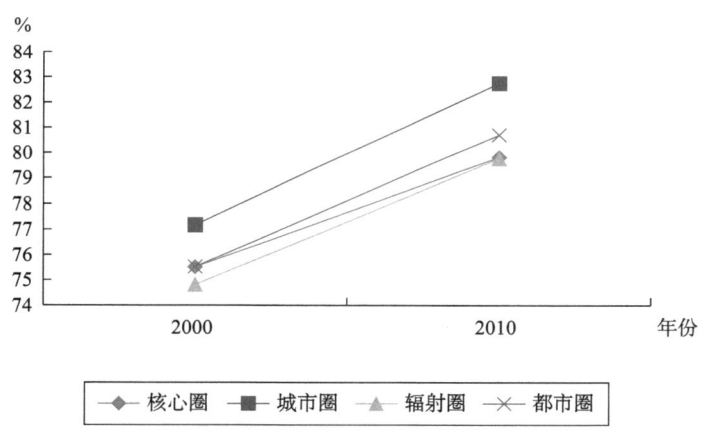

图 10　2000 年和 2010 年上海都市圈及各圈层劳动年龄人口占比的变动趋势

从年龄结构总体来看，从 2000 年到 2010 年上海都市圈呈现少儿人口和老年人口占比下降，而劳动年龄人口占比有小幅上升的特点。核心圈和城市圈的变化趋势与都市圈大致相同，但核心圈的少儿人口占比一直为各圈层中最低；而辐射圈的不同之处是老年人口占比呈上升趋势，其他方面的变化趋势与整体相同，人口老龄化现象更为突出。

表9 2000年和2010年上海都市圈及各圈层的年龄结构变化　　　　　　　单位：%

圈层	2000年 0~14岁比重	2010年 0~14岁比重	2000年 15~64岁比重	2010年 15~64岁比重	2000年 65岁及以上比重	2010年 65岁及以上比重
核心圈	11.42	7.35	75.51	79.82	13.06	12.82
城市圈	13.11	9.34	77.17	82.77	9.72	7.89
辐射圈	15.90	10.45	74.81	79.77	9.29	9.78
都市圈	14.23	9.60	75.52	80.72	10.25	9.69

2010年，深圳都市圈的劳动年龄人口占比呈现城市圈＞核心圈＞辐射圈的特点；从变化情况角度看，核心圈呈下降趋势，城市圈和辐射圈呈上升趋势。具体来看，核心圈的劳动年龄人口占比从2000年的90.26%下降为2010年的88.34%，下降幅度较小；城市圈的劳动年龄人口占比上升幅度较小，从2000年的89.32%上升为2010年的89.37%，成为各圈层中劳动年龄人口占比最高的圈层；辐射圈劳动年龄人口占比的上升趋势十分明显，从2000年的71.43%上升为2010年的77.12%，但其一直为劳动年龄人口占比最低的圈层（见图11和表10）。

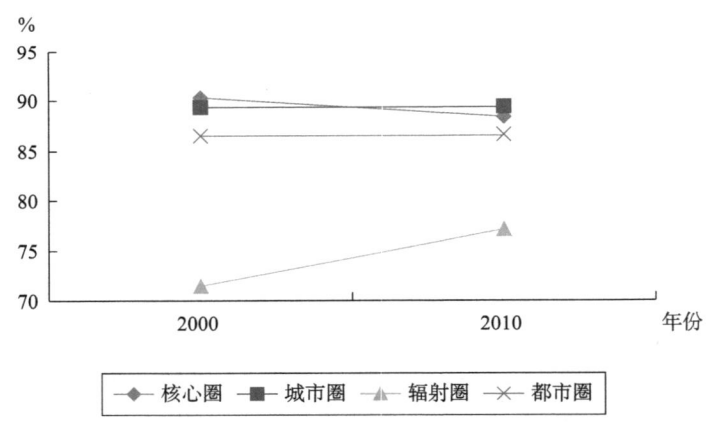

图11　2000年和2010年深圳都市圈及各圈层劳动年龄人口占比的变动趋势

从年龄结构总体来看，从2000年到2010年深圳都市圈呈现少儿人口占比小幅下降，而劳动年龄人口和老年人口占比均有小幅上升的特点。城市圈的变化趋势与都市圈大致相同，核心圈的老年人口占比一直最低；而核心圈的不同之处是少儿人口占比呈上升趋势，辐射圈的老年人口占比呈下降趋势，其他方面的变化趋势与整体大致相同，辐射圈的人口相对来说更为年轻化（见表10）。

表 10 2000 年和 2010 年深圳都市圈及各圈层的年龄结构变化   单位：%

圈层	2000 年 0~14 岁比重	2010 年 0~14 岁比重	2000 年 15~64 岁比重	2010 年 15~64 岁比重	2000 年 65 岁及以上比重	2010 年 65 岁及以上比重
核心圈	8.51	9.87	90.26	88.34	1.23	1.79
城市圈	8.61	8.35	89.32	89.37	2.07	2.28
辐射圈	22.55	17.22	71.43	77.12	6.02	5.65
都市圈	11.08	10.69	86.50	86.61	2.43	2.70

综上所述，北京都市圈和上海都市圈的人口老龄化程度相对严重，深圳都市圈的人口则相对年轻化；在圈层内部，北京都市圈和上海都市圈中核心圈的人口老龄化问题更为严重，而深圳都市圈则为辐射圈的人口老龄化问题更为严重。

4.1.3 受教育程度

在人口普查统计数据中，对受教育程度的划分类别较多，包括"未上过学""小学""初中""高中""大学专科""大学本科及以上"共 6 个类别。本文将"未上过学""小学""初中"3 个类别合并为"高中以下"，将"高中"和"大学专科"2 个类别合并为"高中、专科"，"大学本科及以上"则不变，最终将 6 个类别合并为 3 个，更便于各都市圈及内部圈层间的对比。

本小节受教育程度研究将主要采用"大学本科及以上"占比来描述。2010 年，北京都市圈"大学本科及以上"占比最高，接近 20%，上海都市圈次之，深圳都市圈相对较低，不足 6%；从变化角度看，深圳都市圈"大学本科及以上"占比的上升幅度最大。总体来看，三大都市圈内部圈层受教育程度的特点大致相同，其中核心圈的上升趋势更为明显。下面对各都市圈内部圈层的变化情况做具体的说明。

2010 年，北京都市圈"大学本科及以上"占比呈现核心圈＞城市圈＞辐射圈的特点；从变化情况角度看，3 个圈层均呈明显的上升趋势，其中城市圈的上升幅度最大。具体来看，核心圈的"大学本科及以上"占比从 2000 年的 14.22% 上升为 2010 年的 26.39%，上升幅度较大；城市圈"大学本科及以上"占比的上升趋势十分明显，从 2000 年的 0.43% 上升为 2010 年的 14.35%，已经接近平均水平（15.69%）；辐射圈"大学本科及以上"占比的上升趋势也十分明显，从 2000 年的 0.04% 上升为 2010 年的 4.28%，但其一直为"大学本科及以上"占比最低的圈层（见图 12 和表 11）。

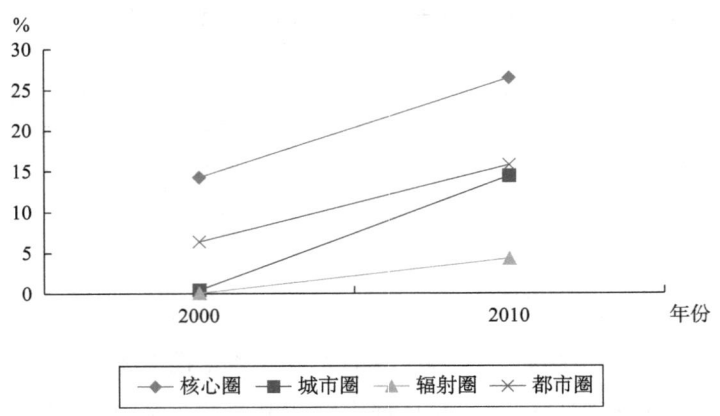

图 12 2000 年和 2010 年北京都市圈及其各圈层的"大学本科及以上"占比的变动趋势

从受教育程度总体角度来看，从 2000 年到 2010 年北京都市圈的受教育程度有了明显的提高，"高中以下"占比下降，"高中、专科"和"大学本科及以上"占比均有小幅提升，教育结构得到优化。具体来看，北京核心圈的教育结构一直最优，并从 2000 年至 2010 年呈现不断优化的趋势，"高中、专科"占比为 3 个类别中最高；2000 年，城市圈和辐射圈的教育结构大致相同，"高中以下"占比均达到 90% 以上，截至 2010 年各自的教育结构已得到明显优化，"高中、专科"和"大学本科及以上"占比均有明显提升，其中城市圈的教育结构优化趋势更为明显（见表 11）。

表 11 2000 年和 2010 年北京都市圈及各圈层的受教育程度变化   单位：%

圈层	2000 年高中以下比重	2010 年高中以下比重	2000 年高中、专科比重	2010 年高中、专科比重	2000 年大学本科及以上比重	2010 年大学本科及以上比重
核心圈	47.91	36.78	37.87	36.83	14.22	26.39
城市圈	93.07	53.42	6.51	32.23	0.43	14.35
辐射圈	97.28	74.15	2.68	21.56	0.04	4.28
都市圈	74.82	54.06	18.80	30.25	6.38	15.69

2010 年，上海都市圈"大学本科及以上"占比也呈现核心圈＞城市圈＞辐射圈的特点；从变化情况角度看，3 个圈层均呈明显的上升趋势，其中核心圈的上升幅度最大。具体来看，核心圈的"大学本科及以上"占比从 2000 年的 8.17% 上升为 2010 年的 17.38%，上升幅度较大；城市圈的"大学本科及以上"占比的上升趋势十分明显，从 2000 年的 2.69% 上升为 2010 年的 9.67%，已经超过平均水平（8.65%）；辐射圈的"大学本科及以上"占比的上升趋势也十分明显，从 2000 年的 1.64% 上升到 2010 年的 5.32%，但其一直为"大学本科及以上"占比最低的圈层（见图 13 和表 12）。

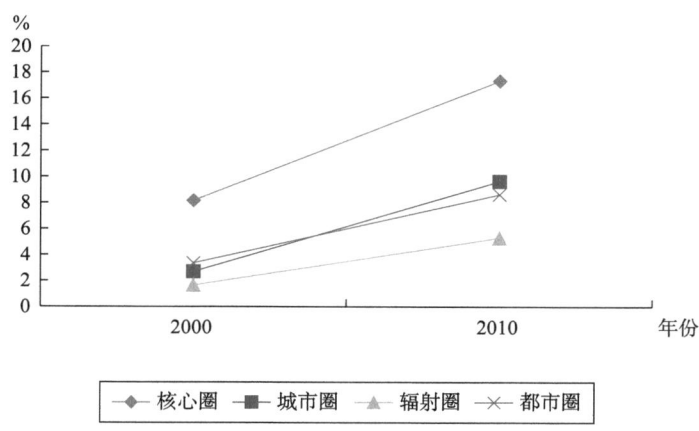

图 13　2000 年和 2010 年上海都市圈及各圈层"大学本科及以上"占比的变动趋势

从受教育程度总体角度来看，从 2000 年到 2010 年上海都市圈的受教育程度有了明显的提高，"高中以下"占比下降，"高中、专科"和"大学本科及以上"占比均有小幅提升，教育结构呈现优化的趋势，但不如北京都市圈明显。具体来看，上海核心圈的教育结构一直最优，并从 2000 年至 2010 年呈现不断优化的趋势，"高中以下"占比仍然是 3 个类别中的最低值；2000 年城市圈和辐射圈的教育结构大致相同，"高中以下"占比均达到 70% 以上，2010 年各自的教育结构已得到明显优化，"高中、专科"和"大学本科及以上"占比均有明显提升，其中城市圈的教育结构优化趋势更为明显（见表 12）。

表 12　2000 年和 2010 年上海都市圈及各圈层的受教育程度变化　　　单位：%

圈层	2000 年高中以下比重	2010 年高中以下比重	2000 年高中、专科比重	2010 年高中、专科比重	2000 年大学本科及以上比重	2010 年大学本科及以上比重
核心圈	54.64	43.77	37.19	38.85	8.17	17.38
城市圈	74.76	61.90	22.54	28.43	2.69	9.67
辐射圈	80.59	69.80	17.78	24.87	1.64	5.32
都市圈	73.38	63.08	23.26	28.27	3.36	8.65

2010 年，深圳都市圈"大学本科及以上"占比呈现出核心圈 > 辐射圈 > 城市圈的特点；从变化情况上看，3 个圈层均呈明显的上升趋势，其中核心圈的上升幅度最大，但整体水平仍然较低。具体来看，深圳核心圈的"大学本科及以上"占比从 2000 年的 3.31% 上升为 2010 年的 8.48%，上升幅度较大；城市圈的"大学本科及以上"占比上升趋势十分明显，从 2000 年的 0.53% 上升为 2010 年的 2.49%，但仍为"大学本科及

以上"占比最低的圈层；辐射圈的"大学本科及以上"占比上升趋势也十分明显，从 2000 年的 0.66% 上升为 2010 年的 2.53%，但与平均水平的差距越来越大（见图 14 和表 13）。

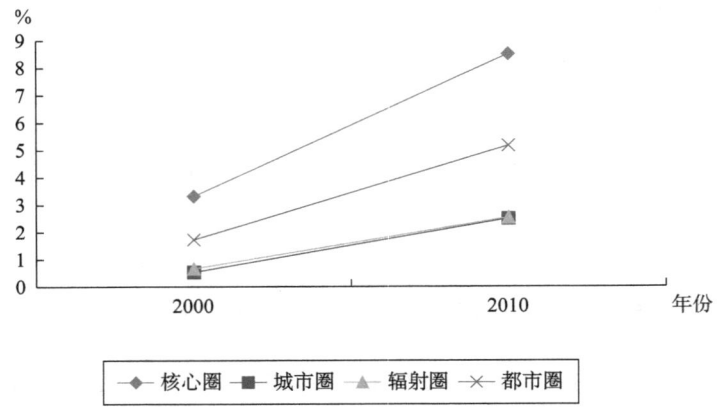

图 14　2000 年和 2010 年深圳都市圈及各圈层"大学本科及以上"占比的变动趋势

从受教育程度总体角度来看，从 2000 年到 2010 年深圳都市圈的受教育程度有了明显的提高，"高中以下"占比下降，"高中、专科"和"大学本科及以上"占比均有小幅提升，教育结构呈现优化的趋势。具体来看，深圳核心圈的教育结构一直为最优，并从 2000 年至 2010 年呈现不断优化的趋势，"高中、专科"占比成为 3 个类别中的最高者；2000 年城市圈和辐射圈的教育结构大致相同，"高中以下"占比均达到 80% 以上，至 2010 年各自的教育结构已得到明显优化，"高中、专科"和"大学本科及以上"占比均有明显提升，其中城市圈的教育结构优化趋势更为明显（见表 13）。

表 13　2000 年和 2010 年深圳都市圈及各圈层的受教育程度变化　　　　单位：%

圈层	2000年高中以下比重	2010年高中以下比重	2000年高中、专科比重	2010年高中、专科比重	2000年大学本科及以上比重	2010年大学本科及以上比重
核心圈	68.42	56.45	28.27	35.07	3.31	8.48
城市圈	81.10	70.68	18.37	26.83	0.53	2.49
辐射圈	84.00	75.48	15.34	21.99	0.66	2.53
都市圈	76.27	65.24	22.01	29.60	1.72	5.15

综上所述，三大都市圈常住人口的受教育程度均得到明显改善，这既是都市圈整体教育水平提高的表现，又是都市圈对流入人口知识水平要求提高所致，使常住人口

的整体受教育程度不断改善。

4.1.4 人口所属行业结构

由于我国人口五普和六普中行业结构统计数据的分类不同,本文将其分类进行合并。本文合并采用三大产业的划分原则,根据国家统计局《关于建立第三产业统计报告上对中国三次产业划分的意见》,其中第三产业具体分为 4 个层次,得到新的 6 种分类,见表 14。

表 14 我国人口普查中的行业结构分类

五普行业分类	六普行业分类	合并后分类
农、林、牧、渔业	农、林、牧、渔业	第一产业
采矿业	采矿业	第二产业
制造业	制造业	
电力、煤气及水的生产和供应业	电力、燃气及水的生产和供应业	
建筑业	建筑业	
交通运输、仓储及邮电通信业	仓储和邮政业	流通行业
批发和零售贸易、餐饮业	交通运输、计算机服务和软件业	
	信息传输、批发和零售	
	住宿和餐饮业	
金融保险业	金融业	生产生活服务业
房地产业	房地产业	
社会服务业	租赁和商务服务业	
地质勘查业、水利管理业	居民服务和其他服务业	
	水利、环境和公共设施管理业	
卫生、体育和社会福利业	教育	科教文卫服务业
教育、文化艺术及广播电影电视业	文化、体育和娱乐业	
科学研究和综合技术服务业	卫生、社会保障和社会福利业	
	科学研究、技术服务和地质勘察业	
国家机关、政党机关和社会团体	公共管理和社会组织	公共管理和社会组织
其他行业	国际组织	

合并后 6 种分类的具体含义如下:

(1)第一产业:农、林、牧、渔业(不含农、林、牧、渔服务业)。

(2)第二产业:采矿业(不含开采辅助活动),制造业(不含金属制品、机械和设备修理业),电力、燃气及水的生产和供应业,建筑业。

(3)流通行业:交通运输业、邮电通信业、商业饮食业、物资供销和仓储业。

（4）生产生活服务业：金融业、保险业、地质普查业、房地产管理业、公用事业、居民服务业、旅游业、信息咨询服务业和各类技术服务业。

（5）科教文卫服务业：为提高科学文化水平和居民素质服务的部门，包括教育、文化、广播、电视、科学研究、卫生、体育和社会福利业。

（6）公共管理和社会组织：虽然包括国家机关、政党机关、社会团体、警察、军队等，但在国内不计入第三产业产值和国民生产总值。

三大都市圈人口所属行业结构对比采用人口所属行业占比表示。2010年，北京都市圈的人口所属行业结构为流通行业占主要地位，而上海都市圈和深圳都市圈则为第二产业占主要地位。就第一产业来说，北京都市圈的第一产业占比远高于上海都市圈和深圳都市圈；就第二产业来说，北京都市圈的第二产业占比远低于上海都市圈和深圳都市圈，上海都市圈和深圳都市圈的占比均过半，工业从业人员占比较高；第三产业分为4个具体行业，其占比均呈现出北京都市圈＞上海都市圈＞深圳都市圈的特点，并且相对来说，北京都市圈的第三产业从业人员占比更高（见图15）。

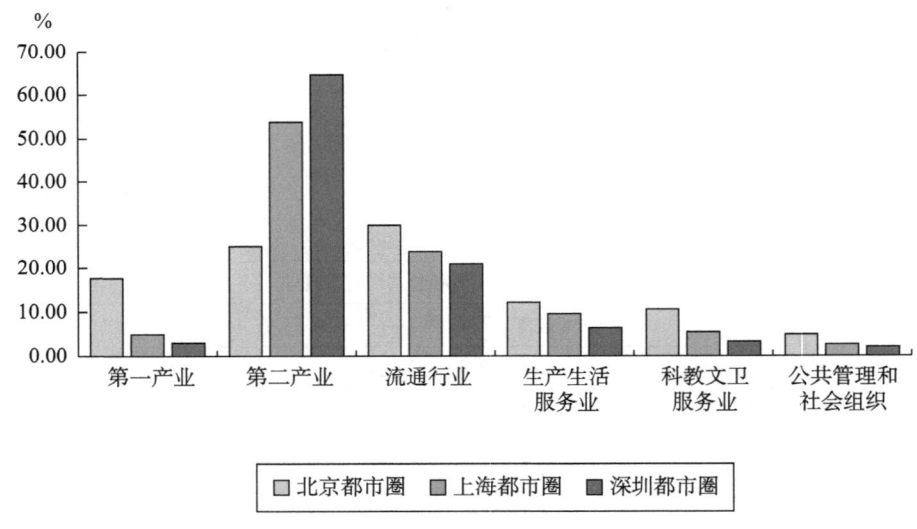

图15　2010年三大都市圈人口所属行业结构占比

此外，三大都市圈内部的人口所属行业结构对比也可以采用区位商描述，区位商可用各圈层的各行业从业人员占比除以都市圈对应行业从业人员占比的商表示，区位商越高表示该行业在都市圈内越具有人员上的优势。下面对各都市圈内部圈层的变化情况做具体的说明。

北京都市圈各圈层的人口所属行业结构差距较大，核心圈相比各圈层的行业从业人员占比更具优势。具体来看，2000—2010年北京核心圈各行业的区位商均呈下降趋势，第二产业已经小于1，逐渐失去人员上的优势，而第三产业的下降趋势也十分明显，但比其他圈层仍有较大优势，尤其是生产生活服务业；城市圈的第二产业从业人员占比优势明显，有小幅的上升，第三产业从业人员占比除科教文卫服务业外变化均不大；辐射圈大部分行业的区位商均呈上升趋势，其中第一产业的上升趋势明显，从业人员占比占据绝对优势，第二产业相较核心圈开始占据优势，第三产业与内部圈层从业人员占比的差距在逐渐缩小（见图16）。

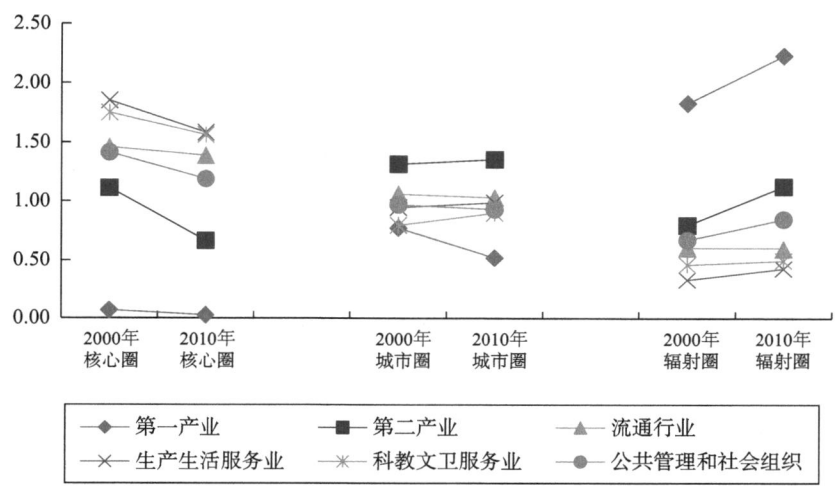

图16　2000—2010年北京都市圈各圈层的行业区位商及变动趋势

上海都市圈各圈层的人口所属行业结构差距更为明显，其中核心圈更具从业人员占比上的优势。具体来看，上海核心圈流通行业、公共管理和社会组织的区位商上升，从业人员占比的优势继续扩大，其他行业优势均缩小，但第三产业在各圈层仍有较大优势；城市圈相比各圈层无优势行业，除第一产业外区位商均接近1，从业人员占比在都市圈内处于均衡状态；辐射圈大部分行业区位商均呈上升趋势，第一产业和第二产业在各圈层中的优势继续扩大，第三产业与内部圈层从业人员占比的差距逐渐缩小（见图17）。

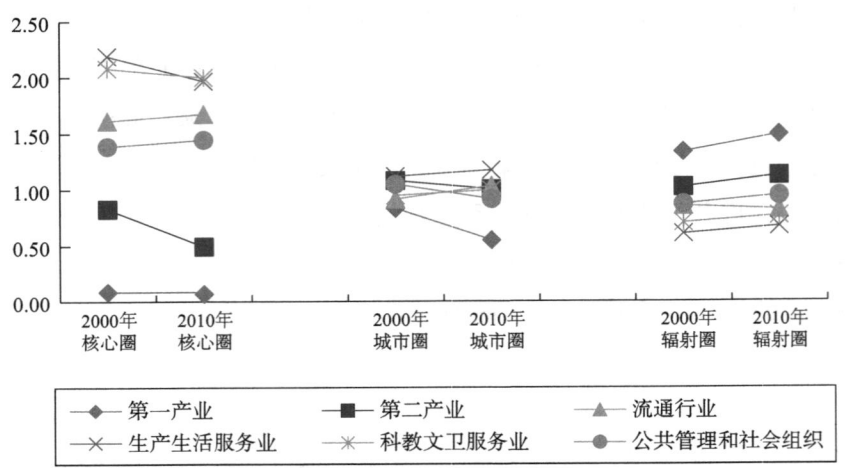

图17 2000—2010年上海都市圈各圈层的行业区位商及变动趋势

深圳都市圈各圈层人口所属各行业结构的差距不明显，相较北京都市圈和上海都市圈而言，总体行业发展更为均衡。具体来看，深圳核心圈第一产业的区位商接近0，几乎无从业人员，而其第二产业、公共管理和社会组织逐渐失去原有优势，生产生活服务业仍最具优势；城市圈第二产业的区位商优势相对明显，其余产业均无明显优势；辐射圈第一产业从业人员占比的优势明显，区位商已接近6（见图18）。

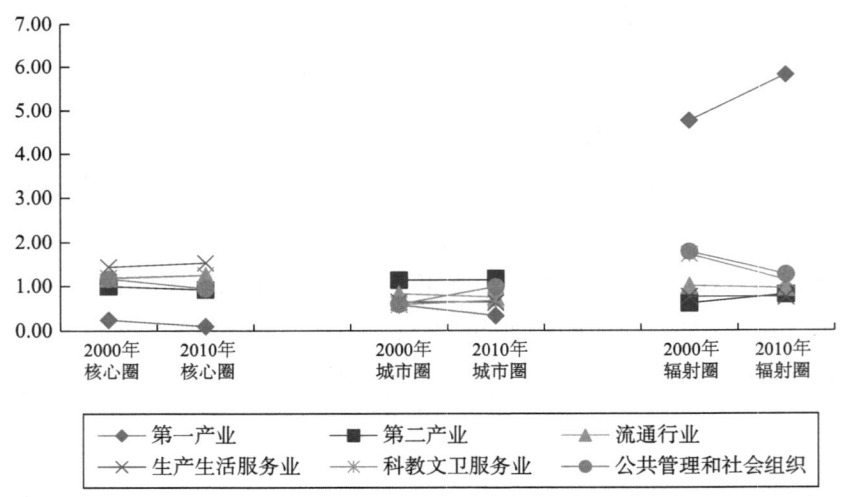

图18 2000—2010年深圳都市圈各圈层的行业区位商及变动趋势

综上所述，上海都市圈和深圳都市圈的人口所属行业结构呈现出大致相同的特点，北京都市圈第三产业从业人员占比的优势更为突出；在三大都市圈内部大体为，核心圈的第三产业从业人员占比优势更大，城市圈的第二产业从业人员占比优势更大，辐射圈的第一产业从业人员占比优势更大。

4.2 基于高德数据的分析

4.2.1 都市圈各圈层的性别比例

本小节内容仍旧采用男女性别比描述基于高德数据的都市圈各圈层的性别比。2018年,深圳都市圈的男女性别比为133.63,明显高于北京都市圈和上海都市圈的男女性别比,以及全国都市圈男女性别比的平均水平(113.23),性别比例更为失衡;上海都市圈的男女性别比(121.32)相对居中,但仍高于全国都市圈的平均水平,性别比例处于不均衡状态;北京都市圈的男女性别比为112.13,低于全国平均水平,性别比例相对而言处于均衡状态(见图19)。

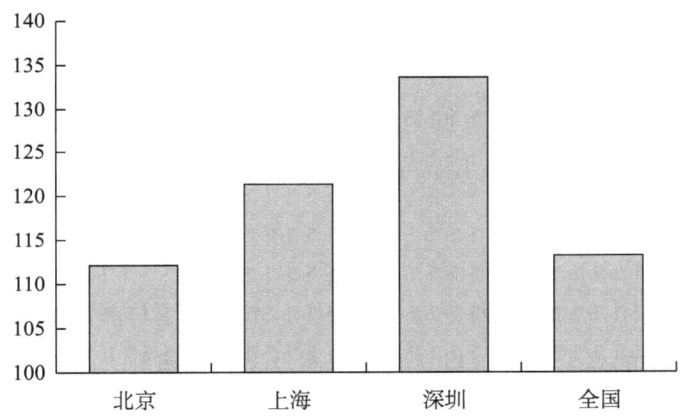

图19 2018年三大都市圈及全国都市圈的男女性别比

从三大都市圈的各个圈层看,各都市圈均呈现城市圈的男女性别比最高的特点。北京都市圈和上海都市圈各圈层的男女性别比均是城市圈>辐射圈>核心圈,核心圈的男女比例相对均衡;深圳都市圈呈现城市圈的男女性别比较高、核心圈与辐射圈男女性别比相当的特点,其核心圈和辐射圈的男女性别比甚至与北京都市圈和上海都市圈中城市圈的男女性别比相当,性别比例失衡严重(见图20)。

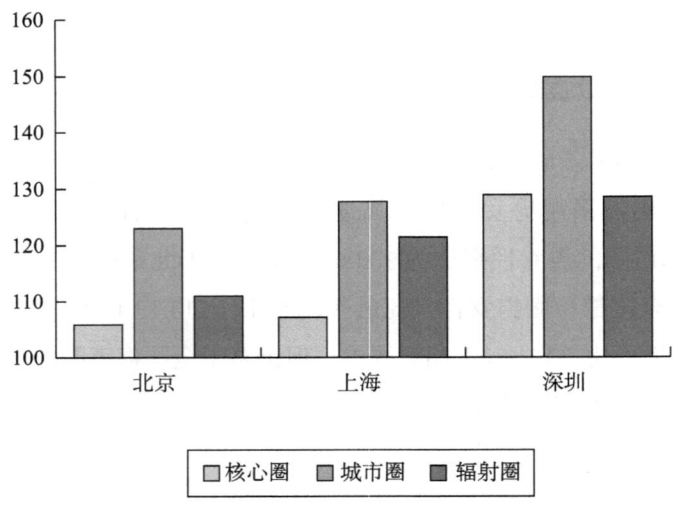

图 20　2018 年三大都市圈各圈层的男女性别比

综上所述，2018 年的高德数据呈现性别比例失衡的特点，与 2000—2010 年人口普查统计数据得出的结论相同，反映了 2018 年三大都市圈仍处于男女比例明显失衡的状态。

4.2.2　年龄结构

高德大数据将用户的年龄划分为 6 个阶段，本文采用与前述基于人口普查统计数据进行分析时近似的划分方法，将三大都市圈及全国都市圈人口的年龄结构重新划分为 3 个阶段，即将 0~18 岁视为青少年儿童人口，将 55~100 岁视为老年人口，19~54 岁年龄段则均视为劳动年龄人口。

整体而言，在三大都市圈及全国都市圈的年龄结构中，劳动年龄人口的占比均为最高，且三大都市圈劳动年龄人口的占比均高于全国平均水平，劳动年龄人口的数量在国内相对充足。具体来看，北京都市圈和上海都市圈均是青少年儿童人口的占比小于老年人口，且青少年儿童人口的占比低于全国平均水平，老年人口的占比高于全国平均水平，人口老龄化现象相对明显；深圳都市圈的青少年儿童人口和老年人口的占比均低于全国平均水平，而且除老年人口外的人口占比在三大都市圈中最高，人口相对年轻化（见图 21）。

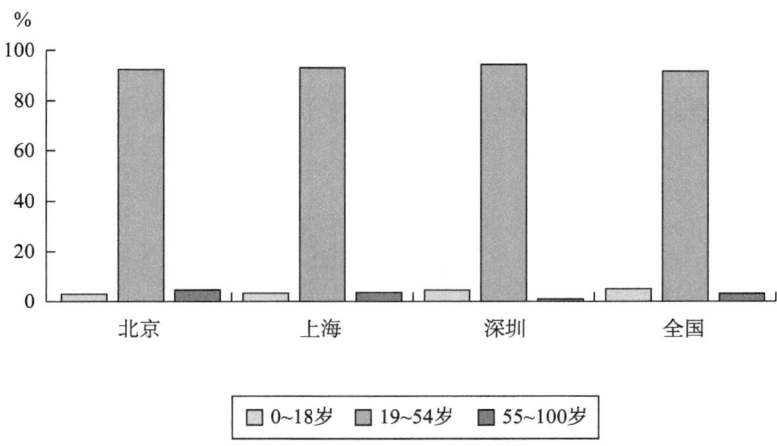

图 21　2018 年三大都市圈及全国都市圈的年龄结构

2018 年，三大都市圈各圈层的劳动年龄人口占比均在 90% 左右，而且均是核心圈的老年人口占比最高，核心圈老龄化程度相对严重。下面对各都市圈内部圈层的变化情况做具体的说明。

北京都市圈中辐射圈的非老年人口占比高，人口相对年轻化，核心圈的人口老龄化程度较严重。具体来看，核心圈的老年人口占比最高，人口相对老龄化；城市圈的劳动年龄人口占比最高，劳动年龄人口数量最为充足；辐射圈青少年儿童人口占比最高，人口年轻化趋势较为明显（见图 22）。

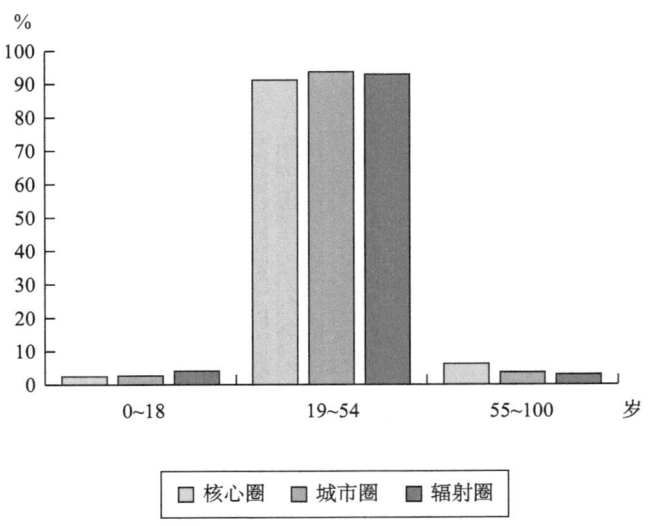

图 22　2018 年北京都市圈各圈层的年龄结构

上海都市圈中辐射圈的年龄结构特点同北京的相同，核心圈的人口老龄化程度在 3

个都市圈中最为严重。具体来看，核心圈的老年人口占比最高，人口老龄化现象较明显；城市圈的劳动年龄人口占比较高，劳动年龄人口的数量最为充足；辐射圈的青少年儿童人口占比最高，人口年轻化趋势较为明显（见图 23）。

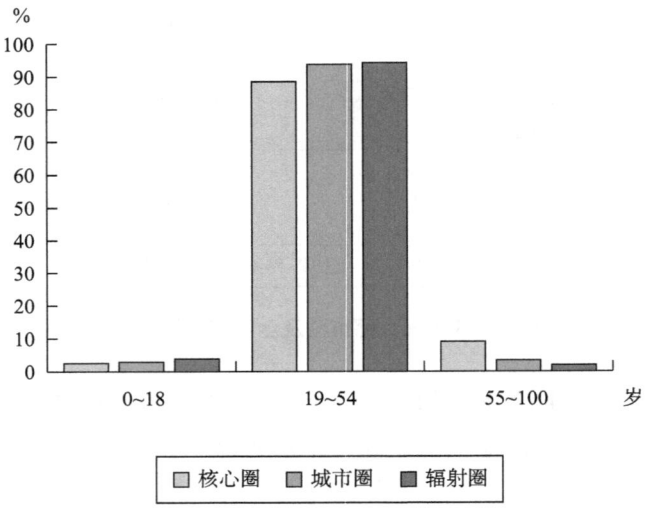

图 23　2018 年上海都市圈各圈层的年龄结构

深圳都市圈中城市圈的非老年人口占比高，人口相对年轻化。具体来看，核心圈的劳动年龄人口占比最高，劳动年龄人口的数量最为充足；城市圈的各年龄段人口占比均不突出，但人口总体呈年轻化的趋势；辐射圈的青少年儿童人口占比最高，人口年轻化的趋势较为明显（见图 24）。

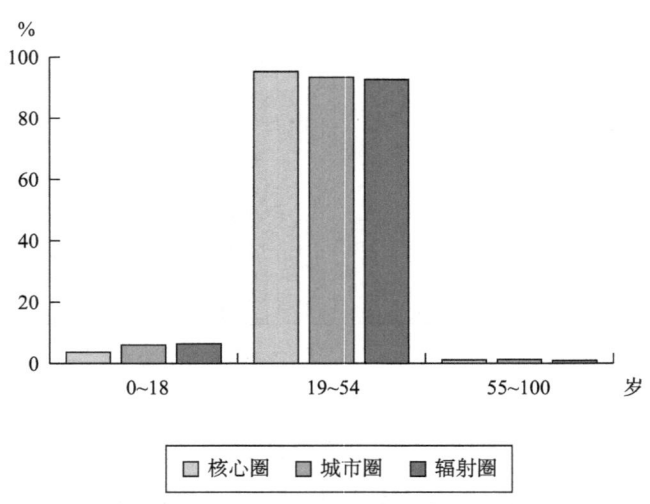

图 24　2018 年深圳都市圈各圈层年龄结构

综上所述，2018 年的高德数据呈现出三大都市圈人口老龄化程度均比较严重的特点，北京都市圈和上海都市圈的人口年龄结构有着相对一致性，而深圳都市圈的人口相比更为年轻化，这与 2000—2010 年人口普查统计数据反映的情况相同。

4.2.3 人口所属行业结构

与前述人口普查统计数据部分的分析方法一致，本小节将人口所在行业的划分由 27 类合并为 6 类，三大都市圈的人口所在行业结构对比仍采用人口所属行业占比描述。

三大都市圈及全国都市圈的人口所属行业结构均呈现生产生活服务业从业人员占主要地位的特点，北京都市圈的第三产业从业人员占比明显较高。具体来看，各都市圈内几乎没有第一产业从业人员分布；北京都市圈的第二产业占比远低于上海都市圈和深圳都市圈，上海都市圈和深圳都市圈的第二产业从业人员占比均远高于全国平均水平，第二产业在上海都市圈和深圳都市圈中均占有重要地位；第三产业中除深圳都市圈的流通行业占比较高外，其余 3 个具体行业中均是北京都市圈的占比较高；但三大都市圈相同的特点是，科教文卫服务业从业人员占比均低于全国都市圈的平均水平（见图 25）。

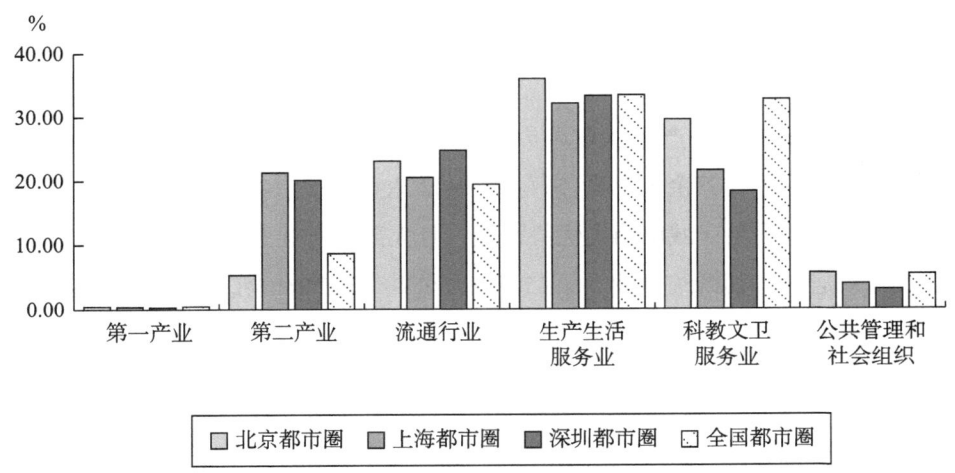

图 25　2018 年三大都市圈及全国都市圈的人口所属行业结构

都市圈内部行业结构对比仍采用区位商描述，其主要特点为三大都市圈内部人口所属行业结构各不相同，各圈层之间的差异较人口普查统计数据的分析结果更大。下面对各都市圈内部圈层的变化情况做具体的说明。

北京都市圈中核心圈在各圈层无明显的从业人员占比优势，辐射圈优势则较为明显。具体来看，核心圈仅科教文卫服务业在各圈层中略微占据一定优势，其区位商大于 1，而其余行业除流通行业的区位商也大于 1 之外，均无明显的从业人员占比优势，行业活力相对不足；城市圈的第一产业从业人员占比优势明显，而且多个产业的区位商大于1，但第三产业发展相对仍有不足；辐射圈的第二产业、公共管理和社会组织从业人员占比的优势十分突出，流通行业相对不足，但其第三产业发展在各圈层中相对最优（见图26）。

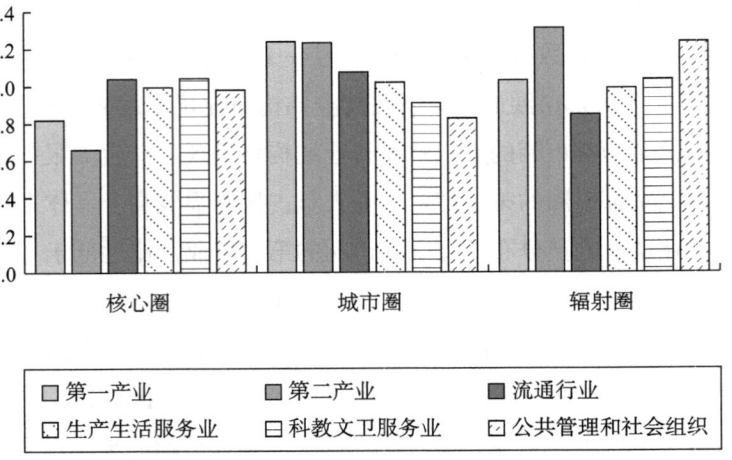

图26 2018年北京都市圈各圈层的行业结构

上海都市圈中核心圈第三产业的优势突出，城市圈的各个产业发展整体相对落后。具体来看，核心圈的第三产业从业人员占比优势明显，区位商均大于1，且除公共管理和社会组织行业外，其余3个具体行业的从业人员占比具有明显优势，但第一产业、第二产业发展相对不足；城市圈无优势行业，且大部分行业的区位商小于1；辐射圈的行业发展相对居中，其第一产业、第二产业及公共管理和社会组织行业具有一定优势，流通行业的发展相对最为不足（见图27）。

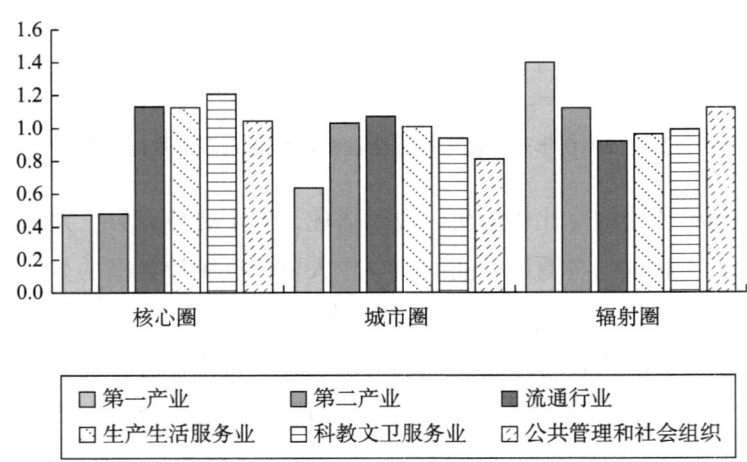

图27 2018年上海都市圈各圈层的行业结构

深圳都市圈的各圈层均有优势行业，各行业发展特色鲜明。具体来看，核心圈的流通行业和生产生活服务业的发展在各圈层中最具优势，第二产业发展则相对不足，其余行业的发展处于居中水平；城市圈的第一、第二产业在各圈层中的发展优势明显，第三产业的区位商均低于1，发展后劲明显不足；辐射圈的科教文卫服务业、公共管理和社会组织行业优势明显，同时生产生活服务业也具备一定发展优势，第三产业发展态势相对较好，但其余产业与城市圈的第三产业发展态势基本相同，即从业人员占比均明显不足（见图28）。

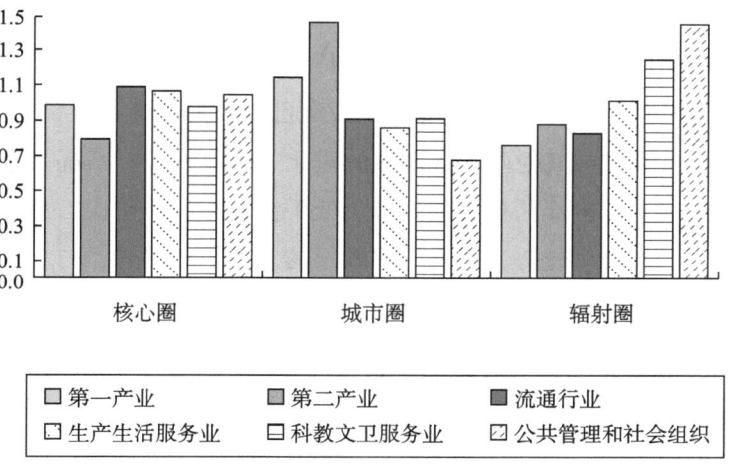

图28　2018年深圳都市圈各圈层的行业结构

综上所述，2018年基于高德数据的人口所属行业结构占比及区位商的情况较人口普查统计数据显示的结果更为复杂，尤其是内部各个圈层有着相对更为均衡的发展。与2000—2010年人口普查统计数据得出的部分结论相比，2018年基于高德数据核心圈的第三产业从业人员占比不再有绝对的优势，也反映了在2018年各圈层间的行业发展趋向均衡化。

5　总结和讨论

5.1　总结

（1）从人口规模来看，三大都市圈的人口规模增长明显，其中上海都市圈的人口规模最大，北京都市圈内部圈层的人口规模差距最大，核心圈的人口规模变动幅度较大。从人口属性来看，都市圈人口性别和受教育程度的结构呈现"失衡化""高知化"

的特点，三大都市圈的性别比例总体仍旧失衡，同时城市圈的人口性别、年龄和受教育程度结构变动幅度较大。另外，三大都市圈的人口所属行业结构逐渐趋于均衡，其中辐射圈正在逐渐缩小从业人员占比方面的差距；目前，核心圈的第三产业从业人员占比优势较大，城市圈的第二产业从业人员占比优势也较大，而辐射圈的第一产业从业人员占比优势十分明显，并且其人口所属行业结构的变动幅度较大。

（2）北京都市圈和上海都市圈由于整体发育程度不同，某些方面有着一定的差别，如北京都市圈中辐射圈人口较少，而上海都市圈中辐射圈人口较多；但两大都市圈的发展总体上具有相对一致性，如在各圈层人口规模增长及人口性别、年龄、受教育程度和所属行业结构的变化趋势上有着相同的特点，且各方面较深圳都市圈而言已经处于较高的水平，这综合反映了两大都市圈的发展已经较为成熟。

（3）深圳都市圈在与其他两大都市圈的对比中略显特殊，其都市圈的辐射面积仍处于一个较低的水平，内部的核心圈人口仍处于快速增长的阶段。总体来说，深圳都市圈无论是人口总体变动趋势，还是内部圈层的人口变动趋势，与北京都市圈和上海都市圈不在同一个发展水平，相比较为落后。

（4）从都市圈内部来看，三大都市圈的核心圈人口规模变动幅度较大，城市圈人口性别、年龄和受教育程度结构的变动幅度较大，辐射圈人口所属行业结构变动幅度较大，均呈现出不同的变动特点。在这一过程中，2018年的高德数据也很好地印证了2000—2010年统计数据所体现的人口变动趋势。

5.2 讨论

本研究使用的人口普查统计数据为2000年和2010年，而高德数据为2018年，在年份上高德数据更新，在一定程度上高德数据能够印证人口普查统计数据的趋势是否正确。通过对上述三大都市圈人口属性和人口所属行业结构的分析，可以发现人口普查统计数据和高德数据在部分结论上具有一致性，如总体性别结构趋于不均衡，年龄结构趋于老龄化等。但是，具体到某个都市圈的内部圈层，尤其是人口所属行业结构，结论就会产生较大的变化，如人口普查统计数据显示北京都市圈中核心圈行业优势十分明显；而高德数据显示其核心圈的这些行业并无明显优势，反而外围的辐射圈优势较大，这可能由数据的采集年份不同所导致，但也间接证明了人口普查统计数据所反映的三大都市圈人口变化的趋势是正确的，在2018年都市圈的人口确实出现了趋势变动所预示的结果。目前，对高德数据使用方面的研究较少，尚无一定使用规范，所以对其使用时应注意与人口普查统计数据对比，才能得出更为准确的结论。

综上所述，深圳都市圈的人口变化特点正趋同于北京都市圈和上海都市圈，但这一过程还需要一定的时间来完成；同时，三大都市圈的内部圈层人口变化也正在趋同，核心圈、城市圈和辐射圈的差异正在不断减少。这些客观变化均反映了都市圈辐射范围内的人口结构正趋于均衡，人口属性正趋于同质，都市圈的发展正是一个由核心辐射带动外围发展并不断趋同的过程。

参考文献

[1] 曾宪新.城市规模快速增长下的特大城市人口分布的变动分析：以北京为例[J].西北人口，2015，36（6）：6–11.

[2] 付影.东北三省资源型城市人口变动研究[D].长春：东北师范大学，2006.

[3] 侯亮，吴永生.论城市房价与人口变动的互动关系：基于北京、深圳、成都数据的实证分析[J].北方经济，2009（16）：11–12.

[4] 华夏幸福研究院.中国都市圈极限通勤研究[M].北京：清华大学出版社，2019.

[5] 金德谷.从第五、第六次人口普查看各民族人口城乡构成变动[J].贵州民族大学学报（哲学社会科学版），2014（2）：4–8.

[6] 李瑞鹏.我国都市圈的识别及类型划分[J].城市，2019（2）：61–72.

[7] 刘小敏.疏解非首都功能下的北京人口变动分析[J].中国集体经济，2019（28）：9–10.

[8] 鲁继通.京津冀都市圈人口变动与城市化的空间发展态势：基于ROXY指数分析[J].工业技术经济，2015，34（4）：134–143.

[9] 毛亚会，余丹林，郑江华.近10年来乌鲁木齐市城市人口变动分析[J].西北师范大学学报（自然科学版），2017，53（2）：118–122+134.

[10] 秦新喜，高敏华.21世纪初乌鲁木齐市人口变动与分布[J].安徽农学通报，2017，23（21）：88–93.

[11] 童玉芬，王莹莹.中国城市人口与雾霾：相互作用机制路径分析[J].北京社会科学，2014（5）：4–10.

[12] 王应贵，娄世艳.东京都市圈人口变迁、产业布局与结构调整[J].现代日本经济，2018（3）：27–37.

[13] 张善余，高向东.特大城市人口分布特点及变动趋势研究：以东京为例[J].世界地理研究，2002（1）：65–71.

[14] 张耀军，刘沁，韩雪.北京城市人口空间分布变动研究[J].人口研究，2013，37（6）：

52-61.

［15］张耀军，任正委.基于GIS方法的沿海城市人口变动及空间分布格局研究［J］.地域研究与开发，2012，31（4）：152-156.

［16］周海坚.我国城市人口变动和房价的关系研究［J］.住宅与房地产，2018（11）：10-11.

北京都市圈分圈层流入人口特征分析

张思梦[1]　梁　晨[1]　张　华[1]　陈红艳[1,2]

（1.北京师范大学地理科学学部，北京 100875；2.华夏幸福研究院，北京 100027）

摘　要　伴随着经济社会的高速发展，北京都市圈的人口吸引力显著提升，逐渐成为全国流动人口的主要聚集地。本文基于2018年高德的人口迁移数据，探讨北京都市圈不同圈层的流入人口数量、性别、年龄、职业、行业结构等流动特征，构建圈层间人口流动网络。研究发现：①流入人口数量按照圈层结构由内向外呈阶梯式下降，各圈层的流入人口分布均呈空间极化特征；②流入人口以男性为主，青壮年劳动力是流入人口的主力，核心圈和城市圈是流入人口就业的承载重心，约80%的就业人口集中于此，行业分布多样化，但以中低端服务业为绝对主体；③各圈层流入人口来源基本相似，保定市、天津市、廊坊市、邯郸市、石家庄市、张家口市是各圈层流入人口的主要来源地，北京都市圈具备一定吸引大城市人口流入的潜力；④北京都市圈内部以辐射圈向核心圈和城市圈的人口流动为主，廊坊市成为流动人口的重要承接地，流入人口占总体的55.7%。对此，建议加快北京都市圈一体化建设，提高都市圈的开放性与包容性，加强流动人口的社会保障和职业培训，提升流动人口融入北京都市圈的获得感和幸福感。

关键词　北京都市圈　分圈层　流入人口　特征格局

1　研究内容和意义

1.1　研究背景

自20世纪50年代以来，全球城市化进程不断加快，大城市逐步被城市化区域取代，在城市群内部形成规模庞大的大都市带或大都市圈。都市圈最早出现在美国东北部大西洋沿岸地区、五大湖地区及西欧国家（吴瑞君等，2005）。在全球经济一体化和区域一体化发展背景下，到20世纪70年代，发展中国家一些经济发达、工业化和城市化水平较高的地区也开始出现都市圈发展的趋势（崔功豪等，2001）。目前，我国已初步形成了以北京为核心的京津冀都市圈，以上海为龙头的长三角都市圈，以及依靠深圳、香港辐射带动的珠三角都市圈等（欧阳慧，2004；朱苑秋，2007；章怡等，2018）。

进入21世纪，伴随生产要素流动的不断增强，各国之间经济的依赖度得到进一步提高。与之相适应，各国城市发展呈现出城市群、都市圈等区域内城市优势互补、联动发展的态势，更大范围、更高层次的都市圈形成，并逐步在带动一国经济增长、提升国际地位等方面发挥着越发重要的作用（张伟等，2003；张京祥等，2004）。在世界经济增长中心日益向亚太地区转移的今天，能否形成带动经济稳步增长的大都市圈，是我国能否在全球经济一体化激烈竞争中取胜、能否实现社会经济可持续发展的关键所在（吴瑞君等，2005；彭际作等，2006）。

北京都市圈位于中国的首都地区，是继长三角都市圈、珠三角都市圈之后，我国正在崛起的经济增长"第三极"（马国霞，2006；叶裕民等，2008）。在北京都市圈的发展过程中，人口是最重要、最活跃的要素之一。北京都市圈的人口一方面靠自然增长，另一方面靠迁移增长（陈红艳，2019）。据高德人口迁移数据，2017年北京都市圈的流入人口总数为210.05万人，随着与周边城市在经济流、信息流、交通流等要素方面的联系日益密切，未来北京都市圈的人口集聚潜力极大（李伟，2012；李燕等，2017）。

1.2 研究区界定及概况

本文以北京都市圈为研究区，涉及39个区县，包含核心圈、城市圈及辐射圈等3个圈层。第一圈层为核心圈，以工作人口分布为主要划分依据，辅以POI、夜间灯光、建成区范围、地形等进行划定；第二圈层为城市圈，以通勤数据为核心，将外围1×1网格人口到核心圈通勤比例达到10%的部分连片，辅以POI、夜间灯光、建成区范围、地形等进行划定，其中可能包含飞地；第三圈层为辐射圈，是北京都市圈的最外层，以1.5小时等时圈为核心，叠加80km圈层、POI、夜间灯光、建成区范围、地形等方面的数据进行综合划定。

截至2018年底，北京都市圈总面积达2.08万km^2，总人口为2510万人，占全国总人口的 1.80%，另有数百万流动人口。2018 年，北京都市圈实现地区生产总值达 3.27 亿元，占全国 GDP 总量的 3.41%，位居都市圈前列。伴随经济社会发展，城市化进程加快，北京都市圈的规划建设将在我国城市化进程中发挥更大的作用。

1.3 资料来源

本文以 2018 年高德公司提供的人口迁移数据为分析基础。流入、流出人口数据分别以区县和地市为基本汇总单元，每条数据包含总流入人口数、性别、年龄、职业及行业信息，具体内容见表 1。

表 1 2018 年高德人口迁移数据示例

DISTRICT_NAME	SUM（USER_COUNT）	SUM（A.SEX_MALE）	SUM（A.SEX_FEMALE）	SUM（A.AGE_JUVENILE）	SUM（A.AGE_YOUTH）
平谷区	4922	2233	1541	143	725
海淀区	281823	131425	101525	7672	91656
大兴区	161116	79116	49917	5101	33217
丰台区	158372	73684	52338	4690	33290

受数据限制，本研究所指的流入人口是高德捕捉到的 148 个主要地级市的流入人口，数据量为 210 万人。以海淀区为例，根据 2018 年高德的人口迁移数据，来自保定市、廊坊市、郑州市等 148 个地级市的总流入人口数为 281823 人，其中男性有 131425 人，女性有 101525 人；从年龄角度来看，0~18 岁有 7672 人，19~34 岁有 174714 人，35~54 岁有 45445 人，55 岁以上有 6598 人；从流入人口所从事的职业角度来看，公务员有 3583 人，公司职员有 46685 人，出租车司机有 269 人，医疗人员有 8733 人，学生有 33258 人，家庭主妇有 3803 人，快递员有 15 人，教职工有 7995 人，服务人员有 39021 人，科研人员有 4347 人，货车司机有 317 人；从流入人口所从事的行业角度来看，生活服务有 9447 人，农业有 94 人，商业贸易有 1252 人，教育有 41253 人，政府行政有 3583 人，科研有 4347 人，传媒有 552 人，能源矿产有 311 人，酒店服务有 8470 人，医疗卫生有 8733 人，机械电子有 2205 人，公共服务有 2979 人，金融业有 1883 人；等等。

1.4 研究内容与技术路线

本文以北京都市圈为研究区域，运用 2018 年高德的人口迁移数据，深入剖析北京都市圈不同圈层的流入人口特征，旨在为引导流动人口合理分布、优化都市圈空间结构提供理论依据与科学支撑，进一步从人口迁移视角，揭示我国城市化步入发展新阶段：由乡—城流动向城—城流动转变。对此，本文首先对比分析了北京都市圈各圈层县一级的流入人口总量、年龄、职业、行业等特征。其次，汇总了北京都市圈各圈层流入人口的来源地，描述了在此形成覆盖全国148个地级市的"流动人口源格局"，结合了北京都市圈各圈层之间的人口流动情况展开论述，分别在北京都市圈及圈层内部的地级行政单元之间构建了人口流动网络。最后，探讨了上述流入人口空间格局形成的动力机制。

本文的技术路线见图1。

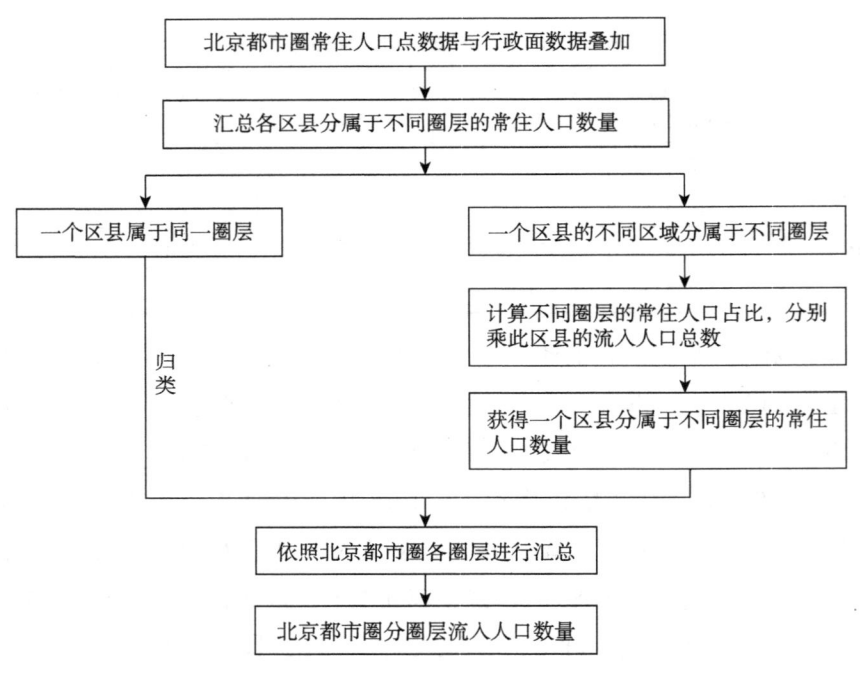

图1　技术路线

依照上述方法，在获知北京都市圈各圈层的流入人口数量后，相应的属性数据也运用此方法，对每个细分属性数据开展运算，从而得到北京都市圈不同细分属性下的流入人口数据。在这里需要说明的是，此处理方法的假设为：常住人口的分配比例即为流入人口的分配比例，此假设的合理之处在于北京都市圈是以北京为核心，作为流入人口大市，北京市2017年常住外来人口的占比已达到36.6%，因此选用常住人口的分配比例替代流入人口占比进行计算。但是，由于常住人口与流入人口的分配比例存在一定差异，本文对于北京都市圈各圈层，特别是跨圈层区县较多的情况下，流入人口的特征分析仅能反映大体趋势，无法精确到绝对数值。

1.5 研究意义

伴随我国经济社会高速发展，城镇化进程快速推进，北京都市圈对人口的吸引力显著提升，流入人口数量呈持续增长趋势。探究各圈层的流入人口特征，从人口与可持续发展视角，深入剖析北京都市圈可能面临的人口问题，对于引导流动人口合理分布、优化人口空间布局、提升都市圈空间效率具有十分重要的理论与现实意义，具体表现如下：

第一，北京都市圈各圈层流入人口的特征分析，能够为人口发展战略的制定提供科学依据。由于北京都市圈并非一个行政区域实体，特别在人口层面缺乏统一的战略安排和整体的规划组织。伴随流入人口数量的不断增加，北京非首都功能疏解对北京都市圈的人口发展提出了新的要求。通过研究，可以进一步把握北京都市圈流入人口的性别、年龄、职业、行业及来源地等特征，根据不同圈层的特点制定完善的人口发展战略和流动人口调控体系，确保北京都市圈人口的安全、健康及可持续发展。

第二，加强对流动人口特征的把握，有助于促进北京都市圈人口与经济、社会、资源和环境的协调发展。长期以来，都市圈内各主要城市以经济增长为首要目标，生产、生活均缺乏对生态环境的有效保护，大气污染、水污染、固体废弃物污染越发严峻。与此同时，城市建设面积增加，侵占城市公共空间和绿化用地，威胁居民生活质量，影响人口承载能力。对于流入人口的把控，是限制都市圈规模扩张、促进资源合理有效利用的前提，有利于各区县为流入人口提供更为全面的社会公共服务，完善配套基础设施，使居民享有宜居环境。

第三，对北京都市圈分圈层流入人口的特征分析，有助于深化我国流动人口的综合性研究，特别是在人口要素越发活跃的背景下，可作为以都市圈为载体的人口研究的补充。中国不同地区的流动人口呈现的特征不同，未来推动人口市民化面临着差异化的思路和对策，而都市圈地区的人口问题往往更为复杂和突出。以往国内学者大多关注都市圈人口的空间分布格局及其变动趋势，对于流入人口的特征及分圈层的特征涉及较少。本文以北京都市圈为例，基于2018年高德的人口迁移数据，探讨北京都市圈各圈层流动人口的典型特征和"流动人口源格局"并分析其动力机制，以期为北京都市圈的发展战略提供科学的决策参考。

2 文献综述

20世纪50年代，法国地理学家戈特曼（Gottmann Jean）首次提出"大都市带"的概念，并围绕美国西海岸的城市化问题开展理论研究，引起学者们的广泛关注。此后，国内外学者从城市经济学、城市地理学、城市规划与城市管理等角度对都市圈的形成与发展进行广泛的理论探索，并结合各国都市圈的实践展开实证分析。内容涵盖都市圈的概念及范围界定，都市圈的空间结构及功能，都市圈经济、人口发展及空间分布等多个层面的研究。

2.1 国外都市圈人口发展研究

在对都市圈进行概念界定并具备一定理论基础的前提下，国外学者围绕发达国家的城市化进程，就都市圈的人口发展问题展开了丰富的理论与实证研究，其中不乏一些颇具实用价值的创新理论与数学模型。

在"二战"后东亚高速发展时期，日本政府将大都市圈纳入国家发展战略，使这一时期日本学术界针对都市圈的研究成果颇丰。在都市圈产业快速集聚背景下，劳动力需求激增，与之相适应，有关劳动力就业变化的研究成为都市圈人口研究的一项重要内容。富田等（1957）利用日本人口统计资料分析了大都市圈的就业机会。而后学者发现，大都市圈中心城市往往会发展成为新兴产业的聚集区，就业机会远大于都市圈外围甚至非都市圈地区。因此，在20世纪60年代，日本学者又将目光转向都市圈中心城市的劳动力变化情况。

20世纪60年代中期，由于都市圈内人口集聚过快，中心城市环境污染、交通拥堵、住房紧张等"大城市病"出现，学者们开始对各大都市圈的人口规模加以探讨（Papaioannou，1968），关注人口迁移对都市圈内部社会经济发展及资源环境的双重影响。19世纪70年代之后，学者们进一步探讨了都市圈空间结构的变动过程。伊藤（1970）运用人口增长率和通勤人员比率等指标，探讨了东京、大阪和名古屋三大都市圈的人口发展状况。同一时期，岸本（1970）运用人口集中度（PCR）概念分别对日本各大都市圈的人口变动情况展开探索，研究表明，东京、大阪、名古屋都市圈内，人口呈显著分散分布的趋势，这导致了都市圈中心区域的人口集中度为负值，而局部边缘地区的数值较大。20世纪80年代，西方学者对第三世界超级城市的扩张给予了较大关注，部分学者从空间和地面数据的整合视角分析都市圈扩张和人口发展模式（Eyre，1982），在进一步对亚洲东部和南部数十个都市圈进行研究时发现，都市圈内集聚数亿人口，然而基础设施和公共服务却远远滞后（McGee，1991）。

进入21世纪以来，学者普遍注意到大都市圈内部人口高度集聚所导致的一系列社会问题，比前一时期更加严峻，因此对都市圈人口问题的讨论也越发全面。在土地利用变化和人口发展模式的基础上，Lu（2012）以交通分析区为研究单元，运用土地利用遥感数据、人口普查社会经济数据构建了综合数据库，探讨哥伦布大都市区的土地利用生态效应。塔耶贝（Tayebeh Saghapour）多次对都市圈内公共交通的可达性及自行车使用的便利程度进行分析，探讨都市区内居民出行的便利程度。此外，Gan（2016）建立社区噪声和空气污染的人口暴露模型，提出在大都市区迅速扩张背景下，人们日常生活及身体健康均受到了极大干扰（Alessio，2019；Adedunni，2019）。

总之，国外学术界围绕都市圈的研究起步较早，伴随都市圈内人口集聚过快的负向影响产生，针对都市圈人口发展的研究成果较为丰富。从研究方法来看，既有理论研究，也不乏实证分析。作为都市圈理论基础的中心地理论、三地带学说和都市圈圈层结构的诞生，是学者们将理论探讨与实证分析相结合的产物，为后续以都市圈为载体的人口研究奠定了基础，对我国学界产生了极大影响，也为都市圈建设及发展提供了有效参考。

2.2 国内都市圈人口研究进展

我国的都市圈人口研究起步较晚，近年来，伴随都市圈建设热潮的到来，相关实证研究特别是针对人口发展的研究成为学者广泛关注的热点。珠江三角洲作为我国最早建设的都市圈，20世纪以来，其人口的发展、变动情况是学者关注的焦点，从人口迁移的动力机制（李玲等，2002）、人口与经济发展的关系（马建等，2003），到20世纪初的"民工荒"问题，揭示了都市圈人口发展在整体建设上具有重要地位的同时，也说明我国都市圈具有与别国都市圈发展的不完全一致性。近10年，针对深圳都市圈的研究开始运用新的模型，如李睿（2019）在借鉴美国大都市区居住市场发展的经验后，基于居住联系扩展引力模型，对深圳都市圈的空间范围进行重新测度。同时，在粤港澳大湾区建设背景下，也使城际铁路规划及铁路设施布局对人口流动的影响成为研究热点（蔺源等，2019）。

伴随上海大都市圈的崛起，学者聚焦于这一地区并围绕人口规模估算、人口发展现状及集聚机制等主题展开，且发展较早。朱宝树等早在2004年便采用趋势外推法对上海都市圈的未来人口规模进行了估算。他认为，在全国人口增长态势既定的情况下，上海都市圈的人口规模取决于其占全国人口的比重，利用历次普查年份的人口数据估算出2010年、2020年、2030年上海都市圈的人口分别为9149万人、9933万人、10505万人，而2040和2050年将进一步分别达到10686万人、10515万人。此后，吴瑞君等（2006）分析了上海大都市圈人口发展与经济增长之间的关系，结果表明：在目前粗放型经济主导模式下，人口增长与经济发展的相关程度较高；自20世纪90年代以来，上海都市圈的人口质量有了较大提升，但人口素质与经济发展之间未形成良性循环，其潜能有待进一步转化。伴随都市圈中心城市的人口问题越发突出，国内学者认识到，对都市圈的人口问题须给予充分重视，制定相应调控政策势在必行。张车伟等（2016）以上海市为例，在借鉴国内外经验的基础上提出，特大城市的人口调控应以结构优化为主要目标，同时运用市场化的手段，在大都市圈范围内推进实施。

针对北京都市圈的人口研究较为全面，覆盖人口分布的空间格局研究、人口变动的空间态势分析、人口疏解的影响因素，以及人口流动趋势与基本公共服务问题等。其中，人口集疏过程及其空间格局的变化是人口空间分布最为直观的表现（封志明等，2013）。北京都市圈的人口总量呈现持续增长趋势，空间分布的不均衡性日益凸显，人口增加为主要特征，而人口减少零星分布。同时，封志明等学者指出，北京都市圈内部的人口流动较为频繁，以人口流入为主，流出地区仅是散落分布在张家口的山区贫困县域，现已形成以北京、天津为中心，其他地市（县域）人口向外依次扩展的多中心圈层结构。这一理论的提出也为本书关于北京都市圈分圈层流动人口的特征分析奠定了基础。伴随国内特大、超大城市人口的快速膨胀，交通拥堵、空气污染、房价高涨等问题日益凸显。为了提升城市的综合承载力，北京提出了非首都功能疏解的措施，众多学者针对其制约因素展开了探讨（张学良，2018）。姜鹏飞等（2017）根据北京都市圈人口的特点，借鉴国外城市经验提出了人口疏解的突破性思路，即"人地统筹，构建大区域人口协调机制；产城融合，发挥产业链'以业带人'的作用；职住平衡，提升卫星城人口'磁力'；人口迁出示范，加快北京城市副中心、雄安新区建设，带动高端要素流动；生活成本阶梯化，运用经济杠杆，引导人口梯度转移"。这既是对人口、经济密集区域人口流动问题研究视野的拓展，又有效协助了国内都市圈实现人口流动与区域承载力的平衡。

综上所述，都市圈人口定量研究的数据多运用统计数据及相应年份的人口普查资料，流动人口研究应用了流动人口卫生计生动态监测调查数据，也有部分学者基于通信公司的人口迁移数据和手机信令数据开展研究；就都市圈人口定量研究的方法而言，传统的人口统计方法占主导地位，且在不同时期存在不同的研究热点。在国内都市圈发展的初期阶段，学者对人口空间分布及其变动格局给予了较多关注，也有部分学者致力于对都市圈人口规模的估算及未来人口发展的趋势分析。

截至目前，在都市圈的核心地区"大城市病"问题凸显，学者对于人口发展的研究转向了人口集聚效应及其影响因素。对于北京都市圈而言，在非首都功能被疏解的背景下，人口流动现状、机制探索，以及流动人口的基本公共服务提供已成为时下热点，但对此研究并不全面，方法仅停留于数据分析，针对都市圈人口发展的理论及模型构建亟待创新。基于北京都市圈的人口研究可得出以下主要结论：北京都市圈人口以集聚为主，外围辐射圈呈现人口快速增长格局，核心地区表现出均衡化的发展态势；北京都市圈人口流动较为频繁，以人口流入为主，主要流向北京、天津和河北辖区，人口流出地区仅散落分布于张家口和承德部分山区的贫困县域。

3 北京都市圈流入人口分布呈显著空间极化特征

3.1 流入人口数由内向外呈阶梯式下降

北京都市圈流入人口按照圈层结构由内向外呈阶梯式下降特征，核心圈集聚了北京都市圈一半的流入人口。北京都市圈的流入人口总数为210.05万人（涵盖148个主要地级市），按照都市圈的圈层结构来看，其流入人口占比由内向外呈阶梯式减少。其中，第一圈层即核心圈的流入人口数为104.79万人，第二圈层的城市圈流入人口数为65.3万人，第三圈层的辐射圈流入人口则下降至39.96万人，3个圈层分别占北京都市圈总流入人口比重的49.89%、31.09%、19.02%。已有研究表明，近年来北京城市核心区的流动人口规模、密度和空间集聚度均呈下降态势，而城市边缘区的流动人口规模不断扩大，人口密度和占比逐步上升，呈"核—边扩散"格局。本研究进一步发现，截至2017年底，尽管北京城市核心地区的流动人口数量与空间集聚程度略有下滑，但北京都市圈各圈层对流动人口，特别是对省际流动人口的吸引力，仍表现为由内部核心圈向外围辐射圈逐渐递减的特点（赵美风等，2019；王新贤等，2019）。

从各区县流入人口数量来看，位居前三的区县中，大部分流入人口集中在北京都市圈内层的核心圈。2017年，朝阳区流入人口总数为378969人，排北京都市圈各区县流入人口数的第一位，约占总流入人口比重的18.04%；排名第二的区县是海淀区，流入人口数为281823人，占比为13.42%；排名第三的是昌平区，流入人口数为185214人，占比约8.82%。上述3个区县基本分属于北京都市圈的核心圈。此外，大兴区、丰台区、通州区、三河市流入人口数量均在10万人以上，占北京都市圈流入人口的比重为5.09%~7.67%。怀柔区、永清县、雄县、密云区、门头沟区、平谷区、容城县、延庆区、下花园区等区县流入人口数量较少，均为1万人以下。其他区县占比的差异不大。

3.2 各圈层流入人口分布均呈现空间极化特征

流入人口在各圈层内的分布均呈现空间极化特征，其中核心圈的空间极化程度最高，其次为辐射圈和城市圈。通过计算北京都市圈各圈层的首位度和前 5 区县的流入人口占比，本文得出的结论为：核心圈空间极化程度最高，流入人口的首位度为1.31，排名前 5 的区县占比约为 83.6%。其中，核心圈范围内朝阳区流入人口的占比达30.03%，海淀区流入人口的占比约为 22.98%，仅排名前 2 的区县就已集聚了北京都市圈一半以上的流入人口，可见核心圈的空间极化特征十分显著。城市圈内部流入人口的空间极化程度低于核心圈，流入人口的首位度为 1.03，排名前 5 区县的流入人口占比为 60.1%，呈现出较显著的空间极化特征。外围辐射圈流入人口的空间极化程度最低，流入人口的首位度为 1.14，排名前 5 区县的流入人口占比仅为 45.5%。其中，广阳区及武清区在辐射圈内的流入人口占比最高，分别为 12.72% 及 11.14%，剩余区县的比重均在 10% 以下，流入人口在其他区县分布较为平均，但仍呈现一定的空间极化特点。对此，国内学者认为，北京都市圈人口规模巨大且增速较快，是人口空间极化现象严重、中心地区人口过度集中等问题产生的直接原因，将导致都市圈内人口资源与环境的矛盾越发突出（周进，2018）。相关内容见表 2。

表 2 2017 年北京都市圈各圈层流入人口的首位度及排名前 5 区县占比   单位：%

圈层	首位度	排名前 5 区县占比
核心圈	1.31	83.6
城市圈	1.03	60.1
辐射圈	1.14	45.5

城市圈流入人口的首位度低于辐射圈，这与排名前 3（5）区县的流入人口占比的差异较小有关。城市圈内 60.11% 的流入人口集中在占比排名前 5 的昌平区（13.26%）、三河市（12.88%）、通州区（12.53%）、大兴区（11%）、顺义区（10.44%），能够看出上述区县的流入人口占比均在 10% 左右，差异较小。而对于辐射圈，排名前 5 的区县分别为广阳区（12.72%）、武清区（11.14%）、涿州市（8.77%）、高碑店市（6.48%）、霸州市（6.37%），从武清区到涿州市出现流入人口占比明显下降的现象。进一步计算排名前 3 区县的流入人口占比，结果显示，城市圈排名前 3 的区县占比为 38.67%，辐射圈为 32.63%，因此判定城市圈的空间极化程度高于辐射圈。

4 北京都市圈各圈层流入人口的结构特征分析

4.1 性别结构：男性多于女性

在北京都市圈流入人口中，男性多于女性。其中，核心圈与辐射圈流入人口中的男性为女性的1.3倍以上，城市圈为1.4倍以上。分别分圈层汇总各圈层的男性及女性流入人口，计算各圈层流入人口的男女性别比（以女性为100）。结果显示，3个圈层的男女性别比均大于100，即各圈层中男性流入人口均多于女性；核心圈与辐射圈的男女性别比差别不大，分别为135与133，城市圈的男女性别比最大为142（见表3）。

流入人口中男性多于女性，将在一定程度上缓解北京都市圈常住人口性别比持续下滑的趋势。截至2017年，京津冀地区常住人口男女性别比为103.55。其中，北京市常住人口的性别比为104.15，远低于北京都市圈流入人口的男女比例。杜薇等（2019）认为，劳动力性别构成的变化会影响不同产业的产出，伴随北京都市圈流动人口的增加，特别在第一产业和制造业、电力供应业、建筑业、住宿餐饮业，男性占比的提升有助于当地的经济发展。这一结论也将在本文4.4节"行业、职业结构：从圈层内部构成来看"中得到论证。

表3 2017年北京都市圈各圈层男女性别比

圈层	男女性别比（以女性为100）
核心圈	135
城市圈	142
辐射圈	133
北京都市圈	137

4.2 年龄结构：以青壮年劳动力为主

北京都市圈的流入人口以青壮年劳动力为主，核心圈流入的青壮年劳动力最多。既有研究显示，京津冀流动人口主要集中在25~49岁（陈明星等，2018）。受使用的数据分段的限制，本书将各圈层25~55岁的流入人口汇总后分别除以北京都市圈22~55岁的流入人口总数，得到不同圈层特定区间的流入人口比重。原有数据显示，北京都市圈25~55岁的人口数为1694134人，占比高达64.92%，即北京都市圈的流入人口以青壮年劳动力为主，这与以往学者对于京津冀地区流动人口多为青壮年劳动适龄人口的结论相一致。本书通过进一步计算发现，在22~55岁的流动人口中，有48.59%的人口流入核心圈，31.75%的人口流入城市圈，仅19.66%的人口流入辐射圈，即流动人口中的青壮年劳动力在各圈层的分布仍呈现由内向外占比下降的趋势（见图2）。

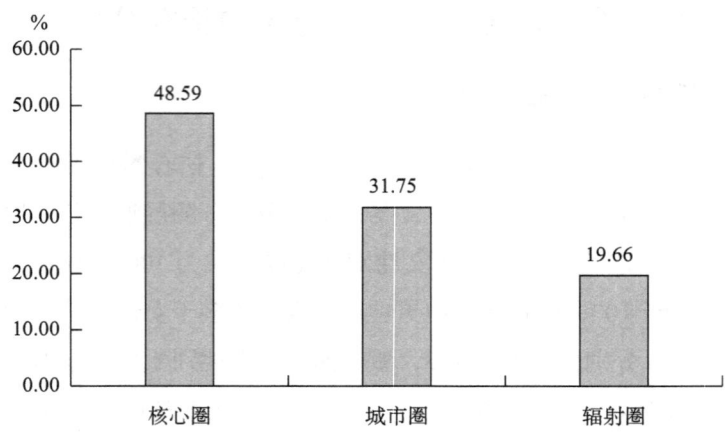

图2 2017年北京都市圈25~55岁流入人口及其在各圈层的占比

对于北京都市圈而言，25~34岁是各圈层流入人口占比最高的群体，核心圈的流入人口最年轻，19~24岁的流入人口占比由核心圈向辐射圈递减，而25~44岁的流入人口则相反。首先，在北京都市圈各圈层内部中，25~34岁的流入人口占比均最高，核心圈内这一区间的流入人口比重为39.46%，城市圈为41.22%，辐射圈为42.86%；其次，核心圈19~24岁的流动人口比重为30.79%，城市圈为27.58%，辐射圈仅为25.11%。19~34岁的流入人口在核心圈、城市圈及辐射圈的占比依次为70.25%、68.80%及67.97%。由此可知，北京都市圈中核心圈的流入人口最年轻，其次是城市圈，最后是辐射圈。具体内容见图3。

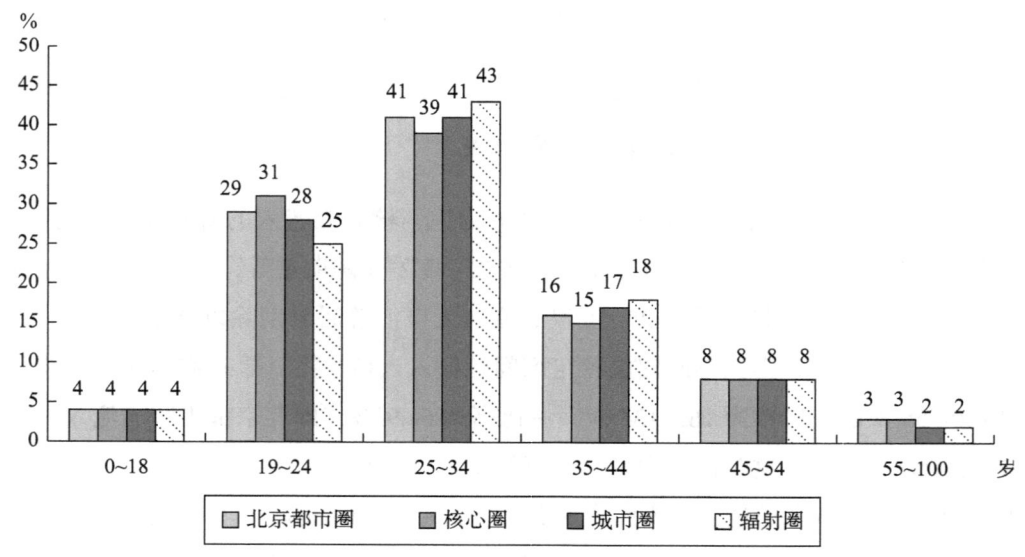

图3 2017年北京都市圈各圈层内流入人口的年龄结构

此外，由于19~24岁的流入人口占比从核心圈到城市圈，最后到辐射圈依次递减，而25~34岁及35~44岁则依次递增。具体来看，北京都市圈19~24岁的流入人口占比在29%左右，其中核心圈这一年龄区间的人口占比高于都市圈的总体水平；而城市圈和辐射圈的该年龄区间人口占比均低于都市圈的29%，且占比数值从内向外依次降低。对于25~34岁的流动人口，北京都市圈内这一年龄区间的人口比重约为41%，城市圈与之持平，核心圈占比较低，而辐射圈较高。35~44岁的流动人口在各圈层的分布与25~34岁这一年龄区间具有极大相似性，北京都市圈内的占比约为16%，城市圈与之持平，占比在16.93%左右；核心圈的占比略低，为15.12%；辐射圈较高，占比约为18.47%。上述不同年龄区间在北京都市圈内各圈层分布的差异可能与高校的分布及就业分布存在一定关联。

4.3 行业、职业结构：从都市圈整体视角解读

核心圈及城市圈承载着北京都市圈大部分流入人口的就业问题，北京都市圈中核心圈以现代服务业为主，城市圈以一般服务业为主，而外围辐射圈以一般制造业为主。

4.3.1 各职业就业人员主要分布在核心圈和城市圈

从各职业就业人员在北京都市圈的分布比例可以看出，约80%的人口集中在核心圈与城市圈。快递员、学生、公务员、教职工、医疗人员、服务人员和公司职员等在核心圈的流入人口中所占比重分别为60.31%、57.19%、54.51%、53.67%、53.03%、52.80%、52.62%，均在50%以上，从事上述职业的流入人口在城市圈的占比多处于20%~30%。出租车司机、科研人员及货车司机等主要集中在城市圈，在城市圈的分布比例分别为96.13%、53.88%和40.58%；在核心圈中的占比只有2.49%、28.08%、36.92%；在辐射圈中的占比均低于核心圈，仅为1.38%、18.03%、22.49%。可见，除出租车司机、科研人员及货车司机之外，从事其他职业的流入人口近一半集中在核心圈，1/3位于城市圈的范围内。相关内容见图4。

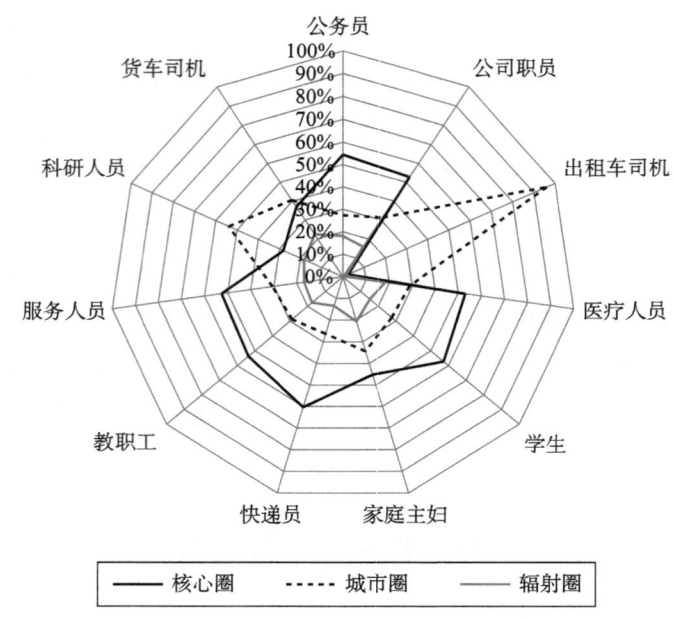

图 4　2017 年流入人口各职业就业人员在北京都市圈各圈层的分布比例

4.3.2　各行业从业人员集中分布于都市圈核心地区

从各行业从业人员在北京都市圈中各圈层的分布比例来看，除冶金化工及机械电子外，各个行业同样是约80%的从业人员集中在核心圈与城市圈。首先，从事金融、传媒等现代服务业的流入人口高度集中在核心圈，在核心圈的比重分别为60.02%和66.16%，在城市圈的比重分别为26.23%、25.07%，在辐射圈中的比重则分别降低至13.75%和8.77%。其次，从事酒店、餐饮等一般服务业的流入人口在城市圈的占比上升，与核心圈的差距逐渐缩小，在核心圈、城市圈和辐射圈的占比分别为57.37%、27.96%和14.67%。最后，从事农林牧渔、冶金化工及机械电子等一般制造业的流入人口在城市圈及辐射圈的占比上升幅度较大，在外围两圈层所占比重分别为农林渔牧37.93%、14.28%，冶金化工32.72%、28.36%，以及机械电子35.68%、25.56%，基本与核心圈持平。相关内容见表4。

表 4　2017 年流入人口各行业就业人员在北京都市圈各圈层的分布比例　　单位：%

行业	核心圈	城市圈	辐射圈
金融	60.02	26.23	13.75
传媒	66.16	25.07	8.77
教育	57.09	28.11	14.80
酒店餐饮	57.37	27.96	14.67

续表

行业	核心圈	城市圈	辐射圈
公共事业	54.70	28.29	17.00
医疗卫生	53.03	28.81	18.16
生活服务	51.19	31.87	16.94
网络科技	50.40	32.91	16.70
房地产	50.19	32.09	17.72
购物服务	48.39	32.66	18.95
汽车服务	50.07	31.58	18.35
农林牧渔	47.80	37.93	14.28
能源矿产	47.56	30.96	21.48
广告装饰	46.45	34.66	18.89
商业贸易	45.09	33.26	21.65
客运服务	40.36	37.23	22.41
冶金化工	38.92	32.72	28.36
机械电子	38.76	35.68	25.56
货运服务	37.15	40.45	22.41

4.4 行业、职业结构：从圈层内部构成来看

北京都市圈各圈层的流入人口以公司职员及服务人员为主，且在各圈层的分布较为平均，流入人口主要从事教育、酒店餐饮及购物服务业。总体来讲，流入人口就业的行业分布多样，但以中低端服务业为绝对主体。

4.4.1 各圈层流动人口的职业结构均以公司职员及服务人员为主

从各圈层流入人口的职业结构看，3个圈层都以公司职员及服务人员为主。其中，公司职员在核心圈、城市圈及辐射圈内的占比分别为35.89%、30.34%及34.04%，服务人员在核心圈、城市圈及辐射圈的占比分别为37.81%、31.34%及38.00%，上述两种职业的就业人员在北京都市圈各圈层的分布较为均衡。学生、医疗人员、教职工和公务员也在北京都市圈内占有一定的比重，流入人口中的学生在核心圈、城市圈和辐射圈中的占比分别为9.85%、6.77%、8.27%，仅次于公司职员和服务人员。此外，出租车司机在城市圈中的占比较为突出，在17.18%左右。相关内容见图5。

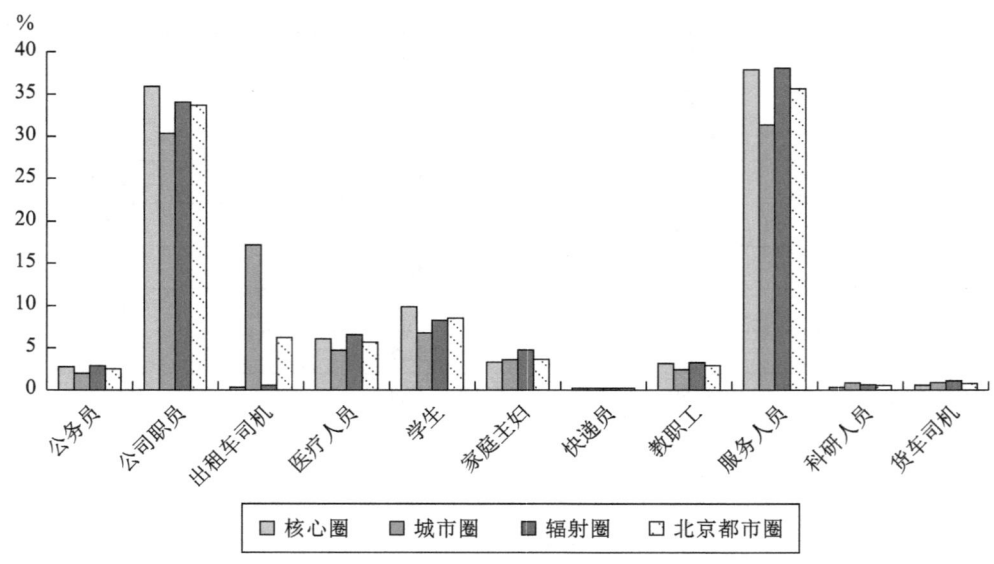

图 5　2017 年北京都市圈各圈层内部流入人口从业职业结构

4.4.2　各圈层流动人口多从事教育、酒店餐饮及购物服务业

在北京都市圈各圈层流入人口的从业行业占比中，排名前 3 的均为教育、酒店餐饮及购物服务业，中低端服务业占绝对主体地位。核心圈流入人口从业占比位居前 3 的行业分别是教育、酒店餐饮及购物服务业，其占比分别为 20.05%、17.47%、12.80%；城市圈流入人口从业占比位居前 3 的行业分别是教育、购物服务及酒店餐饮业，其占比分别是 16.91%、14.80% 及 14.59%；辐射圈流入人口从业占比位居前 3 的行业分别是教育、购物服务及酒店餐饮业，其占比分别为 15.72%、15.16% 及 13.51%。相关内容见表 5。

表 5　2017 年北京都市圈各圈层流入人口从业行业结构　　　单位：%

行业	核心圈	城市圈	辐射圈	北京都市圈
金融	2.14	1.60	1.48	1.86
传媒	0.69	0.45	0.28	0.55
教育	20.05	16.91	15.72	18.34
酒店餐饮	17.47	14.59	13.51	15.91
公共事业	6.50	5.76	6.11	6.21
医疗卫生	7.62	7.09	7.89	7.51
生活服务	11.42	12.17	11.42	11.65
网络科技	6.93	7.76	6.95	7.19
房地产	2.63	2.88	2.81	2.74

续表

行业	核心圈	城市圈	辐射圈	北京都市圈
购物服务	12.80	14.80	15.16	13.82
汽车服务	2.64	2.86	2.93	2.76
农林牧渔	0.20	0.27	0.18	0.22
能源矿产	0.38	0.42	0.51	0.41
广告装饰	1.43	1.83	1.76	1.61
商业贸易	1.76	2.23	2.56	2.04
客运服务	0.39	0.62	0.66	0.51
冶金化工	1.71	2.47	3.77	2.30
机械电子	2.51	3.95	5.00	3.38
货运服务	0.72	1.34	1.31	1.01

总体来讲，虽然各圈层的流动人口以从事教育、酒店餐饮业及购物服务为主，但圈层内部各行业的占比仍存在一定差异。教育行业的从业人员多集中在北京都市圈的核心圈范围内，而购物服务业的从业人员则更多地分布在城市圈及外围辐射圈。

5 北京都市圈的流入人口来源地分析

5.1 京津冀是北京都市圈流入人口的主要来源地

京津冀地区是北京都市圈流入人口的主要来源地，北京都市圈具备一定吸引大城市人口流入的潜力。流入人口来源地排名前10的城市以京津冀地区为主，其中北京市为都市圈流入人口来源占比最高的城市，其内部流动人口占都市圈总体的13.06%；其次为河北省保定市、廊坊市和天津市，流入人口的占比分别为6.56%、5.54%、5.15%；再次为河北省邯郸市、石家庄市、张家口市、邢台市，流入人口占比均为3%左右。此外，以上海为首，天津、深圳、广州等一批大城市也有一定量的人口流入北京都市圈，其中来源地为上海市的流入人口数量占北京都市圈流入人口总数量的2.35%。

既有研究表明，人口流动受经济、地理、文化等多种因素影响（陈明星等，2019）。北京都市圈流入人口大部分来源于与其地理位置相近的京津冀地区，上海、深圳、广州、郑州、西安等人口规模较大的城市，以及阜阳、南阳等劳动力输出大市，而云南、贵州、四川、新疆、西藏、青海等地与北京都市圈的距离较远，尤其是新疆、西藏两地，故上述地区的人口流入北京都市圈的数量较少。

各圈层流入人口的来源地基本相似，保定市、天津市、廊坊市、邯郸市、石家庄市、张家口市是北京都市圈流入人口的主要来源地。核心圈和城市圈与上海等大城市之间联系紧密，来自上海市的流入人口普遍集聚在海淀、朝阳、丰台、昌平等区。具体来看，上海市流入核心圈的海淀区、朝阳区、丰台区等重点区的人口占比为3.02%，位居流入人口来源城市名单第六；流入城市圈的昌平区、三河市、通州区等重点区的人口占比为1.84%，低于核心圈，但仍位于流入人口来源城市名单的前10。除上海市之外，来自重庆市的流入人口在核心圈中所占比重为0.76%，列第十一位（见表6）。

表6 2017年北京都市圈重点区县流入人口来源分析 单位：%

核心圈（海淀区、朝阳区、丰台区）		城市圈（昌平区、三河市、通州区）		辐射圈（广阳区、涿州市、霸州市）	
来源城市	占比	来源城市	占比	来源城市	占比
保定市	6.41	北京市	12.65	北京市	41.90
廊坊市	5.27	保定市	5.77	天津市	9.17
天津市	4.70	邯郸市	5.08	保定市	5.96
邯郸市	4.33	廊坊市	5.03	石家庄市	5.93
石家庄市	3.35	天津市	4.48	沧州市	4.23
上海市	3.02	张家口市	4.03	邯郸市	3.83
张家口市	2.64	石家庄市	3.62	唐山市	2.93
郑州市	2.25	承德市	2.55	张家口市	2.22
邢台市	1.60	邢台市	2.48	廊坊市	2.12
深圳市	0.96	上海市	1.84	邢台市	1.86
重庆市	0.76	唐山市	1.52	承德市	1.66
西安市	0.73	郑州市	1.01	阜阳市	0.61
承德市	0.39	沧州市	0.41	南阳市	0.60
总计	36.40	总计	50.48	总计	83.51

5.2 北京市是近京辐射圈的流入人口来源地

北京市是近京辐射圈中主要区县的流入人口来源地。2017年，在广阳区、武清区、涿州市、高碑店市、霸州市等辐射圈的流入节点区县中，来自北京的流入人口占比分别为34.40%、32.17%、68.70%、44.83%及20.02%。

对于上述城市而言，流入人口来源地除北京市之外，河南、山东、安徽等省的部分城市也占有一定比重。在武清区的流入人口中，来源地为聊城市的人口占比为2.34%，位列来源城市名单第九。在高碑店市的流入人口中，来源地为河南省南阳市、开封市的人口占比分别为1.89%、1.77%，位列来源城市人口占比名单的第九、第十。

在霸州市流入人口的来源地中，位列前10的城市里南阳市同样榜上有名，其流入人口比重占霸州市流入人口总体的2.64%，略高于流入高碑店市的人口占比。此外，安徽省阜阳市也有2.66%的人口流入霸州市。

与天津市各区县相比，河北省高碑店市、霸州市等城市对外省流动人口的吸引力较弱。在高碑店市流入人口排名前10的城市中，来自外省的流入人口占比为57.73%，而霸州市外省流入人口的占比仅为44.74%，远低于武清区的73.50%和广阳区的72.30%。除京津冀地区外，高碑店市、霸州市的外省流入人口以河南省为主，武清区、广阳区以山东省为主，其流入人口占比多处于3%~5%。

6 北京都市圈各圈层间人口流动分析

6.1 都市圈内部以辐射圈的人口向核心圈和城市圈流动为主

北京都市圈内部的人口流动以辐射圈向核心圈和城市圈的流动为主，部分人口由都市圈核心地区流向外围辐射圈。如表7所示，由辐射圈流入核心圈和城市圈的人口共有341589人，其中来源城市为保定市的流动人口达114606人，超出辐射圈流出人口的1/3；廊坊市、天津市和张家口市的流入人口占比分别为13.59%、11.00%、7.79%。此外，由核心圈和城市圈流向外围辐射圈的人口为274273人，约占辐射圈流出人口总体的80.3%。其中，廊坊市成为北京都市圈核心地区人口的重要承接地，近半数的流动人口集聚在廊坊；保定市位列第二，由核心地区流入的人口数量接近廊坊市的一半。

表7 2017年北京都市圈各圈层人口流动分析　　　　　　　单位：人，%

来源城市	流入城市	人口	占比
核心圈/城市圈	辐射圈	274273	39.12
北京市	保定市	78170	11.15
北京市	廊坊市	148683	21.21
北京市	天津市	25901	3.69
北京市	张家口市	21519	3.07
辐射圈	核心圈/城市圈	341589	48.73
保定市	北京市	114606	16.35
廊坊市	北京市	95270	13.59
天津市	北京市	77095	11.00

续表

来源城市	流入城市	人口	占比
张家口市	北京市	54618	7.79
辐射圈	辐射圈	85159	12.15
保定市	廊坊市	19058	2.72
保定市	天津市	2784	0.40
保定市	张家口市	1385	0.20
廊坊市	保定市	9392	1.34
廊坊市	天津市	10409	1.48
廊坊市	张家口市	1340	0.19
天津市	保定市	7523	1.07
天津市	廊坊市	22078	3.15
天津市	张家口市	1392	0.20
张家口市	保定市	1428	0.20
张家口市	廊坊市	6267	0.89
张家口市	天津市	2103	0.30

6.2 辐射圈内部以天津市人口向廊坊市流动为主

北京都市圈中辐射圈的人口流动，以天津市的人口流出为主，廊坊市是辐射圈流动人口的主要集聚地。由天津市流入辐射圈其他地区的人口总量为 30993 人，占辐射圈流动人口的 36.4%。廊坊市还是北京都市圈外围流动人口的集聚地之一，流入人口数量占辐射圈总体的 55.7%，主要汇集了来自天津市和保定市的流动人口，仅上述两个城市的流入人口数量就已占到廊坊市流入人口总量的 86.8%。相关内容见图 6。

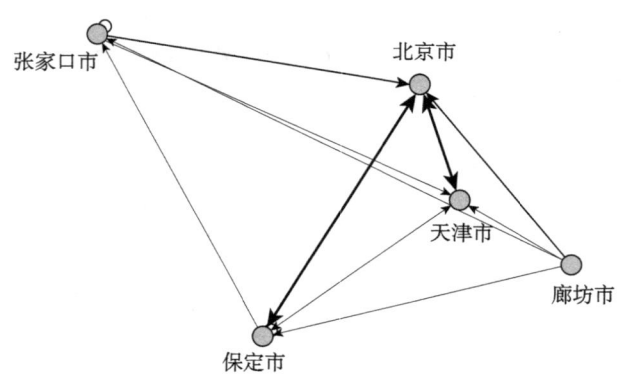

图 6　北京都市圈内部人口流动分析

7 结论与讨论

通过对北京都市圈中核心圈、城市圈、辐射圈的人口流入特征进行分析，本文得出以下结论。

（1）流入人口数量按照圈层结构呈现由内向外阶梯式下降的特征，核心圈、城市圈、辐射圈流入人口所占比重分别为50%、31%、19%，各圈层的流入人口均呈空间极化分布，空间极化程度由核心圈向辐射圈逐步降低。

（2）北京都市圈的流入人口结构以男性为主，男女性别比高达137（以女性为100），青壮年劳动力是流入人口的主力，25~55岁的流入人口占比为52.36%，以核心圈的流入人口最为年轻。核心圈和城市圈成为流入人口就业的承载重心，约80%的就业人口集中于此。从行业结构来看，核心圈以金融及现代服务业为主，城市圈的传统服务业突出，辐射圈的传统制造业突出；从职业结构来看，各圈层均以公司职员及服务人员为主，主要从事教育、酒店餐饮及购物服务业等中低端服务业。

（3）京津冀是北京都市圈流入人口的主要来源地，北京都市圈具备一定吸引大城市人口流入的潜力，各圈层流入人口来源地基本相似，保定市、天津市、廊坊市、邯郸市、石家庄市、张家口市是各圈层流入人口的主要来源地。

（4）北京都市圈内部的人口流动以辐射圈向核心圈和城市圈的流动为主，来源城市以保定市占比最高，超过辐射圈总体流入人口的1/3，也有一定数量的人口由都市圈核心地区流向外围辐射圈，其中廊坊市成为北京都市圈内部流动人口的重要承接地，流入人口占辐射圈总体的55.7%。

基于北京都市圈各圈层流入人口的特征，本文提出以下几点建议：第一，北京都市圈是我国经济发达、颇具竞争力的都市圈之一，是省内和省际流动人口的主要流入地，应进一步提高都市圈的开放性和包容性；第二，提高北京都市圈的公共服务与管理水平，社会政策的制定应充分结合各圈层流动人口的年龄、职业、行业等特征，有针对性地增强流入人口的获得感和幸福感；第三，优化北京都市圈的产业结构，着力推进金融、房地产、信息通信、教育、医疗等现代服务业发展，加强流动人口的职业培训和健康、安全、法律知识的宣传教育；第四，加快北京都市圈内部各城市的一体化建设，有序疏解北京的非首都功能，促进都市圈的协调发展与人口的合理流动。

值得注意的是，伴随我国城市化进程的不断加快，区域差距持续扩大，流动人口不再仅仅是由进城务工的农民工群体构成，大量城市人口也逐渐成为流动大军中不可忽视的一部分（李君甫等，2019）。2017年，我国有2.44亿流动人口，其中城市流动人口超过 7000 万人，占全国流动人口总数的近 30%。根据国内外人口发展的经验，北京都市圈人口迁移流动的整体规模和强度今后还会有相当大的上升空间，尤其人口在北京都市圈与大城市之间，如上海、深圳、广州等，以及北京都市圈各城市内部的迁移流动将进一步增强。与"乡—城"流动相比，"城—城"流动的人口趋于年轻化，文化程度高，从事的行业较为高端，对城市发展的贡献日益凸显。

人口从"乡—城"流动向"城—城"流动的转变，表明我国城市化步入新阶段。以此为基础，深入剖析北京都市圈流入人口的特征，完善相应的社会制度保障与政策，将成为日后都市圈人口发展研究的新方向。

参考文献

［1］BURNS E K，HAWLEY R D. Population density and land consumption trends in the metropolitan Southwest［J］.Computers environment & urban systems，1989，13（4）：231–242.

［2］EYRE L A. Metropolitan expansion and population density patterns in third world supercities as indicated by integration of space and ground data［J］. Advances in Space Research，1982，2（8）：189–193.

［3］FAWCETT C B. Distribution of the urban population in Great Britain，1931［J］. The geographical journal，1932，79（2）：100–113.

［4］MUMFORD L. Technics and civilization［J］. Journal of political economy，1934，86（2）：447–474.

［5］OLUSANYA A，OGUNYEMI A，ARIKAWE A，et al. Inappropriate drug use in the elderly outpatient population in a West–African metropolitan community［J］. International journal of clinical pharmacology and therapeutics，2019，57（7）：1–11.

［6］PETRELLI A，ANTEO D N，AGABITI N，et al. Immigrants' health and socioeconomic inequalities of overall population residing in Italy evaluated through the Italian network of longitudinal metropolitan studies ［J］. Epidemiologia e prevenzione，2019，43（5–6 Suppl）：1–80.

［7］SAGHAPOUR T，MORIDPOUR S，THOMPSON R G. Measuring cycling accessibility in metropolitan areas［J］. International journal of sustainable transportation，2017，11（5）：14.

［8］SAGHAPOUR T，MORIDPOUR S & THOMPSON R G. Public transport accessibility in metropolitan areas：a new approach incorporating population density［J］. Journal of transport geography，2016，54：273–285.

［9］WEN Q G，KATHLEEN M，MICHAEL B，et al. Modeling population exposure to community noise and air pollution in a large metropolitan area［J］. Environmental research，2012，116：11–16.

［10］蔡安宁，张华，唐于渝，等．1982年以来北京人口时空演变研究［J］.西北人口，2016，

37（4）：1-8.

［11］陈红艳.为美好而来：2019环北京都市圈区域价值论坛举行［J］.地产，2019（8）：7-9.

［12］陈明星，郭莎莎，陆大道.新型城镇化背景下京津冀城市群流动人口特征与格局［J］.地理科学进展，2018，37（3）：363-372.

［13］崔功豪，武进.中国城市边缘区空间结构特征及其发展：以南京等城市为例［J］.地理学报，1990（4）：399-411.

［14］崔功豪.都市区规划：地域空间规划的新趋势［J］.国外城市规划，2001，10（5）：1.

［15］封志明，杨玲，杨艳昭.京津冀都市圈人口集疏过程与空间格局分析［J］.地球信息科学学报，2013（1）：15-22.

［16］富田和晓.大都市圈的结构的变化［M］.［出版地不详］：古今书院.2001.

［17］戈特曼，李浩，陈晓燕.大城市连绵区：美国东北海岸的城市化［J］.国际城市规划，2007（5）：2-7.

［18］姜鹏飞，唐少清.首都人口疏解的制约因素与突破思路：基于国外城市人口疏解的经验［J］.河北大学学报（哲学社会科学版），2017，42（4）：150-155.

［19］琚立宁.都市圈的概念内涵与测度方法探讨［C］//中国城市规划学会、杭州市人民政府.共享与品质：2018中国城市规划年会论文集（16区域规划与城市经济）.北京：中国城市规划学会，2018：296-315.

［20］乐宜春，徐旭晖，王翘楚.区域与城市空间视角下深圳铁路设施布局探讨［J］.城市轨道交通研究，2019，22（8）：29-33，76.

［21］李君甫，王春璇.超大城市乡城与城—城流动人口居住空间差异研究：基于北京和上海的研究［J/OL］.东北师大学报（哲学社会科学版），2019（8）：1-17［2020-01-18］.http://kns.cnki.net/kcms/detail/22.1062.C.20190828.1830.004.html.

［22］李玲.人口迁移对90年代珠江三角洲人口发展的影响［J］.经济地理，2002（5）：544-549.

［23］李睿.基于居住联系扩展引力模型的深圳都市圈空间范围测度研究［J］.特区经济，2019（10）：49-51.

［24］李睿.美国大都市区居住市场发展对深圳都市圈的启示［J］.住宅与房地产，2019（26）：74-77.

［25］李伟.借鉴世界城市经验论北京都市圈空间发展格局［C］//多元与包容：2012中国城市规划年会论文集（01.城市化与区域规划研究）.北京：中国城市规划学会，2012：14.

［26］李燕，王芳.北京的人口、交通和土地利用发展战略：基于东京都市圈的比较分析［J］.经济地理，2017，37（4）：5-14.

［27］李耀新.长江经济带大都市发展战略研究.以上海为主要案例［M］.武汉：长江出版社，2009.

[28] 蔺源.粤港澳大湾区背景下深圳城际铁路规划研究[J].交通世界,2019(20):21-22.

[29] 刘荣增,崔功豪,冯德显.新时期大都市周边地区城市定位研究:以苏州与上海关系为例[J].地理科学,2001(2):158-163.

[30] 马国霞.区域经济增长时空分异模拟研究:以京津冀都市圈为例[D].北京:中国科学院地理科学与资源研究所,2006.

[31] 马建.珠三角的人口与经济发展[J].广东经济,2003(2):19-22.

[32] 马小红,段成荣,郭静.四类流动人口的比较研究[J].中国人口科学,2014(5):36-46.

[33] 穆怀中,丁梓楠.产业层次的初次分配福利系数研究[J].中国人口科学,2011(3):16-25,111.

[34] 欧阳慧.我国重要潜力增长地区探讨[J].中国国情国力,2004(10):20-23.

[35] 庞磊.基于复杂网络的北京都市圈轨道交通网络特征演变研究[C]//中国城市规划学会、重庆市人民政府.活力城乡美好人居:2019中国城市规划年会论文集(06城市交通规划).北京:中国城市规划学会,2019:288-298.

[36] 彭际作.大都市圈人口空间格局与区域经济发展[D].上海:华东师范大学,2006.

[37] 宋若男.京津冀视角下住宅价格规律研究[D].北京:中国地质大学,2017.

[38] 王德.日本城市空间演变过程理论与实证研究:评介石水照雄主编的《城市空间体系》一书[J].城市规划汇刊,1999(5):78-79.

[39] 王建.九大都市圈区域经济发展模式的构想[J].宏观经济管理,1996(10):21-24.

[40] 王建.美日区域经济模式的启示与中国都市圈发展战略的构想[J].战略与管理,1997(2):1-15.

[41] 王俊松,满燕云.土地交易、开发商因素与城市住宅价格:以北京市为例[C]//中国地理学会、河南省科学技术协会.中国地理学会2012年学术年会学术论文摘要集,2012:2.

[42] 王新贤,高向东.中国流动人口分布演变及其对城镇化的影响:基于省际、省内流动的对比分析[J].地理科学,2019,39(12):1866-1874.

[43] 吴良镛,毛其智.京津冀区域发展二论[J].北京规划建设,1994(5):25-29.

[44] 吴瑞君.上海大都市圈人口发展战略研究[D].上海:华东师范大学,2005.

[45] 肖金成,袁朱.中国将形成十大城市群[J].党政干部文摘,2007(5):21-22.

[46] 叶裕民,李彦军,倪稞.京津冀都市圈人口流动与跨区域统筹城乡发展[J].中国人口科学,2008(2):57-64,96.

[47] 张车伟,王智勇,蔡翼飞.中国特大城市的人口调控研究:以上海市为例[J].中国人口科学,2016(2):2-11.

［48］张京祥，邹军，吴君焰.论都市圈地域空间的组织［J］.城市规划，2004，25（5）：19-23.

［49］张伟.都市圈的概念、特征及其规划探讨［J］.城市规划（6）：47-50.

［50］张晓春，宋家骅，邵源，等.都市圈背景下深圳轨道交通发展战略研究［J］.都市快轨交通，2012，25（3）：1-6.

［51］张学良，刘志平，孟美侠.城市功能疏解与上海大都市圈的发展［C］∥中国经济改革研究基金会.加快发展大都市圈的战略与政策研究报告.北京：中国经济改革研究基金会，2018：14.

［52］章怡，马璇，张振广.上海大都市圈区域协同规划初步思考：基于国内外案例的分析［C］∥中国城市规划学会、杭州市人民政府.共享与品质：2018中国城市规划年会论文集（16区域规划与城市经济）.北京：中国城市规划学会，2018：12.

［53］赵美风，汪德根.北京城区流动人口扩散格局及驱动机制［J］.地理科学，2019，39（11）：1729-1738.

［54］周进.京津冀地区的功能布局调整与人口发展［J］.新视野，2018（1）：57-63.

［55］周起业，刘再兴，祝诚.区域经济学［M］.北京：中国人民大学出版社，1989.

［56］朱传耿，顾朝林，马荣华.中国流动人口的影响要素与空间分布［J］.地理学报，2001，56（5）：549-559.

［57］朱苑秋.我国大都市圈创新要素整合［D］.上海：上海交通大学，2007.

北京都市圈实有人口规模估算

黎玲玲[1] 张 华[1] 陈红艳[1,2]

（1.北京师范大学地理科学学部，北京 100875；
2.华夏幸福研究院，北京 100027）

摘 要 我国正处于快速城市化的阶段，流动人口规模大，对社会经济发展产生了重要影响。在此背景下，城市的公共资源应当满足实时变化的人口需求，而现有的统计口径大多以常住人口为主，难以满足城市资源配置与管理的需求。大数据的迅速发展为人口研究提供了新的数据来源及方法。现有关于实有人口的研究大多为公安部门对实有人口的信息管理，基于大数据的人口研究主要集中在空间分布与人口迁移方面，利用大数据研究实有人口规模的成果较少。基于此，本文梳理了实有人口构成，将其分为常住人口、通勤人口和访客人口；根据实有人口构成，使用联通手机信令数据和高德通勤数据，划定一定停留时间阈值，估算各类构成人口规模，将其综合得到北京市及北京都市圈的实有人口规模。研究发现，北京市实有人口规模为2700万人左右（±150万人），北京都市圈实有人口规模为3600万人左右（±200万人）；北京市除2300万人左右常住人口外，还有57万人左右的跨城通勤人口和400万人左右的动态平衡访客人口，城市在规划面向人口需求的公共资源配置及公共管理服务时应当充分考虑他们的需求，以此维持城市的日常供需平衡；在选取适当的停留时间阈值（夜间停留最长，月停留≥15天）的条件下，利用手机信令数据可以较好地拟合与估算常住人口的数据，未来或许可以尝试使用手机信令数据辅助人口的统计工作。

关键词 实有人口 都市圈 人口规模 手机信令 北京市

1 研究背景及综述

1.1 研究背景

1.1.1 流动人口规模大，对社会经济发展有重要影响

我国在快速城市化过程中，有大量农村工人涌入城市地区，出现了流动人口规模较大的现象。研究发现，我国流动人口的空间分布格局稳定性较强，长三角、珠三角和京津冀等沿海城市群是流动人口的主要集聚地，流动人口向内陆地区的省会等特大城市集中的趋势明显（刘涛等，2015）。2015年，长三角、珠三角和京津冀各城市群的净流入人口分别为2570.32万人、2623.26万人和1193.04万人，净流入率分别为16.61%、44.66%与13.35%，其中上海、深圳、北京分别为三大城市群人口流入量最大的城市（朱宇等，2017），浙江、北京、江苏、上海4省（市）基本一直处于人口净流入前5位（朱梦珏、李芳，2017）。《中国流动人口发展报告2016》显示，2016年我国流动人口规模达2.45亿人，约占总人口的17.72%。

规模庞大的流动人口对社会经济发展影响深远。例如，从城镇化的层面来看，大规模的人口流动对流出地和流入地的城镇化水平提高均有显著贡献，同时在很大程度上重构了中国城镇体系的等级规模结构和空间布局模式（刘涛等，2015）。从区域发展角度来看，相关学者指出，人口迁移流动同时能促进流出地和流入地的社会经济发展。对于流入地而言，大量的青壮年劳动力从欠发达的乡村和内陆地区流向发达的城镇和沿海地区，为流入地社会经济发展提供了源源不断的廉价劳动力资源；对于流出地而言，劳动力流动培养了回流劳动力的创业精神，促进其职业身份的转变，从而有效地促进了流出地社会经济的发展（王桂新等，2005；Ma，2016）。从资源环境来看，大量人口流入城市，也引发了一系列的资源环境问题，如交通拥堵、资源紧张、环境污染等（王桂新，2011）。相关内容见图1。

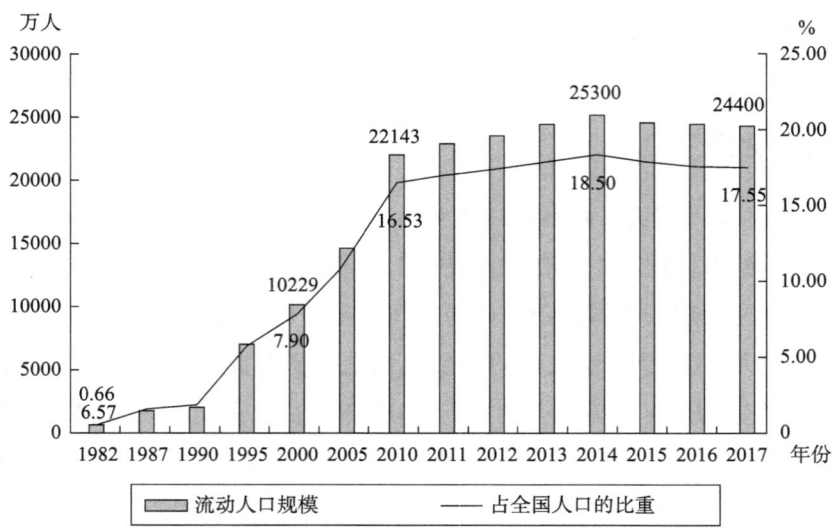

图 1　我国流动人口数量及比重

1.1.2　现有统计口径以常住人口为主

根据不同统计口径统计所得的人口数量会有一定差异,现有统计口径以户籍人口与常住人口为主。人口的统计有多种口径,如针对个人层面的就有根据性别、年龄、户口性质、民族、受教育程度等不同属性的分类统计。此外,对人口总体的分类也有多种不同的划分标准,如在 2015 年 1% 人口抽样调查中,根据户口登记与现住地关系分为:户口登记地址与本户现住房地址相同、户口登记地址与本户现住房地址不同、户口待定 3 种情况。人口的数量只有同一定的时点和区域联系在一起才有实际意义。我国国家统计局将"人口数"定义为一定时点、一定地区范围内有生命的个人总和(国家统计局人口和就业司,2015)。人口统计工作原则上以统计部门为主,实际操作时涉及其他很多部门。流动人口的统计口径在界定流动的时间和空间单元、登记统计方式等方面存在历史差别、部门差别和地区差别,这种"乱象"与不同职能部门的行政分工和数据采集的目的不同有关(韦艳、张力,2013)。《中华人民共和国统计法》规定,"国家统计数据以国家统计局公布的数据为准"。而国家统计局发布的人口数据除特别注明外,均以常住人口为统计口径。

1.1.3　城市公共资源需要满足实时变化的人口需求

城市人口具有实时变化的特点,而一个城市的公共资源恰恰是要满足实时变化的人口需求。除上述流动人口外,由于城市间政治、经济、文化教育、卫生医疗及旅游等资源分配不均,部分城市在政治经济、文化教育、卫生医疗及旅游等方面的吸引力较周围城市更强，会接待来自周边地区，甚至更远地区的出差、就医、旅游等短期停留的人口。城市人口呈现实时变化的特点，同时还会呈现一定的季节性，如春运、暑运期间规模巨大的客运量会带来人口的大规模频繁流动，导致城市人口数量的起伏变化。一个城市的公共资源，如水、燃气、电力、粮食、医疗供给、交通出行、卫生防疫等，需要满足的是城市实际人口的需求，掌握城市实际人口的变化情况对于城市设施和政府提供公共服务有重要的参考意义（姜玉，2016）。

1.1.4 大数据为人口研究提供了新的数据方法

大数据的出现为人口规模估算提供了新的数据方法。随着智能手机和"可佩戴"计算机设备的出现，我们的行为、位置等都成为可被记录和分析的数据，一个大规模生产、分享和应用数据的大数据时代正在开启。大数据时代的来临使我们第一次有机会和条件使用全面、完整和系统的数据深入探索现实世界的规律，获取过去不可能获取的知识，弥补过去宏观数据或者采样数据忽略考察细节的不足（大数据时代）。

大数据作为一种新的分析方法，在科学研究与实际应用中已经发挥了重要作用，特别是在教育、医疗健康、政府决策、商业零售等领域，已经取得了丰硕的成果。而对于人口规模的研究，大数据的重要价值在于为我们提供了重要的数据源，特别是点数据的提供，为人口规模估算研究打开了一扇重要的门。大数据为我们提供了一个新的机会或者是方法解决之前统计数据难以做到的在微观尺度上实现对人口空间位置的确定，使得对人口规模的研究，特别是对外来人口规模的估算研究，可以摆脱过去传统统计数据的限制，从而可以在不同尺度上展开，并为估算不同时间尺度下的人口实际规模提供重要的支持。

1.2 综述

1.2.1 实有人口研究

国内现有关于实有人口的研究大多集中于公安部门实有人口信息的管理方面。为了加强对实有人口的服务管理，完善实有人口公共服务保障机制，探索以实有人口作为配置基本公共产品和公共服务的"边界"，实现实有人口全覆盖，优质高效地提供基本公共产品和公共服务，各地方出台了一些相关的办法和规定。辽宁于2013年出台了《辽宁省实有人口服务管理办法》，明确旅馆住宿、医院就医、接受培训和救助的相关人员需要办理居住登记。上海于2012年出台《上海市实有人口服务与管理若干规定》，指出实有人口包括在沪居住的本市户籍人员、外省（区、市）户籍人员，在沪居住的外国人、无国籍人，香港特别行政区、澳门特别行政区居民，以及台湾地区居民的信息采集、居住房屋租赁信息管理，可参照该规定执行。

国内也有部分学者对实有人口开展了一些研究。姜玉（2016）从多个角度对北京实有人口的构成和数量进行了深入分析，认为实有人口包括户籍人口、常住外来人口、短期流入人口，以及其他临时来京人口，综合推断当时北京实有人口已经超过2020年总人口2300万人的规划目标，约为2510万人。岳福梅（2019）针对城市居民实有人口的估测问题，运用基于居民用水数据对实有人口进行估测的算法服务于公安部门对居民实有人口的管理，利用统计学中箱线图法筛选异常数据的方法研究城市中存在的房屋空置情况、群租房情况，然后通过聚类算法分析用水数据的集聚特征以得到分类结果，再根据分类情况估测正常居住的居民实有人口数量。王德（2019）界定了城市局部空间中的实有人口概念，利用手机信令数据揭示上海市实有人口的空间分布与流动性构成特征，即上海市实有人口向中心城区的集聚趋势明显强于居住人口和工作人口，城市中心与一些城市发展重要节点的人口压力比以往人们认知中的人口压力更大；上海城市中心随机流动人口的占比较高，居住、就业区与新城区的规律流动性人口的占比较高，城市边缘区域静止人口的占比较高。王德基于此提出，在大城市的空间政策制定中，应根据局部空间的实有人口密度对规划人口基数做出相应调整，并结合不同区域实有人口流动性构成的差异有针对性地制定设施配置策略。

1.2.2 人文地理学中主要应用的大数据类型

当前的大数据主要是指使用传统数据管理工具和技术难以处理的、大规模的、异构的，且通常为非结构化的数字内容（Talia，2013）。随着技术的进步，公司、学界及政府机构均对大数据的潜在价值给予重视。大数据的特征可以使用"5V模型"（Lomotey and Deters，2014）描述，该模型是对先前定义的"3V模型"内涵的扩展。（1）体积：随着大量数据的产生和收集，数据规模变得越来越大。现在生成的数据按照zettabytes的顺序估算，每年增长约40%（Fan and Bifet，2013）。（2）速度：流数据的时代，速度意味着大数据的及时性，特别在数据收集和分析上必须快速及时地进行，以便最大限度地利用大数据的商业价值。（3）多样性：非结构化数据时代，多样性表示各种类型的数据，包括半结构化和非结构化数据，如音频、视频、网页、文本，以及传统的结构化数据。（4）价值：数据本身可以是"商品"，可以出售给第三方以获得收入。此外，了解数据的成本或价值有助于在估算数据的存储成本时做出预算决策。（5）准确性：需要通过数据谱系和"消毒"等方法消除噪声，以检查数据的准确性。这是为确保数据的质量，以便根据收集的数据做出的决策是准确和有效的。

当前，大数据在人文地理学研究中开始变成重要的数据源之一。人文地理学用到的主要是带有位置信息的大数据,包括带有位置的社交数据与交通数据、通信数据等。当前,人文地理学研究应用比较多的数据包括微博签到数据、公交车刷卡数据、移动通信数据、交通流量数据、百度迁徙数据、腾讯位置数据等,随着大数据获取与处理能力的发展,未来还会有更多的数据类型为人文地理研究所用。

1.2.3 大数据在人口地理研究中的应用

随着大数据在人文地理学领域中的兴起,利用大数据研究人口地理问题也逐渐成为学术界的热点,当前已涉及的研究包括对城市实有人口的估算、人口的空间分布、人口的迁移与流动等。

对城市人口空间分布的动态把握是了解人口活动规律、认识城市空间结构、配置城市基础设施和公共服务设施及制定城市公共安全应急保障方案的重要依据。目前,由于国内缺少系统的人口动态变化统计数据,对城市内部层面的人口空间分布和活动动态特征方面的研究难以开展,研究成果数量较为有限。钟炜菁等利用手机信令数据,以上海市为例,构建"人口—时间—行为"关系的人口空间动态分析框架,分析上海人口分布和活动的动态特征。Pierre Deville 等(2014)利用手机信令数据研究了人口的空间变化。Gao 等(2018)利用公交刷卡数据研究中低收入人口的空间分布变化。

此外,利用大数据研究人口迁移与流动的问题也是人口地理研究的热点问题之一。微博签到、公交车刷卡(龙瀛等,2012)、移动通信(吴健生等,2012)、交通流量、百度迁徙(刘望保、石恩名,2016;叶强等,2017)等带有地理位置信息的大数据也为研究人口的流动网络提供了新的选择。

由于国外人口的流动多以旅游、商务等短期性流动为主,而国内则以就业性的人口流动为主,且在时间跨度、距离跨度和数量方面都远胜全球任何一个国家。因此,国内有关人口流动大数据的实证研究基本上与国外保持同步,甚至在个别领域处于领先地位。

关于流动人口的识别问题,Barbara Furletti 提出基于 GSM 数据识别移动人口的方法;孔扬鑫(2017)等提出基于轨迹行为特征的判定算法和基于基站状态的区县流动发现算法分别分析进出城市和区县之间的人口流动问题。

对于人口迁移量的估算问题,胡巧玲等(2014)利用改进算法对大数据统计的人口迁移量进行预测,以提高人口迁移预测的准确度,并使用移动电话数据估计移动流量。Barbara Furletti 等在综合方法的基础上利用大数据衡量城市人口并且估算城市间的人口迁移流。

关于人口迁移流动,Wang 等(2018)利用移动应用数据刻画了全国不同地区在劳动力市场中的角色，即人口迁移的"来源"地区和"会聚"地区。周晓津等（2016）基于大数据研究京沪人口流动的流量、流向变化。梁林等利用腾讯位置大数据研究京津冀城市间的人口流动网络问题。王虹茵等基于地理位置大数据研究京津冀城市群的短期流动人口问题。Becker等从电信运营商中获取美国Morristown市2万名居民在2个月内的匿名通话详细记录（CDRs），数据包含邮编、声音和短信内容，并通过统计和制图分析揭示城市人口流动与变化的规律。

1.3 研究内容

本文主要梳理了实有人口的构成并基于此估算北京市及北京都市圈的实有人口规模。现有关于实有人口的研究大多为公安部门对实有人口信息管理的研究，从人口学和地理学视角对其进行研究的成果较少，且主要集中在构成与空间分布方面，而利用大数据的人口研究则主要集中在人口的空间分布与人口迁移方面。将两者结合起来的基于大数据的实有人口规模的相关研究成果较少。在现有背景下，一方面，我国现有的人口统计数据以常住人口为主要统计口径，然而城市的公共资源配置，城市的公共管理与服务需要满足的是城市实际人口的需求，两者间存在较大差异，难以满足城市的管理需求；另一方面，统计数据更新的时间较长，存在一定的滞后性，随着相关技术的发展，大数据为人口研究提供了新的资料来源与方法，基于手机信令数据估算人口规模的时效性更强。基于上述研究背景与已有研究基础，本文首先梳理实有人口的构成，然后依据实有人口的构成，利用联通手机信令数据计算出实有人口中各类人口的规模，最后将它们综合，得到北京市及北京都市圈的实有人口规模。

2 研究区域与数据来源

2.1 研究区域

京津冀是我国流动人口的三大集聚地之一，2015年京津冀城市群的净流入人口达1193.04万人，净流入率为13.35%，大量流动人口的集聚使人口流动的问题集中且典型。其中，北京市与北京都市圈地区的流动人口问题尤为明显。

北京市的人口过度膨胀，"大城市病"非常突出。2015年，北京一座城市即汇入了京津冀城市群内37.76%的流动人口，且这些流动人口在北京市内有明显的空间集聚特征，主要分布在"东城、西城"周围的朝阳、海淀和丰台区（陈明星等，2018）。大量的流动人口汇入北京，使北京的常住人口规模不断壮大。2011年，北京市的常住人口突破2000万人，2013年突破2100万人，严重超过了城市的承载力，交通拥挤、环境污染等一系列问题涌现。2010年，北京每天需要从外部输入1.3万t的食物、778.7万t的水和19.0万t标准煤当量的能源，资源供不应求。PM2.5严重超标，雾霾天气频频出现，严重影响市民的生活质量和身心健康。2014年，北京有179个污染天，其中有46天为重度污染，全年PM2.5浓度的平均值为80.6μg/m³，是世界卫生组织建议的最大年均值（10μg/m³）的8倍多，环境污染问题严重。

北京为应对因人口过度膨胀而产生的"大城市病"问题，从2014年开始启动非首都功能疏解规划，使常住外来人口自2016年开始下降。2018年，北京市常住人口为2154.2万人。除常住人口外，北京市还存在一定规模的因旅游、出差、求医等来京并在北京停留若干天的人群。根据北京市的统计年鉴，2017年北京市旅游者数量为31093.6万人次，日均85.19万人次左右。在外来流动人口众多而城市实施人口疏解政策的背景下，了解北京市的实际人口规模，不仅有助于基于此配置相关资源和进行城市管理，同时可以实时关注人口疏解政策的落实效果。

北京都市圈是以北京市为中心的都市区域，其边界以1.5小时等时圈为基础，叠加80km圈层、POI、夜间灯光、建成区范围、地形等方面的数据，最终确定出都市圈的边界。基于此，都市圈的区域范围包括北京市的16个市辖区、天津市的武清区和宝坻区，以及河北省的怀来县、涿鹿县、下花园区、涞水县、易县、定兴县、容城县、安新县、涿州市、高碑店市、雄县、固安县、霸州市、永清县、广阳区、安次区、三河市、蓟州区、大厂回族自治县、香河县等市县，区域范围共涉及39个区县，其中武清区、宝坻区、怀来县、下花园区、涿鹿县、涞水县、易县、定兴县等区县部分属于北京都市圈的区域范围。根据2015年的人口栅格数据，北京都市圈2015年常住人口为2994.9万人。

京津冀协同发展2020年战略目标明确：北京市常住人口控制在2300万人以内，北京"大城市病"等突出问题得到缓解；公共服务的共建共享取得积极成效，协同发展机制有效运转，区域内发展差距趋于缩小，初步形成京津冀协同发展、互利共赢的新局面。掌握区域内实有人口规模，把握区域内人口变动状况，对以人口需求为基础配置公共服务设施，加强薄弱区域公共服务的投入具有重要意义（孟兆敏、吴瑞君，2013）。

2.2 数据来源

本文以联通手机信令数据为基础，结合高德公司提供的人口通勤数据计算北京市及北京都市圈的实有人口规模。其中，联通手机信令数据根据数据质量要求，考虑到基站接收信令数据的完整性，选取 2018 年 9 月的数据，并根据联通用户的定位进行汇总，汇总单元为北京市及北京都市圈。其中，数据属性较为单一，为年龄属性。表 1 为联通手机信令数据的汇总格式，根据用户停留时段及当月停留天数对其进行汇总。高德公司提供的人口通勤数据为汇总数据，汇总单元为区县，每个区县的数据包括起点区县、终点区县、起点区县常住人口数、通勤数、通勤比例等信息（见表 2）。

表 1 联通手机信令数据汇总格式

	月停留≥1天	月停留≥3天	月停留≥5天	月停留≥7天	月停留≥10天	月停留≥15天	月停留≥20天	月停留≥25天	月停留≥30天
每日停留>3h									
每日0~6时停留时间最长地点为此地									
每日10~16时停留时间最长地点为此地									

表 2 高德人口通勤数据示例 单位：人，%

	A	B	C	D	E
1	起点区县	终点区县	起点区县常住	通勤数	通勤比例
2	110101	110101	553122	233841	0.422765683
3	110102	110101	772142	71409	0.092481694
4	110105	110101	3955700	263998	0.066738630
5	110106	110101	2054993	117705	0.057277567
6	110107	110101	494844	15365	0.031050190
7	110108	110101	2836282	78470	0.027666501
8	110109	110101	214197	4032	0.018823793
9	110111	110101	750694	12577	0.016753830
10	110112	110101	14188553	42517	0.029972091

3 实有人口规模的估算模型及方法

3.1 实有人口构成

根据城市人口停留时段与停留天数的不同，城市为其提供的公共资源与管理服务也不尽相同。基于此，可根据城市人口的停留时段与停留天数将城市人口划分为以下几类。

瞬时人口，即城市在某一个时间节点上的所有停留人口。与其停留时间的长短无关，只要在所选时间节点上位于城市区域范围内的所有人口均计入其中。瞬时人口在某种程度上可以视为城市管理与城市资源需要满足的最大人口数。随着瞬时人口时间点的选取不同，得到的人口既可能是城市的峰值人口，也可能是城市较为日常的人口数。

过客人口：在研究区域内只是短期停留的人口，短期停留的原因极大可能是路过相关区域。本文将当日停留3小时以下视为当日在研究区域内路过。过客人口对城市公共资源服务的需求较为单一，基本需求为交通需求，对除此外的其他服务需求相对较少。本书并不将其计入实有人口范畴内。

居住人口：长期居住在研究区域内的人口。本文将每日0~6时在此地停留时间最长的用户视为当日居住在本地的居住人口，月居住天数根据不同的情境分别定为7天、10天、15天。居住人口又包含活跃居住人口和沉默人口。其中，活跃居住人口指年龄为15~49岁的居住人口，这部分人口对手机等设备的持有率和应用率较高，手机信令获取率较高，可以较好地由联通手机信令数据估算出人口规模。沉默人口是指年龄在14岁以下及50岁以上的居住人口，这部分人口由于手机持有率较低或手机使用频率不高等原因，手机信令获取率明显低于总体手机信令获取率，无法直接用信令数据估算其人口规模。但是，由于这部分人口的流动性相对15~49岁人口的流动性较低，可用统计数据对这部分沉默人口进行修正。对于北京市及北京都市圈而言，居住人口几乎是全部在此工作的，较少可能在区域内居住而向区域外通勤。所以，城市需要满足这部分人口的各方面需求，包括但并不限于住房资源、就业资源、卫生医疗资源、子女教育资源、公共交通资源等。

通勤人口：通勤人口是指在区域内工作但居住在区域外的人口，本文将每日10~16时在此地停留时间最长而0~6时非此地停留时间最长的人口定义为通勤人口，月通勤天数根据不同的估算情境分别定为7天、10天、15天。通勤为一种规律性行为，通勤人口对城市人口而言是规律性流动人口，他们每天在上班时间从城市外向城市内移动，下班后又从城市内回到城市外的家中，日复一日地规律性流动。由于通勤人口基本为劳动人口，对其并不进行沉默人口的修正。城市为通勤人口提供的一大重要服务为公共交通服务。此外，由于通勤人口的大部分工作时间都在城市内工作，城市还应为其提供相应的水资源、电力资源等基本公共资源。

访客人口：在研究区域范围内停留若干天并对城市的公共资源及管理服务有需求的人口，但其尚未达到居住人口与通勤人口等规律性人口的标准。本文将每日停留时间大于等于3小时，当月停留天数达到实有人口要求但并未达到居住人口与通勤人口要求的这部分人计入访客人口范畴。访客人口在区域内停留的目的各不相同，他们可以出于工作需求来京出差，可以出于学习需求来京培训，也可以受到北京优秀医疗资源的吸引来京就医，或是在节假日期间来京旅游。其在研究区域内停留的时期，城市需要为其提供各方面的需求与服务。虽然他们在研究区域内的停留时间不如居住人口和通勤人口长，不是区域内较为固定的人口量，但由于北京市及北京都市圈各方面优秀资源的配置在短期内不会发生改变，使一批又一批的访客人口相继到来，所以访客人口属于动态平衡性质的人口。相关内容见图1。

本文中的实有人口是指一段时期内城市中实际存在的，城市需要为其提供公共资源、公共服务及公共管理的人口，包括上述居住人口、通勤人口与访客人口。而这3种人口也从停留时段、停留天数等方面较为完整地覆盖了实有人口的范畴。因此，根据居住人口、通勤人口和访客人口估算实有人口的规模是合理并可行的。

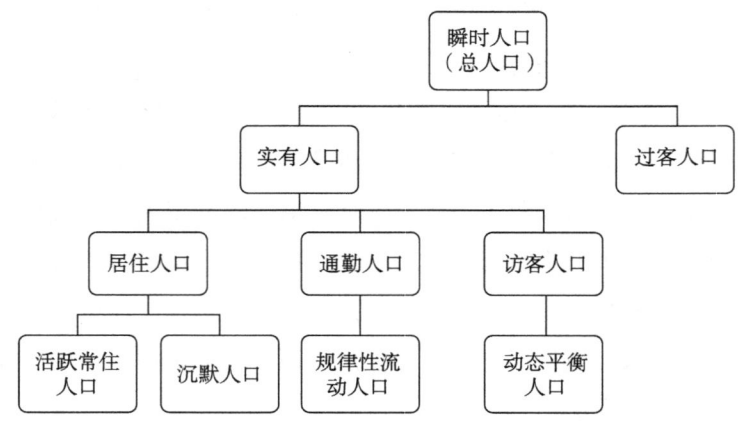

图1 城市人口构成

3.2 研究方法

对北京都市圈实有人口规模的估算探究可先以北京市为例。北京都市圈是以北京市为中心的都市区域，作为一个典型的行政单元，北京市的各项数据较为容易获取，因此在本研究中，先以北京市为例，探索估算区域实有人口规模的方法。在对北京市实有人口规模估算得到较为合理可靠的结果后，再将合理有效的估算方法应用于北京都市圈的实有人口规模估算，得到北京都市圈的实有人口规模估算结果。

本研究采取的数据，无论是联通手机信令数据或是高德公司的通勤数据都可看作一种抽样数据，在根据原始数据进行实有人口规模估算时，需要对样本进行扩样和对数据不完善的方面进行修正。整体的估算方法分为以下几步。

对原始数据进行扩样：对原始联通手机信令数据进行扩样的过程主要考虑几种情况。首先，是否每个人都具有手机设备，这种情况利用研究区域的设备持有率进行调整。其次，是否持有手机设备的人均使用联通运营服务，这类情形利用联通公司提供的市场占有率进行调整。最后，由于信令收集过程中的各种状况，并不是每位用户都可被收集到信令数据，这一部分用信令获取率进行修正。基于以上考虑，综合信令获取率、联通市场占有率、设备持有率等要素，得到根据信令数据向人口数据扩样的参数。利用此参数对符合条件的联通信令数据进行扩算，可得到初步的相关人口数据。

消除偶然差异：实有人口的数量具有实时变化的特点，并呈现一定的周期性和季节性。如果要精确统计实有人口，需要考虑每天的出生、死亡甚至"红眼航班"等因素，这将面临极大的经济成本和人力成本，可行性较差。但是，对一定时期内的实有人口数量进行估算具有现实意义并相对可行。因此，本文基于 2018 年 9 月数据估算北京市及北京都市圈的实有人口规模，对 9 月内每日数据进行汇总及日均分配，以此消除某日偶然因素对实有人口的影响，模糊其每日变动状况，得到北京市及北京都市圈一段时期内的实有人口规模。

沉默人口修正：沉默人口是指居住人口中年龄为 0~14 岁和 50 岁以上的人口，这部分人口由于手机设备持有较少和手机设备使用频率较小等原因，整体信令数据获取率较低，无法有效地直接由信令数据扩样得到其人口规模，但考虑到这部分人口的流动性也相对较差，因此对这部分人口利用统计数据进行修正。具体方法为剔除手机信令数据内对应年龄段的数据，由统计年鉴中该年龄段人口数进行补充。沉默人口的修正主要是对居住人口和全部实有人口的修正，对于通勤人口则考虑到主要为劳动人口，且出于工作原因，基本会持有手机且较频繁地使用手机，认为其可以直接且有效地由信令数据估算人口规模。而对于访客人口，虽不能保证其全为劳动年龄人口，但考虑到他们由于短期出行的原因基本会配备手机且使用手机，也认为这部分人口可以直接由信令数据估算其人口规模，无须对其进行沉默人口修正。

高德数据修正：在使用联通手机信令数据计算通勤人口时，发现计算所得通勤人口数有较大的泡沫，在无法对其进行修正的情况下改用高德公司提供的人口通勤数据计算通勤人口部分。根据通勤人口的定义，指的是在区域内工作而不在区域内居住的人口。计算北京市通勤人口时，选取终点区县为北京市各区县代码，起点区县为北京市外其他区县代码的数据为北京市的通勤人口数据，对这部分数据根据高德数据所得常住人口与统计数据常住人口之比进行扩算，得到北京市全部通勤人口。同理，对于北京都市圈通勤人口，选取终点区县为北京都市圈内区县代码，起点区县为北京都市圈外其他地区代码的数据为北京都市圈通勤人口数据，对这部分数据根据高德数据所得的常住人口与统计数据所得的常住人口比例进行扩算，得到北京都市圈的总体通勤人口。

实有人口规模估算：在不同的情境下，对实有人口界定不同的月停留天数阈值。在每种情境下，通过上述步骤计算得到实有人口的各部分构成后，对各部分构成人口加总，最终得到该情境下的实有人口规模估算结果。对各情境下的实有人口规模估算结果进行综合考虑与分析，得到北京市及北京都市圈较为合理的实有人口规模估算结果。相关内容见图2。

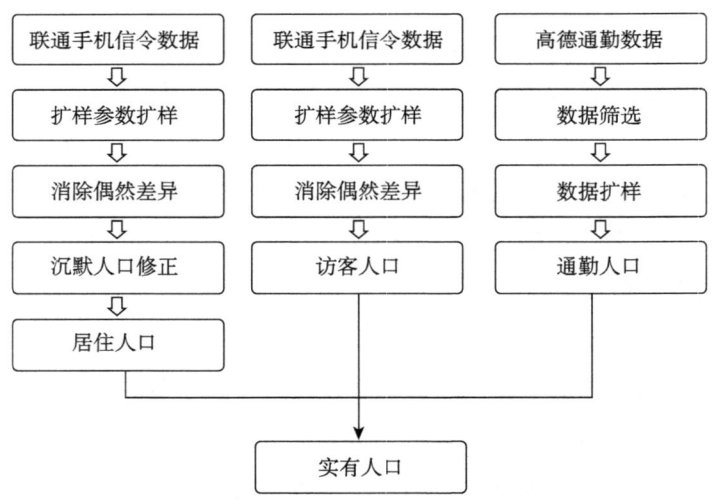

图2 实有人口规模估算流程

4 结果分析

4.1 北京市人口规模估算

4.1.1 北京市每日人口变化特征

北京市每日停留人口呈现明显周期性变化规律且受节假日影响强烈。将每日在北京市停留3小时及以上的用户视为当日在北京市停留,根据2018年9月北京市每日停留联通用户数,可以基本看出北京市每日人口的变化特征。

北京市每日人口变化呈现明显的周期性变化规律,以一周为一个周期。工作日由于通勤和来京出差人口等原因,北京市每日停留人口较多且较为稳定;双休日及节假日由于无须工作和出城游玩等原因,北京市每日停留人口相对较少。同时,北京市的每日停留人口变化受到开学季和节假日的影响作用较强。2018年9月1日为周六,由于各大高校还未正式开学,北京市当日停留人口与9月其他日期相比明显少了很大一部分。而2018年9月22日、23日和24日为中秋假期,这三天的每日停留人口出现明显的下降,9月25日后虽然又是一段工作日,但受到即将到来的国庆假期影响,每日停留人口明显少于平时工作日的停留人口,且29日还在工作日时每日停留人口就开始下降。相关内容见图3。

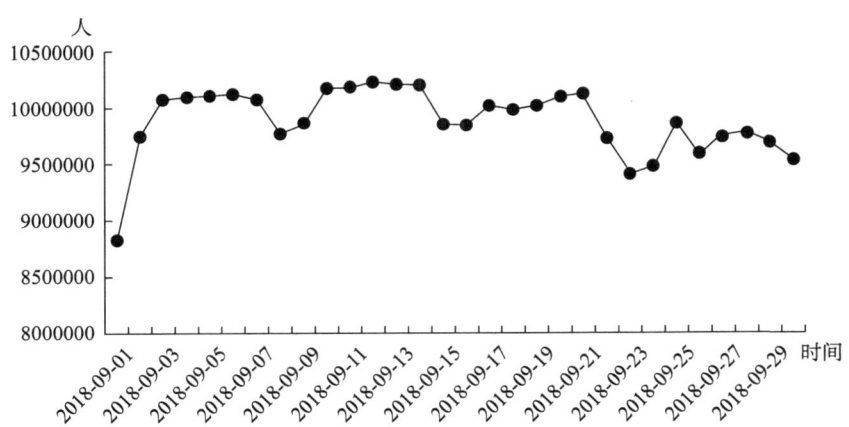

图3 2018年9月北京市每日联通用户停留数

4.1.2 北京市居住人口

本研究将0~6时在北京市停留时间最长的人口定义为当天在北京市居住的人口。根据此定义,对2018年9月在北京市居住不同天数的联通用户进行统计,可得到不同居住天数的北京市联通用户,可以分析其特征并参考确定居住人口的月停留天数阈值。

表 3 为根据对应居住天数的联通用户数量经过初步扩样得到的居住人口数。

表3 2018年9月北京市各种居住天数对应居住人口数   单位：天，人

停留天数	居住人口数
1~2	872132
3~4	893449
5~6	812268
7~9	1153978
10~14	1969122
15~19	2946309
20~24	4635466
25~29	7408227
30	405058

从表3中可以看出，北京市居住人口以居住天数为10天及以上的人口为主，这部分人口对城市的公共资源配置及公共管理服务的提供影响较大，在进行实有人口规模估算时是否被纳入估算范畴，会对实有人口规模估算结果产生较大影响，所以应当被纳入实有人口考虑范畴。而居住天数在7天及以下的人口在北京市全部居住人口中占比较少，可能为来京游玩、就医或出差人口，在以高方案进行实有人口规模估算时可被纳入考虑范畴，但在以低方案进行实有人口规模估算时可不予考虑。

由于月居住天数少于7天的人口认为其并未在北京市内较稳定地定居下来，而对常住人口要求其当月每天都在此居住也是不太合理的，所以在计算居住人口时，采取月停留天数分别为7天、10天、15天、20天、25天这几个不同的阈值。根据不同的月停留天数阈值，通过研究方法中的各计算步骤，可计算不同条件下的北京市居住人口。若将月居住天数在7天以上的人口视为居住人口，则北京市居住人口为2432.55万人；若将居住天数超过10天的人口视为居住人口，则北京市居住人口为2317.15万人；若将居住天数为15天及以上的人口视为居住人口，则北京市居住人口为2120.24万人；若将居住天数为20天及以上的人口视为居住人口，则北京市居住人口为1916.74万人；若将居住天数超过25天的人口视为居住人口，则北京市居住人口为1559.38万人（见表4）。由计算结果可以看出，当把月停留天数阈值设为15天时，计算出的居住人口与统计数据的常住人口较为契合。此外，月停留天数为10天和7天所得的计算结果也是可以接受的北京市居住人口计算结果。

表 4 2018 年 9 月北京市居住人口估算规模　　　单位：天，万人

月停留天数阈值	居住人口
7	2432.55
10	2317.15
15	2120.24
20	1916.74
25	1559.38

4.1.3 北京市通勤人口

根据通勤人口在区域内工作而不在区域内居住的特征，本文将 10~16 时在北京市停留时间最长，而 0~6 时不是在北京市停留时间最长作为北京市的通勤人口。但当根据此定义使用联通手机信令数据进行通勤人口规模估算时，发现北京市通勤人口随着天数增多呈现先减少后增加的趋势，这与我们的认知不相符。同时，根据手机信令数据估算出的北京市通勤人口规模为 700 万人左右，与北京市实际的跨城通勤人口差异较大，考虑到该组数据可能存在泡沫，改用高德公司提供的人口通勤数据估算北京市通勤人口。选取起点区县为非北京市区县，终点区县为北京市区县的数据为北京市通勤人口数据，并依据高德公司计算的常住人口与统计数据的常住人口之比进行扩样，可以估算得到从北京市外向北京市内的通勤人口为 56.7 万人。

4.1.4 北京市访客人口

在计算北京市访客人口时，不考虑其具体停留时段，只要用户在北京市停留大于等于 3 小时就认为用户当日在北京市停留，而根据不同的实有人口的月停留天数阈值和居住人口的月停留天数阈值，在不同的情境下，访客人口的月停留天数有一个最小值，即实有人口的月停留天数阈值；有一个最大值，即居住人口的月停留天数阈值；月停留天数介于两者之间的为访客人口数。相关内容见表 5。

表 5 2018 年 9 月北京市不同停留天数对应人口数　　　单位：天，人

停留天数	人数
1~2	1034476
3~4	1337237
5~6	1074632
7~9	1378092
10~14	1724918
15~19	1922450
20~24	3516374
25~29	9710372
30	10154263

根据本文选取的高、中、低 3 种实有人口规模估算方案，对应的访客人口分别为月停留天数为 1~7 天、3~10 天、5~15 天的人口。对应的访客人口规模为，月停留天数为 1~7 天的访客人口 344.63 万人，月停留天数为 3~10 天的访客人口 379.00 万人，月停留天数为 5~15 天的访客人口 417.76 万人（见表 6）。

表 6　2018 年 9 月北京市访客人口规模估算结果　　单位：天，万人

月停留天数	访客人口数
1~7	344.63
3~10	379.00
5~15	417.76

4.1.5　北京市实有人口

根据实有人口构成可知，实有人口由居住人口、通勤人口和访客人口构成。由于现有各研究对实有人口的停留阈值并未做出统一定义，各学者虽然对实有人口的定义达到相对一致，但对其停留时间根据研究区域与研究目的各有不同，本研究采取高、中、低 3 种方案对北京市实有人口规模进行估算。

其中，高方案采用较低的停留天数阈值，对各指标的定义为：实有人口为月停留天数大于等于 1 天的人口；居住人口为每日 0~6 时在北京市停留最长，月停留天数大于等于 7 天的人口；访客人口为每日停留大于等于 3 小时，月停留天数为 1~7 天的人口。中方案采用中等停留天数阈值，对各指标的定义为：实有人口为月停留天数大于等于 3 天的人口；居住人口为每日 0~6 时在北京市停留最长，月停留天数大于等于 10 天的人口；访客人口为每日停留大于等于 3 小时，月停留天数为 3~10 天的人口。低方案采用较为严格的停留天数阈值，对各指标的定义为：实有人口为月停留天数大于等于 5 天的人口；居住人口为每日 0~6 时在北京市停留最长，月停留天数大于等于 15 天的人口；访客人口为每日停留大于等于 3 小时，月停留天数为 5~15 天的人口。

根据上述各方案指标定义，计算得到各种方案下北京市的实有人口规模。高方案下，北京市实有人口为 2833.88 万人，其中居住人口为 2432.55 万人，通勤人口为 56.7 万人，访客人口为 344.63 万人。中等方案下，北京市实有人口为 2752.85 万人，其中居住人口为 2317.15 万人，通勤人口为 56.70 万人，访客人口为 379.00 万人。低方案下，北京市实有人口为 2594.70 万人，其中居住人口为 2120.24 万人，通勤人口为 56.70 万人，访客人口为 417.76 万人（见表 7）。

表7 北京市实有人口规模估算结果　　　　　　　　　　　单位：万人

方案类型	实有人口	居住人口	通勤人口	访客人口
高方案	2833.88	2432.55	56.70	344.63
中方案	2752.85	2317.15	56.70	379.00
低方案	2594.70	2120.24	56.70	417.76

4.2 北京都市圈实有人口规模估算

4.2.1 北京都市圈每日人口变化特征

北京都市圈每日人口变化特征与北京市一致，也呈现出周期性变化和受节假日影响强烈的特征，但整体与北京市相比较为平缓。将每日在北京都市圈停留3小时及以上的用户视为当日在北京都市圈停留，根据2018年9月北京都市圈每日停留联通用户数，可以基本看出北京都市圈每日人口的变化特征（见图4）。

北京都市圈是以北京市为中心的区域，每日变化特征与北京市一致，也呈现出周期性变化规律。以一周为一个周期，工作日由于通勤和来京出差人口等原因，北京都市圈每日停留人口较多且较为稳定；双休日及节假日由于无须工作和远离城市，亲近自然的游玩等原因，北京都市圈每日停留人口相对较少。同时，北京都市圈的每日停留人口变化也受到开学季和节假日的影响。但相较于北京市工作日与节假日的人口数量差距，北京都市圈在周末、中秋节假期及即将到来的国庆节假期的人口变化都相对稍平缓。

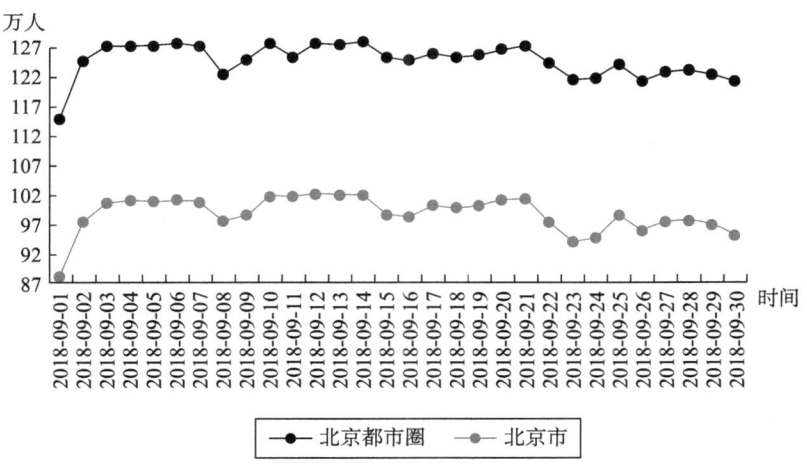

图4　2018年9月北京都市圈每日停留联通用户变化

4.2.2 北京都市圈居住人口

本研究将0~6时在北京都市圈停留时间最长的人口定义为当日在北京都市圈居住

的人口。根据此定义，对2018年9月在北京都市圈居住不同天数的联通用户进行统计，可得到不同居住天数的北京都市圈联通用户，可以分析其特征并参考其特征确定居住人口的月停留天数阈值。表8为根据对应停留天数下的联通用户停留数初步扩样后得到的北京都市圈各种停留天数下的居住人口数。

表8　2018年9月北京都市圈不同停留天数居住人口　　　单位：天，人

停留天数	居住人数
1~2	1032975
3~4	1084528
5~6	993954
7~9	1484606
10~14	2512222
15~19	3706875
20~24	5866843
25~29	10722371
30	804381

从表8中可以看出，与北京市居住人口相似，北京都市圈的居住人口也以居住天数为10天及以上的人口为主，这部分人口对城市的公共资源配置及公共管理服务的提供影响较大，在进行实有人口规模估算时是否被纳入估算范畴会对实有人口规模估算结果产生较大影响，所以应当被纳入实有人口考虑范畴。而居住天数在7天及以下的人口在北京都市圈全部居住人口中占比较少，可能主要为来京游玩、就医或出差的人口，在以高方案进行实有人口规模估算时可被纳入考虑范畴，但在以低方案进行实有人口规模估算时可不予考虑。

同理，由于月居住天数少于7天的人口被认为并未在北京都市圈较稳定地定居下来，而对常住人口要求当月每天都在研究区域内居住也是不太合理的，所以在计算居住人口时，也采取月停留天数为7天、10天、15天、20天、25天这几个不同的阈值。根据不同的月停留天数阈值，通过研究方法中的计算步骤，也可计算不同条件下北京都市圈的居住人口，若将月居住天数在7天以上的人口视为居住人口，则北京都市圈居住人口为3293.00万人；若将居住天数超过10天的人口视为居住人口，则北京都市圈居住人口为3144.58万人；若将居住天数为15天及以上的人口视为居住人口，则北京都市圈居住人口为2893.36万人；若将居住天数为20天及以上的人口视为居住人口，则北京都市圈居住人口为2625.28万人；若将居住天数超过25天的才视为居住人口，则北京都市圈居住人口为2151.26万人（见表9）。

表9 2018年9月北京都市圈居住人口规模估算结果　　　单位：天，万人

月停留天数阈值	居住人口
7	3293.00
10	3144.58
15	2893.36
20	2625.28
25	2151.26

4.2.3 北京都市圈通勤人口

根据通勤人口在区域内工作而不在区域内居住的特征，本研究将10~16时在北京都市圈停留时间最长，而0~6时不是在北京都市圈内停留时间最长作为北京都市圈的通勤人口。但与计算北京市通勤人口相同，当根据此定义使用联通手机信令数据进行通勤人口规模估算时，发现北京都市圈通勤人口随着天数增多呈现先减少后增加的趋势，这与我们的认知不相符。同时，根据手机信令数据估算出的北京都市圈通勤人口规模为400万人左右，与北京都市圈实际的跨区域通勤人口差异较大，考虑到该组数据可能存在泡沫，改用高德公司提供的人口通勤数据估算北京都市圈通勤人口。选取起点区县为非北京都市圈涉及范围内区县，终点区县为北京都市圈内区县的数据为北京都市圈通勤人口数据，并依据高德公司计算的常住人口与统计数据的常住人口之比进行扩样，可以估算得到从北京都市圈外向北京都市圈内部的通勤人口为42.4万人。

由于都市圈的划定标准中已经包含通勤圈的概念，北京都市圈的通勤人口不同于北京市的通勤人口。对北京市而言，通勤人口主要为由周边区县向市区及市中心的通勤；而对于北京都市圈而言，通勤人口主要是由都市圈周围区县向都市圈边界处、非北京市区但受到北京市影响，发展较具优势的区县通勤。

4.2.4 北京都市圈访客人口

在计算北京都市圈访客人口时，不考虑其具体停留时段，只要用户在北京都市圈内停留大于等于3小时就认为用户当日在北京都市圈停留，而根据不同的实有人口月停留天数阈值和居住人口的月停留天数阈值，在不同的情境下，访客人口的月停留天数有一个最小值，即实有人口的月停留天数阈值；有一个最大值，即居住人口的月停留天数阈值；月停留天数介于两者之间的为访客人口数。相关内容见表10。

表 10　2018 年 9 月北京都市圈不同停留天数停留人口　　　　单位：天，人

停留天数	停留人口数
1~2	1186026
3~4	1545745
5~6	1267406
7~9	1677206
10~14	2230416
15~19	2383328
20~24	4257618
25~29	12407936
30	14392156

根据本研究选取的高、中、低 3 种实有人口规模估算方案，对应的访客人口分别为月停留天数为 1~7 天、3~10 天、5~15 天的人口。对应的访客人口规模为，月停留天数为 1~7 天的访客人口 400.0 万人，月停留天数为 3~10 天的访客人口 449.0 万人，月停留天数为 5~15 天的访客人口 517.5 万人（见表 11）。

表 11　北京都市圈访客人口规模估算结果　　　　单位：天，万人

月停留天数	访客人口数
1~7	400.0
3~10	449.0
5~15	517.5

4.2.5　北京都市圈实有人口

实有人口由居住人口、通勤人口和访客人口构成。与北京市实有人口规模估算相同，对于北京都市圈的人口规模估算，也采取高、中、低 3 种方案对实有人口规模进行估算。

高方案采用较低的停留天数阈值，对各指标的定义为：实有人口为月停留天数大于等于 1 天的人口；居住人口为每日 0~6 时在北京都市圈停留最长，月停留天数大于等于 7 天的人口；访客人口为每日停留大于等于 3 小时，月停留天数为 1~7 天的人口。中方案采用中等停留天数阈值，对各指标的定义为：实有人口为月停留天数大于等于 3 天的人口；居住人口为每日 0~6 时在北京都市圈停留最长，月停留天数大于等于 10 天的人口；访客人口为每日停留大于等于 3 小时，月停留天数为 3~10 天的人口。低方案采用较为严格的停留天数阈值，对各指标的定义为：实有人口为月停留天数大于等于 5 天的人口；居住人口为每日 0~6 时在北京都市圈停留最长，月停留天数大于等于 15 天

的人口；访客人口为每日停留大于等于 3 小时，月停留天数为 5~15 天的人口。

根据上述各方案指标定义，计算得到各种方案下北京都市圈的实有人口规模。高方案下，北京都市圈实有人口为 3735.40 万人，其中居住人口 3293.00 万人，通勤人口 42.40 万人，访客人口 400.00 万人。中等方案下，北京都市圈实有人口 3635.98 万人，其中居住人口 3144.58 万人，通勤人口 42.40 万人，访客人口 449.00 万人。低方案下，北京都市圈实有人口 3453.26 万人，其中居住人口 2893.36 万人，通勤人口 42.40 万人，访客人口 517.50 万人（见表 12）。

表 12 北京都市圈实有人口规模估算结果 单位：万人

方案类型	实有人口	居住人口	通勤人口	访客人口
高方案	3735.40	3293.00	42.40	400.00
中方案	3635.98	3144.58	42.40	449.00
低方案	3453.26	2893.36	42.40	517.50

5 结论与讨论

通过上述研究，我们可以发现，传统的常住人口等统计数据与城市的实有人口数据间存在较大的差异，实有人口包括常住人口、通勤人口和访客人口。城市的资源配置、城市的公共管理与服务提供等在考虑常住人口的基础上还应考虑城市通勤的规律性流动人口，以及来城市出差、就医、旅游等短期停留的动态性平衡的访客人口。以北京为例，除 2300 万人左右的常住人口外，还有 57 万人左右跨城的通勤人口和 400 万人左右的动态平衡的访客人口。城市在规划面向人口需求的公共资源配置及公共管理服务时应当充分考虑此三类人口的需求，以此维持城市的日常供需平衡。

此外，在选取适当停留时间阈值的条件下，利用手机信令数据可以较好地拟合与估算常住人口数据。针对数据统计需要耗费大量人力、物力和财力，以及存在数据更新较慢等问题，未来或许可以尝试用手机信令数据补充人口的统计数据。以北京市为例，可用夜间（0~6 时）停留时间最长，并且月停留天数大于等于 15 天的手机信令数据估算常住人口数。

因对实有人口停留时间阈值的选择不同，根据手机信令数据计算所得的实有人口规模也各不相同。对于北京市及北京都市圈而言，若以 1 天为实有人口的停留时间阈值，北京市的实有人口规模为 2833.88 万人，北京都市圈的实有人口为 3735.40 万人；若以 3 天为实有人口的停留天数阈值，则北京市的实有人口规模为 2752.85 万人，北京都市圈的实有人口为 3635.98 万人；若以 5 天为实有人口的停留天数阈值，则北京市的实有人口规模为 2594.70 万人，北京都市圈的实有人口为 3453.26 万人。在综合考虑下，北京市的实有人口规模为 2700（±150）万人，北京都市圈实有人口规模为 3600（±200）万人。

囿于数据的限制，本文只基于 2018 年 9 月的时间节点对北京市及北京都市圈的实有人口规模进行计算，在进一步的研究中，若数据可得，我们还可以对北京市及北京都市圈的不同时间节点的人口规模进行估算，分析北京市及北京都市圈人口规模的动态变化情况，为城市管理提供支持。此外，本书虽然只估算了北京市及北京都市圈的实有人口数，但从停留时段和停留天数的角度梳理了实有人口的构成情况，并形成了较为完整的基于手机信令数据计算实有人口规模的方法和步骤，为其他城市对实有人口规模的估算提供了参考。

参考文献

[1] CALABRESE F, COLONNA M, LOVISOLO P, et al. Real-time urban monitoring using cell phones: a case study in rome [J]. IEEE transactions on intelligent transportation ystems, 2011, 12 (1): 141–151.

[2] DEVILLE P, LINARD C, MARTIN S, et al. Dynamic population mapping using mobile phone data [J]. Proceedings of the national academy of sciences, 2014, 111 (45): 1588–1593.

[3] FAN W, BIFET A. Mining big data: current status, and forecast to the future [J]. ACM SIGKDD explorations newsletter, 2014, 16 (1): 1–5.

[4] FURLETTI B, GABRIELLIi L, GIANNOTTI F, et al. Use of mobile phone data to estimate mobility flows. Measuring urban population and inter-city mobility using big data in an integrated approach [R]. Proceedings of the 47th SIS Scientific Meeting of the Italian Statistical Society; 2014 Jun 11–13.

[5] GAO Q L, LI Q Q, YUE Y, et al. Exploring changes in the spatial distribution of the low-to-moderate income group using transit smart card data [J]. Computers, environment and urban systems, 2018 (2): 68–77.

[6] MA, Z D. Urban labour-force experience as a determinant of rural occupation change: evidence from recent urban-rural return migration in China [J]. Environment and planning A, 2001, 33 (2): 237–255.

[7] NAAMAN M, ZHANG A X, BRODY S, et al. On the study of diurnal urban routines on Twitter. 6th International AAAI Conference on Weblogs and Social Media (ICWSM-12) [R]. Dublin, Ireland: [s.n.], 2012.

[8] RICHARD K L, RAIPH D. Towards Knowledge Discovery in Big Data [C] // 2014 IEEE 8th International Symposium on Service Oriented System Engineering (SOSE). IEEE. [S.l.: s.n.], 2014.

[9] RICHARDSON J, WITZLEB N, PATERSON M. Political micro-targeting in an era of big data analytics [M] // ANOH Big data, political campaigning and the law. [S.l.: s.n.], 2019.

[10] TALIA D. Clouds for scalable big data analytics [J]. Computer, 2013, 46(5): 98-101.

[11] WANG Y, WANG F, ZHANG Y, et al. Delineating urbanization "source-sink" regions in China: evidence from mobile app data [J]. Cities, 2019, 86: 167-177.

[12] 陈明星, 郭莎莎, 陆大道. 新型城镇化背景下京津冀城市群流动人口特征与格局 [J]. 地理科学进展, 2018, 37(3): 363-372.

[13] 胡巧玲, 茹金平. 基于大数据分析的人口迁移量预测模型仿真 [J]. 计算机仿真, 2014, 31(10): 246-249.

[14] 姜玉, 陈英姿, 庄亚儿, 等. 北京市实有人口构成研究 [J]. 人口与发展, 2016, 22(2): 25-32.

[15] 孔扬鑫. 基于手机信令数据的人口流动分析 [D]. 上海: 华东师范大学, 2017.

[16] 刘涛, 齐元静, 曹广忠. 中国流动人口空间格局演变机制及城镇化效应: 基于2000和2010年人口普查分县数据的分析 [J]. 地理学报, 2015, 70(4): 567-581.

[17] 刘望保, 石恩名. 基于ICT的中国城市间人口日常流动空间格局: 以百度迁徙为例 [J]. 地理学报, 2016, 71(10): 1667-1679.

[18] 龙瀛, 张宇, 崔承印. 利用公交刷卡数据分析北京职住关系和通勤出行 [J]. 地理学报, 2012, 67(10): 1339-1352.

[19] 孟兆敏, 吴瑞君. 人口变动与公共服务供给的适应性分析: 以上海市为例 [J]. 南京人口管理干部学院学报, 2013, 29(1): 17-21, 33.

[20] 王波, 甄峰, 张浩. 基于签到数据的城市活动时空间动态变化及区划研究 [J]. 地理科学, 2015, 35(2): 151-160.

[21] 王德, 任熙元. 日常流动视角下的上海市实有人口分布与流动性构成 [J]. 城市规划学刊, 2019(2): 36-43.

[22] 王桂新, 魏星, 沈建法. 中国省际人口迁移对区域经济发展作用关系之研究 [J]. 复旦学报(社会科学版), 2005(3): 148-161.

[23] 王桂新. 我国大城市病及大城市人口规模控制的治本之道: 兼谈北京市的人口规模控制 [J]. 探索与争鸣, 2011(7): 50-53.

[24] 王贤文, 王虹茵, 李清纯. 基于地理位置大数据的京津冀城市群短期人口流动研究 [J]. 大连

理工大学学报（社会科学版），2017，38（2）：105-113.

[25] 吴健生，黄力，刘瑜，等.基于手机基站数据的城市交通流量模拟[J].地理学报，2012，67（12）：1657-1665.

[26] 叶强，张俪璇，彭鹏，等.基于百度迁徙数据的长江中游城市群网络特征研究[J].经济地理，2017，37（8）：53-59.

[27] 岳福梅，郭欣，张丽坤，等.基于居民用水数据的实有人口估测算法[J].信息技术与信息化，2019（8）：86-89.

[28] 周晓津，姚阳.基于大数据的京沪人口流动流量、流向新变化[J].大数据，2016，2（3）：49-59.

[29] 朱孟珏，李芳.1985—2015年中国省际人口迁移网络特征[J].地理科学进展，2017，36（11）：1368-1379.

[30] 朱宇，丁金宏，王桂新，等.近40年来的中国人口地理学：一个跨学科研究领域的进展[J].地理科学进展，2017，36（4）：466-482.

顺应梯度化分布规律，促进都市圈产业协同发展

华夏幸福研究院

摘　要　大城市向都市圈的区域扩张过程会带动区域价值重构、区域产业重组，形成"三二一"逆序化的产业分布要求，即依赖于高精尖人才的培养与面对面沟通的金融、商贸、总部经济等高附加值产业的发展，上述产业重点分布在中心城市核心区；而制造业依照对核心区的依赖度与对土地空间的需求度，从内而外按产业附加值由高到低梯度布局。都市圈合理有序的产业空间结构有赖于区域的分工协作，但行政和经济管理制度制约了区域的合作和开放，导致都市圈内部城镇产业结构与区域发展不相适应，合作过程中面临"囚徒困境"，产业协同难以推进。应该加快从机制、模式和管理三方面进行创新，让各区域可以在更大范围内分享资源优化配置产生的经济利益，从而形成或释放生产要素跨行政区配置的持续动力。

关键词　都市圈　产业协同　空间重构　合作创新

1　识局：空间重构，都市圈产业发展的必然趋势

都市圈产业演进的本质是一个"产业升级—土地紧缺—价值重组—空间调整"的过程，伴随着产业的外溢转移和空间重构。当前，成熟都市圈的产业已经开始呈现跨行政区转移发展的态势。以北京都市圈为例，近年来中心区加快产业升级，推动非首都功能向外疏解，大型规模性制造业和批发零售业外迁迹象明显。2010—2017 年，北京市 GDP 占北京都市圈 GDP 总量的比重由 80.65% 下降到 78.96%，其中二产比重从 66.31% 下降到 61.03%，新增的制造业中 90% 集中在外围圈层。2018 年，北京迁出市外企业共计 780 家，其中有 170 家迁往河北，占全部迁出企业家数的 21.8%。

随着核心区产业的逐步升级，区域产业空间重构工作逐步推进，都市圈制造业将

整体向外圈层转移，包括服务都市消费需求的都市型工业环城发展、推动创新成果转化的研发型轻制造"微离心化"、抢占先进制造竞争制高点的极端制造远郊化布局、传统大型规模制造业外溢迁移等（见图1）。

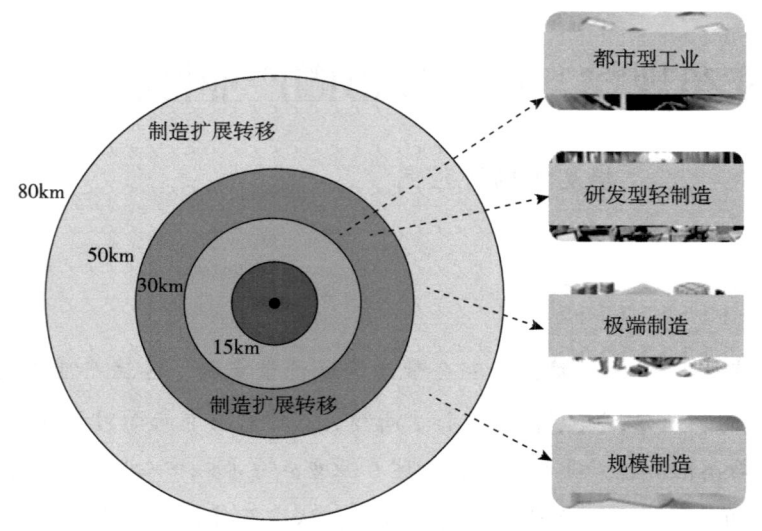

图 1　都市圈制造业布局规律

都市圈城镇网络体系的逐步完善，将推动高层次生产性服务业向都市圈中心进一步集聚，一般性生产性服务业向都市圈其他次中心蔓延扩张；消费型服务业则随人口导向往都市圈外圈层迁移扩展。从北京都市圈历年新增服务业的分布情况来看，主要集中在城市核心区，但外圈层服务业的增长逐步加速。

总体上，区域价值和成本差异将推动都市圈形成"三二一"逆序化的产业分布规律：

依赖于高精尖人才与面对面沟通的金融、商贸、总部经济等高附加值产业，将重点分布在中心城市的核心区；制造业依照对核心区的依赖度与对土地空间的需求度，从内而外按产业附加值由高到低梯度布局，如在都市圈30km圈层附近布局研发型轻型制造、市场营销、孵化中试等小规模高价值生产、服务环节；50km圈层范围内布局都市型工业、极端制造及关键部件生产、物流配送与仓储等生产环节；80km圈层布局大规模的加工制造及组装集成环节等。但城市的规模大小不同，圈层半径会存在一定差异。

2　解局：分工协同，形成都市圈产业发展合力

都市圈合理有序的产业空间结构有赖于区域的分工协作，但行政和经济管理制度

制约了区域的合作和开放,导致都市圈内部城镇产业结构与区域发展不相适应,各方虽然在长期整体利益上具有一致性,但局部利益和具体目标取向不同,合作过程中面临"囚徒困境",产业协同难以推进。

"单丝不成线,独木不成林。"随着都市圈核心城市外溢效应的释放,以及周边区域产业和要素禀赋的升级,我国都市圈产业已经具备了协同发展的土壤,接下来应当通过核心城市的"破与立"、周边城镇的"接与融"形成发展合力,推动形成都市圈内部大中小城镇协同发展格局。

2.1 核心城市产业的"破和立"

"不破不立。"都市圈核心城市如果不及时"腾笼换鸟"、舍弃与资源及区位禀赋不匹配的产业类型和环节,将制约产业向更高层次攀升,影响可持续发展。在都市圈协同发展的大背景下,核心城市应当积极推动要素在更大空间内合理配置,"下一盘大棋",在统筹配合中实现互动共生、提速提质。

当前,我国都市圈核心城市的产业发展层次和发达国家的差距依然巨大,从中美两国对比的情况看,我国人均服务业产值和美国差距显著,其中生产性服务业的差距大于生活性服务业,在超大城市的科研服务和公共服务两个领域尤其明显(见图2)。核心城市加强创新要素集聚、提升经济密度、增强高端服务功能、重塑产业竞争新优势,是统筹都市圈协同发展的核心课题。

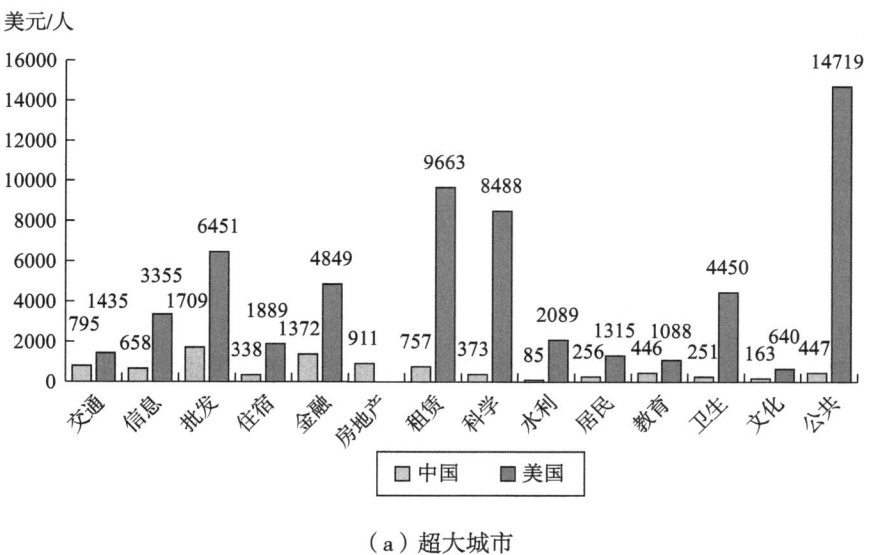

(a)超大城市

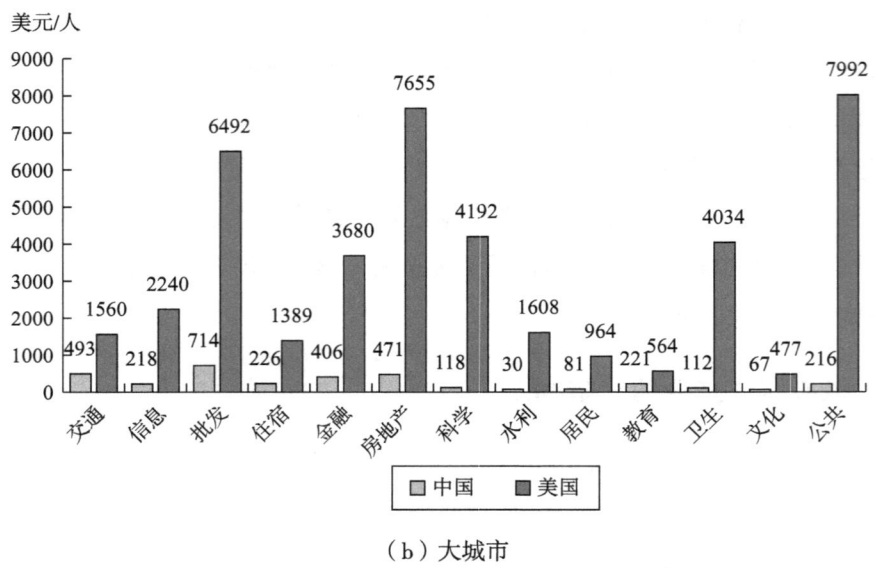

（b）大城市

图2 中美两国人均服务产值对比

资料来源：李惠娟．城市服务业的规模、结构及其影响因素：基于中美日英四国城市面板数据的实证分析[J]．产经评论，2016（3）：94–106．

2.2 周边城镇产业的"接与融"

产业协同发展并不只是纯粹的产业对接，各城市需要从被动承接产业转移转变为聚焦于中心城市，又不局限于中心城市，以自身产业发展的诉求为基点，依照自身优势和需求，进行主动规划、主动选择、主动参与，从原先的独立发展到融入都市圈的产业链发展环节和经济体系中。通过打通与核心城市资本、技术、信息、人才的连接通道，取核心城市之长补己之短，在拉动增量的同时带动存量，提升产业发展能级和层次。

3 破局：合作创新，搭建产业协同发展机制

都市圈产业的协同合作，需要制度创新，让各区域可以在更大范围内分享资源优化配置产生的经济利益，从而形成释放生产要素跨行政区配置的持续动力。具体而言，可以从机制创新、模式创新和管理创新3个方面进行推进。

3.1 机制创新：建立利税共享机制

通过税制改革，建立 GDP 分计、税收分享制度，推动区域产业协同。《京津冀协同发展产业转移对接企业税收收入分享办法》已规定企业迁入地和迁出地在企业所得税、增值税和营业税收入等方面实行"五五分成"，但迁出地区分享"三税"以达到企业迁移前 3 年缴纳的"三税"总和为上限，达到分享上限后迁出地区不再分享。广东省的"双转移"战略也已在利税共享方面进行了有益的探索和实践，如《深汕（尾）特别合作区基本框架方案》从财政收入、土地收益、GDP 核算及能耗指标等方面建立了较为完善的成本共担、利税共享机制。在都市圈经济时代，要推动区域产业协同发展，必须结合区域实际，建立相关分享机制，有效提升核心城市和周边城镇的合作动力。

3.2 模式创新：园区共建和创新异地转化

通过股份合作、飞地自建、托管建设等模式推动异地园区共建，实现产业协同发展和互动共生。股份合作共建模式，即由本地区政府（园区）主导的投资实体与合作地政府（园区）主导的投资实体按一定比例出资，组建开发投资股份公司，负责共建园区的开发运营，统筹园区规划、投资开发、招商引资、经营管理、利益协调等工作，双方按照持股比例进行园区相关收益分成。外高桥—启东合作园区就采用了这种模式。上海外高桥保税区联合发展有限公司和江苏启东滨海工业园开发有限公司共同成立合资公司，上海、启东各占股本的 60% 和 40%，税收收益按照 6∶4 分成。同时，都市圈核心城市加强和外围区域的创新合作，推动创新成果的异地转化，形成长期合作研究机制。

3.3 管理创新：统一要素市场，清除市场壁垒

推动区域的协同合作，必须打破地域分割和行业垄断、清除市场壁垒，营造规则统一开放、标准互认、要素自由流动的市场环境。《国家发展改革委关于培育发展现代化都市圈的指导意见》（发改规划〔2019〕328 号）从人力资源市场、技术市场、金融服务、市场准入等的一体化方面提出了协同发展的政策要求，包括户籍准入年限同城化累积互认，建立技术交易市场联盟，"科技创新券"的城市间政策衔接、通兑通用，金融基础设施、信息网络、服务平台一体化，审批流程标准化和审批信息互联共享，食品药品联动实时监控，食品安全检验检测结果互认等。政策的有效实施必将加快生产要素在都市圈内部的自由流动，推动都市圈的产业协同发展。

参考文献

［1］刘戒骄.京津冀产业协同发展的动力来源与激励机制［J］.区域经济评论，2018（6）：22-28.

［2］张学良 李丽霞.长三角区域产业一体化发展的困境摆脱［J］.改革，2018（12）：72-82.

［3］李惠娟.城市服务业的规模、结构及其影响因素：基于中美日英四国城市面板数据的实证分析［J］.产经评论，2016（3）：94-106.

北京都市圈产业的空间分异性研究

——以食品产业为例

张鹏飞[1]　王玉海[1]　颜辰亦

（1. 北京师范大学地理科学学部，北京　100875；
2. 华夏幸福研究院，北京　100027）

摘　要　城市化进程的加快促使区域发展由"单中心"向"多中心"转变，产业作为城市发展的基础，随城市尺度变化呈现分异特征。本文基于改进后的偏离—份额法对北京都市圈范围内食品产业的空间分异进行了分析，并探究了食品企业分异的影响因素，结果表明：①北京都市圈食品产业整体空间分异程度高，形成"一核多节点"的空间分异格局；②食品企业的空间分异格局呈"销售—研发—生产"的圈层式分布；③外部经济是食品企业空间分异的内部驱动力。本文通过分析食品企业的空间分异特征，为食品企业空间布局方案提供参考建议。

关键词　企业空间格局　空间分异　都市圈　北京

1　研究背景

在城市化进程中，城市的形态不断发生变化。受区位因素、经济水平、公共服务设施、资源配置等多要素影响，相较于城市群而言，都市圈聚焦于中心城市及周边区域的圈层式结构区域，以关注人的生活、生产和生态为核心，能在更高水平上整合和优化各类资源，较大程度地缓解人口、资源、产业等因过度集聚而产生的"城市病"问题。城市群在发展过程中的目标是以多中心空间格局实现区域的联通联动发展，由点—面—片全面提升城市发展水平，提高城市综合竞争力，实现城市的可持续发展。

但是在实际发展过程中,城市群凸显诸多问题,如跨行政区划间的区域合作机制效率较低,地区保护主义意识较强,城市群内部竞争激烈,产业同质化严重,中心城市对外辐射效应不强,人口、产业、基础服务资源分布不均等,这些问题严重制约了区域经济的发展。

都市圈是重塑区域分工和协作的重要手段。面对日益激烈的国际竞争及信息经济带来的机遇和挑战,企业作为都市圈经济发展的基础,需要对企业的布局和企业间联系进行调整,实施高层次企业集聚、低层次企业扩散的战略调整。这有利于都市圈的中心城市形成以高端服务业、金融业、科技研发等行业为核心的管理高地、流通中心及信息枢纽,而生产、制造等功能向周边区域扩散,形成"中心—外围"扩散体系。都市圈经济发展的基础是产业,产业在地理空间上集聚和分散所形成的分化状态,反映区域经济发展的不均衡状态。食品企业与人们生产、生活的关系最密切,劳动力集聚程度、研发创新环境、区域政策扶持、生产企业与销售点的距离、销售服务范围等因素都影响着企业在空间上的分布,食品的研发、生产、销售在大都市区有明显的区域分异性。因此,以食品企业的空间分布为突破口,探究都市圈食品企业的空间分异特征对优化产业空间布局,提升都市圈区域协同发展质量,增强都市圈整体竞争力,实现都市圈可持续发展具有重要意义。

2 国内外研究综述

产业空间分异概念起源于亚当·斯密的分工理论,从产业的视角分析劳动分工在不同环节的特征。此后,国内外学者不断完善产业分异的理论和方法,主要研究内容集中于三大产业结构的分离,尤其对二产中的工业制造业和三产中的制造服务业的分离是学者们关注的重点。产业空间分异的理论研究基础是区位理论,包括杜能的农业区位论、韦伯的工业区位论、克里斯塔勒的中心地理论、勒斯的市场区位论等相关理论,都是以城市为空间载体。区位理论为研究产业在城市的分布提供了理论基础,但新古典经济学中的空间概念未能引导人们从空间角度分析产业布局,导致产业的空间问题在早期的研究进度比较缓慢。

随着新经济地理理论的提出与发展,快速的城市化进程使产业的空间载体由县域向城市和城市群转变,而为了研究大尺度下产业的空间布局问题,空间经济学应运而生。空间经济学从规模效应和运输成本等角度对城市产业布局进行实证研究,结果表明产业(主要是农业和制造业)在不同地理空间上呈现分离状态,由此提出了"中心—外围"模型。此后,学者们不断完善"中心—外围"理论,从研究方法、研究内容、实证分析等角度进行研究,加强了对产业在空间分异下内部间关系的研究,如克鲁格曼等构建的"垂直核心—边缘"(CPVL)模型,是在"核心—边缘"模型基础上根据产业间的垂直关联关系构建的模型,用以分析产业在空间上的相互关系。

从都市圈产业的空间格局来看,都市圈产业空间分异是基于产业的集聚和扩散过程实现的,随着城市的快速发展,以产业集群为代表的产业集聚现象不断膨胀,受同质化产业规模集聚的要求,产业在较大尺度范围内分离并重新组合集聚,最终形成不同产业类型在都市圈范围内分异的演变形式。产业空间分异在大区域尺度下表现出集聚性,在原有产业集群基础上构成规模更大的产业集群体;在区域内部表现出分异性,内部各产业间存在差异和关联。因此,产业空间分异是以同质化产业在地理空间上更加紧密的空间集聚为表现形式,以规模效应和集聚创新为发展方向,最终以实现区域产业间协同和区域可持续发展为目标。

从产业的地理角度来看,产业空间分异是城市化进程不断加剧的必然结果。城市是产业发展的空间载体,随着城市化快速发展,城市半径不断增大,辐射范围扩大,中心城市与周边区域在经济、社会、文化等方面不断加强联系。不同区位的城市资源禀赋、经济发展水平、政策倾向、职能分工、功能定位均存在差异性,邻近区域间的相互关系处于动态变化过程中。在此过程中,根据不同区域的特征会形成具有不同功能的圈层结构,在人口、基础服务设施完备的区域将形成城市核心区,该区域的产业具有更高的产出效益;在城市核心区周边将形成城市圈,该区域将承担服务城市核心区的职能,产业以中低端制造业为主;在城市圈外围的区域将形成城市辐射圈,该区域主要提供休闲旅游、农副产品加工等服务和原材料。基于城市化进程和区域功能分工的动态变化,最终形成城市的圈层结构特征和产业空间分异格局。

产业结构是一个国家或区域实现经济跨越式发展的必经之路。随着城市化进程的推进,产业结构在演变过程中会出现同构化和空间分异。产业空间分异是指产业在空间层面上的分化演进,形成不同形态的空间结构及要素空间结构差异化分布的过程和结果,产业集聚与扩散、产业集群、网络化等是产业空间分异的动态过程。产业的空间分异已成为大尺度下区域协同发展的主要影响因素。在快速城市化背景下,研究区域产业的空间分异,可以为区域经济发展、区域空间结构优化提供科学的技术支持。我国对产业空间分异的研究方法主要包括变异系数、基尼系数、锡尔指数等,结合空间计量模型分析区域空间特征。国内学者对不同区域从宏观上对产业的空间分异情况进行判断,主要从人口、经济及3个产业结构的演变等方面进行分析,而对具体产业的空间分异性研究较少。

随着城市化进程的加快，我国迎来了都市圈经济时代，都市圈的特征之一是对不同产业实现不同区域的功能集聚，形成高效的互联互通的产业集聚以促进都市圈范围内区域的协同发展。本文通过对北京都市圈整体产业和食品企业的空间分布，应用偏离—份额空间模型和空间相关关系模型，根据制造业中不同产业与都市圈发展的关系，从产业结构、产业竞争力及都市圈对不同产业的空间影响等方面，探究北京都市圈范围内生产性产业的空间分异特征，为都市圈产业的布局、结构调整及优化提供建议。

3 北京都市圈整体产业空间分异现状

3.1 研究方法及数据来源

3.1.1 研究方法

对产业空间格局的分析，主要是从产业的集聚度角度进行，主要的方法有行业集聚度分析、区位熵、赫芬达尔指数、空间基尼系数等，具体选用哪种方法需要从测量公式和数据的可获得性两方面综合考虑。

1. 行业集中度

行业集中度是指用规模最大的几个地区某个行业的某个指标占整个市场的比重反映区域行业的聚集程度。具体计算公式为

$$CR_n = \frac{\sum_{i=1}^{n} X_i}{\sum_{i=1}^{N} X_i} \tag{1}$$

其中，CR_n 代表行业集中度；$\sum_{i=1}^{n} X_i$ 代表几个规模最大地区 X 产业的某个指标（就业人数、产量、销售额等）；$\sum_{i=1}^{N} X_i$ 代表全部地区 X 产业的某个指标。

2. 区位熵

区位熵衡量的是某一地区某一要素的空间分布情况。具体计算公式为

$$E_{ij} = \frac{\dfrac{q_i}{\sum_{i=1}^{n} q_i}}{\dfrac{Q_i}{\sum_{i=1}^{n} Q_i}} \tag{2}$$

其中，E_{ij} 代表区位熵；$\dfrac{q_i}{\sum_{i=1}^{n} q_i}$ 代表某个地区 i 产业的就业人数与该地区全部就业人数的比重；$\dfrac{Q_i}{\sum_{i=1}^{n} Q_i}$ 代表全部地区 i 产业的就业人数与总就业人数的比重；n 为产业的数量。

3. 赫芬达尔指数

赫芬达尔指数是指某行业的市场规模。具体计算公式为

$$H = \sum_{i}^{n} \left(\dfrac{x_i}{x}\right)^2 \tag{3}$$

其中，H 为赫芬达尔指数；$\dfrac{x_i}{x}$ 为产业 x 的第 i 个企业的市场占有率；n 为 x 产业的企业数目。

4. 空间基尼系数

空间基尼系数是衡量一个地区某产业的集聚程度。计算公式为

$$G = \sum_{i} (S_i - X_i)^2 \tag{4}$$

其中，G 代表空间基尼系数；S_i 代表 i 地区某产业就业人数占该地区所有产业就业人数的比重；X_i 代表全国该产业的就业人数占全国就业人数的比重。

5. EG 指数

$$Y = \dfrac{G - (1 - \sum_{i} x_i^2) H}{(1 - \sum_{i} x^2)(1 - H)} \tag{5}$$

其中，Y 表示 EG 指数；X_i 表示 i 区域全部就业人数占全国就业人数的比重；G 为空间基尼系数；H 为赫芬达尔指数。

通过 EG 指数的计算可知，其既考虑了地理区位，又考虑了市场规模，可以较为准确地测量产业集聚度。但存在一个问题，即这些指标针对的都是某一区域的指标，如果这个区域和邻近区域在空间上有相关性，则该方法得出的集聚度就不能客观反映区域产业的集聚情况。为此，本书采用空间统计分析方法进行产业空间格局的分析，采用局部空间自相关 LISA 作为产业的集聚指标，主要有局部莫兰指数和局部 G 系数。

6. 偏离—份额模型

偏离—份额模型是区域经济研究中应用比较广泛的一种方法，其表达式如下：

$$\Delta Y_{ij} = Y_{ij} S + Y_{ij}(S_i - S) + Y_{ij}(S_{ij} - S_i) \tag{6}$$

$$S = \left(\sum_{i=1}^{s} \sum_{j=1}^{m} (\hat{Y}_{ij} - Y_{ij})\right) / \left(\sum_{i=1}^{s} \sum_{j=1}^{m} X_{ij}\right) \tag{7}$$

$$S_i = \left(\sum_{k=1}^{n} W_{jk} \hat{Y}_{jk} - \sum_{k=1}^{n} W_{jk} Y_{jk}\right) / \left(\sum_{k=1}^{n} W_{jk} Y_{jk}\right) \quad (8)$$

其中，S表示研究的大区域的增长率；S_i表示研究末期的区域某要素或部门的实际增长率；$S_{ij}=(S'_{ij}-S_{ij})/S_{ij}$表示研究期内区域某要素的实际增长率。实际增长量由三部分组成，其一是某一产业在大区域的增长量——$Y_{ij}S$；其二是产业结构分量——$Y_{ij}(S_i-S)$，该分量为正值表示具有产业结构优势，为负值表示产业结构不合理；其三是产业竞争力分量——$Y_{ij}(S_{ij}-S_i)$，反映研究期内要素的竞争力强弱，值为正表示有竞争优势，值为负表示竞争力弱。

$$RS_{ij} = Y_{ij}^{H}[(P_{ij}-P_{nj})-(P_{iN}-P_{nN})] + (Y_{ij}-Y_{ij}^{H})[(P_{ij}-P_{nj})-(P_{iN}-P_{nN})] \quad (9)$$

$$RN_{ij} = Y_{ij}^{H}(P_{nj}-P_{nN}) + (Y_{ij}-Y_{ij}^{H})(P_{nj}-P_{nN}) \quad (10)$$

其中，$(Y_{ij}-Y_{ij}^{H})$表示产业的区域偏离分量，其值为正表示区域产业为高依赖型产业，其值为负表示区域产业为低依赖型产业；$(P_{ij}-P_{nj})-(P_{iN}-P_{nN})$为区域产业结构分量，其值为正表示区域产业是主导型产业，其值为负表示区域产业为滞后型产业。综上，可将区域产业类型划分为四类：高依赖主导产业、高依赖滞后产业、低依赖主导产业、低依赖滞后产业（图1）。

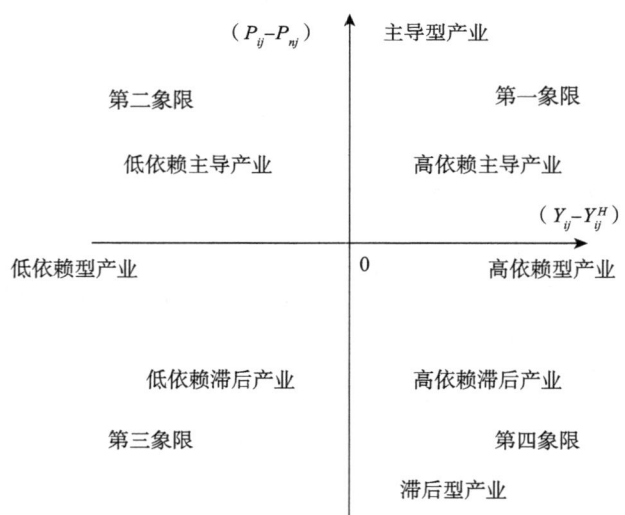

图1 区域产业类型象限定位

3.1.2 资料来源

以北京都市圈为研究对象，共包括北京市、天津市及河北省张家口市、保定市和廊坊市的37个区县。根据产业在都市圈不同区域具有的功能和作用，选择制造业中的农副食品加工业、食品制造业、纺织服装业、医药制造业和汽车制造业共5类产业对

2012—2017年北京都市圈产业的演变进行分析，从都市圈的整体产业上比较产业的结构格局、产业竞争力空间变化及各产业在空间范围上的相关性；然后以规模以上食品企业为研究对象，分析食品企业的空间分异性。本文数据主要来自2013年和2018年的《北京统计年鉴》《天津统计年鉴》《河北经济年鉴》和各区县统计年鉴，以及2007年、2010年、2017年北京市、天津市、河北省张家口市、保定市和廊坊市的规模以上食品企业的数据。

3.2 北京都市圈整体产业空间分异格局

根据国民经济产业分类标准，可将城市产业分为13类，包括以建筑业、制造业为主的第二产业和以高端服务、基础服务为主的第三产业。通过对比2007年和2017年北京都市圈两个时间截面各类型产业的空间分布变化，可从整体上对都市圈产业格局进行分析。基于产业类型象限定位图将北京都市圈的产业划分为4类，即高依赖主导产业、低依赖主导产业、高依赖滞后产业、低依赖滞后产业。从产业的属性来看，以高技术为主的高端产业（信息传输技术和科学技术研究）均呈现由中心城市区域向外扩散的趋势，都市圈整体向高端产业逐渐转变。

2007年，在信息传输技术与科学技术研究产业方面，中心城市区域（北京城六区）的信息传输技术和科学技术研究几乎都属于高依赖滞后产业，除了北京北部的怀柔区和密云区属于低依赖主导产业外，其他区域几乎都属于低依赖滞后产业，即这些区域在2007年对具有高技术含量的产业投入力度较低，关注度不高。2017年，中心城市区域的高端产业均转变为高依赖主导产业，除北京市的延庆区、顺义区和河北省的雄安新区等周边区域外，其余区县均加强了对高端产业的投资力度，使其由原来的滞后产业变为主导产业，但其余区县对高端产业的依赖程度仍然较低，仍处于低依赖水平。具体内容见表1。

表1 2007年、2017年北京都市圈不同产业类型的变化

省/直辖市	市	区县	食品批发零售		信息传输技术		科学技术研究	
			2007	2017	2007	2017	2007	2017
北京	北京	昌平区	低依赖主导产业	低依赖滞后产业	低依赖滞后产业	低依赖滞后产业	高依赖主导产业	高依赖主导产业
北京	北京	大兴区	低依赖主导产业	低依赖滞后产业	低依赖滞后产业	低依赖滞后产业	高依赖主导产业	高依赖主导产业
北京	北京	房山区	低依赖滞后产业	低依赖滞后产业	低依赖滞后产业	低依赖滞后产业	低依赖滞后产业	低依赖主导产业
北京	北京	怀柔区	低依赖滞后产业	低依赖滞后产业	低依赖主导产业	低依赖滞后产业	低依赖滞后产业	低依赖主导产业

续表

省/直辖市	市	区县	食品批发零售		信息传输技术		科学技术研究	
			2007	2017	2007	2017	2007	2017
北京	北京	门头沟区	低依赖滞后产业	低依赖主导产业	低依赖滞后产业	低依赖主导产业	低依赖滞后产业	高依赖主导产业
北京	北京	密云区	低依赖滞后产业	低依赖滞后产业	低依赖滞后产业	低依赖主导产业	低依赖主导产业	低依赖主导产业
北京	北京	平谷区	低依赖滞后产业	低依赖滞后产业	低依赖滞后产业	低依赖主导产业	低依赖滞后产业	低依赖主导产业
北京	北京	顺义区	低依赖滞后产业	低依赖滞后产业	低依赖滞后产业	低依赖滞后产业	低依赖滞后产业	低依赖滞后产业
北京	北京	通州区	低依赖滞后产业	低依赖滞后产业	低依赖滞后产业	低依赖滞后产业	低依赖主导产业	低依赖滞后产业
北京	北京	延庆区	低依赖滞后产业	低依赖滞后产业	低依赖滞后产业	低依赖滞后产业	低依赖滞后产业	低依赖滞后产业
北京	北京	东城区	低依赖主导产业	低依赖滞后产业	高依赖主导产业	高依赖主导产业	高依赖滞后产业	高依赖主导产业
北京	北京	西城区	高依赖主导产业	高依赖滞后产业	高依赖滞后产业	高依赖主导产业	高依赖主导产业	高依赖主导产业
北京	北京	朝阳区	高依赖主导产业	低依赖滞后产业	高依赖滞后产业	高依赖主导产业	高依赖滞后产业	高依赖主导产业
北京	北京	海淀区	高依赖主导产业	高依赖滞后产业	高依赖滞后产业	高依赖主导产业	高依赖主导产业	高依赖主导产业
北京	北京	石景山区	低依赖主导产业	低依赖滞后产业	低依赖滞后产业	高依赖主导产业	高依赖滞后产业	高依赖主导产业
北京	北京	丰台区	低依赖主导产业	低依赖滞后产业	低依赖滞后产业	低依赖滞后产业	高依赖主导产业	高依赖主导产业
河北	保定	安新县	低依赖滞后产业	低依赖滞后产业	低依赖主导产业	低依赖主导产业	低依赖主导产业	低依赖滞后产业
河北	保定	定兴县	低依赖滞后产业	低依赖滞后产业	低依赖滞后产业	低依赖主导产业	低依赖滞后产业	低依赖滞后产业
河北	保定	涞水县	高依赖主导产业	高依赖主导产业	低依赖滞后产业	低依赖主导产业	低依赖滞后产业	低依赖滞后产业
河北	保定	容城县	低依赖主导产业	低依赖主导产业	低依赖主导产业	低依赖滞后产业	低依赖滞后产业	低依赖滞后产业
河北	保定	高碑店市	低依赖滞后产业	高依赖主导产业	低依赖主导产业	低依赖滞后产业	低依赖滞后产业	低依赖滞后产业
河北	保定	雄县	低依赖主导产业	低依赖主导产业	低依赖滞后产业	低依赖滞后产业	低依赖滞后产业	低依赖滞后产业
河北	保定	易县	低依赖主导产业	低依赖主导产业	低依赖滞后产业	低依赖滞后产业	低依赖滞后产业	低依赖主导产业

续表

省/直辖市	市	区县	食品批发零售		信息传输技术		科学技术研究	
			2007	2017	2007	2017	2007	2017
河北	保定	涿州市	低依赖滞后产业	低依赖滞后产业	低依赖滞后产业	低依赖主导产业	高依赖滞后产业	高依赖主导产业
河北	廊坊	霸州市	低依赖滞后产业	低依赖主导产业	低依赖滞后产业	低依赖滞后产业	低依赖滞后产业	低依赖主导产业
河北	廊坊	大厂县	高依赖主导产业	高依赖主导产业	低依赖滞后产业	低依赖滞后产业	低依赖滞后产业	高依赖主导产业
河北	廊坊	固安县	低依赖滞后产业	低依赖滞后产业	低依赖滞后产业	低依赖滞后产业	低依赖滞后产业	低依赖滞后产业
河北	廊坊	安次区	低依赖主导产业	低依赖主导产业	低依赖滞后产业	低依赖滞后产业	低依赖滞后产业	高依赖主导产业
河北	廊坊	三河市	低依赖主导产业	低依赖主导产业	低依赖滞后产业	低依赖主导产业	低依赖滞后产业	低依赖主导产业
河北	廊坊	香河县	低依赖滞后产业	低依赖主导产业	低依赖滞后产业	低依赖滞后产业	低依赖滞后产业	低依赖滞后产业
河北	廊坊	永清县	低依赖主导产业	低依赖主导产业	低依赖滞后产业	低依赖滞后产业	低依赖滞后产业	低依赖滞后产业
河北	张家口	怀来县	低依赖滞后产业	低依赖滞后产业	低依赖滞后产业	低依赖滞后产业	低依赖滞后产业	低依赖滞后产业
河北	张家口	宣化区	低依赖主导产业	低依赖滞后产业	低依赖滞后产业	低依赖滞后产业	低依赖滞后产业	低依赖滞后产业
河北	张家口	涿鹿县	低依赖滞后产业	低依赖滞后产业	低依赖滞后产业	低依赖滞后产业	低依赖滞后产业	低依赖滞后产业
天津	天津	宝坻区	高依赖滞后产业	高依赖滞后产业	低依赖滞后产业	低依赖滞后产业	低依赖滞后产业	低依赖滞后产业
天津	天津	蓟州区	高依赖滞后产业	高依赖滞后产业	低依赖滞后产业	低依赖滞后产业	低依赖滞后产业	低依赖主导产业
天津	天津	武清区	高依赖滞后产业	高依赖主导产业	低依赖滞后产业	低依赖滞后产业	低依赖滞后产业	低依赖滞后产业

注：高碑店市、涿州市、霸州市、三河市为县级市。适用于本章其他表格。

传统的食品批发零售业在都市圈范围内整体表现为由中心向外围呈现主导产业转变为滞后产业的趋势。批发零售行业与人们的生活关系密切，但产业的技术含量较低，占地面积大、效益低、污染严重。2007年，北京中心城市区域的批发零售业虽然不是区域发展的高依赖型产业，但仍作为主导产业进行发展，尤其在北京市的城六区，批发零售业属于高依赖型的主导产业。2017年，批发零售业呈现中心向外围由主导产业转为滞后产业的变化。批发零售业不再作为都市圈中心区域的主导产业，这些产业开始向都市圈的辐射区域（如河北省的张家口市和廊坊市等邻近区县）转移，批发零售业成为这些区域的主导产业。

根据偏离—份额法的定义，区域产业结构由结构分量、竞争分量和产业分量3部分组成，根据前人的研究，按照比例在（-1，-0.5）、[-0.5，0]、(0，0.5)、[0.5，1]的范围内将其值划分为弱、偏弱、偏强、强4个等级，以此探究都市圈产业的空间分布格局。

从2017年北京都市圈13类产业结构的整体分布来看（见表2），都市圈产业结构值整体呈现中心向外围变小的趋势。在中心城市区域中，朝阳区、东城区和石景山区的产业结构值处于强等级，说明这些区域的产业结构较为合理；海淀区、丰台区和西城区的产业结构值属于偏强级，说明这些区域的产业结构还需要优化，如将大型批发市场等非首都功能产业向外迁移，以进一步优化中心区域的资源配置，提高区域的生产效率。在城市圈范围中，通州区的产业结构值属于偏弱级，基础设施与中心城区的差距较大，但随着北京市委、市政府、市政协、市人大等部门迁入通州，作为北京城市副中心的通州在产业结构值方面的等级将进一步提升，以承担起副中心的职能。城市圈范围内其他区县的产业结构值处于偏强级。

表2 2017年北京都市圈的产业结构值与产业竞争力值

市	区县	产业结构值	产业竞争力值	市	区县	产业结构值	产业竞争力值
北京	东城区	1.084	0.560	保定	安新县	-0.127	-0.179
北京	昌平区	0.827	-0.051	保定	定兴县	0.733	0.263
北京	大兴区	0.827	2.773	保定	涞水县	1.813	0.011
北京	房山区	-1.180	0.583	保定	容城县	0.691	0.931
北京	怀柔区	1.273	-4.696	保定	高碑店市	2.188	0.539
北京	门头沟区	0.637	-0.243	保定	雄县	0.393	1.155
北京	密云区	0.793	0.807	保定	易县	0.874	0.590
北京	平谷区	1.217	1.123	保定	涿州市	0.839	0.216
北京	顺义区	1.068	0.680	廊坊	霸州市	0.779	0.760
北京	通州区	2.868	-0.749	廊坊	大厂	0.333	-0.258
北京	延庆区	0.048	-0.024	廊坊	固安县	-1.283	0.607
北京	西城区	0.026	-0.046	廊坊	安次区	-2.243	10.371
北京	朝阳区	0.881	0.690	廊坊	三河市	0.999	0.795
北京	海淀区	0.463	0.471	廊坊	香河县	1.631	0.878
北京	丰台区	-0.880	0.712	张家口	怀来县	2.891	1.494
北京	石景山区	0.000	0.000	张家口	宣化区	-0.985	-0.057
天津	宝坻区	2.310	0.748	张家口	涿鹿县	-11.093	0.962
天津	蓟州区	2.310	0.721	廊坊	永清县	-0.545	-0.018
天津	武清区	2.310	1.467				

从 2017 年北京都市圈产业竞争力的空间分布来看，产业竞争力值整体呈西北向东南变小的趋势。对于中心城市而言，产业结构较完善，该区域的产业竞争力值也处于偏强级。张家口市涿鹿县的产业效益占比较高，有极大的上升空间，在整体产业发展方面具有较强的竞争力。而廊坊市的"北三县"（大厂、三河、香河）由于缺少主导产业支撑，虽然现有的产业结构较完善，产业竞争力值处于偏强级，但对区域发展的贡献较小，产业受中心区域的虹吸效应影响，发展较慢、竞争力较弱。而天津市的蓟州区、宝坻区和武清区，主导产业是汽车制造业，产业类型相对单一，在整体区域产业竞争中略显弱势，因此其产业竞争力较弱。

4 北京都市圈食品企业空间分异格局的时空演变

前文分析了北京都市圈产业空间的分布规律，从整体格局来看，北京都市圈的产业结构值呈现中心向外围变小的分布趋势，而产业竞争力呈现西北向东南递减的趋势；天津的产业竞争力偏弱。但从实际情况来看，天津是北京都市圈重要的科技创新和生产制造基地，所辖区域的产业竞争力较强，与计算结果存在偏差。因此，需要分行业进行区域产业竞争力的研究。食品行业涉及生产、销售、研发等 3 种类型，不同类型的企业在区域中具有不同的分布特征。因此，首先对以科技发展为主的高端产业分布格局进行分析，其次探讨食品企业在都市圈范围内的空间分布特征，最后通过食品企业案例分析佐证不同层次下企业的空间分布规律。

4.1 都市圈的产业高端化演变

产业高端化是指随着社会经济的快速发展，产业从低级到高级转变的动态变化过程。根据已有研究可知，高端产业具有以下几个特征：①先进性。高端产业相对于传统产业来说具有技术含量高、能耗低的特征，具有相对的先进性。②高效益性。高端产业普遍具有高附加值，生产效率较高。③强竞争力。高端产业在产业间及产业内都具有较强的前后关联性，产品质量较高，与其他产品相比具有较强的竞争力。④高需求性。高端产业具有较高的规模效应和收入弹性，经济水平提高促使城市对高端产业的需求不断提升。

高端产业的形成与区域经济发展水平、科技进步、创新机制、劳动力集聚水平等因素密切相关。高端产业代表一个地区的发展水平，较高的产业规模效应是高端产业形成的基础，依托科技进步形成的产业间前后强关联性是高端产业发展的根本动力，人才集聚是高端产业发展的主要支撑，创新机制有效提高产业的生产效率，形成产业集聚，是高端产业可持续发展的重要保障。都市圈是重要的创新空间场所，在高技术研发、战略性新兴产业发展等方面处于领先地位。因此，有必要对都市圈的高端产业演变进行分析。

基于系统性原则、客观性原则、可操作性原则和产业特性原则，综合考虑都市圈的产业发展现状及数据可得性，本书从产业规模、产业创新、产业效应、关键资源等4个方面选取了8个指标构建都市圈高端产业的评价指标体系，并根据每个指标在评价体系中的重要性，运用组合权重法对区域产业高端化进行评价。组合权重法由主观赋权法和客观赋权法组成，主观赋权法采用层次分析法，客观赋权法采用熵权法，二者权重各为0.5。本书通过组合权重法将主观和客观方法有效结合，最终得到更为准确的各指标权重。

本文以北京都市圈的36个区县为研究对象，通过对比2007年、2017年两个时间截面研究区的高端产业程度分析都市圈对产业高端化演变的影响。数据主要来自《北京各区县统计年鉴》《天津统计年鉴》《河北经济年鉴》《张家口经济年鉴》《保定经济年鉴》《廊坊经济年鉴》及全国第二次R&D资源清查数据公报，相关组合权重见表3。

表3 产业高端化评价指标体系

目标层	准则层	指标层	层次分析法权重	熵权法权重	组合权重
产业高端化	产业规模	地区生产总值	0.1298	0.1304	0.1301
		规模以上工业总产值	0.0649	0.0821	0.0735
	产业创新	万人发明专利授权量	0.1842	0.1787	0.1815
	产业效益	人均GDP	0.0410	0.0386	0.0398
		规模以上工业产值税收	0.1265	0.1401	0.1333
		规模以上工业利润总额	0.0756	0.0870	0.0813
	关键资源	外商直接投资	0.2295	0.2174	0.2234
		社会消费品零售总额	0.1485	0.1256	0.1371

从北京都市圈各区县高端化产业综合得分的情况可知，位于都市圈中心区域的海淀区、东城区、西城区、朝阳区、丰台区的产业高端化水平较高，排名都处于前8，处于辐射圈的区县与中心区域的产业高端化之间还存在较大差距。海淀区产业规模和产业创新维度得分最高，西城区产业效应得分最高，朝阳区的关键资源维度得分最高。除大厂县外，城市圈包括的8个区县产业高端化得分均比较靠前，但整体得分和中心城区在各维度上均存在差距。辐射圈区域的区县产业高端化程度在都市圈范围内是最

低的。

本书对北京都市圈高端产业在 2007 年和 2017 年的演变进行了分析。10 年间，都市圈范围内产业整体呈高端化趋势。在中心城市区域，除西城区产业高端性得分排名上升、东城区排名没有变之外，海淀区、丰台区、石景山区、朝阳区的高端产业得分都有所下降，但是这些区域在都市圈范围内的排名均靠前，排名下降幅度不大，如海淀区从第 1 名降到第 2 名，朝阳区从第 2 名降到第 3 名，丰台区从第 6 名降到第 8 名。石景山区排名降幅较大，从第 8 名降到第 16 名，但在都市圈范围来看，排名相对靠前（见表 4）。

表 4　2007 年和 2017 年都市圈城市产业高端化得分情况

	区县	2007 综合得分	排名	2017 综合得分	排名		区县	2007 综合得分	排名	2017 综合得分	排名
城市核	海淀区	0.1925	1	0.1685	2	辐射圈	密云区	0.0097	18	0.0084	17
	朝阳区	0.1657	2	0.1473	3		涿州市	0.0091	19	0.0079	19
	西城区	0.1580	3	0.2170	1		高碑店市	0.0071	20	0.0040	26
	东城区	0.0517	5	0.0439	5		门头沟	0.0067	21	0.0057	22
	丰台区	0.0457	6	0.0355	8		平谷区	0.0065	22	0.0060	21
	石景山	0.0351	8	0.0128	16		怀来县	0.0061	23	0.0027	34
城市圈	顺义区	0.0564	4	0.0532	4		蓟州区	0.0060	24	0.0078	20
	昌平区	0.0398	7	0.0435	6		容城县	0.0046	25	0.0032	30
	房山区	0.0266	9	0.0245	11		安新县	0.0031	27	0.0028	33
	香河县	0.0125	17	0.0081	18		延庆区	0.0029	28	0.0052	23
	三河市	0.0235	11	0.0139	13		易县	0.0028	29	0.0034	28
	大兴区	0.0233	12	0.0317	10		雄县	0.0025	30	0.0031	31
	通州区	0.0201	13	0.0326	9		定兴县	0.0021	31	0.0031	32
	大厂	0.0040	26	0.0042	25		永清县	0.0019	32	0.0033	29
辐射圈	怀柔区	0.0160	14	0.0131	15		固安县	0.0018	33	0.0044	24
	霸州市	0.0146	15	0.0133	14		涿鹿县	0.0011	34	0.0025	35
	宝坻区	0.0142	16	0.0179	12		宣化区	0.0008	35	0.0036	27
	武清区	0.0257	10	0.0405	7		涞水县	0.0003	36	0.0017	36

4.2 都市圈食品企业的空间分布

产业的空间分布是由土地价格、区域资源禀赋、人口集聚程度、人才梯度分布、政策导向等多因素综合影响决定的。根据产业的特征，在空间上将形成不同功能集聚的空间结构。食品产业与居民生活密切相关，食品的研发、生产、销售在大都市区有明显的区域分异性。因此，以食品企业的空间分布为突破口，总结食品企业在都市圈的空间分异特征，对研究都市圈产业的空间分异性有借鉴意义。

本文数据来自华夏幸福研究院提供的北京都市圈37个区县的所有注册食品企业，共计27864条数据。基于国家经济行业分类体系，将食品企业分为农副食品加工企业、食品制造业，以及酒、饮料和茶制造业三大类。由于所得企业数据包括零售业，为突出企业的特征和可研究性，本书选取年收入在2000万元以上的食品企业为主要研究对象，共获得694家企业。

根据获取的北京都市圈食品企业数据，共有23453家食品企业分布在北京都市圈范围内。其中，规模以上食品企业共有694家。整体来看，都市圈的食品企业由内向外呈现增加趋势，位于城市核（北京城六区）区域的食品企业数量最少，占都市圈食品企业总量的27%；城市圈的食品企业数量次之，占比为32%；辐射圈的食品企业数量最多，占比达到41%（见图2）。这种分布与国家疏解北京非首都功能的举措及食品企业的特征有关。

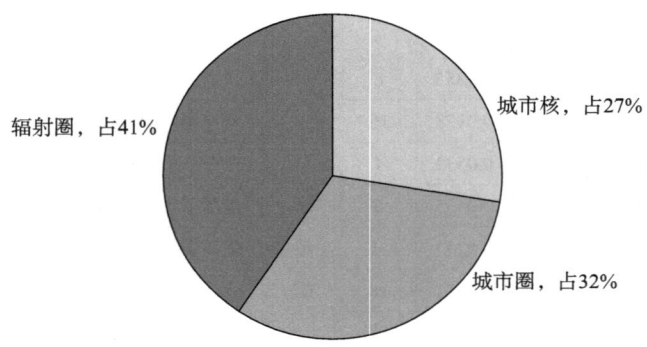

图2　2018年北京都市圈规模以上食品企业分布比例

通过对规模以上食品企业进行核密度分析可知，北京都市圈食品企业的空间分布呈现中心向边缘逐渐分散的趋势。该类企业主要集中于北京市周边区域，除此之外，在天津的蓟州区、北京的延庆区和平谷区、张家口怀来县、保定市定兴县、廊坊市及固安县的政府所在地还分布有部分食品企业，但数量较少、密度较低。可见，食品企业的分布在北京都市圈也呈现较明显的圈层结构。

食品企业涉及产品的研发、生产和销售环节。不同环节对土地规模、消费环节、区位特征和人口聚集的要求不同。本文综合考虑以上多要素影响机制，对北京都市圈食品企业按研发、生产和销售类型进行划分，见表5。结合前文对食品企业的空间集聚情况可知，在企业集聚度最高的城市核范围内分布的企业多以销售和研发为主，城六区食品销售企业数量占都市圈全部销售企业的67%，研发企业占都市圈研发企业总数的50%以上。在城市圈范围内，企业以生产和研发为主，如昌平区、房山区、大兴区的生产企业数量占总量的30%，研发企业占总量的43%，除了部分对技术要求比较高的研发企业集中在城市高技术区域外，大部分企业的研发和生产环节集中在一起，实现了产学研一体化，提高了从科研到生产的转化效率。而在辐射圈内的企业仍然以生产为主，主要是一些技术性工作和对劳动密集型人才集聚的要求，促进了这种圈层式分布特征的形成。

表5 2018年北京都市圈区县各企业类型的分布　　　单位：家

市	区县	研发	销售	生产	市	区县	研发	销售	生产
北京	东城区	5	20	2	保定	安新县	0	0	3
北京	昌平区	1	6	14	保定	定兴县	0	0	9
北京	大兴区	6	14	34	保定	涞水县	0	0	0
北京	房山区	0	6	26	保定	容城县	0	0	3
北京	怀柔区	0	6	27	保定	高碑店市	0	0	6
北京	门头沟区	0	1	2	保定	雄县	0	0	1
北京	密云区	0	2	0	保定	易县	0	0	3
北京	平谷区	0	3	25	保定	涿州市	0	0	2
北京	顺义区	12	4	30	廊坊	霸州市	0	0	17
北京	通州区	7	7	16	廊坊	大厂县	0	1	6
北京	延庆区	1	1	10	廊坊	固安县	0	0	2
北京	西城区	16	64	2	廊坊	安次区	0	2	43
北京	朝阳区	3	29	2	廊坊	三河市	0	0	7
北京	海淀区	0	4	0	廊坊	香河县	0	0	2
北京	丰台区	5	21	0	张家口	怀来县	0	2	14
北京	石景山区	3	16	0	张家口	宣化区	0	2	18
天津	宝坻区	0	0	11	张家口	涿鹿县	0	0	9
天津	蓟州区	0	1	13	廊坊	永清县	0	1	4
天津	武清区	0	8	38					

4.3 都市圈食品企业的空间分布案例分析

燕京啤酒是中国最大的啤酒企业集团之一，拥有控股子公司42家，其中啤酒生产企业40家，相关和附属产品企业2家。燕京啤酒在北京都市圈共有12家子公司，其中研发企业有2家，生产企业有4家，销售企业有6家。从企业类型的空间分布来看，燕京啤酒由内向外呈销售、"研发＋生产＋销售""生产＋销售"的分布特征。具体来说，在城市核区域，燕京啤酒主要以销售为主，最大的销售公司位于朝阳区；在城市圈范围内，燕京啤酒的总部位于顺义区，是亚洲最大的啤酒生产厂，在该区域的空间分布主要以"研发＋生产＋销售"为主——在总厂以研发和生产为主，在近郊区的三河市有较大的销售公司，力求实现"研—产—售"一体化发展；在辐射圈，燕京啤酒主要以"生产＋销售"为主，如较大的生产企业分布在高碑店市、雄县、固安县等地，较大的销售企业分布在定兴县、永清县、蓟州区等地。燕京啤酒的研发企业共有2家，分别是位于企业总部的北京市顺义区燕京啤酒科研中心和北京燕京中发生物技术有限公司，二者主要进行技术研发创新。

5 北京都市圈产业空间分异的驱动因素分析

为进一步分析都市圈产业空间分异的形成机制及驱动因素，本文以北京都市圈食品企业为对象进行研究。首先，构建食品产业空间分布概率模型，从宏观层面分析企业空间分异的影响因素；其次，构建食品产业多项分类Logistics回归模型，从微观层面分析企业空间类型选择偏好的影响因素；最后，结合宏观因素和微观因素双重层面，探究都市圈企业空间分异的形成机制。

5.1 企业空间分异的驱动力相关性分析

经济、交通、制度和空间溢出效应等外部因素在整体层面促使企业产生空间分异。为了定量分析外部因素对企业空间分异的影响和交叉作用机制，首先，构建一个二元Probit模型分析各要素与企业分布空间概率的相关关系；其次，构建企业空间分布概率模型探究各外部因素的交叉作用机制；最后，运用偏微分分解来解释各变量对企业空间分异的直接效应、间接效应和总效应。根据计算结果发现，SAR模型的拟合效果最好，R^2和对数似然比得到了提高，AIC值有所降低，模型计算结果与实际情况接近。

北京都市圈食品企业的空间分布概率与其影响因素的二元Probit模型分析结果表明，经济因素、交通因素和文化因素均与企业的空间分布概率相关。其中，与中心城区的距离和企业从业人数与企业的空间分布概率具有负相关关系，企业总体经济利润和企业综合实力与企业的空间分布概率具有正相关关系，结果在$P<0.05$范围内显著（见表6）。

表 6 北京都市圈食品企业外部因素的二元 Probit 模型分析结果

P	Probit 模型	
	系数	标准误
距离	−0.007	0.031**
企业利润	0.061	0.313**
从业人数	−0.017	0.113**
综合实力	0.012	0.213**

注：显著性水平 *：$P<0.1$；**：$P<0.05$。

多元 Probit 模型和 SAR Probit 模型的结果见表 7，综合考虑企业分布的全部影响因子，交通因素、制度因素和人才受教育程度对企业空间的分布概率具有显著影响，而经济因素对企业空间的分布没有显著影响。

表 7 北京都市圈食品企业外部因素的多元回归分析结果

P	Probit 模型		SAR Probit 模型			
	系数（标准误差）	边际效应	系数（标准误差）	直接效应	间接效应	总效应
距离	−0.004	0	−0.001	−0.030	−0.004	−0.034
企业利润	0.179（0.198）	0.014	0.139（0.156）	0.006	0.010	0.016
从业人数	−0.121（0.019）**	0.009	−0.027（0.009）**	−0.003	−0.002	−0.005
综合实力	0.030（0.003）**	0.002	0.010（0.002）**	0.002	0.001	0.003
企业密度	0.040	0.002	0.030	0.003	0.001	0.004
Rho（p）			0.684			
constant	−2.144		−0.868			
Pseudo R^2	0.160					
对数似然函数值	−418.821					
Kelejian-Prucha 检验	454.157**					
Pinkse-Slade 检验	220.347**					
Pinkse- 检验	170.575**					

注：显著性水平 *：$P<0.1$；**：$P<0.05$。

5.2 距离因素促使研发型企业呈"中心—外围"衰减式分布

与中心城区的距离和区域交通条件是影响企业空间分布的重要因素。食品企业选址要综合考虑原材料运输加工、产品销售、研发和存储等多种要素，交通可达性成为食品企业区位分布的重要影响因素。北京都市圈的交通可达性呈现"中心—外围"递减的分布趋势，本文以与中心城区的距离为指标进行交通因素分析。根据 SAR Probit 模型可知，交通可达性对食品企业聚集区的空间分布概率具有显著提升作用，交通对企业空间分布概率的总效应是 –0.034，二者呈负相关关系，距离中心城区（东城区和西城区）距离每减少 10km，食品企业聚集区的空间分布概率将提高 0.5%。北京都市圈研发型食品企业的空间分布整体上呈中心向外围的衰减式分布。

5.3　经济因素影响食品企业的聚集

企业的综合实力和利润既是影响区位分布的决定性因素，也是企业聚集、演化的根本动力。从企业利润角度来看，追求利润最大化是企业发展的根本目标，既能提高销售额，又能降低生产成本的区位是企业的最佳选择。越靠近城市核区域，受厂房、租金、人员等多种因素的影响，企业的生产成本越高，销售额也越高，但利润会有所降低。SAR Probit 模型的结果显示，综合考虑多种因素，企业的综合实力和利润等经济因素对企业聚集的空间分布概率具有正向效应，但企业利润的总效应值为 0.016，而企业综合实力的总效应值仅为 0.003，效果不太明显，根本原因在于城市空间结构的特殊性。根据城市级差地租理论，随着与中心城区距离的增加，房屋租金会逐渐下降、劳动密集型企业会逐渐增加，在一定距离范围内，远离中心城市企业的成本将有所降低，实现降低生产成本的同时保障或提高销售额，实现企业利润的最大化发展。综合实力强的企业在选址布局时更多考虑的是跨区域多方面的综合发展能力，而不仅仅局限于单个企业发展本身，因此企业综合实力对企业的空间分布概率效应不明显。

5.4　从业人员对企业的空间分布有显著影响

企业布局与劳动力密切相关。食品企业属于劳动密集型企业，对劳动力的依赖程度较高。SAR Probit 模型的结果显示，从业人数与企业的空间分布概率呈显著负相关关系，其中直接效应为 –0.003，间接效应为 –0.002，总效应为 –0.005，即从业人数多的企业在都市圈的空间分布概率较低。原因在于，食品企业主要分为产品研发、生产和销售三大类，从业人数占比最大的往往是生产部门，而为加快实现产研转化，通常研发部门与生产部门集中在一起。销售部门从业人员较少，所以从业人员较少的企业，其空间分布概率反而较高。

5.5 政策导向促使企业的空间布局郊区化

根据国家整体战略的要求，要疏解北京的非首都功能，充分发挥北京的高科技优势，将北京打造成科技中心。食品企业属于劳动密集型中低端企业，在政策作用下，生产型的食品企业向城市边缘区转移。本文选取北京都市圈食品企业的累积核密度进行分析，结果表明，在距离中心城区50km范围内，食品企业的累积核密度占都市圈全部的50%以上。制度因素的直接效应大于其间接效应，表明是政策因素驱使食品企业向郊区转移。

6 结论

（1）目前，北京都市圈食品产业的整体空间分异程度高，形成"一核多节点"的空间分异格局。随着疏解非首都功能进程的推进，北京食品企业的空间分异趋势加剧，体现为空间分布以城市核为中心，向城市圈和辐射圈中人口集聚度高、交通可达性良好的区域分布。

（2）北京都市圈食品企业的空间分异格局呈"销售—研发—生产"的圈层式分布。在城市核区域，食品企业多以销售类型为主，随着与中心城区距离的增加，受规模效应、循环累积效应和政策诱导效应的综合影响；城市圈区域的食品企业以生产和研发为主；辐射圈节点城市的食品企业主要以生产为主。

（3）经济因素是食品企业空间分异的重要驱动力。企业的空间分异受区域资源禀赋、交通可达性、土地资源、人口集聚度等多种要素共同作用。在政策倾向背景下，经济因素成为吸引企业聚集的重要因素，企业会根据自身特点选择优势区域进行空间集聚，形成空间分异格局。

参考文献

[1] 李敏纳，程叶青，蔡舒，等. 国际旅游岛建设以来海南省产业空间分异格局及其驱动机制[J]. 地理科学，2019，39（6）：967-977.

[2] ABRAHAM, KATHARINE G, TAYLOR, et al. Firm's use of outside contractors: theory and evidence [J]. Journal of labor economics, 1996, 14（3）: 394-424.

[3] KRUGMAN P. Increasing returns and economic geography [R]. [S.l.: s.n.], 1991: 483-499.

[4] 陈国亮，陈建军. 产业关联、空间地理与二三产业共同集聚：来自中国212个城市的经验考察

[J].管理世界,2012(4):82-100.

[5] PARK S O, NAHM K. Spatial structure and inter-firm networks of technical and information producer services in Seoul, Korea [J]. Asia pacific viewpoint, 1998, 39 (2): 209-219.

[6] 陈洁,王耀中.产业关联、空间效应与生产性服务业集聚:基于中国城市面板数据的研究[J].山西财经大学学报,2015,37(7):35-46.

[7] 王海江,苗长虹,茹乐峰,等.我国中心城市生产性服务业对外服务能力的空间格局:兼论与制造业分布关系[J].人文地理,2014,29(2):83-89.

[8] KRUGMAN P, VENABLES A J. Globalization and the inequality of nations [J]. The quarterly journal of economics, 1995, 110 (4): 857-880.

[9] 黄蕊,崔大树.产业空间分异驱动城市群空间组织模式演变研究:以浙江中部城市群为例[J].改革与战略,2013,29(9):54-58.

[10] 韩雪,吴佩林,董文龙.山东省城市化进程与产业结构演变的互动机制分析[J].经济与管理,2011,25(11):74-78.

[11] 刘艳军,李诚固.东北地区产业结构演变的城市化响应机制与调控[J].地理学报,2009,64(2):153-166.

[12] 覃成林,李敏纳.区域经济空间分异机制研究:一个理论分析模型及其在黄河流域的应用[J].地理研究,2010,29(10):1780-1792.

[13] 代婉莹,宗跃光.安徽省区域经济差异及空间结构分异特征研究[J].河南科学,2010,28(2):226-230.

[14] 王姣娥,杜德林.东北振兴以来地区经济发展水平演化及空间分异模式[J].地理科学,2016,36(9):1320-1328.

[15] 杜霞,钱宏胜,吴殿廷.山东省县域经济的空间分异及其成因[J].城市问题,2015(8):97-103.

弥合公共服务落差，促进都市圈高质量发展

华夏幸福研究院

摘　要　在都市圈化发展过程中，公共服务资源在空间分布上呈圈层化递减态势，在时序发展上滞后于人口流动，叠加行政区划分割后，内外圈层间的落差更为显著，这已成为制约都市圈高质量发展的突出短板。公共服务规模和质量是决定区域价值的核心因素，主动引入和集聚优质公共服务资源是撬动人口导入、产业重构及区域整体价值提升的有效途径。完善的都市圈公共服务配置格局不可能自发形成，需要在充分发挥市场配置资源的决定性作用的同时，发挥政府在体制机制改革等方面的作用。通过理念转变、制度创新、政策接轨引导和促进都市圈内公共服务资源分布与人口、产业等核心要素的演变相互适应，最终实现共建共享，推动区域高质量发展。

关键词　公共服务　区域价值　都市圈

公共服务规模和质量是决定区域价值的核心因素，地区间发展差距的实质是公共服务规模和质量的差距。在《国家发展改革委关于培育发展现代化都市圈的指导意见》（以下简称《意见》）中，明确将"公共服务共建共享"作为培育发展现代化都市圈的六大重点任务之一，提出要"以都市圈公共服务均衡普惠、整体提升为导向，统筹推动基本公共服务、社会保障、社会治理一体化发展，持续提高共建共享水平"，为都市圈的公共服务规划与配置提供了方向性引领和操作性指导。理念先行、制度创新、政策接轨、共建共享是实现公共服务均等普惠的有效路径，是培育、发展现代化都市圈的必然选择。

1　突出短板：公共服务质量落差过大，制约都市圈高质量发展

在都市圈化发展过程中，公共服务资源在空间分布上呈现圈层化递减态势，在时

序发展上滞后于人口流动,叠加行政区划分割后,内外圈层间的落差更为显著,这已成为制约都市圈高质量发展的突出短板。由于内外圈层供给能力及需求大小的差异,都市圈内的教育文化、医疗卫生、生活服务等公共服务资源向城市核集聚,越向外围的圈层,公共服务的供给数量越少,水平越低。例如,全国的医疗资源普遍向都市圈集聚,在都市圈内则向城市核集聚,且相较于普通医疗资源,优质医疗资源的集中度更高(见图1)。以北京都市圈为例,在全域1201家的三甲医院中,94%集中在城市核区域。

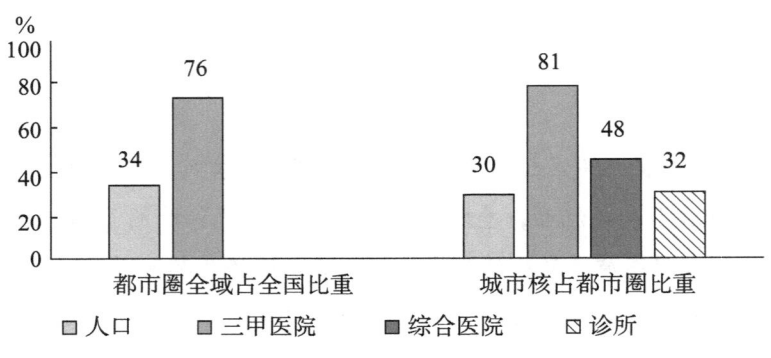

图1 2018年全国人口及医疗资源分布

资料来源:高德地图,华夏幸福研究院。

教育文化资源同样高度集中于城市核。在全国主要都市圈中,布局于城市核的幼儿园、高等院校、图书馆的数量占总数的比重分别达36%、64%、49%(见图2)。以北京都市圈为例,40%的小学、47%的中学分布在城市核。

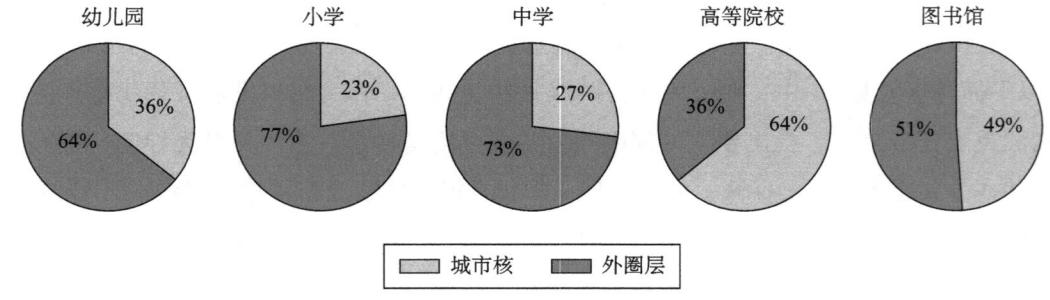

图2 2019年主要都市圈内外圈层的教育文化资源分布

资料来源:高德地图,华夏幸福研究院。

除了空间分布上的不均衡外,公共服务资源的外溢还表现为时序上的滞后。由于公共品之间的竞争性和随之而来的歧视性供给，公共服务资源从中心向外围的溢出通常滞后于人口的溢出。地区间公共品供给的总量和结构存在很大差距，鉴于户籍制度等因素，各种公共福利的供给并不平等。行政考核机制中对经济增长指标的偏向，会强化地方政府促进经济发展的积极性，相应弱化对文化、教育、卫生等公共服务性支出的关注，进而降低基础教育、公用设施等公共服务的供给规模和质量。

以北京都市圈外圈层的固安县为例，尽管固安近年来加快建设产业新城，在公共服务设施建设方面取得了显著成效，但与全县总体经济增长和人口增加的幅度相比，仍有较大提升空间。2003—2016年，固安人口从39.5万人增长至51.1万人，年均增速达2.00%，同期医疗技术人员数量和病床床位年均增速分别为1.62%和0.56%，均低于人口增速，人均医疗设施和服务水平有所下降（见表1）。可见，公共服务外溢滞后于人口外溢，外圈层尚不能提供与城市核同等水平的公共服务。

表1　固安县人口及医疗设施和服务

年份	人口（万人）	医疗技术人员（人）	病床床位（张）
2003	39.5	805	819
2009	42.5	900	737
2016	51.1	992	881
年均增速	2.00%	1.62%	0.56%

资料来源：固安县统计局。

2　理念先行：公共服务规模和质量是决定区域价值的核心因素

随着我国的城镇化工作进入下半程，不同于以往的"人随产走"，追求优质生活对人口迁移的影响日益扩大。公共服务的规模和质量已成为决定区域价值的核心因素，不再只是城市功能的配套。

主动引入和集聚优质公共服务资源、促进城市核功能向外扩散日渐成为撬动人口导入、产业重构及区域整体价值提升的有效途径。以优质医疗资源为例，其数量与房价呈现高度重合性，三甲医院分布密集的地区，房价相对较高，这在都市圈尺度上体现为城市核与外圈层的巨大落差，为了享受高质量的医疗服务，人们需要且愿意付出更高代价。

现代化都市圈的培育发展需要重点关注公共服务的规划与配置，充分考虑市政基础、公共服务设施、生活配套等的空间分布与功能优化，为人口流动、产业重构等创造条件，以优质公共服务打造特色"磁极"，强化外圈层节点城市对目标导入人口的吸引力，带动都市圈整体发展。

针对不同类型和不同发展阶段的都市圈，需因地制宜，采取最适宜的培育思路，以最终实现"产、城、人"的融合发展。对于存量新城，需倾斜公共服务配给，为已有人口和基础产业配套充足的公共服务资源，以吸引和承载新增人口及产业。针对增量新城，则应秉持和落实以服务为导向的发展理念（SOD），以公共服务作为发展驱动要素，引导产业和人口的转移及流入。

《意见》中多次强调"坚持新发展理念，坚持推动高质量发展"，充分肯定了理念创新对实现都市圈公共服务均等化的重要性，阐明了转变都市圈发展模式的必要性。

3 制度创新：一体化机制是都市圈协同发展的制度保障

完善的都市圈公共服务配置格局不可能自发形成，需要在充分发挥市场配置资源的决定性作用的同时，发挥政府在体制机制改革等方面的作用，使都市圈建设成为市场主导、自然发展的过程，成为政府引导、高质量发展的过程。

创新性地建立城市间多层次合作协商机制，探索设立都市圈发展及重点领域协调推进机制，推动落实都市圈一体化发展。

围绕提升都市圈发展质量和现代化水平，健全规划协调机制。探索编制都市圈发展规划或重点领域专项规划，强化都市圈规划与城市群规划、城市规划的有机衔接，确保各方协调配合、同向发力。

强化政策协同机制。积极构建都市圈互利共赢的税收分享机制和征管协调机制，加强城市间税收优惠政策的协调性。鼓励社会资本参与都市圈的建设与运营。允许都市圈内城乡建设用地增减挂钩节余指标跨地区调剂。健全都市圈商品房供应体系，强化城市间房地产市场调控政策的协同性。

广泛听取社会意见和建议，主动接受社会监督，及时回应社会关切，完善社会参与机制。鼓励智库参与都市圈建设的决策、咨询工作，建立健全第三方评估机制。加强舆论引导，创新宣传方式，营造有利于都市圈建设的氛围，增强及提高都市圈内社会各方的认同感和积极性，汇聚形成共同参与和支持都市圈建设的强大合力。

《意见》明确指出要"加快构建都市圈协商合作、规划协调、政策协同、社会参与等机制，凝神聚力推进都市圈建设重点任务落地"，以制度、政策和模式等方面的创新引领改革持续深化。

4　政策接轨：政策有机衔接是都市圈同城化的重要推动力

制度创新推动政策接轨的实现，通过都市圈范围内的统一规划引导和促进都市圈内公共服务资源分布与人口、产业等核心要素的演变相互适应。

作为未来新增人口的主要承载地，都市圈的外圈层亟待提升公共服务供给水平。但是，目前的行政分割制度壁垒给公共资源配给带来极大阻碍，导致都市圈外圈层的行政区归属和功能区归属不一致，公共服务配给严重不足。

都市圈范围跨越多个行政区划，上级政府隶属不同，合作事项的沟通协调成本高、难度大。医疗卫生资源难以共享，以京津冀为例，河北的卫生资源配置效率最高，天津次之，北京最低，并且执业（助理）医师、注册护士投入冗余，当地的医疗卫生机构跨区域布点需进一步加强。优质教育资源的自由流动困难重重，学生基础教育需到户籍地就学，师资流动性差，升学选拔差异化等问题致使都市圈外围城市的人口较难以享受核心区的优质教育资源。社保的跨城市管理和社保通用也存在障碍，目前我国还有30%的地区仍旧不支持社保卡全国通用。

打破行政分割壁垒、促进各地政策衔接是实现都市圈同城化的必要条件。建设都市圈统一信息平台，在异地信息交换、资格认证模式、结算统筹对接等方面打破跨行政区壁垒，推动政务服务联通互认，健全跨行政区社会治理体系，积极利用信息技术手段推动都市圈治理的精细化进程。

《意见》提出都市圈应"坚决破除制约各类资源要素自由流动和高效配置的体制机制障碍，科学构建都市圈协同发展机制"，以政策接轨推动都市圈的一体化进程。

5　共建共享：统筹推动都市圈公共服务均衡普惠、整体提升

理念转变、制度创新、政策接轨为最终实现都市圈的公共服务资源共享奠定了坚实的基础。

（1）在管理模式方面，开展多层次、多模式合作办学办医。支持有条件的中小学和三级医院推进集团化办学、办医模式，开展远程教学、医疗和教师、医护人员的异地交流，支持中心城市的三级医院在异地设置分支机构。在都市圈内率先实现与产业链相配套的中高职学校紧缺专业的贯通招生。推动病历跨地区、跨机构互通共享，推动医学检验检查结果跨地区、跨机构互认。

（2）在配置机制方面，逐渐从按行政等级配置向按常住人口规模配置转变。允许

镇区人口 10 万人以上的特大镇按同等城市标准配置教育医疗资源，鼓励有条件的小城镇布局三级医院，缩小与大中城市的公共服务落差。

（3）在对接体系方面，推进社会保险体系对接，逐步实现社会保障"一卡通"，完善都市圈的住房规划和用地供应机制，推动居住证互认，探索跨行政区开发、建设保障性住房。

（4）在供给主体方面，增加健康、养老、家政等服务多元化供给，鼓励都市圈城市联建共建养老机构，加快城市设施"适老化"和无障碍改造，推动博物馆、剧院、体育场馆等共建共享。

《意见》指出"以都市圈公共服务均衡普惠、整体提升为导向，统筹推动基本公共服务、社会保障、社会治理一体化发展，持续提高共建共享水平"，有利于通过理念、制度、政策的整体变革培育、发展公共服务共建共享的现代化都市圈。

6 结语

提供高水平、均等化的公共服务是都市圈高质量发展的内在要求，《意见》的发布将极大促进都市圈发展理念的变革、体制机制的创新、政策资质的接轨和共建共享的实现，消除阻碍生产要素自由流动的行政壁垒和体制机制障碍，建设公共服务均衡普惠的现代化都市圈。

"均衡普惠、整体提升"是培育发展现代化都市圈的重要导向，也是我们希望看到的城镇化的未来。

参考文献

[1] 辛怡，何宁，刘金华. 京津冀一体化背景下区域卫生资源配置分析 [J]. 中国卫生事业管理，2015（6）：443-445.

[2] 郭小聪，代凯. 国内近五年基本公共服务均等化研究：综述与评估 [J]. 中国人民大学学报，2013，27（1）：145-154.

跨行政区职住分离对公共服务空间非均等化的作用研究

——以北京市基础教育为例

耿江南[1]　梁进社[1]

（1.北京师范大学，北京　100875）

摘　要　大城市跨行政区就业现象越发普遍，由于劳动者生产经营产生的个人所得税、企业所得税、增值税在就业地缴纳，因此居民创造的GDP不能直接为本地的税收做贡献，而居民享受的基本公共服务大部分由政府的财政收入供给，这就造成了一种"赚钱不养家"的现象。本书从税收角度出发，分析了跨行政区职住分离对不同地区居民在享受公共服务方面的影响，并以基础教育为例，基于职住分离程度和基础教育水平，对北京市各行政区进行分类评价。得到以下结论：①北京市跨行政区就业人口总体规模庞大，城市中心的东城区、西城区、朝阳区和海淀区是跨行政区就业人口的净流入区，周围其他区为跨行政区就业人口的净流出区。②东城区、西城区政府财政获取跨行政区职住分离的收益较大，有将近1/2的税收由跨行政区就业流入人口贡献。丰台区、石景山区、房山区、通州区政府财政的损失较大，约损失自身财政收入的15%，而昌平区的财政损失甚至达到自身财政收入的30%。③控制税收、人口变量后，昌平区政府对就业流入地——北七家镇和就业流出地——回龙观在优质教育资源的配置方面存在差异，证明了跨行政区职住分离是导致公共服务空间分布不均衡的因素之一。

关键词　跨行政区职住分离　教育公平　教育财政　北京

引言

教育公平既是社会公平的重要内容，又是推动社会公平的重要动力。由于基础教育具备公共品或准公共品的属性，教育财政投入的均衡是基础教育资源配置均衡的保障。本森在《教育财政》中提出，评价教育财政体制主要有3个标准：教育经费是否充足、教育资源配置是否有效率、教育资源配置是否公平。我国学者探究了教育财政体制对教育公平的影响，认为主要存在以下几个方面。

（1）教育财政不均导致教育资源的省际方面存在差距。王善迈等（1998）指出：1988—1994年，省际人均教育经费的差异呈现扩大趋势，教育投入不平衡与经济发展不平衡具有一致性，教育投资水平基本由经济发展水平决定，教育投入水平的差距导致了省际教育发展不平衡。朱永梅等（2005）研究了东西部义务教育财政资源的不均等，认为西部财政对义务教育经费的投入不足直接影响了西部地区义务教育的发展。

（2）教育财政不均导致省内教育资源的分配不均。王蓉（2003）利用1999年全国的县级数据，研究了地方政府教育财政支出的不平等性，认为就全国而言，小学与初中的生均教育事业性经费支出不平等更多是源于省内差异，而非省际差异。王善迈等（2005）认为义务教育财政资源不仅在省区间分布不均衡，在同一个省内不同地区的分布也不均衡，且这种不均衡的程度要大于前者。

（3）教育财政不均导致城乡教育资源的分配不均。袁连生等（2001）认为义务教育财政制度的城乡差异，导致城镇学校与农村学校在经费、师资、教学条件等方面存在差距。卢洪友等（2006）认为财政分权制是导致城乡义务教育差距的重要原因，分税制下的财政转移支付制度偏离公平目标，降低了贫困地区对农村义务教育的投入动力，造成20世纪90年代中期以来农村义务教育状况恶化。李光龙等（2010）通过实证分析认为，2000—2006年安徽省义务教育阶段的生均教育经费在城乡间的非均等化程度没有扩大，城乡间的差异呈缩小趋势。

随着我国社会经济的发展和政府对教育公平的逐渐重视，其中一些问题已经得到了很好的解决。为保障教育公平，政府陆续出台了一系列教育资源向中西部地区、农村和薄弱学校倾斜的政策来缩小省际、城乡和省内的教育差距，如《国务院办公厅关于加快中西部教育发展的指导意见》《教育部关于进一步推进义务教育均衡发展的指导意见》等。

然而，随着我国城市化的发展，大量农村劳动力向城市涌入，农民工就业流动规模的逐渐扩大，导致大量农民工随迁女子进入流入地区的公办学校面临诸多困难，如北京市政府对非京籍儿童入学设置了"五证"齐全的高门槛。农民工子女的教育公平问题成为社会关注及学者研究的热点问题。袁连生（2010）从农民工子女义务教育财政负担的理论视角分析，认为进城农民工子女的义务教育具有跨区域、全国性准公共产品的属性，而中央政府制定的由流入地政府承担管理和经费责任的政策，导致各种地方模式的出现和农民工子女义务教育经费负担的主要责任最终下推到区县政府。区县政府为使自己的利益最大化，则尽可能在不失去上级政府政治信任和支持的前提下，通过设置各种准入条件，设法规避或减少对农民工子女义务教育经费的负担。

农民工在流入地工作，为流入地的经济发展和税收做出贡献，但其子女却无法享受其经济贡献的收益，这种区域层面的职（家长）住（学生）分离对教育公平的影响已经受到了研究者的关注。在城市内部同样存在大量的跨行政区就业人口。例如，居住在北京市昌平区回龙观地区的就业人口中，80%左右就业人口的就业地分布在海淀区的上地、中关村和朝阳区的望京、CBD、三元桥等区域；居住在北京市昌平区天通苑地区的就业人口中，85%就业人口的就业地分布在朝阳区的立水桥、北苑、亚运村、CBD、望京、三元桥和海淀区的中关村、上地等区域。然而，学者们对城市内部跨行政区职住分离对教育公平的影响尚未进行充分的研究。

随着城市化进程的发展，城市规模和人口迅速扩张，就业与居住之间的距离不断扩大，职住分离现象开始出现，并引发国内外学者关注。既有的关于职住分离的研究主要集中在对职住分离的空间特征和作用机制的探讨，以及对职住分离引发的城市问题的探究，如职住分离对通勤行为、弱势群体的就业、个人健康的影响等。但是，很少有学者关注跨行政区的职住分离所引起的公共资源配置不均衡问题，并且尚未有文章讨论跨行政区职住分离的财政效应及其对教育公平的影响。本书试图通过北京市基础教育的案例研究填补这一空白，并揭示财政税收在跨行政区职住分离对教育资源配置的影响中的作用机制。

在现行的教育财政体制下，为了厘清跨行政区就业对教育资源分配的影响及其可能导致的教育资源分配的空间不均衡问题，本文将在第一部分梳理我国教育财政收支体制的历史演变，从而识别出区县政府对本区居民基础公共服务承担的支出责任和财政收入的来源。第二部分通过对北京市各区教育质量的评价及跨行政区职住分离程度的分析，对北京市各区进行分类，并估算跨行政区就业人口对各区财政收入造成的影响。第三部分探讨跨行政区职住分离如何通过财政收支机制对公共服务配置发挥作用，并以昌平区为例，给出跨行政区职住分离对基础教育资源空间分布的影响的实证案例。第四部分为结论和讨论。

1 我国教育财政体制的历史演变

新中国成立以来,我国财政体制经历了由中央政府高度集中向各级政府分级分税的体制变迁,大致可以划分为3个阶段:统收统支、分级包干、分级分税。下面详细阐述这3个阶段各级政府的财政收入划分,并以基础教育为例,说明地方政府的公共服务支出责任的变化。

1.1 中央政府统收统支的教育财政体制

从1949年到1979年,我国实行了"统支统收"的高度集权型的财政体制。财政收入集中于中央政府,各地方政府所需支出在编制年度概算后由中央批准拨付。其间虽进行了多次分权化调整,但财权还是集中在中央政府,地方政府的财力有限。相应地,基础教育的财政支出主要由中央政府提供,而基础教育的管理权逐渐下放到地方,由地方政府统一负责。

1.2 分级包干、地方负责的教育财政体制

从1980年到1993年,我国的财政体制表现为划分收支、分级包干制,中央向地方放权,地方政府的财权进一步扩大。财政收入划分为中央固定收入、地方固定收入和中央与地方调剂分成收入等3类。中央财政的固定收入包括:中央所属企业收入、关税收入和中央其他收入。地方财政的固定收入包括:地方所属企业收入、盐税、农牧业税、工商所得税、地方税和地方其他收入。属于中央与地方调剂分成的收入有:各地方划给中央部门集中管理的企业收入,20%划给地方财政,80%划给中央财政。在划分收支范围的基础上,实行收入递增包干、上解额递增包干、定额上解、定额补助、总额分成、总额分成加增长分成等6种形式在内的财政包干办法,中央与地方政府自负收支、自求平衡。

随着地方财权的扩大,基础教育的支出责任逐渐落到地方政府的身上。1986年颁布的《中华人民共和国义务教育法》和1992年颁布的《中华人民共和国义务教育法实施细则》明确了"由地方各级人民政府负责,按省、县、乡分级管理"的义务教育管理体制,"城市以市或者市辖区为单位组织进行,农村以县为单位组织进行,并落实到乡(镇)"。在很多地方,乡镇政府变成了当地学校教师工资和学校其他费用的资金提供者。但是,由于乡镇政府的财力薄弱,不能与其事权相匹配,尤其在农村地区,造成了教育经费严重短缺。因此,政府开始实施以财政拨款为主、以教育税费为辅的政

策,通过收取义务教育的学杂费与非义务教育的学费、发展校办产业、支持集资办学和捐资助学、设立教育基金等多种渠道筹措教育经费。

1.3 分税制下的教育财政体制

随着分级包干制将财权和事权层层下放到地方,中央财政收入增长缓慢甚至出现了赤字。为增强中央的财权、财力和宏观调控能力,我国在1994年开始实行分税制改革。根据税制改革后的税种设置,将税种统一划分为中央税、地方税和中央地方共享税,并明确规定了中央和地方的财政分享比例,通过税收返还和转移支付制度来协调地方政府间的财政收支关系。随着"营改增"、所得税收入分享等税收体系的不断改革,中央和地方收入的税种不断调整,现行的中央和地方一般预算收入划分方式见表1。省以下财政管理体制没有明确规定,各省参考中央与地方间财政管理体制自行制定各级政府间的财政收入划分方式。以北京市为例,市与区的财政收入划分见表2。

表1 中央和地方一般公共预算收入划分

收入划分	税种
中央固定收入	关税,海关代征的消费税和增值税,消费税,证券交易印花税,铁道部门、各银行总行、各保险公司总公司等集中交纳的收入(包括利润和城市维护建设税),未纳入共享范围的中央企业所得税、中央企业上交的利润等
中央与地方共享收入	增值税中央分享50%,地方分享50%;纳入共享范围的企业所得税和个人所得中央分享60%,地方分享40%;资源税按不同的资源品种划分,海洋石油资源税为中央收入,其余资源税为地方收入
地方固定收入	地方企业上缴利润,城镇土地使用税,城市维护建设税(不含铁道部门、各银行总行、各保险公司总公司集中交纳的部分),房产税,车船使用税,印花税,耕地占用税,契税,遗产和赠予税,烟叶税,土地增值税,环境保护税,国有土地有偿使用收入等

资料来源:中华人民共和国财政部网站。

表2 北京市与区一般公共预算收入划分

收入划分	税种
市级固定收入	个人所得税、契税
市与区共享收入	增值税的地方部分、企业所得税、城镇土地使用税、土地增值税、城市维护建设税、教育费附加收入
区级固定收入	印花税、资源税、房产税、车船使用和牌照税、耕地占用税

资料来源:《北京市人民政府关于北京市财政管理体制改革的决定》(京政发〔1999〕43号)。

在公共服务的支出责任方面,基础教育的支出责任逐渐上移。2001年的《国务院关于基础教育改革与发展的决定》中明确规定:"进一步完善农村义务教育管理体制。义务教育实行在国务院领导下,由地方政府负责、分级管理、以县为主的体制。"将农村基础教育的财政支出重心从乡级政府提升到县级政府。至此，县级政府成为基础教育财政支出的主体。

为解决教育经费供需的矛盾和推进九年制义务教育免费，从2005年《国务院关于深化农村义务教育经费保障机制改革的通知》开始，出台了一系列的义务教育经费保障办法，逐步将义务教育纳入公共财政保障范围，推进免费的九年制义务教育，按照"明确各级责任、中央地方共担"的原则，建立中央、省、区县分项目、按比例分担的义务教育经费保障机制，县级政府承担的支出责任变小。

但是根据各省的实践结果来看，目前区县级政府仍然是区级教育支出主体。如：山东省2013年的省、市、县乡一般公共服务支出之比为1∶3.6∶12.8，其中教育支出之比为1∶1∶6，一般公共服务、教育、社会保障和就业、医疗卫生、城乡社区事务、农林水事务主要由县乡政府承担，市级政府辅助，省级政府补充。浙江省2009—2014年的中央、省级、市县教育支出占比均值分别为9.85%、12.68%、77.47%。

综上所述，经过一系列的改革，我国逐渐形成了中央、省、区县共担，以区县政府为支出主体的教育财政体制。相比中央政府或省级政府，区县政府更容易倾听基层居民的意见，由其提供公共服务时更容易贴近公众的偏好与需求。但是，由于区县经济发展水平不同，区县财政收入的差距导致了区县之间教育经费配置的不均衡。同时，跨行政区就业导致了居住地政府税源的流出，更加剧了教育经费配置的不均衡状态。

2 北京市就业人口跨行政区流动和教育质量的分类评价

2.1 研究方法

为了基于就业人口跨行政区流动及基础教育质量这两个指标对北京市各行政区进行分类评价，参考前人研究，对跨行政区通勤流动程度及基础教育质量进行了测度，并在通勤流动规模的计算基础上对就业人口跨行政区流动造成的各行政区税收损益进行了估算。

2.1.1 跨行政区职住分离程度的测度

文献中关于地区职住分离程度的测度方法主要分为平衡度测度和自足性测度。平衡度测度刻画的是区域内工作岗位数和居住的劳动者数的平衡程度，如职住比。自足性测度是衡量区域内居住并工作的劳动者所占比重的指标，如独立指数。这两类指标关注了区域内职住关系的平衡程度，却忽视了就业人口在地区间的流动，无法解释就业人口的跨行政区流动情况。本书采用"通勤流动率"指标，来反映地区间就业人口的通勤流动的强度大小，即区域内净流入的就业人口占居住在本区的就业人口的比重。具体公式如下：

$$PC_i = \frac{wc_i}{l_i} - \frac{lc_i}{l_i} \tag{1}$$

其中，PC_i即地区i的跨行政区就业净流入率，反映地区i跨行政区就业净流入或净流出的强度大小。$PC_i>0$，则地区跨行政区就业净流入；$PC_i<0$，表示地区跨行政区就业净流出；$PC_i=0$，表示地区i跨行政区就业流入量等于流出量。wc_i表示地区i本地从业人员中跨行政区就业流入的数量，lc_i表示地区i本地常住就业人员中跨行政区就业流出的数量，l_i表示地区i常住就业人员总量。

通勤人口的基础数据采用了2018年的高德迁移大数据，其数据覆盖了98%的智能硬件（智能手机、智能手表等），由于智能手机在就业人口中基本普及，其用户覆盖的人口基本满足研究通勤人口的需要。数据的处理过程为：在高德迁移大数据1×1km网格基础上，把公里网格的质心的就业人口数据（属性中包含居住地经纬度、工作地经纬度和人口数量）通过拓扑包含关系赋予到区县，得到区县层面上的人口通勤流动数据，再通过计算整理得到所需的各项指标。

2.1.2 基础教育质量评价指标的构建

由于不同学者与机构对教育质量的内涵认识不同，评价教育质量的维度和指标也不同。朱益明（1996）提出教育质量的一般性概念包括3个维度，即教学所提供的人与物的资源质量（投入）、教学实践的质量（过程）、成果的质量（产出和结果）。参考这项研究和其他实证研究的结果，并考虑指标的科学性与数据的可得性。本文从教育投入和教育成果两个维度，选取4项指标构建了北京市区级基础教育质量评价指标体系，涵盖了师资力量、教学条件、学生质量、学校质量等方面（见表3）。

表3 区级基础教育质量评价指标体系

一级指标	二级指标	三级指标
教育投入	师资力量	师生比、市级特级教师占比
	教学条件	生均学校固定资产总值
教育成果	学生质量	中考500分以上考生占比
	学校质量	优质高中数量

其中，市级特级教师占比、生均学校固定资产总值来自《北京教育年鉴2018》和政府公开信息，中考500分以上考生数量、优质高中数量来自北京教育考试院公布的

2017年北京市中考各区各分数段人数及《2017年优质高中名额分配招生计划》。

本文采用熵值法来确定各指标的权重。熵值法是一种客观赋权法，由于其既能反映指标信息的效应价值，又能克服指标间的信息重叠缺陷，被社会经济等研究领域广泛应用。具体步骤如下：

首先，对数据进行标准化处理，x_{ij}表示第i个区第j项指标的指标值，计算公式为

$$y_{ij} = x_{ij} - x_{ij\min} / x_{ij\max} - x_{ij} \tag{2}$$

其次，计算各项指标的权重系数k_j，公式如下：

$$p_{ij} = y_{ij} / \sum_{i=1}^{m} y_{ij} \tag{3}$$

$$e_j = -\frac{1}{\ln m} \sum_{i=1}^{m} p_{ij} \ln p_{ij} \tag{4}$$

$$g_j = 1 - e_j \tag{5}$$

$$k_j = g_j / \sum_{j=1}^{n} g_j \tag{6}$$

i区的教育质量评价得分为

$$S_i = \sum_{j=1}^{n} y_{ij} k_j \tag{7}$$

2.1.3 经济效应估算

由于跨行政区就业人口的平均收入难以获取，人口跨行政区就业所产生的税收转移难以计算，为估算人口跨行政区就业对流入地政府和流出地政府税收带来的损益影响，本文将本区的人均GDP视为在本区就业的人口的人均经济贡献。采用人均GDP加权跨行政区流动规模，以反映发生跨行政区职住分离比职住平衡时各区县GDP增减的情况。结果为正表示净流入本区就业人口的经济贡献，即为跨行政区就业对流入地经济的正向效益；结果为负表示从本区净流出的就业人口若在本区就业可产生的经济贡献，即为跨行政区就业对流出地经济的负效益。

通过最小二乘法对区级GDP与一般公共预算收入做线性回归（见图1）。结果表明，R^2和调整后R^2都大于0.95，F检验的结果显著性值远小于0.01，GDP与财政收入高度相关。因此，各区一般公共预算收入的损益变化ΔTax可以通过关于的ΔGDP回归方程计算。其公式如下：

$$\Delta GDP = 通勤净流出人口 \times 人均GDP \tag{8}$$

$$\Delta Tax = \Delta GDP \times 回归系数 = \Delta GDP \times 0.0783 \tag{9}$$

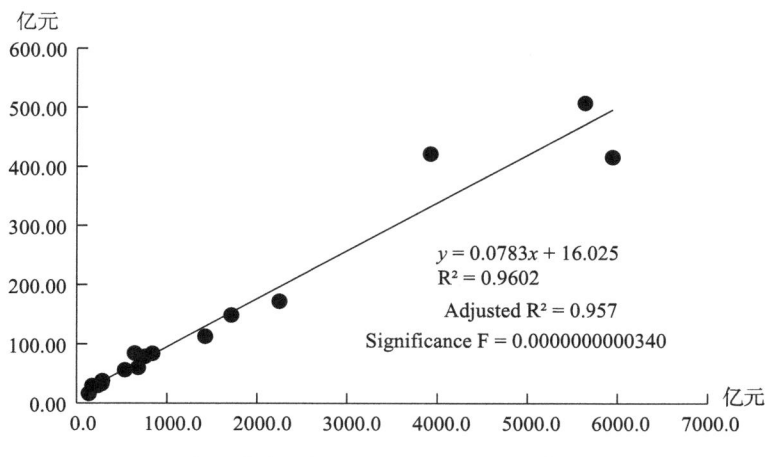

图1 2018年北京市区级GDP与一般公共预算收入回归曲线

2.2 北京市跨行政区通勤流动规模及分布

北京市跨行政区通勤流动总体规模超过600万人，通勤流入规模较大的区包括东城区、西城区、朝阳区、海淀区，就业人口净流入均在40万人以上。就业人口流出的区主要有丰台区、通州区、昌平区，就业人口净流出规模在30万人以上（见图2）。

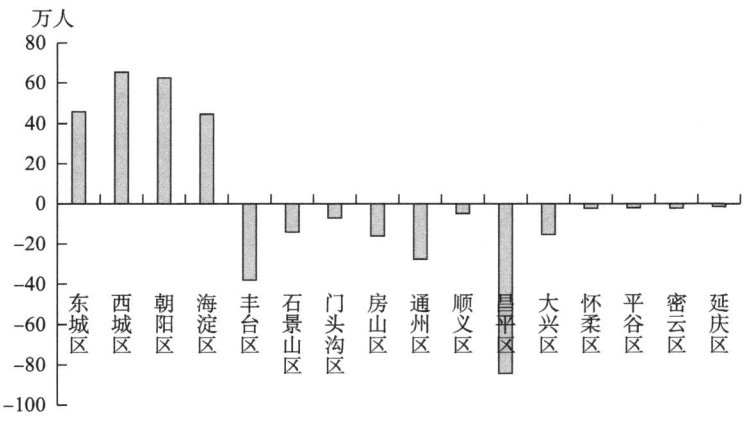

图2 2018年北京市跨行政区通勤流动规模

北京市各行政区通勤流动率的计算结果见图3。总体来看，北京市就业人口的跨行政区通勤流动的空间格局表现出中心区县流入、外围区县流出的特征。城市中心的东城区、西城区、朝阳区和海淀区是跨行政区就业人口的主要流入区，其中东城区和西城区的跨行政区就业的流入强度最高,跨行政区就业人口净流入占本地从业人员总量的 85% 以上;丰台区、通州区、石景山区、门头沟区、房山区、昌平区的跨行政区就业人口的流出强度较大。其中,昌平区就业流出强度最高,跨行政区就业净流出人数占本地从业人员总量的 44%。

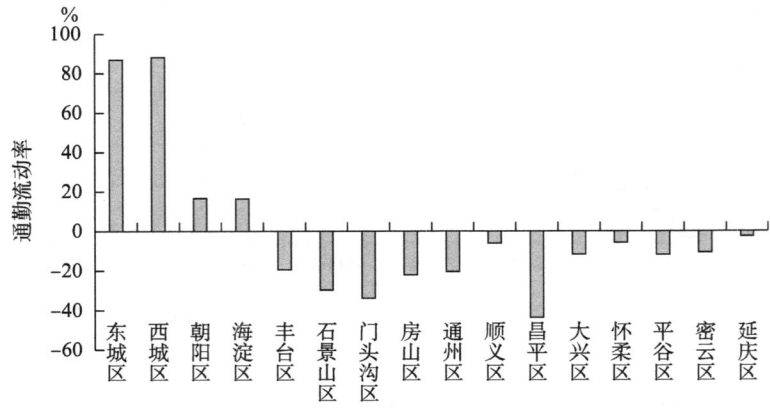

图 3　2018 年北京市各行政区通勤流动率

2.3　北京市教育质量评价结果及分布

北京市各行政区基础教育质量评价的计算结果见表 4。总体来看,北京市基础教育质量评分表现出中心区高、外围区低的特征。城市中心的东城区、西城区、朝阳区和海淀区等 4 区的基础教育质量评分最高;其次为丰台区和石景山区;远郊的房山区、大兴区、密云区、平谷区、怀柔区的评分最低。评分较高的行政区在市级教师占比、优质高中数量两个指标上表现较好,优质教育资源的分布在一定程度上影响了各行政区基础教育的质量。

表 4　2017 年北京市各行政区基础教育质量评价

区县	各项指标得分					总得分
	师生比	市级特级教师占比	生均固定资产总值	中考 500 分以上考生占比	优质高中数量	
东城区	0.10	0.05	0.05	0.19	0.33	0.72
西城区	0.05	0.09	0.06	0.19	0.28	0.68
朝阳区	0.06	0.22	0.09	0.13	0.36	0.85
丰台区	0.06	0.17	0.04	0.08	0.13	0.47
石景山区	0.07	0.06	0.11	0.12	0.05	0.41
海淀区	0.00	0.22	0.06	0.18	0.36	0.82
房山区	0.04	0.03	0.06	0.04	0.10	0.26

续表

区县	各项指标得分					总得分
	师生比	市级特级教师占比	生均固定资产总值	中考500分以上考生占比	优质高中数量	
通州区	0.03	0.06	0.04	0.15	0.08	0.36
顺义区	0.05	0.12	0.04	0.09	0.08	0.38
昌平区	0.08	0.05	0.05	0.07	0.13	0.38
大兴区	0.05	0.06	0.05	0.05	0.08	0.30
门头沟区	0.06	0.12	0.06	0.06	0.05	0.36
怀柔区	0.10	0.05	0.11	0.00	0.03	0.28
平谷区	0.09	0.00	0.06	0.04	0.08	0.27
密云区	0.06	0.08	0.00	0.09	0.00	0.23
延庆区	0.12	0.08	0.09	0.03	0.03	0.35

2.4 经济效应估算结果

北京市各行政区税收损益的计算结果及分布见表5。总计为正说明尽管跨行政区职住分离会增加或减弱不同行政区的财力，但对北京市整体的经济效应为正。由上文中通勤流动率的分析可知，中心地就业人口流入，外围地区就业人口流出，就业集中在城市中心。尽管相比于职住平衡，职住分离增加了通勤距离，产生交通拥堵，提高了交通成本。但在当前的通勤规模下，就业集中产生的规模效应大于交通成本的增加，从而提高了经济发展的总体效率。

上述计算结果只反映发生跨行政区职住分离比职住平衡时各行政区财力损益的情况，并不能反映跨行政区职住分离引起的真实各区间税收转移的多少。其中，正值表示净流入本区的就业人口的税收贡献，即跨行政区职住分离对流入地政府财政税收的"增益"。负值表示从本行政区净流出的就业人口若在本区就业可产生的税收贡献，即为跨行政区就业对流出地税收的"减损"。根据结算结果可以看出，跨行政区职住分离对北京市各行政区的财力有较大影响，对东城区、西城区、朝阳区、海淀区有较大的正向增强影响，东城区、西城区有将近1/2的税收由跨行政区就业流入人口贡献；对丰台区、石景山区、房山区、通州区、昌平区有较强的弱化作用。对门头沟区、大兴区、平谷区和密云区来说，尽管其通勤净流出率较高，但其造成的公共预算收入的下降幅度较小。

表 5　2018 年北京市区级财政收入损益估算　　　　　　　　　单位：亿元，%

区县	ΔTax	ΔTax 占现状税收百分比	通勤流动率
东城区	105.91	60.31	86.77
西城区	184.14	42.74	88.01
朝阳区	82.73	15.50	16.68
丰台区	−22.02	−18.10	−19.49
石景山区	−10.98	−17.67	−29.77
海淀区	67.46	15.13	16.46
门头沟区	−3.14	−9.95	−33.86
房山区	−8.08	−12.50	−22.15
通州区	−11.43	−13.76	−20.50
顺义区	−6.05	−3.80	−6.13
昌平区	−28.27	−29.76	−43.59
大兴区	−4.70	−5.09	−11.79
怀柔区	−0.63	−1.56	−5.81
平谷区	−0.88	−2.93	−11.94
密云区	−1.06	−2.92	−10.78
延庆区	−0.10	−0.54	−2.63
总计	342.90		

注：根据式（8）、式（9）和 2018 年的财政和 GDP、常住人口对损益表进行了重新计算。规律没有改变，只有大兴区的负面影响变小了。

2.5　基于跨行政区通勤流动和教育质量的聚类分析

以北京市区级通勤流动率和教育质量评分为横纵坐标建立散点图，并基于两种指标进行分类，结果见图 4 和表 6。总体上看，通勤流动率为正的区教育质量高于通勤流出的区，但教育质量的影响因素较多，教育质量与通勤流动率呈现出的线性相关程度较低。

通勤流入的区县教育质量远远高于通勤流出的区县。从新中国成立直到 20 世纪 90 年代实行的"重点校"政策，使得东城区、西城区、海淀区、朝阳区在早期集聚了一批优质教育资源，其教育质量具有"先发优势"。但在当前财税制度下，外区就业人口为本区税收做出的贡献，使本地在教育资源投入方面有了充足的财力支撑，这 4 区为当前财税制度的受益者，跨行政区通勤加大了 4 区的教育优势。教育资源向重点区域、重点学校倾斜的政策及其马太效应会导致中心区域高、外围区域低的教育质量格局，而跨行政区通勤加剧了这种教育不公平的状况。

本文基于中值将通勤流出的区分为4种类型。其中，昌平区、门头沟区、石景山区、通州区和丰台区通勤流出率较高，而教育质量也在通勤流出的区中较高，为"高—高"区。尽管由于就业流出使相关区的财政减损幅度较大，但区政府仍采取对策提高本区的教育质量。房山区通勤流出率较高，而教育质量较低，为"高—低"区。由于就业流出对本区财政造成了减损，而区级财政也无力承担优质教育资源的投入。若增加本区就业、改善跨行政区职住分离程度或实行新的税收平衡机制，则会对房山区基础教育质量的提升有益。顺义区和延庆区的通勤流出率较低，教育质量较高，为"低—高"区。平谷区、大兴区、密云区、怀柔区的通勤流出率较低，教育质量也较低，为"低—低"区。

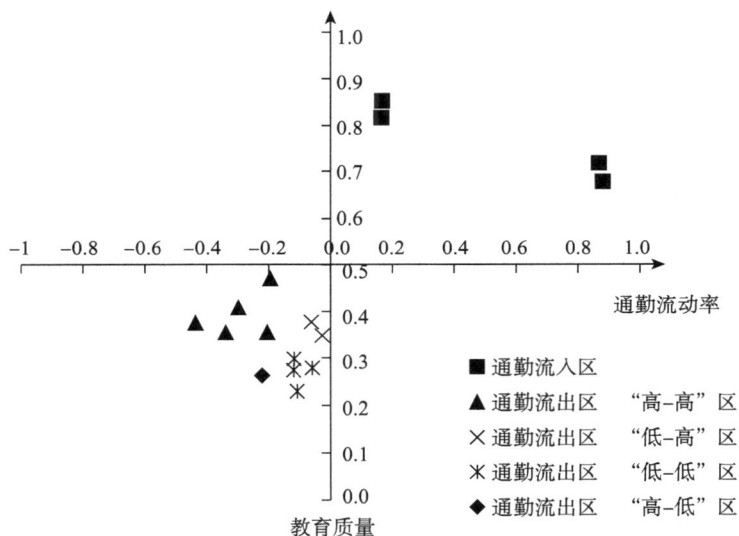

图4 北京市基于跨行政区通勤流动和教育质量指标的分类

表6 北京市基于跨行政区通勤流动和教育质量指标的分类

分区类型		区县
通勤流入区		海淀区、朝阳区、东城区、西城区
通勤流出区	"高—高"区	昌平区、门头沟区、石景山区、通州区、丰台区
	"高—低"区	房山区
	"低—高"区	顺义区、延庆区
	"低—低"区	平谷区、大兴区、密云区、怀柔区

3 跨行政区职住分离对教育资源配置的影响

3.1 教育质量的影响因素及作用关系

影响公共服务的因素和它们之间的相互关系见图 5。其中，CRE 表示跨行政区就业，T 表示税收，Edu 表示教育资源（数量或质量），PD 表示人口数或人口密度，H 表示历史。

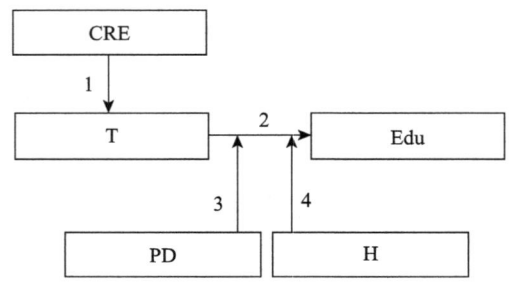

图 5 影响教育资源的因素和关系

根据"1 我国教育财政体制的历史演变"的结论，在现行的分税制财政体制下，区级政府承担了本区大部分基础教育经费的支出。目前，国内没有具体的税种作为支付居民公共服务的经费来源，由财政收入来统筹安排各项公共服务的支出，为当地居民提供教育服务。因此，税收作为公共服务支出的来源，是影响教育质量的因素之一。

新中国成立初期，我国教育发展面临着贫困地区多、人口居住分散、义务教育规模庞大、教育经费短缺、办学条件差的问题。面对这样的困境，我国实施了兴办重点学校的政策，人力、物力、财力向重点区域（城市、发达地区）、重点学校、重点人才倾斜。随着教育改革的不断深入，虽然国家将教育注重的重点从效率转向公平；但由于历史教育政策的马太效应，一些曾经的重点学校，具有良好的声誉和长期积累的资源优势，仍然是学生和家长择校的重要考量依据，并且这类学校往往能获得更好的生源，从而产生一个难以打破的循环。因此，历史政策造成的校际、区际、城乡间的基础教育差异对当前教育资源的空间格局产生了深远的影响。这就意味着区县建成的历史越长，教育资源的积累越多，教育的质量越好。

人口对教育资源的影响则表现为辖区内人口数量越多或密度越大的地区，政府的关注度越高，地方财政的回应性越高，公共服务质量越好。

3.2 跨行政区职住分离的影响路径

如图 5 所示，跨行政区职住分离通过税收对公共服务产生影响，即通过路径 1 对路径 2 产生影响。发生跨行政区职住分离时，跨行政区就业者的个人所得税及由其劳动或经营产生的其他税费上交给企业注册地。尽管个人所得税、企业所得税、增值税作为一种中央地方共享税，由中央和地方分成，但在地方享有的范围内，由各级政府分成。以北京市为例，个人所得税为市级固定收入，而增值税和企业所得税市与区县各分享50%；但省级或区级政府的税源并没有改变，地方各级政府获得在本区域就业的人口的个人所得税及由其劳动或经营产生的其他税费的分成部分。就业地政府获得了跨行政区就业者的纳税，却没有为其提供公共服务，从而就业地的本地公共服务的支出小于财力保障。但是，居住地政府需要为跨行政区就业者提供公共服务，却失去了这部分人口的纳税，造成居住地公共服务的支出责任大于财力保障。因此，跨行政区职住分离会减弱居住地政府提供公共服务的能力，增强就业地政府提供公共服务的能力。

目前的税收转移制度是基于经济发展不均衡带来的区县政府间财力差距制定的，但由人口跨行政区就业引起的这种隐形的政府间横向税收转移并没有得到上级政府相应的纵向转移支付。由于财力紧张，居住地政府缺乏为因职住分离不在本区就业的人口提供公共服务的动力。同时，在居住地就业的居民会对因职住分离不在本区就业的居民挤占自己的公共服务资源产生不满，民意可能会对政府的决策产生影响，从而造成同一区域内职住平衡地的公共服务水平要优于跨行政区职住分离人口的聚集居住地的公共服务水平，以及不同群体间（跨行政区就业者与本地就业者）享受公共服务的不公平。

3.3 案例分析

政府税收不仅会受就业人口职住分离程度的影响，还会受本区自身经济发展水平的影响。为了控制税收这一变量，消除就业流入地和就业流出地之间由于经济发展水平不同造成的税收差异，本文选择区内比较，并以昌平区为典型案例，分析跨行政区就业人口的职住分离如何通过税收影响区政府对公共服务资源的分配。

以北京市认定的优质高中和优质高中附属初中为优质教育资源，分析政府对优质教育资源的空间配置。目前，昌平共有 5 所优质高中，分别为北京市昌平区第一中学、北京市昌平区第二中学、北京市昌平实验中学、首都师范大学附属回龙观育新学校、北京师范大学第二附属中学未来科技城学校。这 5 所中学均为完全中学或九年一贯制学校，其初中校为优质高中的附属初中。此外，北京市昌平区第一中学南校区（回龙观校区）和北京市昌平区第二中学天通苑校区仅为优质高中附属初中。昌平区政府所在地的城北街道有 3 所优质高中；回龙观有 1 所优质高中和 1 所附属初中；天通苑北街道有 1 所优质高中附属初中；北七家镇有 1 所优质高中。

除了区政府所在地因区位特殊拥有较多的优质教育资源外，在以居住为主的回龙观和天通苑、就业为主的北七家镇均有优质教育资源配置。回龙观和天通苑是北京市著名的两个大型居住社区，是在 20 世纪 90 年代北京市住房改革的背景下，为解决城市化导致的大量人口集聚问题和旧城更新的老城人口安置问题，作为最早一批近郊经济适用房而开发建设的。随着周边中关村科技园和未来科学城的发展，这里的居住人口进一步集聚，成为我国著名的大型居住社区之一。到 2018 年，回龙观和天通苑地区包含"两镇三街道"，辖区总面积约 63km^2，常住人口约 86.3 万人。由于土地利用过于单一，两个社区内缺少就业岗位，80% 以上的居住人口到其他区域就业。《北京区域统计年鉴（2019）》相关内容显示，昌平区常住人口为 210.8 万人，回龙观和天通苑地区的常住人口约占昌平区常住人口的 40%，其中跨行政区就业人口占昌平区常住人口的比例超过 33%，说明这两个社区确实是人口密度大、通勤流出规模大的地区。大密度的居住人口给社区的公共服务设施供给带来巨大压力，《北京统计年鉴（2018）》指出，回龙观地区的公共服务设施严重不足，不足以覆盖整个社区的需求。其中，中小学学位供需矛盾最为突出。此外，北七家镇是未来科技城所在地。未来科技城是于 2009 年建设的发展氢能源及燃料电池、先进制造、医药健康等高技术创新产业的基地，目的是发展人才创新创业高地和研发机构集群，在用地功能上以就业为主。

尽管在典型的居住地和就业地都配备了优质教育资源，但事实上，首都师范大学附属回龙观育新学校的建设，是在该地教育资源不能满足需求的情况下，由北京市政府设法解决，以兑现教育公平的承诺。位于北七家镇的北京师范大学第二附属中学未来科技城学校，则是由昌平区人民政府和未来科技城的几家大型企业共同出资建设的一所完全中学，该校的建设目的是解决该地区科技人员的子女及附近居民的子女上学的问题，具有吸引人才的动机。尽管回龙观的建设历史更长、人口密度更大，但区政府对教育资源的配置仍然受到就业人口跨行政区职住分离的影响。

从上述案例可以看出，回龙观地区大规模的跨行政区职住分离人口没有向居住地纳税，却有在居住地享受公共服务的需求，这种对居住地政府净收益为负的利益格局必然会导致区政府为减轻自己的财政负担而迟滞规划建设的现象。未来科技城是昌平区未来产业发展的希望，公共服务提升会吸引优质的劳动力人口到此定居，从而吸引企业到此投资，增加区域的税收。因此，昌平区政府更倾向于在未来科技城优先建设优质公共服务。综上所述，若没有上一级政府在公共服务均等化方面进行调节，跨行政区职住分离会导致就业地和居住地公共服务质量出现差异，以及跨行政区就业者与本地就业者享受公共服务的不公平。

4 结论和讨论

4.1 结论

本文使用 2018 年高德迁移大数据和相关统计年鉴数据，基于通勤流动率指标和基础教育水平评价指标体系，对北京市各行政区进行分类评价，并对各行政区由于就业人口跨区就业造成的财政"增损"情况进行估算；通过北京市昌平区的实证案例，从税收角度出发，分析了跨行政区职住分离对不同地区居民在享受公共服务方面的影响。研究发现：

（1）北京市跨行政区就业人口总体规模庞大，城市中心的东城区、西城区、朝阳区和海淀区是跨行政区就业人口的净流入区，周围其他行政区为跨行政区就业人口的净流出区。

（2）东城区、西城区政府财政获取的跨行政区职住分离的收益较大，有将近 1/2 的税收由跨行政区就业流入人口贡献。丰台区、石景山区、房山区、通州区政府财政的损失较大，约损失自身财政收入的 15%，而昌平区的财政损失甚至达到自身财政收入的 30%。

（3）控制税收、人口变量，昌平区政府对就业流入地——北七家镇和就业流出地——回龙观在优质教育资源的配置方面存在差异，表明了跨行政区职住分离通过税收对就业地公共服务质量产生正向影响，对居住地公共服务质量产生负向影响，因而可能导致公共服务的空间非均等化及跨行政区职住分离人口在享受公共服务方面面临不平等待遇。

4.2 讨论

本文仅从城市内部的跨行政区职住分离层面探讨跨行政区就业流动对基础教育的影响，而在都市圈层面，甚至更广泛地域范围内的人口就业流动对基础教育、基础医疗等不同公共服务的影响及差异有待进一步研究和探索。尽管如此，本文结论仍然具有政策意义。首先，实行专项的财政转移支付，缓解跨行政区职住分离对政府财政的增减影响，可能从增加财力支出方面提升昌平区、门头沟区、石景山区、通州区、丰台区和房山区的基本教育质量，尤其是房山区的政策效益最明显。其次，将跨行政区职住分离对就业流出地和流入地公共服务的影响拓展到都市圈的分析中，随着北京都市圈的一体化发展，跨行政区职住分离的规模可能进一步扩大，从而使北京市获得更多外来就业人口的税收贡献。从长期发展角度来看，保持都市圈的持续稳定发展，提高都市圈的竞争力，需要政府间共同制定更加详细合理的转移支付或税收共享等制度来使都市圈发展的红利在核心城市与外围城市间共享。

参考文献

[1] 袁振国. 教育公平的中国之路 [N]. 中国教育报, 2019-09-20（1）.

[2] BENSON C S. 教育财政 [C] // 卡诺依. 教育经济学百科全书. 北京：高等教育出版社, 2000.

[3] 王善迈, 杜育红, 刘远新. 我国教育发展不平衡的实证分析 [J]. 教育研究, 1998（6）: 19-23.

[4] 朱永梅, 陈金龙. 当前西部义务教育财政投入不足的原因及对策取向分析 [J]. 四川教育学院学报, 2005（3）: 1-3.

[5] 王莹. 基础教育服务均等化：基于度量的实证考察 [J]. 华中师范大学学报（人文社会科学版）, 2009, 48（1）: 112-118.

[6] 王善迈, 曹夕多. 重构我国公共财政体制下的义务教育财政体制 [J]. 北京大学教育评论, 2005（4）: 25-30.

[7] 袁连生. 我国义务教育财政不公平探讨 [J]. 教育与经济, 2001（4）: 1-5.

[8] 卢洪友, 李凌. 财政分权视角下中国农村义务教育落后的原因分析 [J]. 财贸经济, 2006（12）: 57-60, 109.

[9] 李光龙, 陈燕. 城乡义务教育均等化的实证研究：以安徽省为例 [J]. 财政研究, 2010（6）: 68-71.

[10] 袁连生, 何婷婷. 中国教育财政体制改革四十年回顾与评价 [J]. 教育经济评论, 2019, 4（1）: 11-37.

[11] 袁连生. 农民工子女义务教育经费负担政策的理论、实践与改革 [J]. 教育与经济, 2010（1）: 8-13.

[12] 北京市发展和改革委员会. 解读《优化提升回龙观天通苑地区公共服务和基础设施三年行动计划》[EB/OL]. (2018-08-16) [2020-06-07]. http://www.beijing.gov.cn/zhengce/zcjd/201905/t20190523_78713.html.

[13] 柴彦威, 张艳, 刘志林. 职住分离的空间差异性及其影响因素研究 [J]. 地理学报, 2011, 66（2）: 157-166.

[14] 杨朗, 周丽娜, 张晓明. 基于手机信令数据的广州市职住空间特征及其发展模式探究 [J]. 城

市观察，2019（3）：87-96.

[15] 龙瀛.利用公交一卡通刷卡数据评价北京职住分离的空间差异［C］// 中国城市规划学会.多元与包容：2012 中国城市规划年会论文集（01.城市化与区域规划研究）.北京：［出版者不详］，2012：32-44.

[16] 孟斌.北京城市居民职住分离的空间组织特征［J］.地理学报，2009，64（12）：1457-1466.

[17] 申犁帆，张纯，李赫，等.城市轨道交通通勤与职住平衡状况的关系研究：基于大数据方法的北京实证分析［J］.地理科学进展，2019，38（6）：791-806.

[18] PENG, Z R. The Jobs-Housing Balance and Urban Commuting［J］. Urban Studies, 1997, 34（8）: 1215-1235.

[19] Wachs M, Taylor BD, Levine N, Ong P. The Changing Commute: A Case-study of the Jobs-Housing Relationship over Time［J］. Urban Studies. 1993, 30（10）: 1711-1729.

[20] CERVERO, ROBERT. Jobs-housing balancing and regional mobility［J］. Journal of the American Planning Association, 1989, 55（2）: 136-150.

[21] 张济婷，周素红.转型期广州市居民职住模式的群体差异及其影响因素［J］.地理研究，2018，37（3）：564-576.

[22] SELOD, HARRIS, ZENOU, et al. Does city structure affect the labor market outcomes of black workers?［R］.［S.l.：s.n.］, 2003.

[23] ANDREWS D, GREEN C, MANGAN J. Neighbourhood effects and community spillovers in the Australian youth labour market［R］. Camberwell: Australian Council for Educational Research, 2002.

[24] LARSON T. The effect of discrimination and segregation on black male migration［J］. Review of black political economy, 1992, 20（3）: 53-73.

[25] KAIN J F. Housing segregation, negro employment and metropolitan decentralization: rejoinder［J］. Quarterly journal of economics, 1968, 82（2）: 175-197.

[26] 郭文伯，张艳，柴彦威.城市居民出行的空气污染暴露测度及其影响机制：北京市郊区社区的案例分析［J］.地理研究，2015，34（7）：1310-1318.

[27] 符婷婷，张艳，柴彦威.大城市郊区居民通勤模式对健康的影响研究：以北京天通苑为例［J］.地理科学进展，2018，37（4）：547-555.

[28] 叶青，郭欣欣.新中国成立 70 周年政府间财政关系变迁［J］.财政监督，2019（20）：5-11.

[29] 姜长青.新中国财政体制 70 年变迁研究［J］.理论学刊，2019（5）：72-80.

[30] 李波，黄斌，汪栋.回顾与前瞻：中国义务教育财政体制 70 年［J］.华中师范大学学报（人文社会科学版），2019，58（6）：35-44.

[31] 佚名.关于实行"划分收支、分级包干"财政管理体制的暂行规定[J].财政,1980(12):1-2.

[32] 刘红灿.对政府事权及支出责任的研究[D].北京:财政部财政科学研究所,2014.

[33] 财政科研协作课题组.加快构建事权与支出责任相适应的财政体制:基于山东、吉林、焦作、龙岩的分析与思考[J].公共财政研究,2015(2):26-54.

[34] 浙江省财政厅课题组.省以下政府事权与支出责任划分现状与问题[N].中国财经报,2016-06-28(7).

[35] 孟晓晨,吴静,沈凡卜.职住平衡的研究回顾及观点综述[J].城市发展研究,2009,16(6):23-28,35.

[36] ROBERT C. Jobs-housing balancing and regional mobility[J]. Journal of the American Planning Association, 1989, 55(2): 136-150.

[37] THOMAS R.London's new towns: a study of self-contained and balanced communities[M]. London: PEP.1969.

[38] 吴瑞君,朱宝树,古莛欢.上海市就业人口的职住分离和结构分异[J].中国人口科学,2017(3):101-115,128.

[39] 朱益明.教育质量的概念分析[J].比较教育研究,1996(5):55-56.

[40] 肖军虎.我国县域义务教育均衡发展指标体系的构建[J].教育理论与实践,2011,31(25):30-33.

[41] 翟博.中国基础教育均衡发展实证分析[J].教育研究,2007(7):22-30.

[42] 朱家存,阮成武,刘宝根.区域义务教育均衡发展监测指标体系研究:基于安徽省义务教育政策实践[J].教育研究,2010,31(11):12-17,59.

[43] 李祥云,张建顺.公共教育投入对学校教育结果的影响:基于湖北省70所小学数据的实证研究[J].中南财经政法大学学报,2018(6):81-88,160.

[44] 赵林,张宇硕,张明,等.东北地区基本公共服务失配度时空格局演化与形成机制[J].经济地理,2015,35(3):36-44.

[45] 翟博.中国义务教育发展的新跨越:写在全国免除城市义务教育学杂费之际[J].基础教育改革动态,2008(18):10-14.

[46] 曲铁华,马艳芬.建国后我国基础教育师资非均衡发展研究[J].教育科学,2006(6):56-60.

[47] 北京市统计局.北京区域统计年鉴[M].北京:中国统计出版社,2019.

[48] 北京市统计局.北京统计年鉴[M].北京:中国统计出版社,2018.

行政边界对都市圈公共服务可达性的影响

卢文清[1]　戴特奇[1]　蒲劲秋[1,2]

（1. 北京师范大学地理科学学部，北京　100875；
2. 华夏幸福研究院，北京　100027）

摘　要　公共服务均等化对于社会发展具有重要促进作用，基本公共服务既要保障全体公民的生存和发展的基本需求，又要满足全体公民的基本尊严和基本健康的需要，且都市圈的发展及主要功能的实现都需要跨越行政边界。因此，在此背景下研究行政边界对都市圈内部发展的影响十分有必要，但关于行政边界对公共服务可达性影响的相关研究，尤其是在都市圈层面的相对较少。本文借助公共服务资源和人口的 POI 数据，分析都市圈行政边界附近公共服务设施的分布情况，计算五大都市圈医疗和教育两种公共服务设施在有行政边界情况下的可达性，以及假定消除行政边界的可达性，探究行政边界的存在对都市圈公共服务可达性的影响。

本文从都市圈之间和都市圈内部两种尺度，对都市圈地级市行政边界 10km 范围内和区县级行政边界 5km 范围内的公共服务设施分布情况和可达性结果进行分析，得出以下结论：①都市圈行政边界地区的整体医疗资源人均占有量低，中小学教育资源人均占有量高。不同都市圈进行比较发现各个都市圈边界地区医疗服务总体效果较差，但武汉都市圈情况有所不同，其边界地区的医疗服务人均占有量比都市圈整体水平高 10.4%。②行政边界存在降低公共服务可达性的负面影响，在都市圈之间表现出较大差异。其中，对武汉都市圈的影响比较大，而对上海都市圈几乎没有影响。③行政边界具有的负面影响在都市圈内部各地级市之间表现出巨大差异。消除行政边界的影响对镇江市、鄂州市、黄冈市、黔南布依族苗族自治州就医可达性的改善比例超过 10%；消除行政边界的影响对镇江市、咸宁市、益阳市、黔南布依族苗族自治州就学可达性的改善比例超过 10%。

关键词　行政边界　都市圈　公共服务　可达性　公平

1 前言

1.1 研究背景

1.1.1 公共服务资源配置以行政单元为主体体现边界作用

2018年版《中华人民共和国义务教育法》明确提出："县级以上地方人民政府根据本行政区域内居住的适龄儿童、少年的数量和分布状况等因素，按照国家有关规定，制定、调整学校设置规划。"法律要求教育资源的配置限定在行政界线范围内，具有排他性。在我国教育资源的配置有明确的行政界线限制，因此可以看出边界在公共服务资源的配置过程中发挥一定效用。

1.1.2 政府配置公共服务资源的不同情况

政府更倾向于在中心地区配置最优的公共服务设施。因此行政边界附近的公共服务设施相较于中心地区较少，不利于吸引核心城市外扩的人群。但是，为了享用更高级别行政单元内的公共服务设施，也存在中心城市周边贴近行政边界的地区进行布局和规划的情况，因此，探究行政边界对公共服务设施可达性的影响是有必要的。北京市周边地级市贴近北京市规划布局公共服务设施，也可能会使北京市郊区居民享受到邻市优质的公共服务资源。

1.2 研究任务

通过测度上海、南京、武汉、长沙、贵阳五大都市圈行政边界附近公共服务设施的分布情况，可以分析行政边界附近的医疗和就学两种公共服务是否存在整体偏低的情况及其分布的差异性与共同性。

通过计算五大都市圈两种公共服务设施在有及无行政边界情况下的可达性，探究行政边界的存在对都市圈公共服务可达性的影响。总结行政边界对几大都市圈公共服务可达性影响的共同性和差异性，对未来都市圈公共服务的规划建设提出合理建议。

2 文献综述

2.1 基本公共服务均等化

公共服务是21世纪公共行政和政府改革的核心理念，包括加强城乡公共设施建设，发展教育、科技、文化、卫生、体育等公共事业，为公众参与社会、经济、政治、文化活动等提供保障。公共服务以合作为基础，强调政府的服务性，强调公民的权利。根据国内外专家学者的论述，归纳总结出 3 种看法：一是从政府的性质来理解，认为政府要为市场服务和为人民服务，在这个意义上，政府所做的所有事情都是公共服务；二是从政府的四大职能来解释，认为现阶段的政府职能包括经济调控、市场监管、社会管理和公共服务，其中公共服务为政府的基本职能之一；三是从有形与无形角度来定义，认为政府为民众提供的那些无形的消费服务就叫公共服务，而有形的被称为公共产品（丁焕峰等，2010）。

基本公共服务均等化对社会发展具有重要促进作用，既要保障全体公民的生存和发展的基本需求，又要满足全体公民的基本尊严和基本健康的需要。随着一国经济社会的不断进步和人民生活水平的不断提高，基本公共服务的内容在不断拓展，内涵也在不断提升。基本公共服务均等化建设与每个公民的切身利益息息相关，实现区域之间基本公共服务均等化是我国现阶段实现科学发展、建设社会主义和谐社会的关键，是我国区域协调发展的基本要求，也是我国深化建设公共服务型政府理念的重要举措。基本公共服务均等化建设的意义不仅在于消除贫困、改善民生，让全体公民都能够分享到我国经济社会发展取得的辉煌成果；还在于促进社会成员的机会平等、缩小贫富差距、实现社会公平正义、促进国家繁荣发展（张薇，2019）。

2.2 边界定义及边界效应

边界是一种人为的地理要素。在生产力水平较为低下、社会较为封闭的时期，边界仅仅是政权界限的象征。随着科技的发展、生产力水平的提高及生产要素范围的扩大，边界也渐渐凸显出其经济属性和社会属性。在当今经济全球化和区域一体化背景下，区域性甚至是全球性的合作日益频繁，各项活动的开展时常是跨越边界的。在这种背景下，边界对区域性、全球性的活动有着一定程度的影响，关于边界的研究也逐渐兴起。

边界的存在像一堵无形的高墙，阻碍了要素跨区域的高效流动，从而对跨边界的社会、经济行为产生影响，这种影响被称为"边界效应"（王亮等，2010；王成龙等，2016）。现有对边界效应的研究主要集中在经济地理学、城市地理学、旅游地理学和政治地理学等领域。

经济地理学对边界效应的研究重点主要是探讨边界对跨界经济行为的影响（朱传耿等，2007；王亮等，2010），学者们将跨区域贸易视作"同质要素"，并探讨行政边界引起的跨区域贸易和区域内部贸易的差异化现象。典型研究有McCallum（1995）关于美国和加拿大边境贸易的研究，他发现，加拿大国内贸易流量是跨国贸易的22倍，边界效应严重阻碍了两国间的贸易发展。城市地理学和旅游地理学则将城市单元的经济属性、旅游区入境游客人数、旅游基础设施等作为同质要素，基于这些要素来讨论边界引起的跨区域发展的差异（李郇等，2006）。政治地理学领域将边界效应划分为屏蔽效应和中介效应，其中，屏蔽效应为边界阻碍空间相互作用的现象，而中介效应则是指边界为其两侧区域提供了接触和交流的机会（汤建中等，2002；李铁立，2005）。各个学科对边界效应的研究内容基本达成共识，即探讨边界的存在引起跨越边界的同质要素产生量变或者质变的现象（王成龙等，2016）。

既有文献关于边界效应的研究主要关注行政边界对城市用地空间扩张的影响，认为行政级别跨度越大，边界效应越大，城市间城市用地扩张规模的差距也就越大（王成龙等，2016）。边界效应的存在会形成贸易壁垒，将影响经济产业的发展（洪勇，2013；孙蕊，2017）。国内许多学者也对超越边界的区域和行为进行了一系列研究。对超越边界的区域的研究包括超越城市行政边界的都市区的研究，学者们考察发达国家超越城市行政边界、更新城市管理空间以改善城市治理的理念、方法和实践经验，将其借鉴用于解决我国当前城市化进程中遭遇的问题（刘玉博等，2016），指导我国的都市区规划与实践。也有学者研究了交通方式对跨界旅游景区可达性的影响，研究以大别山跨界旅游区为例，发现高速铁路、高速公路、普适性交通等交通方式对其整体和局部地区的影响力不同，行政边界对交通基础设施的屏蔽效应的作用效果遵循距离衰减规律，呈现显著的行政区域对称格局，并且，对低等级交通基础设施的屏蔽效应强于高等级交通设施（杨效忠等，2013）。

既有文献也关注行政边界对公共服务设施空间分布的影响。例如，谭勇等（2014）对广州市城乡公共服务设施空间特征进行研究发现，广州市公共服务设施区际空间分布不均，行政区划烙印明显。孙道胜等（2017）在对北京市清河街道城市社区生活圈体系及公共服务设施空间优化的研究中，也提出城市社区空间不能简单以"单元"的概念概括，要突破传统的社区行政边界，构建城市社区的生活圈体系。都市圈是城市群内部以超大城市、特大城市或辐射带动功能强的大城市为中心，以1小时通勤圈为基本范围的城镇化空间形态。因此，都市圈的发展及主要功能的实现都需要跨越行政边界，研究行政边界对都市圈内部发展的影响十分有必要。但是，现有文献鲜有关于行政边界对公共服务可达性影响的相关研究，尤其是在都市圈层面进行的研究更少见。

3 研究数据与研究方法

3.1 研究数据与研究内容

本文以上海都市圈、南京都市圈、武汉都市圈、长沙圈和贵阳都市圈为研究对象，采用的数据为高德地图平台获取的 2018 年 POI（Point of Interest）数据。POI 一般包含名称、地址、经纬度、类型等几方面信息，可以是人们日常生活中的地理实体，如学校、医院、车站、商业点等信息，也可以是旅游景区景点、风景名胜区等。本文所用的 POI 数据包括综合医院和中小学两大类，由于医院和中小学的规模数据获取难度较大，因此选用都市圈内综合医院及中小学的数量进行研究。人口数据来自 2018 年基于手机的人口分布数据。综合考虑都市圈的发展及主要功能的实现都需要跨越行政边界，行政边界具有一定的影响范围，其对经济社会产生的影响被称为"边界效应"。因此，在本文将行政边界的影响范围定义为地级市行政边界 10km 范围和区县级行政边界 5km 范围。

本文主要研究内容是通过公共服务设施的人均占有量和地均占有量指标分析区县级别行政边界范围内公共服务设施的分布状况，以及都市圈地级市行政边界范围内公共服务设施的分布状况，其中人均占有量是用行政边界范围内覆盖的公共服务设施的数量与覆盖的人口总数的比值表示；地均占有量是用行政边界范围内覆盖的公共服务设施数量与覆盖的土地总面积的比值表示。通过对比有行政边界情况下和假定消除行政边界后教育、医疗的可达性，分析行政边界对可达性的影响。

3.2 研究方法

可达性是交通地理学的核心概念。可达性也叫通达性，在 Hansen 研究城市土地利用时首次被提出，解释了可达性的实质是"交通网络中节点之间的相互作用之后的机会大小"（Hansen，1959），也可以理解为通过一种特定的交通系统从某一给定区位到达活动地点的便利程度。本文计算可达性的方法是用人口点到最近公共服务设施的直线距离来表示，计算公式如下：

$$A_i = \min(d_{ij}) \tag{1}$$

其中，A_i 为需求点 i（即人口点）的公共服务可达性分数；i 为需求点即人口点；j 为公共服务设施供给点；d_{ij} 为 i 和 j 之间的直线距离。

对比有行政边界情况下和假定消除行政边界后教育、医疗可达性，分析行政边界对都市圈公共服务可达性的影响。其中，不考虑行政边界的公共服务可达性是用在都市圈范围内所有人口点到最近公共服务设施的直线距离的平均值来表示，人口点到最近公共服务设施点的距离越小，则证明其可达性越好。本文考虑行政边界的公共服务可达性，计算公式如下：

$$A = \frac{\sum_{i=1}^{N}\min(d_{ij})}{N} \qquad (2)$$

其中，A 为都市圈的公共服务可达性分数；N 为都市圈范围内人口点的数量；i 为需求点即人口点；j 为公共服务设施供给点；d_{ij} 为 i 和 j 之间的直线距离。

行政边界对都市圈公共服务可达性影响的技术路线见图 1。

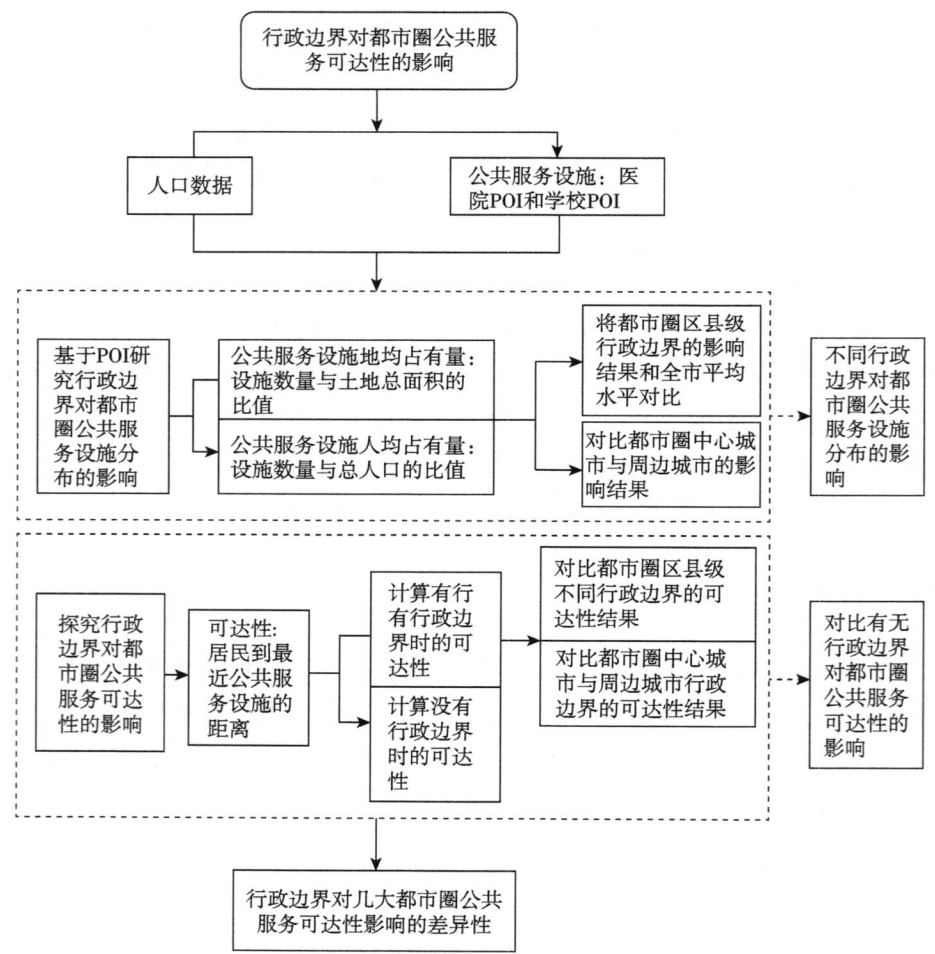

图 1　行政边界对都市圈公共服务可达性影响的技术路线

4 边界地区公共服务设施分布比较分析

4.1 边界地区公共服务与都市圈整体比较

4.1.1 边界地区的医疗服务人均占有量整体偏低，就学服务人均占有量整体偏高

根据 5 个都市圈公共服务设施人均占有量的均值计算结果，将边界地区的公共服务人均占有量的均值与都市圈整体进行比较，结果发现：从地级市行政层级来看，边界地区的医疗服务人均占有量整体偏低，而就学服务人均占有量整体偏高；从区县行政层级来看，医疗服务人均占有量依然整体偏低，甚至与地级市行政层级结果相比偏低的程度更为严重。同样在区县行政边界地区，就学公共服务的人均占有量均值高于都市圈整体水平（见表1）。

表 1 2018 年公共服务设施人均占有量对比

单位：个/千人

公共服务	人均占有量的均值		
	都市圈	地级市行政边界地区	区县行政边界地区
医疗服务	0.120	0.112	0.099
教育服务	0.115	0.173	0.174

4.1.2 都市圈边界地区总体情况的差异比较

武汉都市圈地级市边界地区医疗服务设施密度高于都市圈整体水平，各都市圈中小学设施密度受边界影响小。根据对五大都市圈地级市行政边界地区公共服务设施人均占有量的情况分析，武汉都市圈行政边界附近综合医院的人均占有量高于都市圈整体人均占有水平，这说明在武汉都市圈行政边界附近的医疗资源分布并不弱于城市中心地区。通过分析五大都市圈中小学的人均占有量可以发现，五大都市圈地级市行政边界附近中小学的人均占有量均高于各都市圈的，这说明中小学的分布受行政边界的影响很小（见表2）。

表 2 2018 年地级市行政边界地区公共服务设施人均占有量对比

单位：个/千人

都市圈	综合医院的人均占有数量		中小学的人均占有量	
	都市圈	地级市行政边界地区	都市圈	地级市行政边界地区
上海都市圈	0.098	0.084	0.084	0.099
南京都市圈	0.125	0.109	0.116	0.152

续表

都市圈	综合医院的人均占有数量		中小学的人均占有量	
	都市圈	地级市行政边界地区	都市圈	地级市行政边界地区
武汉都市圈	0.115	0.127	0.120	0.243
长沙都市圈	0.136	0.119	0.116	0.168
贵阳都市圈	0.124	0.119	0.141	0.203
平均值	0.120	0.112	0.115	0.173

武汉和上海都市圈区县行政边界地区医疗服务设施密度高于都市圈整体水平，各都市圈中小学设施密度受边界影响小。通过分析五大都市圈区县级行政边界地区公共服务设施人均占有量的情况可知，武汉和上海都市圈行政边界附近综合医院人均占有量均高于都市圈的整体人均占有水平，而上述提到武汉都市圈地级市行政边界附近综合医院的人均占有量也高于其都市圈整体人均占有量，这说明武汉都市圈行政边界附近的医疗资源的人均占有量与都市圈整体水平相比较高，行政边界附近并没有出现医疗资源配比不公平的现象。通过分析五大都市圈中小学的人均占有量可以发现，五大都市圈除长沙都市圈以外，其他四大都市圈区县级行政边界附近中小学的人均占有量均高于各都市圈的。综合地级市行政边界附近人均占有量的分析结果，再次说明中小学的分布受行政边界的影响很小，中小学的分布数量并没有因为靠近行政边界而减少（见表3）。

表3 2018年区县行政边界地区公共服务设施人均占有量对比

单位：个/千人

都市圈	综合医院的人均占有量		中小学的人均占有量	
	都市圈	区县行政边界地区	都市圈	区县行政边界地区
上海都市圈	0.098	0.101	0.084	0.086
南京都市圈	0.125	0.108	0.116	0.138
武汉都市圈	0.115	0.136	0.120	0.252
长沙都市圈	0.136	0.076	0.116	0.102
贵阳都市圈	0.124	0.073	0.141	0.291
平均值	0.120	0.099	0.115	0.174

4.2 边界地区内部差异性分析

4.2.1 上海都市圈行政边界地区公共服务分布整体偏高，上海市和常州市差异明显

上海市和常州市边界地区医疗资源的人均占有量最高，上海市边界地区中小学的人均占有量最高。根据上海都市圈地级市行政边界附近综合医院人均和地均占有量的计算结果可以得到，上海都市圈内部各地级市行政边界附近每万人占有综合医院的数量平均值为 0.5 个，但其中常州市在靠近无锡市的边界附近每万人占有综合医院的数量明显高于靠近镇江市的行政边界附近每万人占有综合医院的数量，为 1~2 个。而在上海都市圈内部的上海市、苏州市、常州市行政边界附近每平方千米占有综合医院的数量为 0.5~0.8 个，南通市、无锡市和嘉兴市为 0.3~0.5 个。因此可以得出，上海都市圈内部各地级市行政边界附近综合医院的万人人均占有量差距较大，而地均占有量的差距相对较小。

通过分析上海都市圈地级市行政边界附近中小学人均和地均占有量的结果可以得到，上海都市圈内部各地级市行政边界附近每万人占有中小学数量的平均值为 1.5 个，其中上海市附近有相对较高的值为 3~7 个；而在上海都市圈整体范围内地级市行政边界附近中小学的地均占有量相对较高，每平方千米占有学校数量平均值为 0.05 个。

上海市的浦东新区、常州市的新北区和钟楼区等边界地区医疗资源的人均占有量最高，边界地区中小学的人均占有量整体较高。从区县层面分析上海都市圈行政边界附近综合医院人均和地均占有量的结果可以发现，上海都市圈内部各区县级行政边界附近每万人占有综合医院的数量为 0~1.3 个，其中上海浦东新区、常州市的新北区和钟楼区，以及张家港市和启东市出现较高值为 1.3~3.3 个。上海都市圈内部各区县级行政边界附近每平方千米占有综合医院的数量为 0~0.4 个，集中在上海市的浦东新区、常州市的新北区和钟楼区出现较高值为 0.4~1.3 个，上海市的虹口区出现最高值为 1.3~5.5 个。

通过分析上海都市圈区县级行政边界附近中小学人均和地均占有量的结果可以发现，在上海都市圈内部各区县级行政边界附近每万人占有中小学的数量为 0.1~2.5 个，宜兴市和启东市有较高值 2~8 个；而在上海都市圈整体范围内区县级行政边界附近中小学的地均占有量为 0.04~0.15 个，其中上海市的虹口区、杨浦区、徐汇区、浦东心区的地均占有量值相对较高，每平方千米占有学校的数量为 0.15~2.14 个。

4.2.2 南京市行政边界地区公共服务在不同方向上分布差异较大

南京市靠近宣城市的边界地区医疗资源的人均占有量最高，常州市和宣城市靠近南京市的边界地区中小学的人均占有量最高。通过分析南京都市圈地级市行政边界附近综合医院人均和地均占有量的计算结果可以发现，在南京都市圈内部各地级市行政边界附近每万人占有综合医院的数量有较大差异，其中南京市在靠近宣城市的行政边界附近每万人占有综合医院的数量为 2~4.6 个，靠近滁州市、常州市、马鞍山市和扬州市的行政边界附近人均量为 1~2 个，而在与镇江市接近的行政边界附近的人均量为 1 个左右。南京都市圈内部各地级市行政边界附近每平方千米占有综合医院的数量为 0.1~0.3 个，其中南京市靠近滁州市、扬州市的行政边界附近的地均量为 0.1~0.2 个，靠近镇江市、马鞍山市则为0.2~0.3个。

通过分析南京都市圈地级市行政边界附近中小学人均和地均占有量的计算结果可以发现，在南京都市圈内部各地级市行政边界附近每万人占有中小学的数量为1~4个，其中在南京市靠近常州市、扬州市和宣城市附近出现较高值为3~11个。而在南京都市圈整体范围内地级市行政边界附近中小学的地均占有量为0.02~0.07个，镇江市、芜湖市、马鞍山市行政边界附近出现较高值为0.07~0.2个。

高淳区、琅琊区、鸠江区及六合区的边界地区医疗资源的人均占有最高，花山区、雨山区和鸠江区等的边界地区中小学的人均占有量最高。从区县角度分析南京都市圈行政边界附近综合医院人均和地均占有量的结果可以发现，南京都市圈内部各区县级行政边界附近每万人占有综合医院的数量差异比较大，其中句容市、来安县及溧水区仅有0.4个左右，鼓楼区、下关区、秦淮区、玄武区、当涂县和维扬区则为0.4~1.3个，高淳区、琅琊区、鸠江区及六合区等出现较高值为3~3.3个。南京都市圈内部各区县级行政边界附近每平方千米占有综合医院的数量为0~0.09个，京口区、鸠江区和弋江区出现较高值为0.4~0.7个。

通过分析南京都市圈区县级行政边界附近中小学人均和地均占有量的结果可以发现，在南京都市圈内部各区县级行政边界附近每万人占有中小学的数量整体为0~8.8个；而在南京都市圈整体范围内区县级行政边界附近中小学的地均占有量为0.04~0.15个，集中分布在花山区、雨山区、鸠江区、弋江区、京口区，以及鼓楼和六合区靠近中心位置的行政边界附近存在较高值为0.15~0.41个。

4.2.3 武汉都市圈行政边界地区公共服务分布具有个别差异性

武汉市靠近鄂州市和孝感市的边界地区医疗资源的人均占有量最低，武汉市靠近黄冈市、荆州市和咸宁市边界地区中小学的人均占有量最高。通过分析武汉都市圈地级市行政边界附近综合医院人均和地均占有量的结果可以发现，武汉都市圈内部各地级市行政边界附近每万人占有综合医院的数量为1~2个，其中武汉市靠近鄂州市和孝感市的边界附近的人均量较低，仅为0~1个。武汉都市圈内部各地级市行政边界附近每平方千米占有综合医院的数量为0~0.16个，黄冈市、鄂州市和黄石市出现较高值为0.16~0.5个。

通过分析武汉都市圈地级市行政边界附近中小学人均和地均占有量的结果可以发现，武汉市在靠近黄冈市、荆州市和咸宁市的行政边界附近每万人占有中小学的数量为3.7~10.8个，此外其他地级市整体人均占有量为1~3.7个。在武汉都市圈整体范围内地级市行政边界附近中小学的地均占有量为0.02~0.07个，每平方千米占有学校数量的较高值为 0.07~0.2 个，集中分布在黄冈市、鄂州市、黄石市附近。

团风县、汉南区、孝南区、东西湖区等边界地区医疗资源的人均占有量最高，新洲区和黄陂区等边界地区中小学的人均占有量最高。从区县角度分析武汉都市圈行政边界附近综合医院人均和地均占有量的结果可以发现，武汉都市圈内部各区县级行政边界附近每万人占有综合医院的数量差异比较大，其中咸安区、黄陂区、铁山区等仅有 0.4 个，嘉鱼县、鄂城区、华容区、架子湖区等则为 0.4~1.3 个，团风县、汉南区、孝南区、东西湖区、黄州区、新洲区等出现较高值为 1.3~6.8 个。武汉都市圈内部各区县级行政边界附近每平方千米占有综合医院的数量为 0~0.09 个，铁山区、西塞山区和黄石港区出现较高值为 0.4~1.3 个。

通过分析武汉都市圈区县级行政边界附近中小学人均和地均占有量的结果可以发现，武汉都市圈内部各区县级行政边界附近每万人占有中小学的数量存在较大的差异，新洲区和黄陂区，以及南部的汉南区、江夏区的行政边界附近属于人均占有量较高地区，为 8~21 个。在武汉都市圈西部和东部的区县行政边界附近人均占有量则为 0~8 个；而在武汉都市圈整体范围内区县级行政边界附近中小学的地均占有量为 0~0.15 个，其中铁山区、西塞山区和黄石港区及黄州区的行政边界附近出现较高值为 0.15~0.41 个。

4.2.4 长沙市行政边界地区公共服务的分布呈现南北差异

长沙市靠近北部的岳阳市和益阳市的边界地区医疗资源的人均占有量最高，长沙市靠近北部的岳阳市和南部的株洲市边界地区中小学的人均占有量最高。通过分析长沙都市圈地级市行政边界附近综合医院人均和地均占有量的结果可以发现，长沙市在靠近北部的岳阳市和益阳市的行政边界附近每万人占有综合医院的数量高达 1~5 个，而靠近南部的湘潭市和株洲市的占有量则相对较低，仅为 0.2~1 个。长沙市在靠近北部的岳阳市和南部的株洲市的行政边界附近每平方千米占有综合医院的数量为 0.05~0.16 个，湘潭市和益阳市的行政边界附近出现较高值为 0.16~0.5 个。

通过分析长沙都市圈地级市行政边界附近中小学人均和地均占有量的结果可以发现，长沙市在靠近北部的岳阳市和南部的株洲市的行政边界附近每万人占有中小学的数量为 4~11 个，此外靠近湘潭市和益阳市人均占有量为 1~4 个。长沙市在靠近北部的岳阳市和南部的株洲市的行政边界附近每平方千米占有中小学的数量为 0.02~0.07 个，湘潭市和益阳市的行政边界附近出现较高值为 0.07~0.2 个。

湘阴县、汨罗市和岳塘区的边界地区医疗资源的人均占有量最高，望城区西侧和长沙县东侧的边界地区中小学的人均占有量最高。从区县角度分析长沙都市圈行政边界附近综合医院人均和地均占有量的计算结果可以发现，在长沙都市圈内部各区县级行政边界附近每万人占有综合医院的数量差异比较大，其中长沙市中心地区的开福区、长沙县、芙蓉区、雨花区、岳麓区的占有量仅为0.4~1.3个，在北部的湘阴县、汨罗市及南部的岳塘区的占有量则为1.3~3.3个。长沙都市圈内部各区县级行政边界附近每平方千米占有综合医院的数量为0~0.4个，长沙市中心地区的开福区、长沙县、芙蓉区、雨花区、岳麓区出现较高值为0.4~1.3个。

通过分析长沙都市圈区县级行政边界附近中小学人均和地均占有量的计算结果可以发现，长沙都市圈内部各区县级行政边界附近每万人占有中小学的数量存在较大的差异，其中长沙市中心和南部地区的开福区、长沙县、芙蓉区、雨花区、岳麓区及岳塘区的占有量为0~2.5个，望城区西侧和长沙县东侧的行政边界附近出现较高值为8~22个。在长沙都市圈中心地区的开福区、长沙县、芙蓉区、雨花区、岳麓区的行政边界附近地均占有量则为0.15~1.25个，除了中心地区，其他区县级行政边界附近中小学的地均占有量整体较低，仅为0~0.15个。

4.2.5 贵阳都市圈行政边界地区公共服务的分布东西向差异较大

贵阳市靠近黔南布依族苗族自治州的边界地区医疗资源的人均占有量最高，贵阳市靠近遵义市和毕节市的边界地区中小学的人均占有量最高。通过分析贵阳都市圈地级市行政边界附近综合医院人均和地均占有量的结果可以发现，贵阳市在靠近毕节市的行政边界附近每万人占有综合医院的数量最低，仅为0~0.2个，靠近遵义市和安顺市的行政边界附近的占有量为0.2~1个，而靠近黔南布依族苗族自治州的行政边界附近的占有量最高为1~2个；贵阳市在靠近遵义市和毕节市的行政边界附近每平方千米占有综合医院的数量最低，仅为0~0.05个，而靠近安顺市和黔南布依族苗族自治州的行政边界附近每平方千米占有综合医院的数量较高，为0.05~0.16个。

通过分析贵阳都市圈地级市行政边界附近中小学人均和地均占有量的结果可以发现，贵阳市在靠近安顺市和黔南布依族苗族自治州的行政边界附近每万人占有中小学的数量为1~3.7个，在靠近遵义市和毕节市的行政边界附近占有量相对较高，为4~11个。贵阳市在靠近遵义市和毕节市的行政边界附近每平方千米占有中小学的数量最低，仅为0~0.02个，而靠近安顺市和黔南布依族苗族自治州的行政边界附近每平方千米占有中小学的数量较高，为0.02~0.07个。

修文县、西秀区靠近长顺县的边界地区医疗资源的人均占有量最高，开阳县的边界地区中小学的人均占有量最高。从区县角度分析贵阳都市圈行政边界附近综合医院人均和地均占有量的结果可以得到，贵阳都市圈内部各区县级行政边界附近每万人占有综合医院的数量为 0~1.3 个，在修文县、西秀区靠近长顺县的行政边界附近出现较高值为 1.3~3.3 个，以及平坝区靠近西秀区的行政边界附近。贵阳都市圈内部各区县级行政边界附近每平方千米占有综合医院的数量整体低于 0.09 个。

通过分析贵阳都市圈区县级行政边界附近中小学人均和地均占有量的结果可以发现，贵阳都市圈内部各区县级行政边界附近每万人占有中小学的数量存在较大的差异，其中开阳县出现最高值为 21~40 个，在修文县靠近清镇市的行政边界附近和西秀区靠近长顺县的行政边界附近出现较高值为 8~21 个。贵阳都市圈内部各区县级行政边界附近每平方千米占有中小学的数量整体低于 0.15 个。

4.3 小结

本节通过将边界地区的公共服务与都市圈整体进行比较，得出如下结论：无论是从地级市行政层级还是区县行政层级角度来看，边界地区的医疗服务普遍低于都市圈平均水平，而就学服务普遍高于或接近都市圈平均水平。甚至从区县行政层级来看，医疗服务不公平的程度更为严重。

将不同都市圈进行比较，发现各个都市圈总体情况之间存在差异性，其中边界地区医疗服务总体受歧视严重，但武汉都市圈情况有所改善，其边界地区的医疗服务人均占有量比都市圈整体水平高 10.4%。

通过分析都市圈内部边界地区公共服务的差异性可以发现，在都市圈中心城市边界地区的不同方向上，公共服务具有一定的差异性。例如，在武汉都市圈边界地区综合医院的人均占有量整体较高，但在武汉市靠近鄂州市和孝感市的边界地区医疗资源的人均占有量最低；在武汉都市圈边界地区中小学的人均占有量整体偏低，但在武汉市靠近黄冈市、荆州市和咸宁市边界地区中小学的人均占有量最高。此外，在长沙都市圈行政边界地区公共服务的分布呈现出明显的南北差异，长沙市靠近北部的岳阳市和益阳市的边界地区医疗资源的人均占有量最高，长沙市靠近北部的岳阳市和南部的株洲市的边界地区中小学的人均占有量最高。

5 行政边界对都市圈公共服务可达性的影响

5.1 假定消除行政边界后的公共服务可达性测度

假定消除五大都市圈内部各地级市行政边界，在都市圈辐射圈范围内计算无行政边界情况下人口点到公共服务设施的可达性，其中人口点到最近公共服务设施点的距离越小,则证明其可达性越好。在地理信息系统软件中利用最邻近分析方法计算人口点到最近公共服务设施的平均距离,并在五大都市圈间及各都市圈内部进行比较分析,进而探讨行政边界对都市圈公共服务可达性的影响。

5.2 都市圈间公共服务可达性对比分析

5.2.1 武汉都市圈就医可达性受行政边界影响较大,而上海都市圈几乎不受影响

假定消除五大都市圈内部各地级市行政边界之后,计算得到无行政边界情况下人口点到综合医院的可达性结果,其中人口点到最近综合医院的距离越小,则说明其就医可达性越好。通过计算得出五大都市圈消除行政边界后得到的就医可达性结果,均好于有行政边界存在的结果。将五大都市圈消除行政边界后所得的就医可达性结果进行比较,最好的是长沙都市圈,人口点到最近综合医院的平均距离为 2.46km,而就医可达性最差的是贵阳都市圈,平均距离为 3.27 km(见表 4)。

表4 2018 年五大都市圈的就医可达性

都市圈	人口数量 (万人)	人口栅格点数量 (个)	最小值 (km)	最大值 (km)	平均值 (km)	标准差
上海都市圈	5445.35	13472	0.013	14.01	2.71	1867.38
武汉都市圈	1580.34	3222	0.011	21.84	2.88	2967.89
南京都市圈	1515.09	3658	0.011	19.65	2.80	2698.52
长沙都市圈	1121.85	2652	0.029	20.75	2.46	2383.87
贵阳都市圈	563.36	1564	0.027	31.24	3.27	3554.43

将上述计算得到的无行政边界情况下就医可达性均值同有行政边界存在情况下计算所得的结果进行比较,发现行政边界对都市圈的就医可达性的公平性均存在负面影响,但五大都市圈之间受影响的程度存在差异。根据上述计算结果发现,行政边界对上海都市圈和长沙都市圈的影响非常小,而对于武汉都市圈、贵阳都市圈、南京都市圈的影响较大。其中,影响比例最大的为武汉都市圈,高达 21.2%,而最小的上海都市圈仅为 0.4%,前者是后者的 53 倍(见表 5)。

表5 2018 年行政边界对都市圈就医可达性的影响　　　　　　单位:%

都市圈	影响比例
上海都市圈	0.4
南京都市圈	8.7
武汉都市圈	21.2
长沙都市圈	3.3
贵阳都市圈	14.8

5.2.2 武汉都市圈和上海都市圈的就学可达性受行政边界影响差距巨大

假定消除五大都市圈内部各地级市行政边界之后，计算得到无行政边界情况下人口点到中小学的可达性结果，其中人口点到最近中小学的距离越小，则说明其就学可达性越好。通过计算得出五大都市圈消除行政边界后所得的就学可达性结果，均好于有行政边界存在的情况。将五大都市圈消除行政边界后所得的就学可达性结果进行比较，最好的是武汉都市圈，人口点到最近中小学的平均距离为1.13km，而就学可达性最差的是贵阳都市圈，平均距离为1.48 km（见表6）。

表6　2018年五大都市圈的就学可达性结果

都市圈	人口数量（万人）	人口栅格点数量（人）	最小值（km）	最大值（km）	平均值（km）	标准差
上海都市圈	5445.35	13472	0.006	7.63	1.32	866.97
武汉都市圈	1580.34	3222	0.007	8.01	1.13	955.62
南京都市圈	1515.09	3658	0.014	7.53	1.25	975.68
长沙都市圈	1121.85	2652	0.003	9.22	1.19	945.88
贵阳都市圈	563.36	1564	0.013	10.27	1.48	1364.65

将上述计算得到的无行政边界情况下就学可达性均值同有行政边界情况下计算所得的结果进行比较，发现行政边界对都市圈的就学可达性的公平性方面存在负面影响，但五大都市圈之间受影响的程度相差甚大。行政边界对上海都市圈和南京都市圈的影响非常小，对武汉都市圈、贵阳都市圈、长沙都市圈的影响比较大。其中，影响比例最大的是武汉都市圈，高达55.6%；最小的是上海都市圈，仅为0.8%，前者约是后者的70倍（见表7）。

表7　2018年行政边界对都市圈就学可达性的影响　　　　　　　　　　单位：%

都市圈	影响比例
上海都市圈	0.8
南京都市圈	3.0
武汉都市圈	55.6
长沙都市圈	17.5
贵阳都市圈	24.1

5.3　都市圈内部公共服务可达性对比分析

行政边界对都市圈的公共服务可达性有影响，根据计算结果发现这种影响是负面的。行政边界的存在使都市圈的公共服务可达性都有变差的倾向，但是行政边界对不同都市圈影响的程度具有较大差异，这种差异不仅表现在五大都市圈层面上，在五大都市圈内部各地级市之间甚至更为明显。本节将从就学和就医两种公共服务的角度，分析行政边界对五大都市圈内部不同地级市之间产生影响的差异性。

5.3.1 消除行政边界对镇江市、鄂州市、黄冈市、黔南布依族苗族自治州就医可达性的改善比例超过10%

通过分析行政边界对上海都市圈各地级市就医可达性的影响可以发现，行政边界对就医可达性存在负面影响，无行政边界的可达性好于有行政边界的情况。但是，这种负面影响在上海都市圈内部6个地级市中表现得并不明显，影响比例最高的是上海市，为6.6%；最低的是南通市，为0.4%（见表8）。

分析以上行政边界对上海都市圈各地级市公共服务可达性的影响结果，发现无论是就学还是就医，行政边界对上海都市圈内部6个地级市公共服务可达性的公平性方面均存在负面影响，但这种影响并不严重，除了上海市的影响比例稍高于5%外，其他5个地级市（无锡市、嘉兴市、常州市、苏州市和南通市）均低于5%。

表8　2018年上海都市圈各地级市的就医可达性　　　　　　单位：km，%

地级市	无行政边界			有行政边界			影响比例
	最小值	最大值	平均值	最小值	最大值	平均值	
上海市	0.028	12.77	2.70	0.028	17.35	2.89	6.6
南通市	0.121	10.77	2.27	0.121	10.90	2.28	0.4
嘉兴市	0.013	9.59	3.12	0.013	12.94	3.20	2.5
苏州市	0.016	12.32	2.69	0.016	12.32	2.71	0.7
无锡市	0.054	14.01	2.56	0.053	14.01	2.66	3.8
常州市	0.049	8.08	2.51	0.049	8.16	2.58	2.7

通过分析行政边界对南京都市圈各地级市就医可达性的影响可以发现，行政边界对6个地级市就医可达性公平的影响存在显著差异，影响比例最高的是镇江市，为13.7%；影响最低的是芜湖市，为0（不存在影响），两者之间相差甚大（见表9）。

表9　2018年南京都市圈各地级市的就医可达性　　　　　　单位：km，%

地级市	无行政边界			有行政边界			影响比例
	最小值	最大值	平均值	最小值	最大值	平均值	
南京市	0.018	15.694	2.835	0.018	17.536	2.938	3.5
扬州市	0.015	16.038	2.958	0.015	20.642	2.997	1.3
镇江市	0.037	10.790	2.862	0.037	33.309	3.432	13.7
滁州市	0.027	19.653	3.078	0.027	19.653	3.291	6.5
马鞍山市	0.011	10.916	2.244	0.011	12.804	2.329	3.8
芜湖市	0.049	6.486	1.356	0.049	6.486	1.356	0

在武汉都市圈内部6个地级市中，行政边界对就医可达性影响最为严重的是鄂州

市,比例高达27.7%;而影响比例最低的黄石市仅为0.1%,差异非常显著。此外,在武汉都市圈内部也存在影响比例分别为10.3%(黄冈市)和6.4%(咸宁市)的较高情况(见表10)。

表10 2018年武汉都市圈各地级市的就医可达性　　　　单位:km,%

地级市	无行政边界			有行政边界			影响比例
	最小值	最大值	平均值	最小值	最大值	平均值	
武汉市	0.011	19.537	2.514	0.011	31.515	2.608	3.6
黄冈市	0.077	20.363	3.484	0.077	20.363	3.882	10.3
鄂州市	0.041	16.338	3.746	0.041	32.575	5.183	27.7
黄石市	0.051	11.988	2.839	0.051	11.988	2.843	0.1
咸宁市	0.066	21.836	3.907	0.066	21.836	4.172	6.4
孝感市	0.074	15.462	3.154	0.074	17.397	3.251	3.0

在长沙都市圈中,行政边界对就医可达性的影响整体偏小,株洲市和岳阳市稍高,比例分别为6.2%和5.5%,湘潭市的影响比例为2.2%,长沙市和益阳市影响比例最低,均为0.8%,表明长沙都市圈内部行政边界的影响力比较弱,且内部差距不明显(见表11)。

表11 2018年长沙都市圈各地级市的就医可达性　　　　单位:km,%

地级市	无行政边界			有行政边界			影响比例
	最小值	最大值	平均值	最小值	最大值	平均值	
长沙市	0.029	20.746	2.544	0.029	20.746	2.565	0.8
湘潭市	0.051	11.597	2.204	0.051	11.848	2.254	2.2
株洲市	0.103	15.932	2.587	0.103	21.174	2.759	6.2
益阳市	0.136	15.521	2.112	0.136	15.521	2.128	0.8
岳阳市	0.048	10.933	2.298	0.048	19.012	2.432	5.5

在贵阳都市圈内部6个地级市中,行政边界对就医可达性影响最大的是黔南布依族苗族自治州,比例高达18.3%;而影响比例最小的安顺市仅为0.1%,差异非常显著(见表12)。

表 12　2018 年贵阳都市圈各地级市的就医可达性　　　　　单位：km，%

地级市	无行政边界			有行政边界			影响比例
	最小值	最大值	平均值	最小值	最大值	平均值	
贵阳市	0.027	31.243	3.147	0.027	31.243	3.164	0.5
安顺市	0.042	16.994	3.331	0.042	16.994	3.333	0.1
黔南布依族苗族自治州	0.096	11.735	4.091	0.096	14.311	5.010	18.3

5.3.2　消除行政边界对镇江市、咸宁市、益阳市、黔南布依族苗族自治州就学可达性的改善比例超过 10%

通过分析上海都市圈内部 6 个地级市相关计算结果可以发现，行政边界对就学可达性存在负面影响，无行政边界的可达性好于有行政边界的情况。但是，在上海都市圈内部 6 个地级市中这种负面影响并不大，整体低于 3%。其中，影响比例最高的是上海市，为 2.4%；最低是南通市，为 0（见表 13）。由此我们可以得出，在上海都市圈，地级市行政边界对就学可达性的影响比较小。

表 13　2018 年上海都市圈各地级市的就学可达性　　　　　单位：km，%

地级市	无行政边界			有行政边界			影响比例
	最小值	最大值	平均值	最小值	最大值	平均值	
上海市	0.006	6.41	1.22	0.006	7.16	1.25	2.4
南通市	0.031	5.45	1.33	0.031	5.45	1.33	0
嘉兴市	0.025	5.01	1.36	0.025	5.45	1.38	1.5
苏州市	0.010	6.06	1.38	0.010	6.06	1.39	0.7
无锡市	0.011	7.63	1.32	0.011	7.63	1.35	2.2
常州市	0.030	4.59	1.27	0.030	4.72	1.28	0.8

在南京都市圈中，行政边界对 6 个地级市就学可达性的影响存在较大差异，其中滁州市、南京市、芜湖市和扬州市的影响比例低于 1%，几乎不存在影响；而对于镇江市和马鞍山市而言，行政边界的影响相较于其他 5 个地级市差异较大。其中，影响最大的是镇江市，比例高达 13%（见表 14）。此外，无论是就医可达性还是就学可达性，行政边界对镇江市的影响都比较明显。

表 14　2018 年南京都市圈各地级市的就学可达性　　　　单位：km，%

地级市	无行政边界			有行政边界			影响比例
	最小值	最大值	平均值	最小值	最大值	平均值	
南京市	0.019	7.532	1.247	0.019	7.532	1.256	0.7
扬州市	0.052	6.444	1.578	0.052	6.669	1.580	0.1
镇江市	0.053	5.267	1.217	0.053	33.431	1.399	13
滁州市	0.025	5.036	1.143	0.025	5.036	1.155	1.0
马鞍山市	0.014	3.923	0.999	0.014	3.923	1.038	3.8
芜湖市	0.025	3.246	0.936	0.025	3.246	0.943	0.7

在武汉都市圈内部 6 个地级市中，行政边界对就学可达性影响最大的是咸宁市，比例高达 14.8%；影响比例最低的是黄冈市和黄石市，行政边界对其就学可达性无影响。此外，除了咸宁市，行政边界对武汉市、鄂州市和孝感市就学可达性的影响比例也均在 5% 以下。这表明在武汉都市圈内部的就学可达性存在较大差异，其中咸宁市所受的影响最为明显（见表 15）。

表 15　2018 年武汉市都市圈各地级市的就学可达性　　　　单位：km，%

地级市	无行政边界			有行政边界			影响比例
	最小值	最大值	平均值	最小值	最大值	平均值	
武汉市	0.014	6.201	1.009	0.014	9.429	1.019	1.0
黄冈市	0.052	4.909	1.132	0.052	4.909	1.132	0
鄂州市	0.011	7.541	1.263	0.011	9.699	1.312	3.7
黄石市	0.007	6.5422	1.331	0.007	6.5422	1.331	0
咸宁市	0.066	7.689	1.232	0.066	10.772	1.446	14.8
孝感市	0.026	8.006	1.335	0.026	8.006	1.397	4.4

在长沙都市圈中，行政边界对就学可达性影响比例最大的是益阳市，为 10.6%；而影响比例最低的长沙市，行政边界对其就学可达性无影响。此外，除了益阳市，行政边界对岳阳市、湘潭市和株洲市的就学可达性的影响比例也均在 5% 以下，这表明在长沙都市圈内部行政边界对就学可达性的影响整体不大，但存在益阳市这个例外，导致都市圈内部具有较大差异（见表 16）。

表 16 2018 年长沙都市圈各地级市的就学可达性   单位：km，%

地级市	无行政边界			有行政边界			影响比例
	最小值	最大值	平均值	最小值	最大值	平均值	
长沙市	0.003	6.760	1.061	0.003	6.760	1.061	0
湘潭市	0.067	5.144	1.226	0.067	5.371	1.236	0.8
株洲市	0.057	4.925	1.243	0.057	4.925	1.252	0.7
益阳市	0.123	9.222	2.026	0.123	18.399	2.266	10.6
岳阳市	0.027	4.391	1.357	0.027	9.562	1.400	3.1

通过分析贵阳都市圈 3 个地级市可达性的结果可以发现，行政边界对就学可达性影响最大的是黔南布依族苗族自治州，比例高达 21.6%；影响比例最低的是贵阳市，仅为 0.2%。因此，在贵阳都市圈内部的就学可达性存在较大差异，尤其是黔南布依族苗族自治州所受影响最为明显（见表 17）。

表 17 2018 年贵阳都市圈各地级市的就学可达性   单位：km，%

地级市	无行政边界			有行政边界			影响比例
	最小值	最大值	平均值	最小值	最大值	平均值	
贵阳市	0.013	9.618	1.292	0.013	9.618	1.294	0.2
安顺市	0.013	7.937	1.758	0.013	10.554	1.887	6.8
黔南布依族苗族自治州	0.081	10.271	2.092	0.081	15.693	2.668	21.6

6 总结与启示

6.1 都市圈行政边界地区的公共服务分布具有不同特征

从地级市行政边界和区县级行政边界两个角度分析不同都市圈行政边界地区的公共服务分布情况，通过将边界地区的公共服务与都市圈整体进行比较，发现无论是从地级市行政层面还是区县行政层面来看，行政边界地区医疗资源人均占有量低，中小学教育资源人均占有量高。从区县行政层面来看，医疗服务不公平的程度更大。

通过对不同都市圈进行比较，发现各个都市圈总体情况之间存在差异。其中，行政边界地区的医疗服务总体水平较差，但武汉都市圈情况有所不同，其行政边界地区的医疗服务人均占有量比都市圈整体水平高 10.4%。

都市圈内部行政边界地区的公共服务存在差异性。例如，在武汉都市圈行政边界地区医疗资源的人均占有量整体较高，但在武汉市靠近鄂州市和孝感市的行政边界地区医疗资源的人均占有量最低；而武汉都市圈边界地区中小学的人均占有量整体偏低，但在武汉市靠近黄冈市、荆州市和咸宁市的行政边界地区中小学的人均占有量最高。此外，在长沙都市圈行政边界地区公共服务的分布呈现明显的南北差异，靠近长沙市北部的岳阳市和益阳市的行政边界地区，医疗资源的人均占有量最高；靠近长沙市北部的岳阳市和南部的株洲市的行政边界地区，中小学的人均占有量最高。

6.2 行政边界存在降低公共服务可达性的负面作用，在都市圈之间表现出较大差异

通过计算五大都市圈有和无行政边界的可达性，得到行政边界对上海都市圈、南京都市圈、武汉都市圈、长沙都市圈及贵阳圈公共服务可达性的影响。结果表明，无论是就医可达性还是就学可达性，行政边界的存在对五大都市圈的公共服务可达性都具有负面作用，但其影响程度在五大都市圈之间存在较大差异。分析公共服务设施中的综合医院可以发现，行政边界对上海都市圈和长沙都市圈的影响非常小，而对于武汉都市圈、贵阳都市圈、南京都市圈的影响较大。其中，影响比例最大的是武汉都市圈，为21.2%；而影响比例最小的是上海都市圈，仅为0.4%。分析公共服务设施中的中小学，可以发现行政边界对上海都市圈和南京都市圈的影响非常小，对于武汉都市圈、贵阳都市圈、长沙都市圈的影响比较大。其中，影响比例最大的为武汉都市圈，高达55.6%；而影响比例最小的是上海都市圈，仅为0.8%。以上结论表明，无论是就医还是就学，行政边界对公共服务可达性的影响在不同都市圈之间都表现出了较大差异，其中对于武汉都市圈的影响都比较大，而对于上海都市圈几乎没有影响。

6.3 行政边界具有的负面作用在都市圈内部各地级市之间表现出巨大差异

行政边界对于都市圈公共服务可达性存在负面影响，因为行政边界的存在，都市圈的公共服务可达性有变弱的倾向，且在五大都市圈内部各地级市之间存在巨大差异。

对上海都市圈和长沙都市圈而言，行政边界对其内部各地级市就医可达性的影响比较小，内部差异性不明显；而对武汉都市圈、南京都市圈和贵阳都市圈来说，行政边界的影响作用在其内部各地级市间表现出显著的差异性。其中，在武汉都市圈内部6个地级市中，行政边界对就医可达性影响最大的是鄂州市，比例高达27.7%；而影响比例最小的是黄石市，仅为0.1%。在南京都市圈6个地级市中，影响比例最大的是镇

江市，为13.7%；影响最低的是芜湖市，为0，两者之间差距较大。在贵阳都市圈内部6个地级市中，行政边界对就医可达性影响最大的是黔南布依族苗族自治州，比例高达18.3%；而影响比例最低的是安顺市，仅为0.1%。

行政边界对上海都市圈内部各地级市就学可达性的影响比较小，内部差异性不明显；但对于贵阳都市圈、南京都市圈、武汉都市圈和长沙都市圈而言，行政边界对就学可达性的影响较大，都市圈内部各地级市的就学可达性存在较大差异。在贵阳都市圈3个地级市中，影响比例最大的是黔南布依族苗族自治州，高达21.6%；影响比例最小的是贵阳市，仅为0.2%。在南京都市圈6个地级市中，除了滁州市、南京市、芜湖市和扬州市的影响比例低于1%，几乎不存在影响外，其他地级市如镇江市和马鞍山市，行政边界的影响比例较大。其中，影响比例最大的是镇江市，为13%；影响比例最小的是扬州市。此外，无论是就医可达性还是就学可达性，行政边界对镇江市的影响都比较显著；在武汉都市圈内部6个地级市中，行政边界对就学可达性影响最大的是咸宁市，高达14.8%；而对黄石市、黄冈市、武汉市、鄂州市和孝感市的影响比例均在5%以下；在长沙都市圈中，行政边界对就学可达性影响最大的是益阳市，影响比例为10.6%；而影响比例最小的是长沙市，行政边界对其就学可达性无影响。此外，除了益阳市，行政边界对岳阳市、湘潭市和株洲市就学可达性的影响比例也均在5%以下。

6.4 启示

本文以上海都市圈、南京都市圈、武汉都市圈、长沙都市圈和贵阳都市圈为例，分析在都市圈地级市行政边界和区县级行政边界两个不同角度下，公共服务设施尤其是综合医院和中小学在行政边界附近的分布情况，进而分析行政边界对都市圈公共服务可达性的影响。

研究发现，假设消除都市圈内部各地级市的行政边界，无论是对都市圈整体还是都市圈内部不同地级市而言，居民就医可达性和就学可达性都有所改善，这也说明行政边界对公共服务可达性存在负面影响。这种负面影响在不同的都市圈之间表现的程度不同，尤其是对于上海都市圈而言，行政边界对公共服务可达性并没有太大的影响；而对武汉都市圈来说，行政边界在一定程度上阻碍了地级市居民就医和就学的可达性。

通过分析行政边界对武汉都市圈影响比例最大的原因，结合边界地区公共服务设施分布的比较差异结果，可以发现武汉都市圈边界地区综合医院的人均占有量整体较高，甚至从都市圈整体来看，武汉都市圈边界地区的医疗资源人均占有量比都市圈整体水平高 10.4%。但是，在武汉市靠近鄂州市和孝感市的边界地区，医疗资源的人均占有量出现了最低值。由于行政边界对鄂州市的影响比例极高使得行政边界对武汉都市圈的影响比例被拉高，因此公共服务设施的分布对于可达性具有重要的影响。

此外，都市圈内部各地级市之间的行政边界对公共服务可达性的影响存在较大差异，因此分析行政边界对公共服务可达性的影响，可以更好地刻画公共服务在都市圈内部的分布合理与否，以及行政边界作为固有地理界线是否阻碍了人们寻求基本公共服务的可达性。研究表明，行政边界对于人们获取基本公共服务有阻碍作用，故在完善基本公共服务的同时，在一定程度上消除行政边界的影响，有利于改善公共服务可达性的公平状况。

参考文献

[1] 丁焕峰，曾宝富.基本公共服务均等化研究综述[J].华南理工大学学报（社会科学版），2010，12（5）：34-41.

[2] 张薇.我国基本公共服务均等化的发展历程和建设策略[J].哈尔滨工业大学学报（社会科学版），2019，21（6）：123-129.

[3] 王亮，刘卫东.西方经济地理学对国家边界及其效应的研究进展[J].地理科学进展，2010，29（5）：601-608.

[4] 王成龙，刘慧，张梦天.行政边界对城市群城市用地空间扩张的影响：基于京津冀城市群的实证研究[J].地理研究，2016，35（1）：173-183.

[5] 朱传耿，王振波，孟召宜.我国省际边界区域的研究进展及展望[J].经济地理，2007（2）：302-305，290.

[6] MCCALLUM J. National borders matter: Canada- U.S. regional trade patterns[J]. The American economic review, 1995, 85（3）: 615-623.

[7] 李郇，徐现祥.边界效应的测定方法及其在长江三角洲的应用[J].地理研究，2006（5）：792-802.

[8] 汤建中，张兵，陈瑛.边界效应与跨国界经济合作的地域模式：以东亚地区为例[J].人文地理，2002（1）：8-12.

[9] 李铁立.边界效应与跨边界次区域经济合作研究[M].北京：中国金融出版社，2005.

[10] 王成龙，刘慧，张梦天.边界效应研究进展及展望[J].地理科学进展，2016，35（9）：1109-1118.

[11] 孙蕊.京津服务贸易引力模型与边界效应：以旅游业为例[J].商业经济研究，2017（11）：

136-138.

[12] 洪勇.中国国内与国际边界效应比较研究［J］.经济评论，2013（4）：88-96.

[13] 刘玉博，李鲁，张学良.超越城市行政边界的都市经济区划分：先发国家实践及启示［J］.城市规划学刊，2016（5）：86-93.

[14] 杨效忠，冯立新，张凯.交通方式对跨界旅游区景区可达性影响及边界效应测度：以大别山为例［J］.地理科学，2013，33（6）：693-702.

[15] 谭勇，皮灿，何东进，等.广州市城乡公共服务设施空间特征及其成因分析［J］.热带地理，2014，34（2）：241-247.

[16] 孙道胜，柴彦威.城市社区生活圈体系及公共服务设施空间优化：以北京市清河街道为例［J］.城市发展研究，2017，24（9）：7-14，25，2.

[17] 杜张颖，陈松林.南京都市圈经济发展时空分异与空间结构分析［J］.福建师范大学学报（自然科学版），2019，35（2）：104-108.

[18] 许均，周国华，唐承丽，等.长沙都市圈空间界定的定量研究［J］.安徽师范大学学报（自然科学版），2016，39（2）：175-180.

[19] WALTER G H. How accessibility shapes land use［J］. Journal of the American Institute of Planners，1959，25（2）：73-76.

长三角城市群住宅价格空间分布的溢出效应研究

朱世豪[1] 黄大全[1] 孔繁灏[1] 李政寰[2]

（1.北京师范大学地理科学学部，北京 100875；
2.华夏幸福研究院，北京 100027）

摘 要 城市群内部不同城市的房地产市场发展迥异，体现了一个地区不同尺度之间资源配置能力和作用的差异。本文采用克里金插值方法对长三角城市群房价空间分布格局进行空间估计，并以湖州市为例研究城市群核心城市房价对周边城市房价的影响。研究结果表明：①长三角城市群房价分布呈现多极核分布特征，但省间的共通性不强。溢出效应呈多源点的波纹式扩散状，扩散形状复杂。②湖州市房价分布受杭州市房价溢出效应的影响，呈现轴线状的双中心特征，并向东西两侧衰减。③城市群核心城市房价溢出效应远大于周边城市自身核心区的集聚效应，周边城市的房价空间分布普遍偏向临近核心城市。

关键词 住宅价格 长三角城市群 溢出效应 克里金插值

1 引言

城市住宅价格一直是城市地理学、城市规划学和经济地理学研究的重点内容。随着房地产产业的迅速发展，住宅价格的空间分布特征和分异规律越来越成为认识城市发展状态和城市间相互关系的重要视角。

房地产市场价格的形成受其自身物理属性、建成区位和经济背景等多种因素影响，是城市内部与所在区域的社会、经济、政策等众多因素交互影响的结果。住宅作为和土地具有强关联性的建筑，它受距离城市中心远近的影响；作为一种商品，它受自身属性和供求关系的影响；同时，房地产市场作为地方性市场，又受其他地区市场的影响。

地租地价理论和区位理论是城市住宅价格形成的理论依据。国外对于房地产的研究最早可以追溯到 17 世纪末 William Petty 提出的"级差地租"。20 世纪初，美国经济学家 Richard Theodore Ely 和 Edward Ward Morehouse 强调了城市土地特征和土地价格对住宅价格的影响。20 世纪 60 年代，William Alonso 等将区位论应用于城市内部地租地价的系统分析，以解释城市内部的用地与地价的分布，建立了解释城市住宅分布的分析框架。之后国内外学者在其基础上进行了修正和改进，加入了政府政策、轨道交通、土地供应等因素，使其在住宅与土地关系等方面得到广泛应用。

由于住宅是一种典型的商品，其价格差异取决于构成商品的各个特征，因此更多学者从特征价格理论出发构建模型进行研究。国外学者最早使用特征价格模型（Hedonic Price Model，HPM）对住宅市场进行理论和实证研究。其中，Ronald G. Ridker 最早利用特征价格模型分析了环境质量与城市住宅价格的关系。到了 20 世纪 70 年代，Sherwin Rosen 等将 HPM 引入房地产与城市经济领域，用来解释住宅价格空间分异形成的原因。20 世纪 80 年代以来，HPM 在国内外得到了广泛应用，在模型的结构改善、因子选择等方面得到了更加深入的研究。

以上两类理论的前提假设对象都是一个孤立城市，但在现实中，房地产市场并不是完全孤立的，还需要考虑区域住宅价格的溢出效应。溢出效应反映出经济基本面并不能很好地解释住宅价格的时空分布，某个房地产市场不仅受到城市中心的影响，更受到邻近大城市的房地产市场的影响。对这种效应的研究最早起源于英国，后来扩散到美国、爱尔兰、澳大利亚等其他国家。

中国的房地产市场起步较晚，目前研究多以单个房地产市场为对象，分析城市内部的住宅价格空间分布特征和影响因素，或是研究城市间房地产市场影响因素的差异，缺少强调区域内多个房地产市场之间的相互影响的研究，且由于数据收集限制，不能直观刻画溢出效应的空间特征。

长三角城市群是中国沿海地区经济规模最大、城市最密集的区域，也是房地产市场较为发达的区域之一，但长三角城市群内部的房地产市场发展迥异，呈现出较明显的多中心特点。本文基于房地产交易信息平台提供的 2018 年长三角城市群范围内二手房的交易信息，利用地理编码技术和空间插值方法，分析长三角城市群的房价空间分布特征，并以湖州市为例研究城市群核心城市房地产市场对周边城市住宅价格空间分布的影响。

2 研究区域与方法

2.1 研究区域

《长江三角洲城市群发展规划》指出,长三角城市群包括:上海,江苏省的南京、无锡、常州、苏州、南通、盐城、扬州、镇江、泰州,浙江省的杭州、宁波、嘉兴、湖州、绍兴、金华、舟山、台州,安徽省的合肥、芜湖、马鞍山、铜陵、安庆、滁州、池州、宣城等26市(见表1)。长三角城市群土地面积约为23万 km^2,约占全国的2.2%;2017年地区生产总值17.06万亿元,约占全国的20%。长三角城市群内城市类型多样,房地产市场特征复杂,随着城镇化进程的推进,非核心城市逐渐成为房地产市场的重心。

表1 长三角城市群概况

省/直辖市	地级市	年末常住人口(万人)	占比(%)	土地面积(km^2)	占比(%)	GDP(亿元)	占比(%)
上海		2418.33	14.94	6341	2.82	30632.99	17.96
江苏	南京	833.5	5.15	6587	2.93	11715.10	6.87
	无锡	655.3	4.05	4627	2.05	10511.80	6.16
	常州	471.7	2.91	4374	1.94	6618.42	3.88
	苏州	1068.4	6.60	8657	3.84	17319.51	10.15
	南通	730.5	4.51	10549	4.68	7734.64	4.53
	盐城	724.2	4.47	16931	7.52	5082.69	2.98
	扬州	450.8	2.78	6591	2.93	5064.92	2.97
	镇江	318.6	1.97	3840	1.71	4010.36	2.35
	泰州	465.2	2.87	5787	2.57	4744.53	2.78
浙江	杭州	946.8	5.85	16596	7.37	12603.36	7.39
	宁波	800.5	4.94	9816	4.36	9842.06	5.77
	绍兴	501.0	3.09	8279	3.68	5078.37	2.98
	湖州	299.5	1.85	5820	2.58	2476.13	1.45
	嘉兴	465.6	2.88	4223	1.88	4380.52	2.57
	金华	556.4	3.44	10942	4.86	3848.62	2.26
	舟山	116.8	0.72	1459	0.65	1219.78	0.71
	台州	611.8	3.78	9411	4.18	4388.22	2.57
	温州	921.5	5.69	12083	5.37	5411.59	3.17

续表

省/直辖市	地级市	年末常住人口（万人）	占比（%）	土地面积（km²）	占比（%）	GDP（亿元）	占比（%）
安徽	合肥	796.5	4.92	11445	5.08	7003.05	4.10
	芜湖	369.6	2.28	6026	2.68	2963.26	1.74
	马鞍山	230.2	1.42	4049	1.80	1710.09	1.00
	铜陵	160.8	0.99	2991	1.33	1122.10	0.66
	安庆	464.3	2.87	13538	6.01	1708.83	1.00
	宣城	261.4	1.61	12313	5.47	1185.56	0.69
	池州	144.9	0.90	8399	3.73	624.35	0.37
	滁州	407.6	2.52	13516	6.00	1604.39	0.94

湖州市地处浙江北部，东邻嘉兴，南接杭州，北濒太湖，距离杭州75km、上海130km、南京220km，既是长三角城市群成员城市，又是环杭州湾核心城市。全市辖吴兴、南浔两区和德清、长兴、安吉三县，面积为5820km²，2017年常住人口为299.5万人。

2.2 数据来源

本文的住宅价格均采用城市二手房单位建筑面积的均价。本文利用网络爬虫技术，通过房地产交易平台"房天下"（www.fang.com）提供的二手房交易信息，搜集了2018年长三角城市群范围内城市的二手房样本点的单位建筑面积价格和地址信息，并通过地理编码技术，将样本点的地址信息映射为地理坐标。

需要指出的是，二手房的实际交易价格和房地产交易平台公布的价格之间存在误差，但并不会对城市群房价整体分异格局的分析结果造成重大影响。

2.3 研究方法

本文对长三角城市群的房价空间分布特征采用空间插值方法进行拟合分析。空间插值方法是一种应用于将离散点的测量数据转换为连续的曲面数据的算法，能够将拟合出的曲面与其他空间现象的分布情况进行比较，具有广泛的应用场景。

空间插值方法主要有克里金插值、最近邻插值、反距离权重插值、样条函数插值等，由于住宅价格在空间上具有显著的相关性，且拟合效果不会受到样本点非均匀采样的影响，因此选择克里金插值方法。

克里金插值方法由南非采矿工程师Danie G. Krige于1951年首次提出，后由法国统计学家Georges Matheron发展深化成一种最优内插方法。克里金插值方法假设在某一

区域内样本点 x_j 处的数值为 $Z(x_i)$，$j=1$，2，3，⋯，n，而在待估点 x_0 的估算值 $\hat{Z}(x_0)$ 可以通过待估点周边的 n 个已知样本点的数值 $Z(x_i)$ 的线性组合来求取，其公式表达为

$$A = \frac{\sum_{i=1}^{N} \min(d_{ij})}{N} \tag{1}$$

式中，φ_i 为已知样本点 x_i 的权重。

克里金插值方法是在地统计学的半变异函数理论和结构分析基础上，对样本点进行最优无偏估计的一种方法。克里金插值法考虑了研究区域内采样点的随机性和结构性，最大化利用了采样点数值和空间关系所提供的各种信息，避免了异常值的产生，从而使这种插值方法比其他方法更精确。

3 长三角城市群房价分布格局

3.1 长三角房价空间分布特征

根据搜集的长三角住宅价格数据，利用克里金插值方法拟合长三角城市群的房价空间分布。从整体来看，长三角城市群东部地区和南部地区的住宅价格较高，西部地区的住宅价格较低。长三角的房价空间分布东西方向差异较为明显，呈现多极核分布特征（见表2）。

表2　长三角价格区间面积占比

价格区间（元/m²）	面积（km²）	占比（%）
＜6447	57299.55	27.6251
6447~9944	80641.10	38.8784
9945~11865	23533.97	11.3461
11866~15363	24365.20	11.7469
15364~21734	13724.71	6.6169
21735~33340	4872.85	2.3493
33341~54478	2055.33	0.9909
54479~92983	922.66	0.4448
＞92983	3.42	0.0016

上海作为中国经济、金融、贸易、航运、科技创新中心和长三角城市群的超大城市，其房价最高。南京、杭州、苏州、宁波等Ⅰ、Ⅱ型大城市房价次之；合肥作为安徽省省会城市房价相对较低，与江苏省的常州和浙江省的台州类似，处于中等水平；

而城市群中其余的城市房价相对较低。同时,长三角城市群核心城市对非核心城市产生溢出效应,经济基本面已经不能对住宅价格分布状况做出合理解释。溢出效应呈现出多源点的波纹式扩散状且扩散形状复杂,核心城市之间的溢出效应存在差异。

上海、苏州的住宅价格最高且房地产市场的共通性较好,溢出效应最强;嘉兴、南通和无锡的房地产市场受其影响形成环上海市、苏州市的高房价区域;南京的住宅价格相对较高,但辐射面积较小,在区域中的溢出效应较弱,且衰减速度较快;扬州、镇江、常州的住宅高价区域仍在城市中心,邻接处的住宅价格受影响的程度不大。杭州的住宅价格处于第二阶梯,对区域住宅价格的溢出效应相对较强且辐射范围较大;湖州、绍兴、金华和安徽省的宣城受杭州影响较大,呈现邻接处的住宅价格高于各自城市中心的特征。其余城市如合肥、宁波等的溢出效应不明显。

长三角城市群的房价空间分布的跨省域共通性不强,说明长三角城市群房地产市场所依赖的社会、经济、政治联系没有突破省级边界。上海市与江苏省苏州市的房地产市场拥有独立的中心,在省界线周边形成相对低洼的住宅价格区。安徽省滁州和马鞍山对江苏省南京房地产市场的影响力反应不明显,只有浙江省杭州市房地产市场的影响力突破了省界,提高了安徽省宣城市南部的房地产市场价格。

3.2 湖州市房价空间分布特征

同样利用克里金插值方法对湖州市的房价空间分布进行拟合,通过统计各个价格区间的占地面积可以发现,研究范围内各个住宅价格区间面积占比差异明显(见表3)。湖州市住宅价格主要为6552~9384元,该价格区间的面积占比约为39%。高住宅价格区间分级丰富但面积小,超过16396元的住宅价格区间面积占比约为7%。

表3 湖州市住宅价格区间面积占比

价格区间(元/m^2)	面积(km^2)	占比(%)
<6552	592.64	10.21
6552~9383	2241.62	38.61
9384~10708	960.74	16.55
10709~11328	301.68	5.20
11329~11618	126.60	2.18
11619~12238	265.32	4.57
12239~13563	402.44	6.93
13564~16396	489.69	8.43
>16396	425.03	7.32

从湖州市住宅价格空间分布拟合的结果来看，湖州市吴兴区和安吉县、德清县南部住宅价格较高，而南浔区和长兴县东西方向的住宅价格较低，尤其是长兴县于安吉县西侧靠近浙江省界一侧的乡镇，住宅价格最低，空间差异明显，呈现轴状的双中心特征，而不是同心圆圈层式拓展。湖州市房地产市场的重心在安吉、德清两县的南部。

吴兴区作为湖州市的政治、经济、文化中心，地区交通便利、基础设施完善，紧邻太湖而自然条件优越，因此平均住宅价格较高，形成以主城区为中心，贴近太湖沿岸圈层式向外衰减的格局。而且，由于北部太湖的自然阻断作用，苏州市的房地产溢出效应被打断，因此形成基于吴兴区经济基本面的住宅价格空间分布中心之一。

但从整个湖州市来看，高房价市场实际上主要聚集在远离主城区的安吉、德清两县的南部，且高房价范围远大于吴兴区北部临太湖区域的住宅价格范围，成为湖州市的房地产市场的核心地带。

从自然条件来看，优良的环境质量是影响发达地方房地产市场的重要因素之一。安吉、德清两县是极具发展特色的生态县，是"两山"理念发展强县。两县境内拥有中南百草原、新市古镇等丰富的旅游资源，因此自然环境优美、旅游业发达。当地住宅多为依山而建的精装修洋房和排屋等高档住宅，适合度假、养生和人居，且已形成氛围，吸引了长三角城市群各个城市的人口迁入。

从地理区位和特征价格来看，地理临近和交通特征也成为影响安吉、德清两县房地产市场的一个重要因素。首先，安吉、德清两县作为杭州市的"北大门"，其与杭州市的地理优越性超过了湖州市主城区。其次，高铁缩短了安吉、德清两县与杭州市的距离，随着杭德城际铁路被纳入杭州都市圈铁路规划，交通的便捷度和人流、物流的紧密度将得到进一步提高。

此外，大型的会议或国际赛事提前刺激、透支了德清县房地产市场的发展潜力。德清县作为2018年联合国地理信息大会会场和2020年的亚运会的分会场，正处在住宅价格增值的前期阶段。知名度的提升、经济投资的流入和当地基础、配套设施的完善都刺激了德清县房地产市场的发展。

总体来看，安吉、德清县住宅价格高企的主要原因仍是杭州市房地产市场的溢出效应。因为安吉、德清县南邻杭州，距离杭州不到30km，核心城市人口和外地人口向当地迁移导致刚性需求、改善型需求和投资性需求一起转移，带动了当地房地产市场的发展。同时安吉、德清县相对于吴兴区来说，与杭州市的融城时间早，联系更紧密，共通性更强，人流、物流和信息流的强度和频度更大，其经济、文化、生活更能融入杭州，受杭州市发达的房地产市场溢出效应的影响，形成了南部的高住宅价格区域。

4 结论与讨论

城市住宅价格是在房地产市场供求关系相互作用中形成的，受社会、经济、政策、人口、建筑特征等多重因素的影响。但从区域角度来看，某个房地产市场不仅受到城市中心经济基本面的影响，更受到邻近核心城市房地产市场溢出效应的影响。本文对长三角城市群的房价空间分布特征进行了拟合分析，并以湖州市为例，强调了溢出效应在区域住宅价格空间分布的重要作用。研究表明：

（1）长三角住宅价格空间分布格局与其城市体系结构、经济发展程度基本一致，长三角的房价由直辖市、省会城市向外围跳跃式递减，呈现多极核分布特征。长三角城市群核心城市对非核心城市产生溢出效应，呈现多源点的波纹式扩散状，且扩散形状复杂。核心城市之间的溢出效应存在差异，小城镇房价偏移受其经济基本面影响，形成靠近核心城市的高价区。长三角城市群的房价空间分布的省间共通性不强，长三角一体化程度有待提高。

（2）湖州市房地产市场受杭州市房价溢出效应的影响，吴兴区沿湖和安吉县、德清县南部的住宅价格较高，而南浔区和长兴县东西两侧住宅价格较低，呈现轴状的双中心特征。湖州市的房价空间分布主要受当地自然环境条件和杭州市房地产市场溢出效应的影响，高住宅价格区主要集中在湖州市的南部区域。

（3）核心城市对周边城市的住宅价格溢出效应的影响远大于周边城市自身发展带来的影响，且这种影响与周边城市同核心城市的空间距离的远近、经济联系的密切性、交通的连通性和城市间的人口迁移规模有关。城市群的一体化程度，尤其是交通的一体化程度越高，核心城市对周边城市的溢出效应越强，辐射面积越广。

小城镇在受到核心城市带动、刺激房地产市场发展的同时，也面临承载房地产市场份额的挑战，这是区域住宅价格的空间溢出效应带来的二次效应。因此，需要统筹规划长三角城市群的核心城市和周边城市的住宅建设和政策支持，以满足像湖州市等类似城市承接核心城市溢出效应的基本需求。

由于数据搜集和地理编码有一定难度，本文只搜集了一期长三角城市群的房价数据来分析长三角城市群的房价空间分布特征，缺少量化的指标来具体分析其影响因素，但还是得到了和实际情况相符的实证结论，可以较好地反映长三角城市群核心城市发展对周边城市的影响，为长三角城市群的一体化建设提供参考依据。

参考文献

[1] 威廉·配第. 赋税论：献给英明人士货币略论[M]. 陈冬野, 等, 译. 商务印书馆, 1978.

[2] 周诚. 土地经济学原理[M]. 北京：商务印书馆, 2003.

[3] ALONSO W. Location and land use: toward a general theory of land rent[M]. Cambridge: Harvard Universty Press, 1964.

[4] THUNEN J H V. The isolated state in relation to agriculture and political economy[M]. London: Palgrave Macmillan UK, 2009.

[5] 彭翊, 罗忠华. 阿朗索地租模型及其修正[J]. 中国房地信息, 2003（10）：28-29.

[6] 张岑遥. 城市房地产价格中的地方政府因素：成因、机制和效应[J]. 中央财经大学学报, 2005（10）：65-69.

[7] 郑捷奋. 城市轨道交通与周边房地产价值关系研究[D]. 北京：清华大学, 2004.

[8] NICHOLS J B, OLINER S D, MULHALL M R. Swings in commercial and residential land prices in the United States[R]. [S.l.：s.n.], 2013, 73（1）.

[9] HENNING R J A. The determinants of residential property values with special reference to air pollution[J]. The review of economics and statistics, 1967, 49（2）：246-257.

[10] ROSEN S. Hedonic prices and implicit markets: product differentiation in pure competition[J]. Journal of political economy, 1974, 82（1）：34-55.

[11] SIRPAL R. Empirical modeling of the relative impacts of various sizes of shopping centers on the values of surrounding residential properties[J]. Journal of real estate research, 1994, 9（4）：487-506.

[12] 温海珍, 贾生华. 住宅的特征与特征的价格：基于特征价格模型的分析[J]. 浙江大学学报（工学版）, 2004（10）：101-105, 112.

[13] 郭文刚, 崔新明, 温海珍. 城市住宅特征价格分析：对杭州市的实证研究[J]. 经济地理, 2006（S1）：175-190.

[14] 周丽萍, 李慧民, 杨嘉. 基于GIS的房地产特征价格模型研究[J]. 西安建筑科技大学学报（社会科学版）, 2008（2）：26-28, 39.

[15] 何里文, 邓敏慧, 韦圆兰. 武广高铁对住宅价格影响的实证分析：基于Hedonic Price模型和微观调查数据[J]. 现代城市研究, 2015（8）：14-20, 25.

[16] HOLMANS A E. House prices: changes through time at national and sub-national level[R]. London: Department of the Environment, 1990.

[17] CLAPP J M, TIRTIROGLU D. Positive feedback trading and diffusion of asset price changes: Evidence from housing transactions[J]. Journal of economic behavior and organization, 1994, 24（3）：0-355.

[18] STEVENSON, SIMON. House price diffusion and inter-regional and cross-border house price dynamics [J]. Journal of property research, 2004, 21 (4): 301-320.

[19] COSTELLO G, FRASER P, GROENEWOLD N. House prices, non-fundamental components and interstate spillovers: The Australian experience [J]. Journal of banking & finance, 2011, 35 (3): 0-669.

[20] 孙倩, 洪开荣. 基于Cokriging的住房价格空间格局分析: 以长沙市为例 [J]. 经济地理, 2014, 34 (12): 99-105.

[21] 王彦君. 西安市居住空间分异及其效应评价研究 [D]. 西安: 西北大学, 2018.

[22] 宋伟轩, 刘春卉. 长三角一体化区域城市商品住宅价格分异机制研究 [J]. 地理研究, 2018, 37 (1): 92-102.

[23] 张旭亮, 宁越敏. 长三角城市群城市经济联系及国际化空间发展战略 [J]. 经济地理, 2011, 31 (3): 353-359.

[24] 吴宇哲, 吴次芳. 基于Kriging技术的城市基准地价评估研究 [J]. 经济地理, 2001, 21 (5): 584-588.

[25] 曾晖. 城市住宅价格时空分布规律研究 [D]. 南京: 南京林业大学, 2012.

[26] 陈卓. 长三角区域城市的房价偏离及其溢出效应研究 [D]. 南京: 南京财经大学, 2016.

重点都市圈轨道交通站点周边区域POI分布研究

张　超[1]　戴特奇[1]　蒲劲秋[2]

（1.北京师范大学地理科学学部，北京　100875；
2.华夏幸福研究院，北京　100027）

摘　要　随着社会经济的发展，都市圈内空间结构正在经历着深层次的变革和重组。目前，多个城市陆续开通的轨道交通有力促进了沿线各大功能区的建设和发展，从而促进都市圈整体发展空间的运行效率。在此背景下，政策制定者、学者及轨道交通沿线城市均意识到交通枢纽对城市的重要作用，但是究竟交通枢纽对城市的影响有多大，会带来哪些产业的增长，国内的研究相对较少。本文借助POI数据来分析都市圈交通枢纽周边区域的发展现状及增长规律，以期为我国在此方面的实践和研究提供一些参考。本文从都市圈之间及都市圈内这两个角度出发，通过对都市圈不同圈层轨道交通站点3km范围内POI数量分布特征及增量特征进行分析，得出以下主要结论：①将同一圈层内5个都市圈进行比较，可以发现在同一圈层内，各都市圈的发展优势存在一定差异。②在对同一都市圈内三圈层间的POI数量分布进行比较时，发现都市圈内不同圈层的POI数量分布存在较大的相似性，均是购物、餐饮、公司企业明显高于住宿、金融、医疗，总体上呈现核心圈—都市圈—城市圈三圈层递减的规律。③对五大都市圈内三圈层间的2010年与2018年POI增量进行分析，核心圈购物、餐饮、公司企业类POI均呈现出增量大、增速高的增长趋势，城市圈、辐射圈的增量远低于核心圈。

关键词　都市圈　轨道交通站点　POI分布

1 引言

1.1 研究背景及意义

在经济全球化、城市区域化背景下,都市圈内空间结构正发生深层次的变革与重组,以新城建设为先导、轨道交通为纽带的空间格局,成为我国北京、上海、天津等众多都市圈多中心空间布局与高密度建设的主旋律。经过多年的发展,陆续开通的轨道线路如北京市郊铁路 S2 线与 S5 线、上海金山铁路等有力促进了都市圈轨道沿线各大功能集聚区的建设与发展,以疏解都市圈单中心的重叠功能与过度集聚的人口,进而提高都市圈整体发展空间的运行效率。因此,都市圈内企业和住宅的区位不断发生变化,城市形态也开始转型,转型的主要特点是产业的重新集聚、郊区化、城市蔓延等。在此背景下,铁路站点等交通枢纽地区成为政策制定者和学者关注的焦点。

交通枢纽地区的重要性不仅体现在交通设施本身,而且体现在交通枢纽对城市经济发展的带动作用,以及对交通枢纽周边地区的规划与土地开发的影响等方面。目前,随着我国高铁的快速发展,沿线站点城市都意识到交通枢纽对城市的重要作用,但是究竟交通枢纽对城市的影响有多大,会带来哪些产业的增长,国内的研究相对较少。本文借助于 POI 数据来分析都市圈交通枢纽周边区域的发展现状及增长规律,以期为我国在此方面的实践和研究提供一些参考。

1.2 文献综述

1.2.1 交通站点地区圈层理论

20 世纪 90 年代初,美国学者彼得·考尔索普(1993)提出公共交通导向的土地开发模式——TOD(Transit Oriented Development)。以交通为导向的 TOD 模式将与步行区结合的郊区重建看成是区域规划和城市振兴的重要手段。铁路客运站站区作为城市交通系统中的重要组成部分,在设计上主要遵循以下几个原则:以铁路客运站作为区域的中心,站区中包含一个区域性的节点,通常将办公、居住、零售等功能考虑进去;围绕铁路客运站,建成一个高密度的 10 分钟步行圈;辅以电车、轻轨、公交等交通方式,在以铁路客运站为中心的 10 分钟步行圈内减少地面停车场的布置。

孔令斌(2009)总结 TOD 模式具有以下 4 个特征:①土地利用多样化,混合布置商业、办公、居住用地;②优良的步行环境,在以 TOD 模式为基础的开发中,交通设施布局均以步行可达性作为规划和设计的参考标准;③集约开发,通过高密度的土地开发缩短居住、工作、购物地点之间的距离;④靠近公共交通站点,开发围绕公共交通站点进行，距离公共交通站点的距离基本在步行范围以内。

近郊铁路客运枢纽综合开发的 ROD（Rail Oriented Development）理论是铁路客运站站区研究中比较典型的理论模型，该模式以铁路枢纽及与之发生关联的城市交通枢纽带动城市边缘地区的高密度开发。与 TOD 模式相似，李蕾（2010）认为 ROD 模式同样强调在区域层面上组织紧凑的、有公交系统支撑的城镇发展模式，在枢纽站点周围适于步行的范围内布置混合性质的用地，并提供多种价格、密度的住宅类型和多元的商业模式，可以引导城市的集约化发展，节约土地和能源。

ROD 和 TOD 在本质上不存在很大的差别，但在圈层用地布局上存在不同。依据 TOD 模式，枢纽地区周边应以综合交通枢纽为核心，混合各种功能，呈圈层布局结构。核心区：交通枢纽、商业、中央商务区、办公、城市公共设施，服务半径在 800m 范围内。拓展区：混合用地（居住、公共服务），服务半径约 1500m。影响区：扩展区以外的区域，布置其他城市功能。ROD 模式指导下的功能业态分布为，核心区：站点本身及换乘设施，并布置必要的配套服务设施，主要为乘客服务。拓展区：办公、酒店、金融、会展和信息咨询，主要为城市服务。影响区：偏向于城市生活，主要布置商业、娱乐、一些住宅及非污染工业，以确保城市的人气。

ROD 模式与 TOD 模式都是圈层式布局，在不同的圈层结构里进行复合式的用地功能处理。但 ROD 模式的出发点是铁路客运站站区的用地功能，强调的是交通枢纽站周边地区的用地功能布局；而 TOD 模式是以城市内的交通体系为主建立的，两者在不同圈层内的用地功能布局上有一些差别。这种差别主要集中在核心区的用地功能布置上，在 ROD 模式中，核心圈层主要是布置交通枢纽服务，辅助一些为旅客服务的购物餐饮服务等；而在 TOD 模式中，核心圈层并不是以交通枢纽服务为主，而是以人行步道交通连接的商务商业、金融办公和酒店公寓等城市功能为主要用地配置。

1.2.2 火车站地区空间结构

在既有针对铁路客运站站区的研究中，大多是对站区的发展规划进行一些理论上的研究和评判，如铁路站点周边地区的空间结构模式等。Andre Sorensen（2000）在火车站地区土地利用的研究过程中，逐渐提出了火车站地区的圈层式横向空间结构理论：①车站中心区（Station Centered），主要包括车站本身及其相邻区域；②步行合理区（Station Walkable），主要是指车站中心区外围，及主要以步行方式衔接的区域；③汽车外围区（Automobile Oriented），主要是指步行合理区外围和车站以小汽车等交通方式衔接的区域，一般没有确定的外围边界。Schutz、Pol 等（2006）根据高铁火车站地区的实例研究，提出了 3 个圈层的开发模型。该理论把高铁火车站周边地区按与车站的距离分为：核心区/第一圈层（Primary Development Zones），功能定位主要为商务办公，开发强度最大，容积率最高，布置交通枢纽、商业、商务、贸易、办公设施等城市公共设施，服务半径800m以内（5~10分钟步行距离）；影响区/第二圈层（Secondary Development Zones）为扩散影响区，功能定位也集中商务办公及其配套设施，开发强度较大，布置居住和公共服务用地混合功能，半径约1500m（10~15分钟步行距离）；外围影响区/第三圈层（Tertiary Development Zones）为受影响最小区域，半径1500m以外区域，布置对外服务功能和为主体功能配套的功能（见图1）。

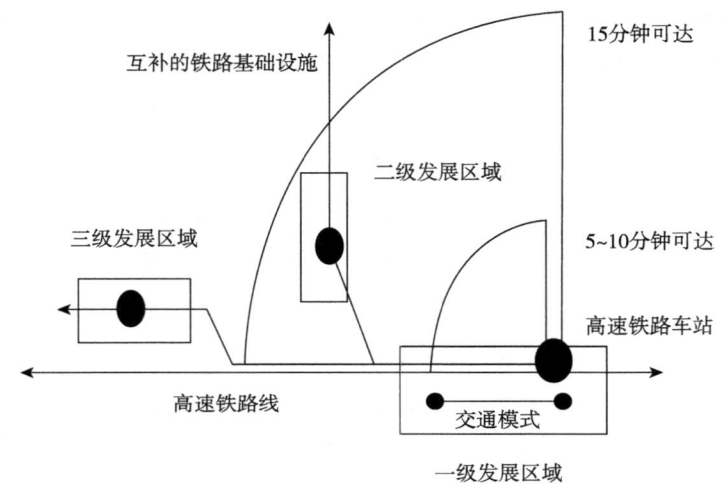

图1　高铁站点周边区域三圈层开发模型

资料来源：窦迪. 城市高铁客运站周边区域开发策略研究［D］. 上海：上海交通大学，2012.

随着火车站地区土地利用研究的深入，国内学者们逐渐认识到车站地区空间结构研究对车站地区可持续发展的重要性。许学强（1997）对香港基础设施与环境的关系进行了研究，提出要把地方发展的积极性和区域发展的必要性结合起来，形成一个充满活力的交通设施建设机制，促进香港与珠江三角洲的交通设施配套、联网、协调发展。郭笑平等（2000）介绍了德国斯图加特火车站的改建经验，提出火车站地区与已有城市结构的完美结合对于一个持续而有效的城市发展起着决定性的作用。姜旭（2004）指出火车站主体布置在地面，对城市空间产生了巨大的分割，造成被分割的两部分城市空间缺乏有效的联系，同时两部分与火车站的辐射影响关系也有很大不同，直接造成两部分的城市形态特征有很大差异。

此外，有部分学者探讨了火车站地区空间结构演化模式对车站地区的有序发展和管理的作用。张复明（2001）对区域性交通枢纽及其腹地的城市化模式进行了研究，通过分析概括出交通枢纽腹地城市化发展的动态演进模式：①交通职能产生，城市节点出现；②交通职能及相关职能发展，城市迅速扩张，城市的区域影响不断增强；③城市职能体系基本形成，城市经济区格局渐具雏形；④城市职能和规模发展机制定型，城市区域经济一体化。

1.2.3 火车站地区土地利用

实践证明，交通与土地利用的关系非常密切，众多学者就火车站建设与周边土地的利用关系展开了多方面研究。Cervero（1992）提出运输能够使一个城市利用市场力量提高火车站地区的土地利用密度，从而有利于创造更多有效率的次中心，同时还可以减弱城市的空间扩张活力。Newman 等（1996）在对北美洲的温哥华的案例研究中发现，火车站地区出现了不同功能用地的结合，同时还指出，火车站地区高速公路的缺乏，往往会增强火车站地区的吸引力，进而促进火车站地区的居住用地和商业用地的发展。Steven 等（1999）将交通设施建设对土地利用的影响归结为三类：①直接的交通影响：可达性的改善；②间接影响：辅助政策的实施；③次要影响：动力和促进力，并就火车站的次要影响进行了简单分析。

我国目前关于火车站地区土地利用研究主要以火车站地区的圈层结构为基础，分别分析不同圈层的土地使用功能种类及分布状况。张小星（2001）在对广州火车站地区的研究中把火车站地区的土地使用功能划分为三类：①交通枢纽功能，主要包括售票、候车、站台和集散大厅等；②交通配套功能，主要是指集散广场（站前广场）；③城市功能，主要包括商业、旅业、办公、居住和城市公共服务等。张小星（2002）、姜旭（2004）对火车站周边的土地利用功能进行了研究，提出火车站"核心枢纽区"的土地利用主要以交通枢纽功能为主。"枢纽外围区"的土地利用功能类型主要有两类：城市功能和交通配套功能。一般火车站地区土地利用功能的设置要适合火车站的特点，要与交通枢纽紧密联系，相关功能可以按紧密程度排序：交通配套功能、城市功能、城市公共服务、旅游业、商业、办公、居住。此外，姜旭（2004）还提出，"枢纽外围区"具有的交通枢纽、城市门户特性非常突出，公共服务功能及商业、金融、酒店等服务功能占有较大比重，与火车站地区作为重要的城市中心比较匹配，但是在具体类型的分配上仍可以调整，办公和居住类用地亦占有一定比重，有发展的需要和余地。

1.2.4 火车站地区与地区经济发展

火车站的建设加强了城市和车站地区与外部人流、物流和信息流的联系，有利于城市的工业、商业和物流业等产业的发展，同时还更易于吸引优秀人才，从而对地区经济发展产生深刻的影响。Christopher（1997）以亚特兰大铁路车站为例分析了车站对地区经济的影响，主要是通过调查车站地区的人口及其就业状况建立模型，然后分析其经济效果。但是，相关研究发现车站并没有带来明显的效果，但改变了车站地区的人口就业结构。程姜权（2003）以中国武汉的汉口火车站为例，指出火车站的建设不仅提高了火车站地区的交通中心地位，而且由于其系统通达性的增强，大大改善了火车站地区的投资环境，从而吸引了大量的国外投资，使火车站地区的土地价值得以实现。Sebastiaan（2004）在伦敦的案例研究中发现，信息技术的发展为火车站周边办公业的发展创造了条件；同时，他还指出在火车站周边开发房地产是政府增加财政收入的有效来源。

火车站是现代城市的一项大型基础设施，车站的有效运营能有效提高城市的可达性和可进入性，从而可以直接扩大城市的潜在消费市场和需求市场。同时，车站还可以间接地改变人们的出行和消费行为。David（2001）就铁路车站建设对周边居民财产价值的影响进行了定量研究，指出车站建设有利于减少周边居民的交通费和吸引零售业向车站周围集中。Oskar（2005）对火车站建设的市场影响进行了研究，指出：①对车站建设影响较深刻的两个市场为住房市场和劳动力市场，房地产市场和人才市场都是城市发展的重要方面；②火车站周边的居民会提高公共交通的出行比率，在一定程度上缓解了城市交通的阻塞状况，有利于城市经济的发展。

近些年来，随着大数据技术的成熟，开始有学者借助于POI数据分析铁路站点周边区域的商业空间分布或者开发程度。许闻博等（2017）采用百度地图POI数据，对京沪沿线11个开发相对成熟的高铁站点的开发成熟度进行了评价，并对其周边生活型服务业空间的分布特征及影响因素进行了分析。王维礼等（2019）以商业兴趣点（POI）的核密度特征为依据，对地铁站周边的商业空间活力进行分级，构建多视角和多维度的评价指标体系，采用耦合协调度模型评估地铁站活力与商业空间活力两个系统之间的联系程度。陈彬彬等（2018）选择汉口站站区为具体研究对象，对2012年和2016年站区的开源数据进行处理，依据数据所产生的相关图像对站区商业空间的分布与演变进行详细的对比分析。

2 研究数据和方法

2.1 研究范围

本文的研究范围包括国内五大重点都市圈，分别是北京都市圈、上海都市圈、广州都市圈、深圳都市圈、郑州都市圈，每个都市圈分别包括核心圈、城市圈、辐射圈这 3 个圈层。

2.2 研究数据

本文采用的数据为高德地图平台获取的 2010 年、2018 年 POI（Point of Interest）数据。POI 一般包含名称、地址、经纬度、类型等几方面的信息，可以是人们日常生活中的地理实体，如学校、医院、车站、商业点等方面的信息，也可以是旅游景点、风景名胜区等方面的信息。本研究所用的 POI 数据包括"餐饮服务""购物服务""公司企业""住宿服务""金融保险服务""医疗保健服务"六类（见表 1），其中都市圈内轨道交通站点是根据 POI 数据中景区的"交通设施服务"中提取的相关信息而得到。

表 1 六类 POI 数据详细分类

大类	中类	小类
餐饮服务	中餐厅	中餐厅 / 综合酒楼 / 四川菜（川菜）/ 广东菜（粤菜）/ 山东菜（鲁菜）/ 江苏菜 / 浙江菜 / 上海菜等
	外国餐厅	外国餐厅 / 西餐厅（综合风味）/ 日本料理 / 韩国料理 / 法式菜品餐厅 / 俄国菜 / 葡国菜等
	快餐厅	快餐厅 / 肯德基 / 麦当劳 / 必胜客 / 永和豆浆 / 茶餐厅 / 大家乐 / 大快活 / 美心等
	咖啡厅	咖啡厅 / 星巴克咖啡 / 上岛咖啡 /Pacific Coffee Company / 巴黎咖啡店
	休闲餐饮场所	休闲餐饮场所
购物服务	专卖店	专营店 / 古玩字画店 / 珠宝首饰工艺品 / 钟表店 / 眼镜店 / 书店 / 音像店 / 儿童用品店 / 自行车专卖店等
	超级市场	超市 / 家乐福 / 沃尔玛 / 华润 / 北京华联 / 上海华联 / 麦德龙 / 乐天玛特 / 华堂 / 卜蜂莲花 / 屈臣氏等
	体育用品店	体育用品店 / 李宁专卖店 / 耐克专卖店 / 阿迪达斯专卖店 / 锐步专卖店 / 彪马专卖店 / 高尔夫店等
	家电电子卖场	家电电子卖场 / 综合家电商场 / 国美 / 大中 / 苏宁 / 手机销售 / 数码电子 / 丰泽
	家具建材市场	家居建材市场 / 家具建材综合市场 / 家具城 / 建材五金市场 / 厨卫市场 / 布艺市场 / 灯具瓷器市场
	综合市场	综合市场 / 小商品市场 / 旧货市场 / 农副产品市场 / 果品市场 / 蔬菜市场 / 水产海鲜市场
	服装鞋帽皮具店	服装鞋帽皮具店 / 品牌服装店 / 品牌鞋店 / 品牌皮具店
	便民商店 / 便利店	便民商店 / 便利店 /7-ELEVEN 便利店 /OK 便利店
	商场	商场 / 购物中心 / 普通商场 / 免税品店
	花鸟鱼虫市场	花鸟鱼虫市场 / 花卉市场 / 宠物市场

续表

大类	中类	小类
	特殊买卖场所	特殊买卖场所/拍卖行/典当行
	个人用品/化妆品店	其他个人用品店/莎莎
	购物相关场所	购物相关场所
	特色商业街	特色商业街/步行街
公司企业	公司	公司/广告装饰/建筑公司/医药公司/机械电子/冶金化工/网络科技/商业贸易/电信公司等
	农林牧渔基地	其他农林牧渔基地/渔场/农场/林场/牧场/家禽养殖基地/蔬菜基地/水果基地/花卉苗圃基地
	知名企业	知名企业
住宿服务	宾馆酒店	宾馆酒店/六星级及以上宾馆/五星级宾馆/四星级宾馆/三星级宾馆/经济型连锁酒店
	旅馆招待所	旅馆招待所/青年旅舍
	住宿服务相关	住宿服务相关
金融保险服务	自动提款机	中国银行ATM/中国工商银行ATM/中国建设银行ATM/中国农业银行ATM/交通银行ATM等
	银行	中国人民银行/国家开发银行/中国进出口银行/中国银行/中国工商银行/中国建设银行等
	保险公司	中国人民保险公司/中国人寿保险公司/中国平安保险公司/中国再保险公司/中国太平洋保险等
	证券公司	证券公司/证券营业厅
	金融保险服务机构	金融保险机构
医疗保健服务	专科医院	专科医院/整形美容/口腔医院/眼科医院/耳鼻喉医院/胸科医院/骨科医院/肿瘤医院等
	综合医院	综合医院/三级甲等医院/卫生院
	医药保健销售店	医药保健相关/药房/医疗保健用品
	动物医疗场所	动物医疗场所/宠物诊所/兽医站
	医疗保健服务场所	医疗保健服务场所

本文分别从2010年和2018年交通设施POI数据中提取出当年的铁路站点（轨道交通站点）作为研究对象。五大都市圈的核心圈、城市圈、辐射圈内轨道交通站点的数量见表2。

表 2　五大都市圈内不同圈层轨道交通站点的数量统计　　　　　　　　单位：个

都市圈	核心圈		城市圈		辐射圈	
	2010 年	2018 年	2010 年	2018 年	2010 年	2018 年
北京	15	10	22	23	21	41
上海	6	6	10	18	23	27
广州	5	4	8	19	13	42
深圳	4	6	6	12	4	12
郑州	3	3	4	16	14	23

注：数据来源于 2010 年和 2018 年交通设施类 POI 中火车站类别。

2.3　研究方法

对 POI 数据的分析需要借助 ArcGIS 软件。ArcGIS 是世界领先的地理信息系统（GIS）构建和应用平台，它的空间分析功能十分强大，能针对不同的研究方式和数据需要选用合适的分析计算方法。例如，缓冲区分析、扇形区分析、最邻近指数分析、泰森多边形分析、核密度估计分析、几何中心分析、空间定向分析、标准差椭圆分析法等可以进行诸如数量演变、模式演变、趋势演变等几个方面的分析模拟。本文主要针对轨道交通节点的点要素进行缓冲区分析。

2.3.1　最邻近指数分析方法

适用于特定空间里大量点呈不规则分布的情形。它主要计算每个要素与其最邻近要素位置之间的距离，然后计算所有这些最邻近距离的平均值。其主要目的是在数据点均衡性演变分析的基础上，可以分析数据在二维空间上的分布聚集和离散程度。如张镒等（2016）用最邻近指数方法来评定文化遗产项目所在地（或申请地）地理空间的整体分布态势是集聚、均匀，还是随机型。

最邻近指数分析法虽然可以表示区域内点要素离散和聚集的程度，但对聚集区域或离散区域却不能用图形直观表达且范围较小，体现不出城市尺度下商业空间整体上的离散、聚集变化。

2.3.2　核密度估计法

核密度估计法可以识别站区尺度下商业 POI 数据分布的集聚区域和热点地区，从站区商业发展的宏观层面探索各站区商业活动的集聚特征。如叶晟之（2017）采用了 ArcGIS 平台中的核密度分析法对商务产业空间分布及相关因素的分布进行处理，以此来确定商务产业在城市空间中的集聚分布点及聚集规模，得出南京都市区的商务产业形成了以新街口街区为产业主核心，珠江路街区和山西路街区为较小的次级产业核心的"主—次"三核心产业格局。核密度估计法具有更好的可视化效果，而且在探索数据点分布热点区域、测度局部密度上具有很好的效果。

2.3.3 缓冲区分析

缓冲区分析是指以点、线、面实体为基础,自动建立其周围一定宽度范围内的缓冲区多边形图层,然后建立该图层与目标图层的叠加,进行分析而得到所需结果。它是用来解决邻近度问题的空间分析工具之一。通常情况下,可以针对点、线、面要素进行缓冲区分析。其中,基于点要素的缓冲区,通常是以点为圆心、以一定距离为半径的圆;基于线要素的缓冲区,通常是以线为中心轴线,距中心轴线一定距离的平行条带多边形;而基于面要素多边形边界的缓冲区,通常向外或向内扩展一定距离以生成新的多边形(见图2)。

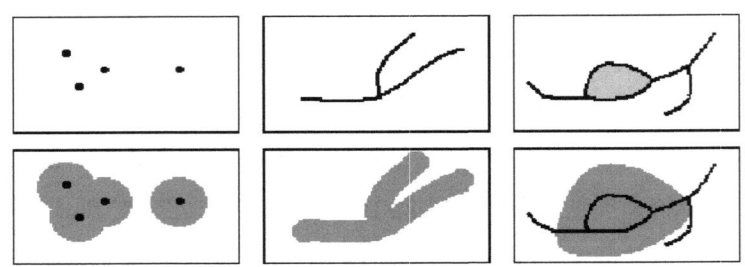

图2 基于点、线、面要素的缓冲区分析

3 都市圈各圈层轨道交通站点周边发展特征

首先,本部分描述各都市圈轨道交通站点周边POI的总体特征;其次,以都市圈的核心圈、城市圈、辐射圈为研究区域,分别对北京、上海、广州、深圳、郑州都市圈3个圈层内每个轨道交通站点3km缓冲区内六类POI数量的平均值进行比较,探究同圈层内不同都市圈轨道交通站点周边既有POI的数量和分布特征;最后,分别对各个都市圈内部3个圈层内轨道交通站点周边POI的数量进行纵向比较,探究都市圈内部不同圈层轨道交通站点周边既有POI的数量和分布特征。

3.1 轨道交通站点周边POI总体发展特征相似

各都市圈轨道交通站点周边发展总体上相似,但重点发展方向有一定差异。从POI数量上来说,五大都市圈轨道交通站点周边3km缓冲区内各类POI的数量分布具有相似的规律:公司企业、餐饮、购物类POI数量多,住宿、医疗保健、金融保险类POI数量少。但是,单类POI在各个都市圈之间的差异较大,差异最大的是购物类 POI，其次是公司企业类 POI，差异最小的是金融保险类 POI。值得注意的是，公司企业、购物等功能有可能成为该地区主导功能，餐饮功能则更可能成为配套功能。

将 POI 在都市圈做横向比较，可以发现不同都市圈轨道交通站点 3km 范围内 POI 的数量存在较大差异。公司企业类 POI 在各都市圈中的方差为 2277.98 个，差异较大，其中上海都市圈 POI 的数量远超其他 4 个都市圈，北京都市圈紧随其后，深圳都市圈的数量最少。餐饮类 POI 在各都市圈中的方差为 782.12 个，差异相对较小，其中郑州都市圈 POI 的数量最多，广州和深圳都市圈紧随其后，北京和上海都市圈的数量较少。购物类 POI 在各都市圈中的方差为 2490.82 个，差异极大，其中郑州、广州都市圈 POI 的数量远超其他 3 个都市圈，深圳都市圈的数量最少。住宿类、医疗保健类、金融保险类 POI 在五大都市圈中数量少、差异小，其中金融保险类 POI 的数量最少、差异也最小（见图 3）。

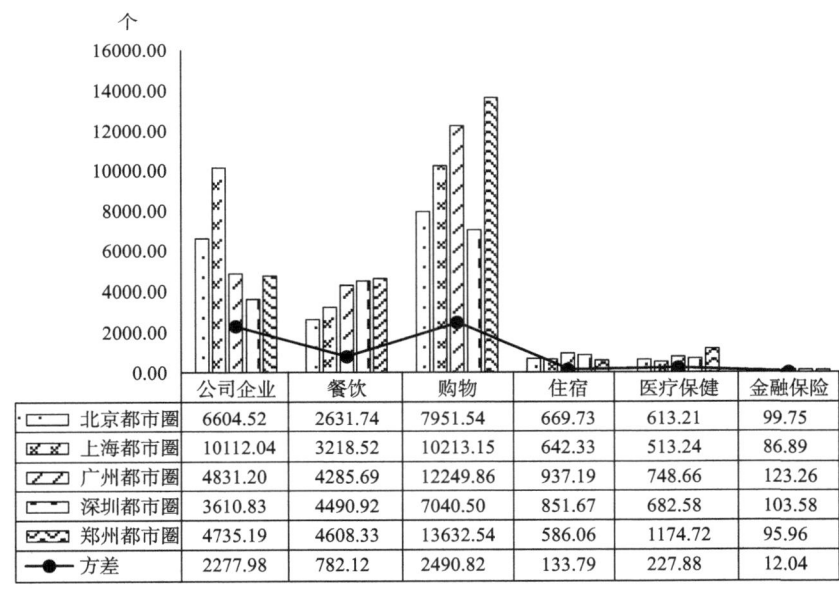

图 3　2018 年五大都市圈轨道交通站点 3km 缓冲区内各类 POI 的数量统计

3.2　各都市圈之间同一圈层 POI 现状规模比较

总体来说，各都市圈之间同一圈层 POI 数量的整体规律仍是公司企业类、餐饮类、购物类 POI 数量多，住宿类、医疗保健类、金融保险类 POI 数量少。从横向比较结果来看，各圈层内五大都市圈间的差异较大，各都市圈的优势圈层也不尽相同，其中郑州都市圈在核心圈中更具优势，深圳都市圈在城市圈中更具优势，上海都市圈在辐射圈中更具优势。

3.2.1 核心圈购物类 POI 数量差异大，郑州都市圈相对更具优势

从五大都市圈核心圈轨道交通站点 3km 内六类 POI 数量来看，北京、广州、深圳、郑州都市圈中的核心圈存在相似之处：轨道交通站点 3km 内公司企业类、餐饮类、购物类的 POI 数量较多，而住宿类、医疗保健类、金融保险类的 POI 数量较少。

从五大都市圈核心圈轨道交通站点 3km 内六类 POI 方差来看，购物类 POI 发展存在显著差异，而金融保险类 POI 发展较为均衡。深圳都市圈核心圈轨道交通站点 3km 内购物类 POI 数量最少，为 4115.33 个，要远少于其他都市圈同范围内购物类的 POI 数量，且不及郑州都市圈同范围内购物类 POI 数量的 36.56%。在六类 POI 中，购物类 POI 方差要远远大于其他类的 POI 方差，其他类的排序为公司企业类、餐饮类、住宿类、医疗保健类、金融保险类。

总体来说，深圳都市圈核心圈轨道交通站点周边区域各类 POI 总量在五大都市圈中的数量最少，但上升空间较大。深圳都市圈在轨道交通站点发展较好的公司企业和购物类 POI 数量方面均位于五大都市圈的最后一位，其他四类 POI 的数量也排名靠后，可以看出经济发展较好的深圳都市圈在 POI 数量方面远少于北京、上海都市圈。此外，深圳都市圈轨道交通站点周边的 POI 数量上升空间也较大。郑州都市圈的核心圈内轨道交通站点周边区域的各类 POI 数量较多，发展相对较好。相比较其他都市圈，郑州都市圈的核心圈内轨道交通站点 3km 内餐饮类、购物类、医疗保健类的 POI 数量均为最高。以医疗保健类为例，郑州都市圈的核心圈内平均每个轨道交通站点 3km 内医疗保健类的 POI 数量为 918.33 个，上海都市圈同范围内医疗保健类的 POI 数量为 342.83 个，不及郑州都市圈的 37.33%。而将其他类 POI 进行比较，上海都市圈同范围内公司企业类的 POI 数量为最多，郑州都市圈排在第三位；广州都市圈同范围内住宿类、金融保险类 POI 的数量最多，郑州都市圈排在第四位（见图 4）。

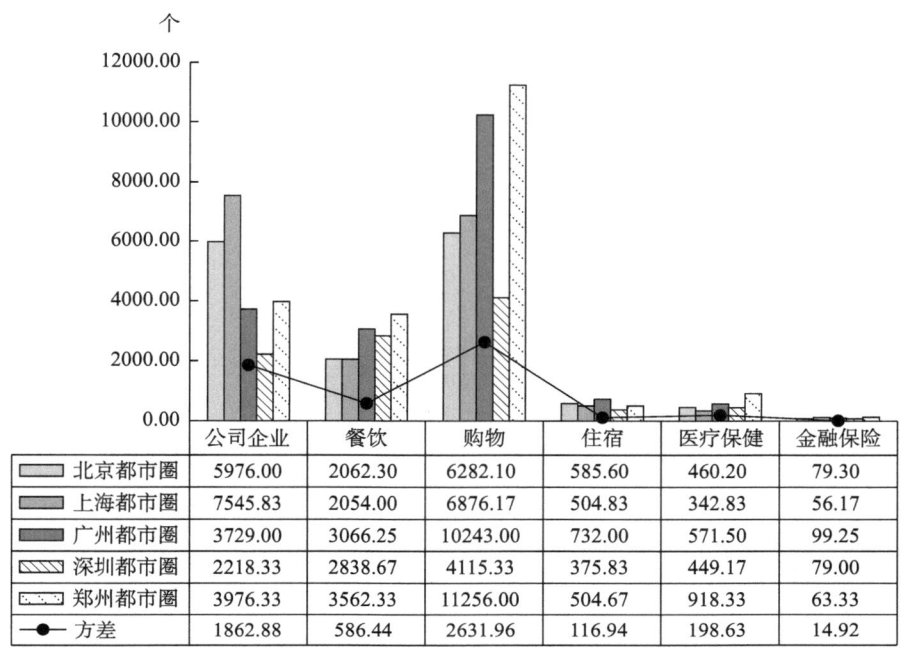

图 4　2018 年不同都市圈核心圈间轨道交通站点 3km 内各类 POI 比较

3.2.2 城市圈六类 POI 数量差异较小，深圳都市圈更具优势

从城市圈轨道交通站点周围 POI 数量来看，北京、广州、深圳、郑州都市圈的城市圈与核心圈规律基本一致：轨道交通站点 3km 内公司企业类、餐饮类、购物类的 POI 数量较多，而住宿类、医疗保健类、金融保险类的 POI 数量较少。其中，深圳都市圈的餐饮类、购物类、住宿类 POI 数量均为最多，上海都市圈的公司企业 POI 数量最多，广州都市圈的医疗保健类、金融保险类的 POI 数量相对较多。

从城市圈轨道交通站点 3km 缓冲区内六类 POI 方差来看，城市圈中各都市圈之间的差异相对较小。其中购物类 POI 方差最高，为 346.62 个；其后分别是公司企业类 POI 方差为 276.89 个、餐饮类 POI 方差为 252.19 个、住宿类 POI 方差为 128.66 个、医疗保健类 POI 方差为 25.43 个、金融保险类 POI 方差为 3.30 个。由此可以看出，城市圈内六类 POI 在五大都市圈之间的方差远小于核心圈同范围内的方差，说明各都市圈的城市圈发展相对更加均衡。

从整体来看，深圳都市圈的城市圈轨道交通站点 3km 内多类 POI 发展要大幅度快于其他都市圈。深圳都市圈城市圈轨道交通站点 3km 内购物类、餐饮类、住宿类的 POI 数量均明显多于其他都市圈同范围内 POI 的数量。以住宿类为例，深圳都市圈的城市圈轨道交通站点 3km 内住宿类 POI 数量平均为 372.42 个，而郑州都市圈同范围内住宿类 POI 数量为 40.88 个，不及深圳都市圈的 10.98%（见图 5）。

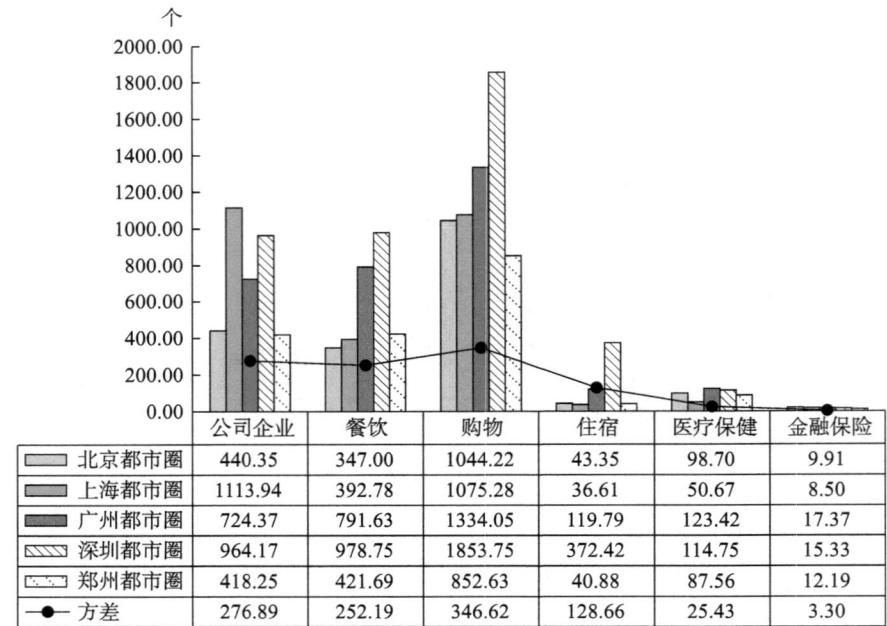

图 5 2018 年不同都市圈城市圈轨道交通站点 3km 内各类 POI 比较

3.2.3 辐射圈内六类 POI 数量梯度明显，上海都市圈四类 POI 更具数量优势

从 POI 数量来看，在五大都市圈的辐射圈内存在相似之处：轨道交通站点 3km 内购物类 POI 数量均为最多，而金融保险类 POI 数量均为最少。从五大都市圈的辐射圈轨道交通站点 3km 内六类 POI 方差看，其购物类 POI 差异显著。

从整体来看，上海都市圈的辐射圈轨道交通站点周边区域的发展要大幅快于其他都市圈。上海都市圈辐射圈轨道交通站点 3km 内公司企业类、餐饮类、购物类、金融保险类的 POI 数量均明显多于其他都市圈同范围内的 POI 数量。以公司企业类 POI 为例，北京都市圈同范围内公司企业类 POI 数量为 188.17 个，不及上海都市圈的 12.96%。而将其他类 POI 进行比较，深圳都市圈的辐射圈轨道交通站点 3km 内住宿类 POI 数量最多，郑州都市圈最少；郑州都市圈的辐射圈轨道交通站点 3km 内医疗保健类 POI 数量最多，广州都市圈最少（见图 6）。

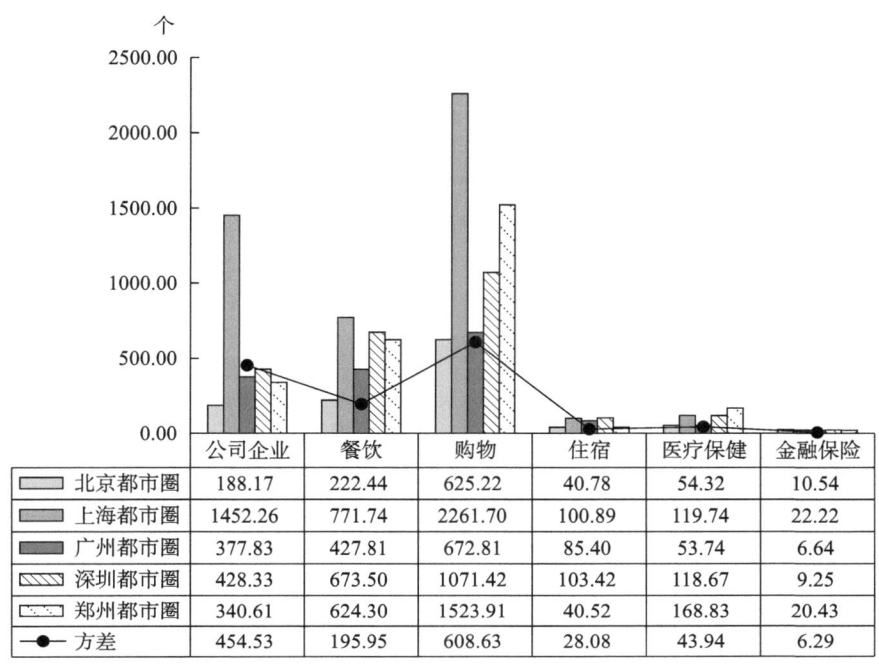

图 6　2018 年不同都市圈辐射圈轨道交通站点 3km 内各类 POI 比较

3.3 各都市圈不同圈层之间 POI 现状规模比较

总体来说，各都市圈内部不同圈层之间的 POI 数量分布特征明显，核心圈 POI 数量远多于城市圈和辐射圈，可以看出都市圈的发展仍是以核心城市为中心，但城市圈和辐射圈之间的 POI 数量关系没有明确的规律，北京、广州、深圳都市圈的城市圈 POI 数量要多于辐射圈，但上海、郑州都市圈的辐射圈的 POI 数量要多于城市圈。深圳都市圈三圈层之间的差异较小，呈阶梯式发展，其他 4 个都市圈的核心圈与外围两个圈层间的差异较大。

3.3.1 北京都市圈核心圈各类 POI 高度集聚，其他两圈层有较大发展潜力

将北京都市圈不同圈层轨道交通站点 3km 缓冲区内六类 POI 数量进行比较，六类 POI 数量差异巨大，其中购物类与公司企业类的 POI 数量要显著多于其他类 POI 的数量。以核心圈为例，平均每个轨道交通站点 3km 缓冲区内购物类 POI 数量为 6282.10 个，而餐饮类 POI 数量仅为购物类 POI 数量的 32.83%，金融保险类 POI 数量仅为购物类 POI 数量的 1.26%。

将不同圈层 POI 数量进行比较，核心圈轨道交通站点 3km 缓冲区内各类 POI 的数量均显著多于城市圈与辐射圈，这说明在城市圈和辐射圈内的轨道交通站点周边区域

仍有较大的发展潜力。以公司企业类 POI 为例，核心圈内平均每个轨道交通站点 3km 缓冲区内公司企业类 POI 数量为 5976.00 个，而在城市圈内平均每个轨道交通站点 3km 缓冲区内公司企业类 POI 数量为 440.35 个，不及核心圈的 7.37%。从整体来看，轨道交通站点 3km 缓冲区内公司企业类、餐饮类、购物类、住宿类、医疗保健类的 POI 数量均呈现由核心圈—城市圈—辐射圈递减的趋势，而金融保险类 POI 数量则是沿着核心圈—辐射圈—城市圈递减（见图 7）。

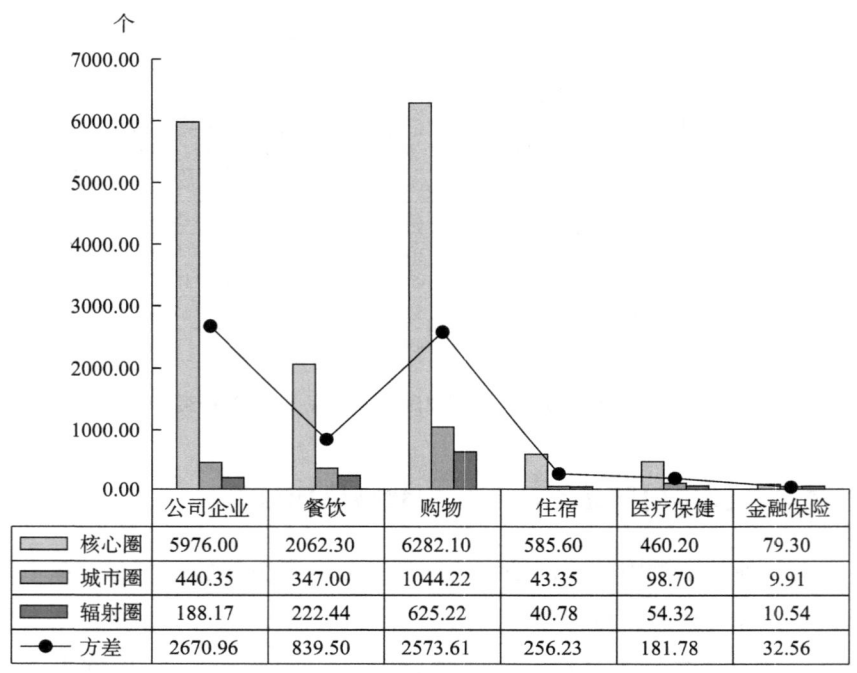

图 7　2018 年北京都市圈不同圈层轨道交通站点 3km 缓冲区内各类 POI 统计

3.3.2　上海都市圈的核心圈多类 POI 数量优势突出，辐射圈反超城市圈

将上海都市圈的同圈层内轨道交通站点 3km 内 POI 数量进行比较，可以发现六类 POI 数量间存在显著的差异，其中公司企业、购物类的 POI 数量均较多，而金融保险类 POI 数量为最少。在核心圈内，平均每个轨道交通站点 3km 范围内公司企业类 POI 数量最多，为 7545.83 个，其次分别为购物类、餐饮类、住宿类、医疗保健类、金融保险类；其中金融保险类 POI 数量最少，为 56.17 个，仅为公司企业类的 0.74%。城市圈与核心圈情况类似。辐射圈与核心圈存在微小差异，在辐射圈内，平均每个轨道交通站点 3km 缓冲区内购物类 POI 数量最多，其次为公司企业类、餐饮类、医疗保健类、住宿类、金融保险类。

将圈层间六类 POI 数量进行比较，城市圈与辐射圈轨道交通站点 3km 缓冲区内多类POI数量均大幅度少于核心圈内，具有较大的发展潜力。以公司企业类POI为例，城市圈内平均每个轨道交通站点3km缓冲区内公司企业类POI数量为1113.94个，不及核心圈的14.76%；辐射圈内平均每个轨道交通站点3km缓冲区内公司企业类POI数量为1452.26个，不及核心圈的19.25%。值得注意的是，轨道交通站点3km缓冲区内同类POI数量基本上沿着核心圈—辐射圈—城市圈递减，这与北京都市圈存在一定差异（见图8）。

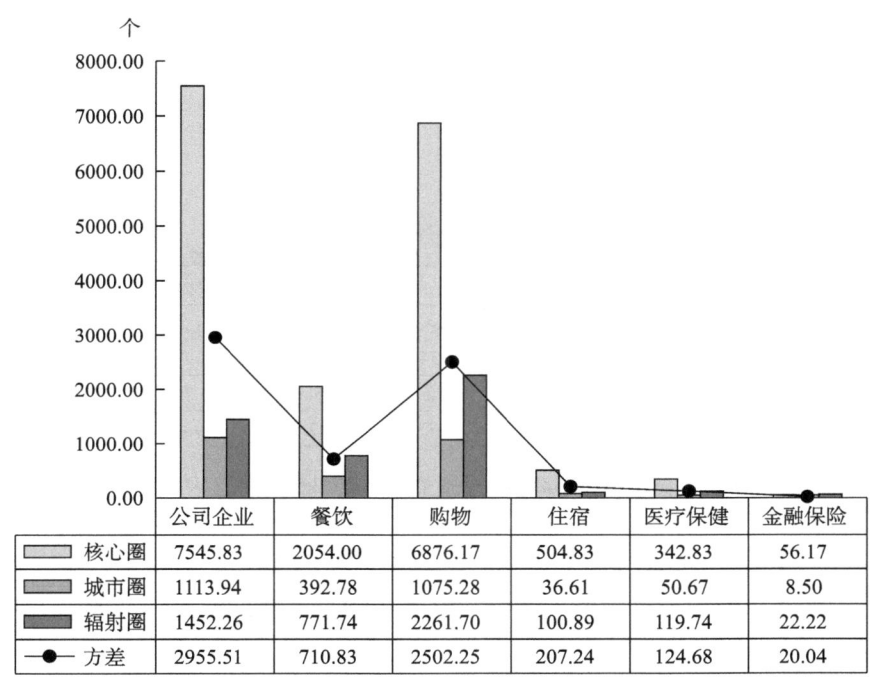

图8　2018年上海都市圈不同层级轨道交通站点3km缓冲区内各类POI统计

3.3.3　广州都市圈的核心圈内购物类POI数量优势明显，圈层间差异较大

将广州都市圈的同圈层内轨道交通站点3km内六类POI数量进行比较，三圈层购物类POI数量均为最多，金融保险类POI数量均为最少。核心圈轨道交通站点3km内购物类POI数量与其他类POI数量差异显著，其中购物类POI数量是公司企业类的2.75倍，为金融保险类POI数量的103倍，这与上海、北京都市圈的核心圈公司企业类与购物类POI数量相差不大的特点有所差异。由此可以看出，广州都市圈核心圈的购物功能是该地区的核心功能。

将不同圈层间轨道交通站点3km内同类POI数量进行比较，其数量均沿着核心圈—城市圈—辐射圈递减。以购物类POI为例，核心圈平均每个轨道交通站点3km内购物类POI数量为10243.00个，是城市圈同范围内购物类POI数量的7.68倍，是辐射圈同范围内购物类 POI 数量的 15.22 倍（见图 9）。

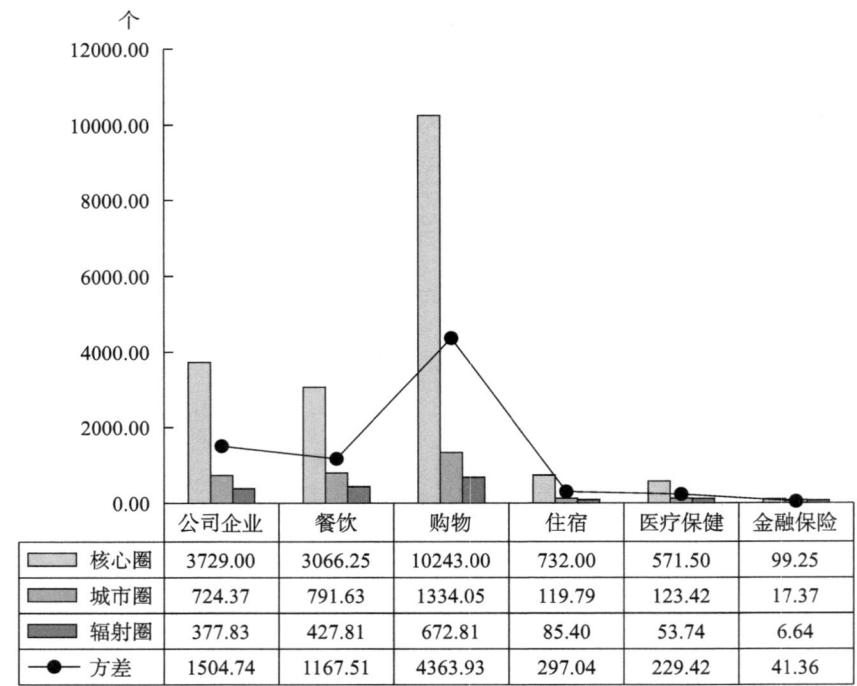

图 9　2018 年广州都市圈不同圈层轨道交通站点 3km 缓冲区内各类 POI 统计

3.3.4　深圳都市圈的三圈层六类 POI 数量呈阶梯式分布

从整体来看，深圳都市圈的三圈层六类 POI 的分布梯度差异特征明显。其中，购物类的 POI 数量最多，其次分别为餐饮类、公司企业类、医疗保健类、住宿类、金融保险类。将深圳都市圈的同圈层内各类 POI 数量进行比较，三圈层轨道交通站点 3km 内购物类 POI 数量均为最多，而金融保险类 POI 数量均为最少，且 POI 数量差异巨大。以城市圈为例，轨道交通站点 3km 内购物类 POI 数量为 1853.75 个，约为同范围内金融保险类 POI 数量的 120.92 倍。

将不同圈层间的同类 POI 数量进行比较，城市圈与辐射圈轨道交通站点 3km 缓冲区内同类 POI 数量均大幅少于核心圈相同范围内的 POI 数量，具有较大的发展潜力。以购物类 POI 数量为例，城市圈轨道交通站点 3km 内购物类 POI 的数量为 1853.75 个，不及核心圈的 45.04%；辐射圈轨道交通站点 3km 内购物类 POI 的数量为 1071.42 个，不及核心圈的 26.03%（见图 10）。

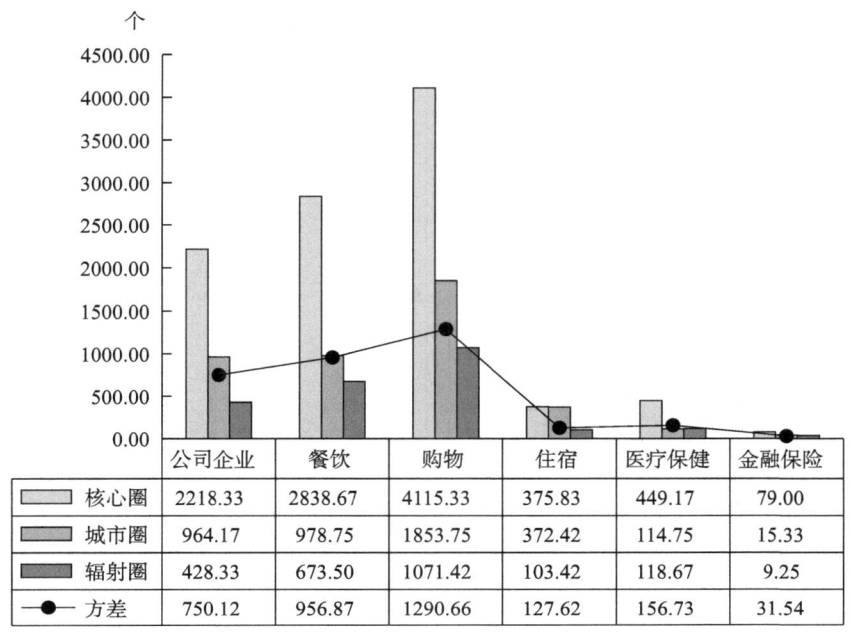

图 10　2018 年深圳都市圈不同圈层轨道交通站点 3km 缓冲区内各类 POI 数量统计

3.3.5　郑州都市圈核心圈的轨道交通站点 3km 内各类 POI 的数量远多于其他两圈层

将郑州都市圈的同圈层内各类 POI 数量进行比较，三圈层轨道交通站点 3km 内各类 POI 的数量差异巨大，其中购物类 POI 的数量均为最多，而金融保险类 POI 数量均为最少。以核心圈为例，轨道交通站点 3km 内购物类 POI 的数量为 11256.00，为同范围内金融保险类 POI 数量的 117.44 倍。

将不同圈层间的同类 POI 数量进行比较，相比较城市圈、辐射圈，核心圈轨道交通站点周边地区发展较为成熟。核心圈轨道交通站点 3km 内各类 POI 的数量均远远多于城市圈、辐射圈同范围内的 POI 数量。以公司企业类 POI 为例，城市圈平均每个轨道交通站点 3km 内公司企业类 POI 的数量为 418.25 个，不及核心圈的 10.52%；而辐射圈同范围内公司企业类 POI 的数量为 340.61 个，不及核心圈的 8.57%。另外，将辐射圈与城市圈的 POI 数量进行比较，可以发现辐射圈轨道交通站点内餐饮类、购物类、医疗保健类 POI 的数量要高于城市圈，这在一定程度上说明辐射圈轨道交通站点的周边地区发展较好（见图 11）。

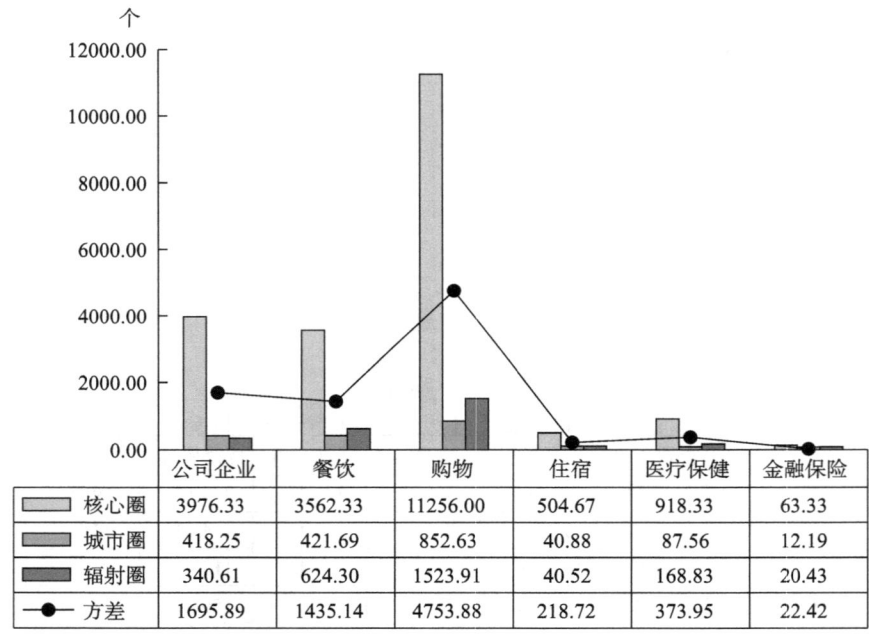

图 11　2018 年郑州都市圈的不同圈层轨道交通站点 3km 缓冲区内各类 POI 统计

4. 都市圈各圈层轨道交通站点周边 POI 增量特征

本节以都市圈的核心圈、城市圈、辐射圈为单位，分别针对北京、上海、广州、深圳、郑州都市圈的 3 个圈层中每个轨道交通站点 3km 缓冲区内六类 POI 数量在 2010—2018 年的增量进行横向比较，探究同圈层内不同都市圈现状轨道交通站点周边 POI 的增长和分布特征。随后，从各个都市圈出发，对各个都市圈内部 3 个圈层内轨道交通站点周边 POI 的增长趋势进行纵向比较，探究都市圈内部的不同圈层现状轨道交通站点周边 POI 的增长趋势和分布特征。

4.1　都市圈轨道交通站点周边 POI 增量的总体特征

总体上讲，各都市圈轨道交通站点周围 POI 均有增长且差异巨大。其中，深圳都市圈增量最大、增速最高，增长率高达 177.1%；而广州都市圈内 POI 的增速却极低，仅为 2.5%，远低于其他 5 个都市圈。上海、郑州、北京等都市圈的轨道交通站点周边 3km 范围缓冲区内 POI 的增速分别为 109.8%、81.8%、74.5%（见图 12）。

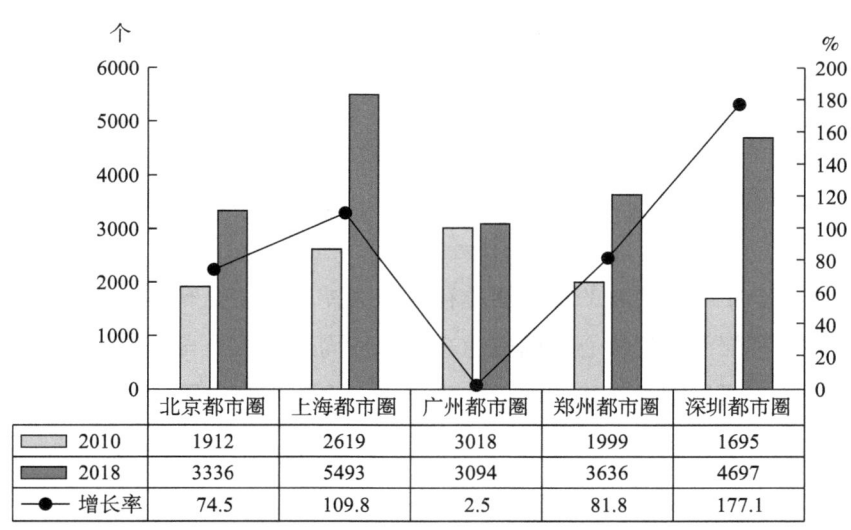

图 12　2010 年和 2018 年五大都市圈的轨道交通站点 3km 缓冲区内各类 POI 增量统计

4.2　各都市圈之间同一圈层 POI 的增量特征

总体上讲，各都市圈的轨道交通站点核心圈层的增量差异大，增长集中在购物类 POI，辐射圈、城市圈 POI 的增量差异小。各都市圈在三圈层的增量差异特征也不同，各都市圈的核心圈 POI 增量差异巨大，郑州都市圈 POI 的增量幅度最大，增长势头迅猛。城市圈、辐射圈 POI 的增量差异较小，其中城市圈中深圳都市圈 POI 的增量最大，辐射圈中上海都市圈 POI 的增量最大。

4.2.1　各都市圈中核心圈购物类 POI 的增量差异较大，郑州都市圈三类 POI 的增量最大

五大都市圈的核心圈内轨道交通站点 3km 内公司企业类、购物类 POI 的增量幅度较大，而金融保险类则呈现负增长的趋势。其中，北京、广州、深圳、郑州都市圈的核心圈内轨道交通站点 3km 内均是购物类 POI 的增量最大，而上海都市圈的核心圈内则是公司企业类 POI 的增量最大。由此可以看出，核心圈轨道交通站点周边 POI 的增量主要集中在公司企业类和购物类，说明站点周边就业、购物等设施的增长潜力较大。

从五大都市圈的核心圈轨道交通站点 3km 内六类 POI 增量的方差来看，购物类差异最为显著，而金融保险类发展相对均衡。以核心圈轨道交通站点 3km 内购物类 POI 为例，深圳都市圈的增量最低，仅为 3112.83 个，不及郑州都市圈增量的 38.33%。金融保险类 POI 均呈现出负增长的趋势，其中深圳都市圈减少的数量最少，郑州都市圈

减少的数量最多。

郑州都市圈的核心圈轨道交通站点周边各类 POI 增量显著，发展势头强劲。郑州都市圈的核心圈内轨道交通站点 3km 内购物类、餐饮类、医疗保健类 POI 的增量均大幅大于其他都市圈核心圈内 POI 的增量。以餐饮类为例，郑州都市圈的核心圈内轨道交通站点 3km 内餐饮类 POI 的增量为 2423.00 个，是上海都市圈核心圈内餐饮类 POI 增量的 25.51 倍。

而其他三类 POI 增量最高的都市圈也存在较大差异，主要有上海、广州、深圳都市圈。其中，上海都市圈的核心圈内轨道交通站点周边区域公司企业类 POI 的增量幅度较大，广州都市圈住宿类 POI 的增量较为显著，而深圳都市圈金融保险类 POI 的减少量最低（见图 13）。

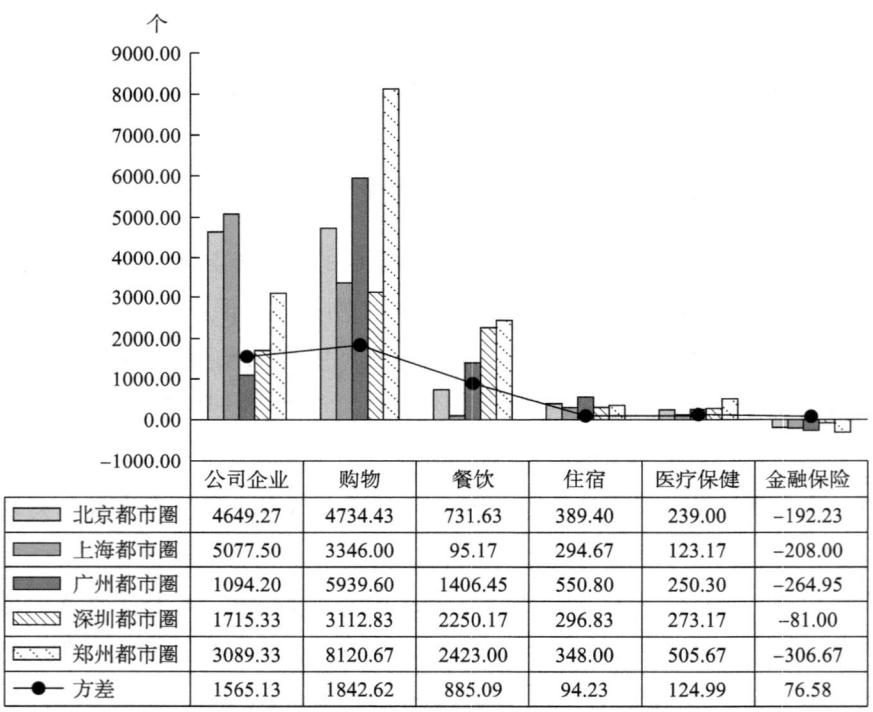

图 13　2010—2018 年不同都市圈核心圈轨道交通站点 3km 内各类 POI 增量的比较

4.2.2　各都市圈中城市圈医疗保健类 POI 增量的差异较小，深圳都市圈购物类 POI 的增量最大

上海、郑州都市圈的城市圈轨道交通站点 3km 内公司企业类 POI 的增量最大，北京、上海、深圳都市圈的城市圈内购物类 POI 的增量最为显著，而五大都市圈的城市圈内轨道交通站点 3km 内金融保险类 POI 均呈现负增长态势。

从五大都市圈的城市圈轨道交通站点 3km 内六类 POI 增量的方差来看，购物类 POI 的差异最为显著，而医疗保健类 POI 发展相对均衡。以城市圈轨道交通站点 3km 内购物类 POI 为例，深圳都市圈的城市圈内购物类 POI 的增量最大为 877.58 个，而广州都市圈却呈现负增长态势，其最大值与最小值的差值高达 1012.15。

从整体来看，深圳都市圈的城市圈轨道交通站点周边地区发展势头强劲，具有较大的发展潜力。深圳都市圈的城市圈轨道交通站点 3km 内购物类、餐饮类、住宿类 POI 的增量远大于其他都市圈的城市圈内各类 POI 的增量。以住宿类 POI 为例，深圳都市圈的城市圈轨道交通站点 3km 内住宿类 POI 的增量高达 318.42 个，为郑州都市圈的城市圈内住宿类 POI 增量的 44.66 倍；而上海都市圈的城市圈内住宿类 POI 却呈负增长态势，与深圳都市圈的差值达到 321.61 个（见图 14）。

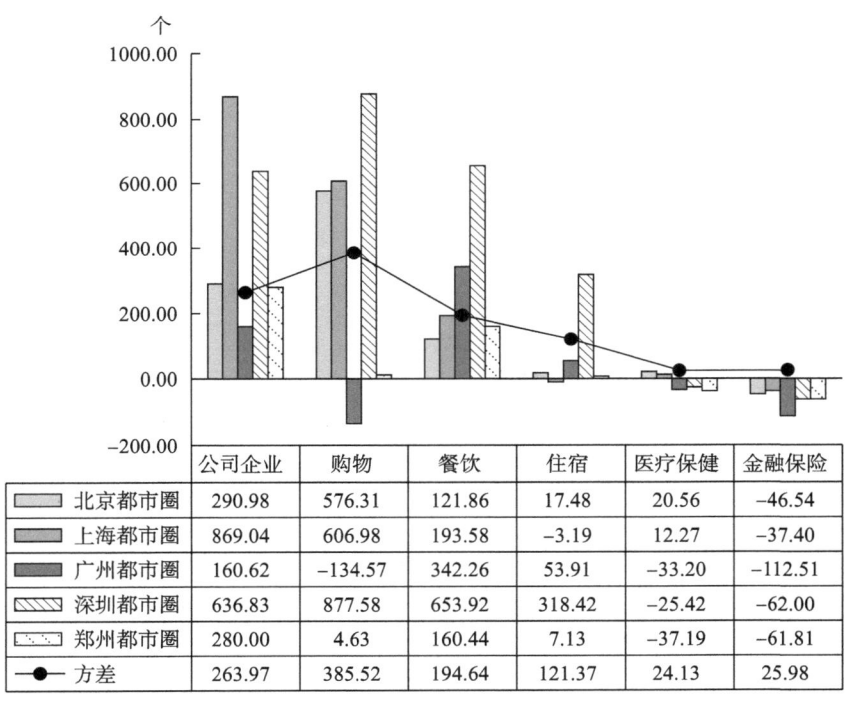

图 14 2010—2018 年不同都市圈城市圈轨道交通站点 3km 内各类 POI 增量比较

4.2.3 各都市圈中辐射圈内三类 POI 增量的差异较小，上海都市圈购物类 POI 的增量最大

上海、深圳都市圈的辐射圈轨道交通站点 3km 内公司企业、购物、餐饮类 POI 的增量均较大。其中，上海都市圈的辐射圈内公司企业、购物类 POI 增量在 5 个都市圈内均为最大。五大都市圈的辐射圈内轨道交通站点 3km 内住宿类、医疗保健类 POI 的

增量差异不明显，金融保险类 POI 除深圳都市圈有较低增长外，其他 4 个都市圈均呈负增长态势。

从五大都市圈的辐射圈轨道交通站点 3km 内六类 POI 增量的方差来看，购物类 POI 差异最为显著，方差为 475.29 个，而住宿、医疗保健、金融保险类 POI 差异较小，方差均小于 50 个。以辐射圈轨道交通站点 3km 内购物类 POI 为例，上海都市圈的辐射圈内购物类 POI 的增量最大，为 1506.70 个；北京都市圈的辐射圈内购物类 POI 的增量最小，仅为 201.22 个。

从整体来看，深圳、上海都市圈的辐射圈内轨道交通站点周边地区发展动力强劲，潜力较大。上海、深圳都市圈的辐射圈内轨道交通站点 3km 内公司企业类、购物类、餐饮类 POI 的增量明显大于其他都市圈的辐射圈内各类 POI 的增量。以公司企业类为例，上海都市圈的辐射圈轨道交通站点 3km 内公司企业类 POI 的增量高达 1022.74 个，深圳都市圈为 619.87 个，而北京都市圈仅为 130.08 个，差距巨大（见图 15）。

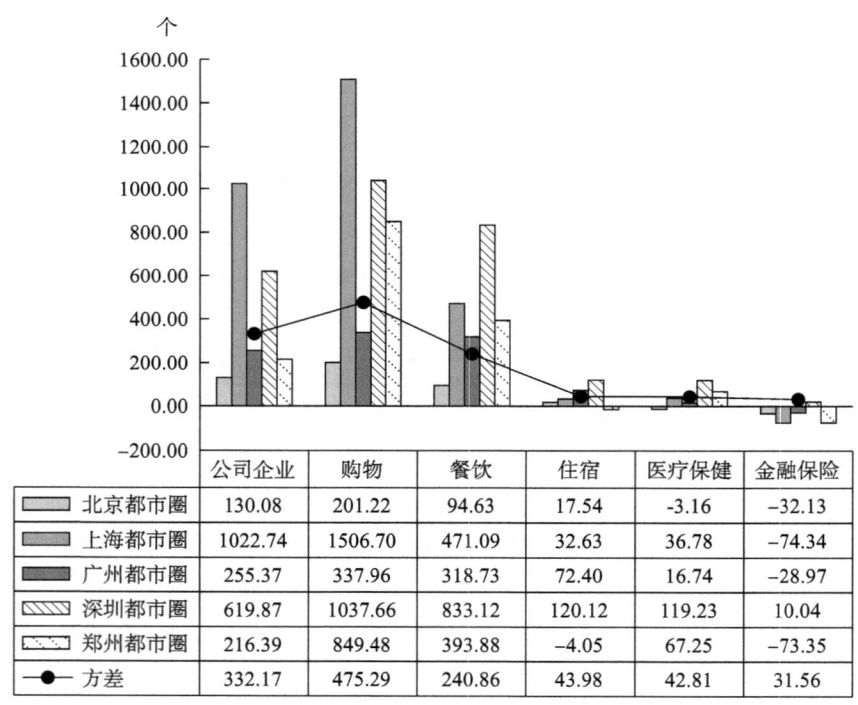

图 15　2010—2018 年不同都市圈辐射圈轨道交通站点 3km 内各类 POI 增量的比较

4.3　各都市圈不同圈层之间 POI 增量的特征

总体来说，各都市圈均是核心圈增量最大，从增速方面，各都市圈略有差异。其中，北京、郑州都市圈的核心圈增速高，上海都市圈三圈层增速较低，广州都市圈的城市圈增速高，深圳都市圈的辐射圈增速高。

4.3.1　北京都市圈的核心圈内多类POI的增量大、增速高，三圈层增速差异大

对北京都市圈内不同圈层轨道交通站点3km内2010—2018年，多类POI的增量及增长率进行比较，发现核心圈内轨道交通站点3km内多类POI的增量均大于城市圈与辐射圈，尤其是公司企业类与购物类。其中，购物类POI的增量为4734.43个，城市圈内购物类POI的增量为576.31个，不及核心圈的12.17%；而公司企业类POI的增量为4649.27个；而城市圈内公司企业类POI的增量为290.98个，不及核心圈的6.26%。这也在一定程度上说明城市圈与辐射圈轨道交通站点3km区域内仍具有较大的发展潜力（见图16）。

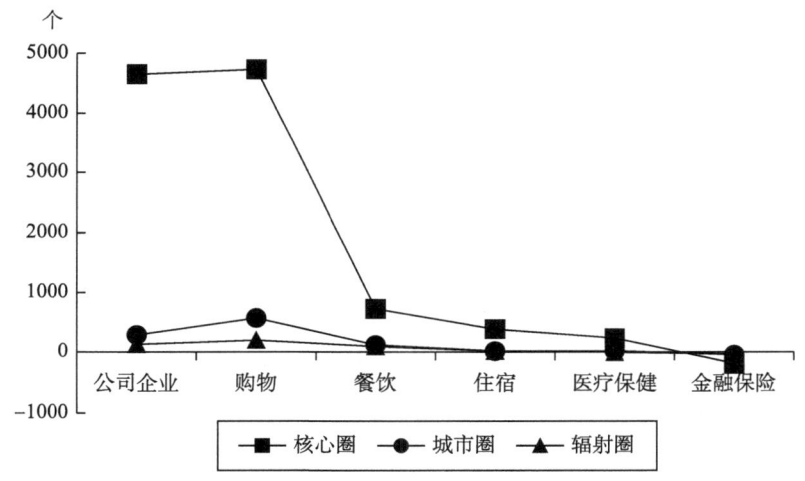

图16　2010—2018年北京都市圈不同圈层轨道交通站点3km内各类POI增量的比较

从增长率角度看，在三圈层内，轨道交通站点3km范围内公司企业类、购物类POI的增长率均颇高，但购物类POI增长率的差异较为明显。公司企业类POI的增长率平均为256.38%，购物类POI的增长率平均为158.84%。而在六类POI中，购物类POI的增长率方差最大，圈层间差异最为显著。另外，在三圈层轨道交通站点3km内金融保险类POI均呈负增长态势，且增长率平均为–76.18%（见图17）。

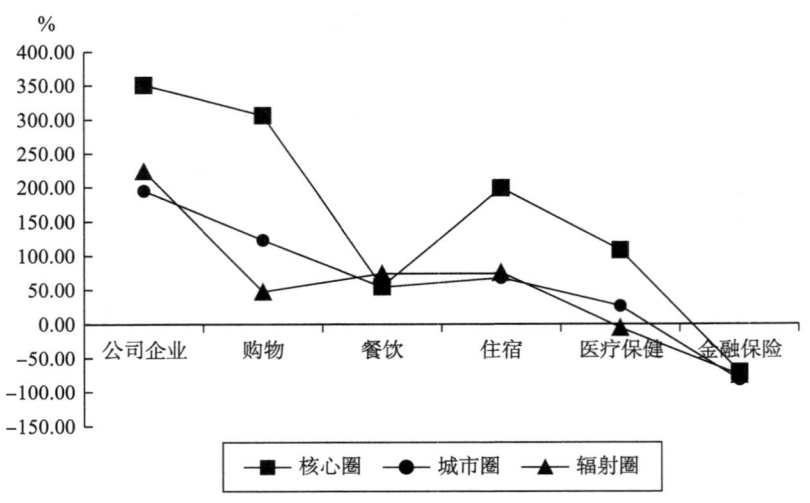

图 17　2010—2018 年北京都市圈不同圈层轨道交通站点 3km 内各类 POI 的增长率比较

4.3.2　上海都市圈的核心圈两类 POI 增量大

对上海都市圈不同圈层轨道交通站点 3km 缓冲区内 2010—2018 年各类 POI 的增量及增长率进行比较，从增量角度来看，同圈层轨道交通站点 3km 内公司企业类、购物类 POI 的增量均明显高于其他类 POI 的增量。以核心圈为例，轨道交通站点 3km 内公司企业类、购物类 POI 的增量显著大于其他类 POI 的增量，其中公司企业类 POI 的增量为 5077.50 个，餐饮类 POI 的增量为 95.17 个，仅占公司企业类 POI 增量的 1.87%。另外，三圈层内平均每个轨道交通站点 3km 内金融保险类 POI 均呈负增长态势，且核心圈内该类 POI 的减少数量最多（208.00 个），是城市圈的 5.56 倍，是辐射圈的 2.80 倍。

圈层间同类 POI 的增量存在显著差异。从圈层间同类 POI 增量的方差来看，公司企业类、购物类的方差均明显高于其他类 POI 增量的方差，这说明三圈层间公司企业类和购物类 POI 增量的差异比较显著。以公司企业类为例，核心圈轨道交通站点 3km 内公司企业类 POI 的增量是城市圈同范围的 5.51 倍，是辐射圈同范围内的 2.22 倍。

从整体来看，除餐饮类 POI 以外，轨道交通站点 3km 内多类 POI 的增量均沿着核心圈—辐射圈—城市圈递减；而餐饮类 POI 则沿着辐射圈—城市圈—核心圈递减，这说明该类 POI 在辐射圈的发展趋势最好（见图 18）。

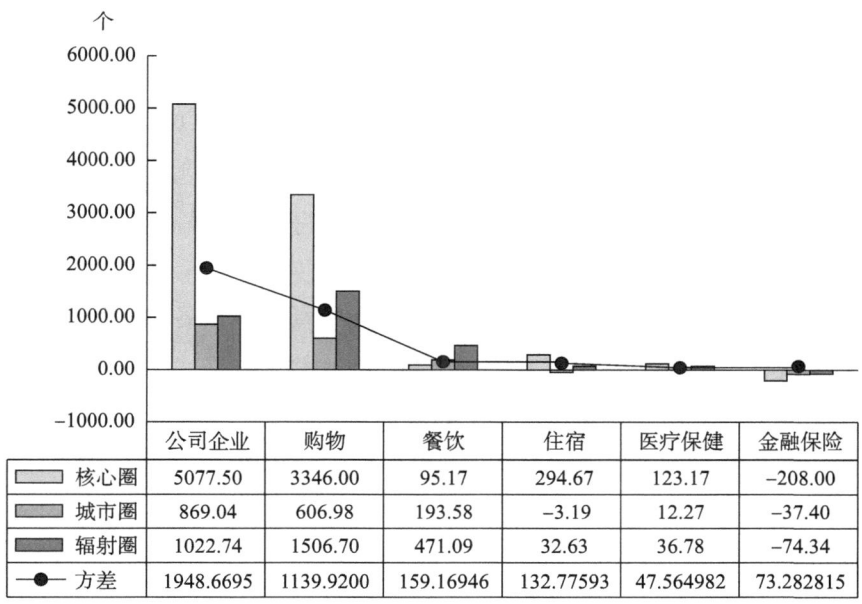

图 18　2010—2018 年上海都市圈的不同圈层轨道交通站点 3km 内各类 POI 增量的比较

从增量角度来看，核心圈轨道交通站点 3km 内各类 POI 的增量要明显高于其他圈层，但从增长率角度来看却呈现相反的趋势。核心圈轨道交通站点 3km 内仅有住宿类、医疗保健类 POI 的增长率要高于城市圈及辐射圈，而辐射圈轨道交通站点 3km 内购物类、餐饮类 POI 的增长率要高于城市圈及核心圈，城市圈内轨道交通站点 3km 内公司企业类 POI 的增长率要高于核心圈及辐射圈（见图 19）。

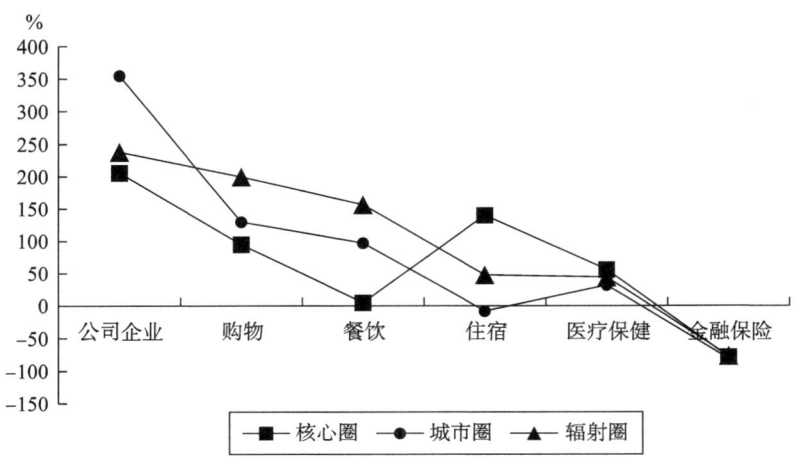

图 19　2010—2018 年上海都市圈不同圈层轨道交通站点 3km 内各类 POI 的增长率比较

4.3.3 广州都市圈的核心圈各类 POI 增量大，辐射圈增速高

对广州都市圈内不同圈层轨道交通站点 3km 缓冲区内 2010—2018 年各类 POI 的增量及增长率进行比较，从增量角度来看，核心圈轨道交通站点 3km 内各类 POI 的增量大于城市圈、辐射圈，尤其是购物类 POI。核心圈平均每个轨道交通站点 3km 内购物类 POI 的增量为 5939.60 个，是辐射圈同范围内购物类 POI 增量的 17.59 倍，而城市圈同范围内购物类 POI 却呈负增长态势。

从增长率角度看，与城市圈及核心圈轨道交通站点 3km 内各类 POI 相比，辐射圈有较大的发展空间，且公司企业类、住宿类 POI 发展势头较好。辐射圈轨道交通站点 3km 内公司企业类、餐饮类、住宿类 POI 的增长率均高于城市圈和核心圈。城市圈轨道交通站点 3km 内购物类、医疗保健类、金融保险类 POI 均呈负增长态势（见图 20）。

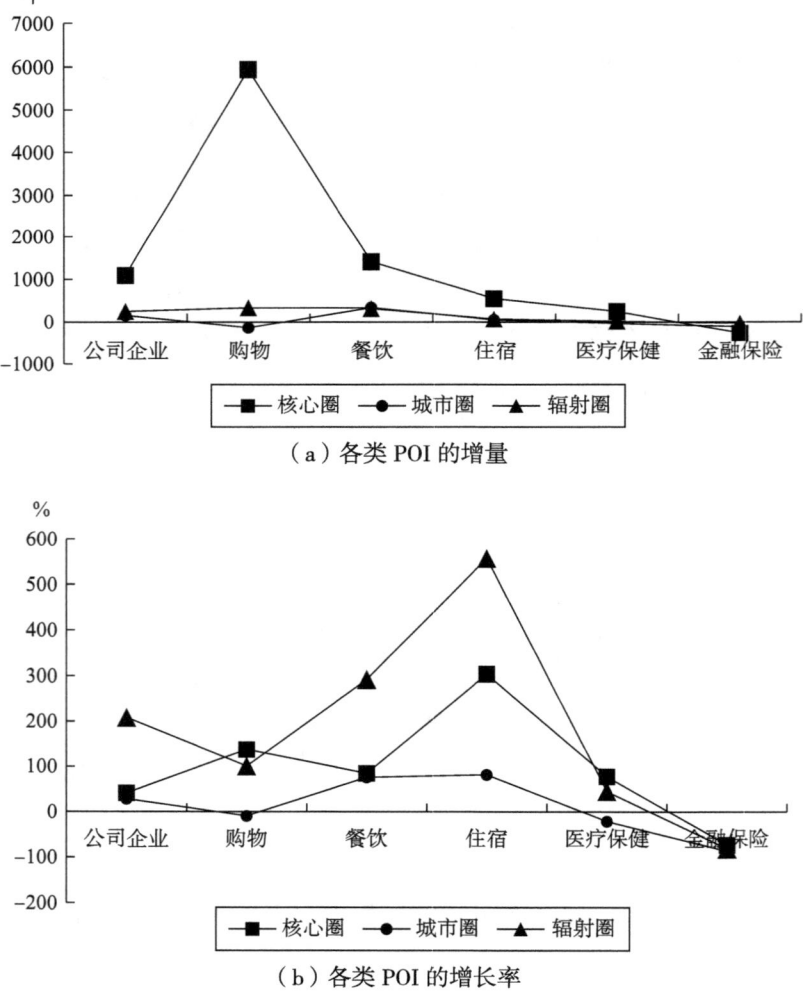

（a）各类 POI 的增量

（b）各类 POI 的增长率

图 20　2010—2018 年广州都市圈不同圈层轨道交通站点 3km 内各类 POI 的增量与增长率比较

4.3.4 深圳都市圈的核心圈各类POI的增量大，辐射圈增速高

对深圳都市圈内不同圈层轨道交通站点3km缓冲区内2010—2018年各类POI的增量及增长率进行比较，从增量角度来看，核心圈平均每个轨道交通站点3km范围内各类POI发展要快于城市圈及辐射圈。以购物类POI为例，核心圈轨道交通站点3km内购物类POI的增量为3112.83个，是城市圈同范围内购物类POI增量的3.55倍，辐射圈同范围内购物类POI增量的2.99倍。而对于住宿类、医疗保健类、金融类POI来说，三圈层内平均每个轨道交通站点3km范围内的POI增量差距相对较小。以金融保险类为例，虽然在三圈层内金融保险类POI均呈负增长态势，但它们之间数据的差异并不显著（见图21）。

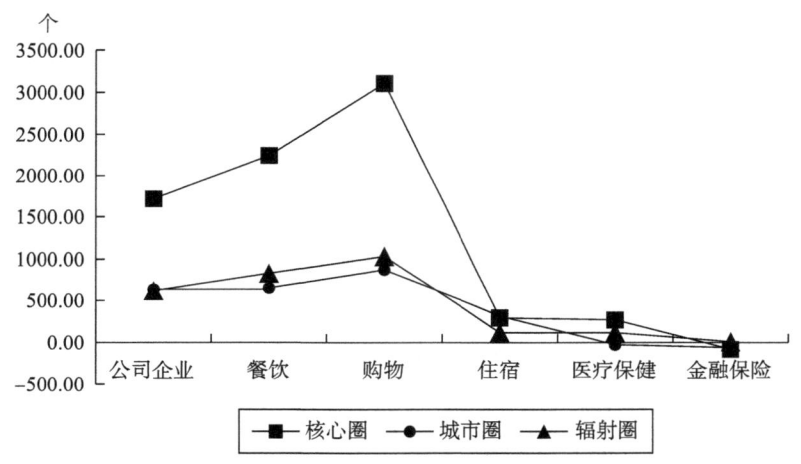

图21 深圳都市圈不同圈层轨道交通站点3km内2010—2018年各类POI增量的比较

从增长率角度来看，与城市圈轨道交通站点3km内的各类POI相比，辐射圈有较大的发展空间，且发展势头强劲。从整体来看，辐射圈轨道交通站点3km内各类POI的增长率均高于核心圈及城市圈。以住宿类为例，辐射圈轨道交通站点3km内住宿类POI的增长率达到1601.61%，而核心圈同范围内住宿类POI的增长率为375.74%（见图22）。

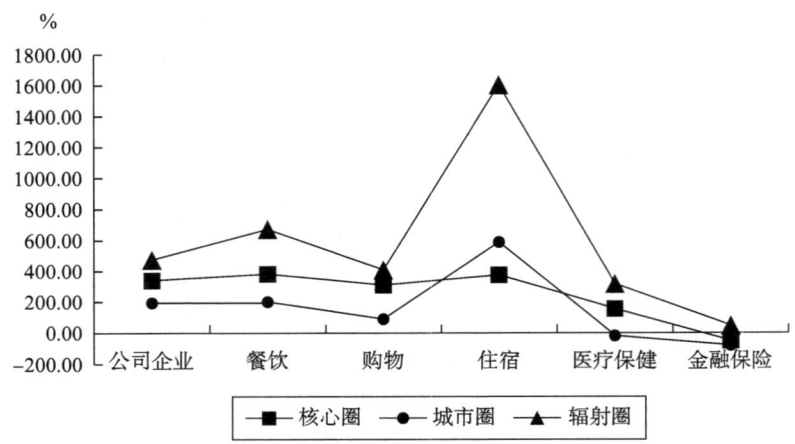

图 22　2010—2018 年深圳都市圈不同圈层轨道交通站点 3km 内各类 POI 的增长率比较

4.3.5　郑州都市圈的核心圈内各类 POI 的增量大、增速高

对郑州都市圈内不同圈层轨道交通站点 3km 缓冲区内 2010—2018 年各类 POI 增量及增长率进行比较，从整体来看，核心圈轨道交通站点周边地区发展势头强劲。从增量角度来看，核心圈轨道交通站点 3km 内各类 POI 增量均大幅度高于城市圈、辐射圈同范围内 POI 增量。以购物类为例，城市圈平均每个轨道交通站点 3km 内购物类 POI 数量为 4.63 个，不及核心圈同范围内购物类 POI 数量的 0.06%；辐射圈平均每个轨道交通站点 3km 内购物类 POI 数量为 849.48 个，不及核心圈同范围内购物类 POI 数量的 10.46%。这也反映出城市圈与辐射圈轨道交通站点周边地区存在较大的发展潜力。

从增长率角度来看，核心圈轨道交通站点 3km 范围内各类 POI 的增长率均高于城市圈、辐射圈轨道交通站点 3km 内同类 POI 的增长率。而将城市圈与辐射圈进行比较，可以发现辐射圈轨道交通站点 3km 范围内餐饮类、购物类 POI 的发展快于城市圈轨道交通站点 3km 内的同类 POI（见图 23）。

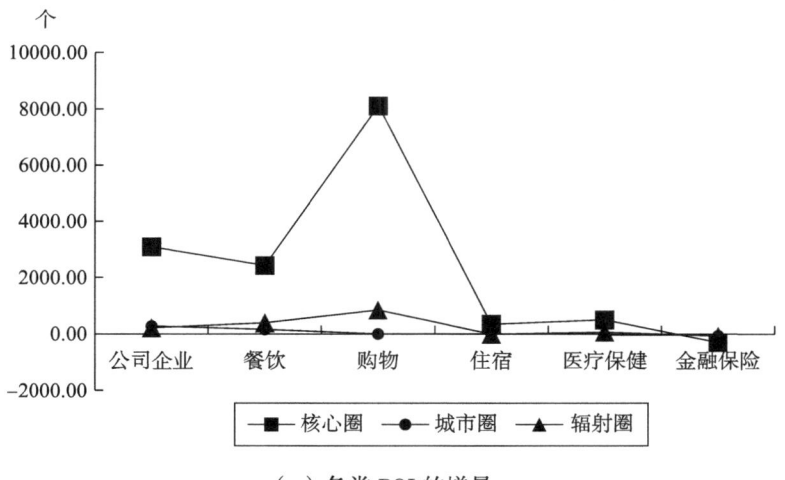

（a）各类 POI 的增量

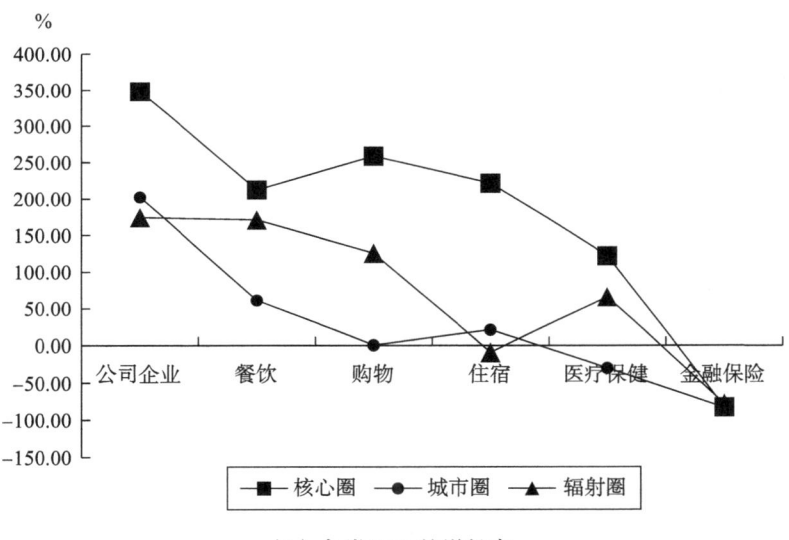

（b）各类 POI 的增长率

图 23　2010—2018 年郑州都市圈不同圈层轨道交通站点 3km 内各类 POI 的增量与增长率比较

5　结论与讨论

5.1　结论

本研究从都市圈之间及都市圈内部这两个角度，对都市圈不同圈层轨道交通站点 3km 范围内 POI 的数量分布特征进行分析，并在此基础上比较这两个角度下 2010—

2018年POI的数量变化。本文得到以下主要结论：

（1）将同一圈层内5个都市圈间进行比较，可以发现在不同的圈层内，不同都市圈的发展优势不同。比如在核心圈内，郑州都市圈的购物类、餐饮类、医疗保健类POI发展优势突出；在城市圈内，深圳都市圈的购物类、餐饮类、住宿类POI发展优势突出；在辐射圈内，上海都市圈的多类POI发展优势突出。

（2）在对同一都市圈内三圈层间POI的数量分布进行比较时，可以发现都市圈内不同圈层的POI数量分布存在较大的相似性。五大都市圈的核心圈内POI的数量要远远高于城市圈、辐射圈内同类POI的数量，其中北京、上海、广州、深圳都市圈内同类POI的数量均沿着核心圈—城市圈—辐射圈递减，而郑州都市圈的不同圈层间同类POI的数量分布却沿着核心圈—辐射圈—城市圈递减。另外，五大都市圈的3个圈层内呈现出购物类、公司企业类POI的数量均大幅度高于其他类POI的分布特征。

（3）对五大都市圈内三圈层间2010—2018年POI的增量进行分析，本书发现五大都市圈内核心圈的购物、餐饮、公司企业类POI均呈现增量大、增速高的趋势，而城市圈、辐射圈内多类POI的增量却远低于核心圈。这说明了五大都市圈内城市圈、辐射圈仍有较大的发展潜力。

5.2 讨论

（1）五大都市圈内各圈层轨道交通站点均是购物、公司企业、餐饮类POI开发强度较大，住宿、医疗保健、金融服务类POI开发强度较小。值得注意的是，餐饮类POI开发强度在五大都市圈差别较小且增量幅度较小，说明都市圈轨道交通站点的餐饮业可能最先发展完成、稳定性较高，还可能面临一定的发展"天花板"。购物类、公司企业类等行业开发强度较高且增量差别较大，说明都市圈内轨道交通站点的购物类、公司企业类开发行业是提高周边土地利用强度的主要方式，且发展情景较多、波动较大。住宿类、医疗保健类、金融服务类行业则总量少、增量幅度小，说明其开发强度面临一定上限或者本身的总需求量较小。

（2）五大都市圈内轨道交通站点周边六类POI均是核心圈大于城市圈、辐射圈，且增量规律亦是如此，这反映出都市圈的核心圈依旧是土地开发强度最大的地方，各行业选择在核心区开发依旧是一种趋势。由于各都市圈内核心圈的辐射带动能力差别较大，各都市圈的多类POI在城市圈和辐射圈的轨道交通站点周边的发展情况则不尽相同，其中北京、郑州都市圈的城市圈和辐射圈内多类POI的发展普遍较差，而核心圈比其他都市圈相对好些，但也说明核心圈对另外两圈层的带动能力有限。广州、上海都市圈中城市圈、辐射圈内多类POI虽然增量仍较少，但增速较高；同时，核心圈的带动能力更强一点。深圳都市圈起步较低，但各类POI增量大、增速高，且三圈层内轨道交通站点周边各类POI的差异较小，呈阶梯式分布，说明其都市圈的发展更加协调，增长动力也更加强劲。

参考文献

［1］毕璋.基于POI数据的大型铁路客运站站区商业空间分布特点研究［D］.成都：西南交通大学，2018.

［2］孔令斌.城市发展与交通规划：新时期大城市综合交通规划理论与实践［M］.北京：人民交通出版社，2009：147-162.

［3］李蕾.高速铁路客运枢纽地区综合开发探析：以三个近郊高铁规划设计创作为例［J］.华中建筑，2010，28（1）：133-137.

［4］SORENSEN A. Land readjustment and metropolitan growth: an examination of suburban land development and urban sprawl in the Tokyo metropolitan area［J］. Progress in planning, 2000, 53: 217-330.

［5］PRIEMUS. HST-railway stations as dynamic nodes in urban networks［C］. Beijing:［s.n.］, 2006.

［6］许学强.香港基础设施与环境研究［M］.广州：广东高等教育出版社，1997.

［7］郭笑平，李纯.膜结构的空间创造：介绍21世纪斯图加特火车站创作构思［J］.世界建筑，2000，9：70-72.

［8］姜旭.长春火车站站北轴心地区城市形态塑造［D］.大连：大连理工大学，2004：177-183.

［9］张复明.区域性交通枢纽及其腹地的城市化模式［J］.地理研究，2001，20（1）：48-54.

［10］RATNER K A, GOETZ A R. The reshaping of land use and urban form in Denver through transit-oriented development［J］. Cities, 2013, 30: 31-46.

［11］CERVERO R. "Transportation shapes the city" in Perth Beyond 2000: A Challenge for a City［C］. Perth:［s.n.］, 1992.

［12］NEWMAN P W G, KENWORTHY J R. The land use-transport connection: an overview［J］. Land use policy, 1996, 13（1）: 1-22.

［13］POLZIN S E. Transportation/land-use relationship: public transport's impact on land use［J］. Journal of urban planning and development, 1999（4）: 135-151.

［14］张小星.有轨交通转变下的广州火车站地区城市形态研究［D］.广州：华南理工大学，2001：52-57.

［15］张小星.有轨交通转变下的广州火车站地区城市形态发展［J］.华南理工大学学报（自然科学

版），2002，30（10）：24-28.

[16] BOLLINGER R C, IHLANFELDT K R. The impact of rapid rail transit on economic development: the case of Atlanta's MARTA [J]. Journal of urban economics, 1997, 42: 179-204.

[17] CHENG J, MASSER I. Urban growth pattern modeling: a case study of Wuhan city [J]. PR China landscape and urban planning, 2003, 62: 199-217.

[18] DE WILDE S, VAN DEN DOBBELSTEEN A. Space use optimization and sustainability: environmental comparison of international cases [J]. Journal of environment management, 2004, 73: 91-101.

[19] BOWES D R, IHLANFELDT K R. Identifying the impacts of rail transit stations on residential property values [J]. Journal of urban economics, 2001, 50: 1-25.

[20] FROIDH O. Market effects of regional high-speed trains on the Sveland line [J]. Journal of transport geography, 2005, 13: 352-361.

[21] 许闻博. 高铁站点地区空间活力特征、机制与发展建议：基于京沪沿线站点POI的分析[C]. [S.l.: s.n.], 2017: 206-219.

[22] 王维礼，白云庆，卢景德. 基于兴趣点（POI）数据的地铁站周边商业空间活力分级与耦合性研究：以天津市中心城区为例[J]. 城市, 2019, 5: 18-22.

[23] 陈彬彬，林荣. 基于POI数据的高铁站区商业空间分布与演变研究：以汉口站为例[J]. 城市建设理论研究（电子版），2018, 19: 142-143.

北京都市圈协同雾霾治理机制创新研究

——基于国内外案例分析的启示

林路遥[1]　聂　伟[2]　陈桂生[1]

（1.天津师范大学政治与行政学院，天津　300387；
2.华夏幸福研究院，北京　100027）

摘　要　在全球化背景下，都市圈逐渐成为国际竞争的基本单位。都市圈内公共物品的提供及公共问题的解决成为研究热点。因而，现实情境亟须都市圈协同治理机制创新。本文以中国都市圈协同治理机制特征为抓手，以北京都市圈雾霾治理为切入点，借鉴大伦敦地区、洛杉矶湾区和珠三角地区的治霾经验，认为应从立法协同、资源协同、财税协同和产业协同4个维度来完善北京都市圈的协同治理路径。这些路径对中国都市圈跨公共物品提供机制的创新具有一定的启发意义。

关键词　都市圈　协同治理　机制创新　雾霾治理

1　问题提出与文献回顾

在全球化背景下，参与国际竞争的基本单位已经越来越表现为城市及其所在的都市圈，它以区域经济的方式参与全球竞争与合作，城市经济在国民经济中的地位日益凸显，都市圈也相应地成为城市化发展的主流模式。在城市化进程及中国市场经济的快速发展下，区域一体化和地方公共事务的扩张，跨域公共事务和公共问题不断增多，亟须以都市圈为单位的治理体制机制创新。清洁的空气是最公平的公共物品，公共物品的主要提供者是政府。提供清洁的空气是政府的责任，保护环境也是政府治理的重要内容。长期以来，以行政力量为主导的环境治理工作，需要各地方政府、多部门、多层面的配合。然而，在现实情境中，局限于行政区划，各主体利益诉求不统一，进而雾霾治理方面存在着机制内容不完善、运行机制不通畅等问题，导致都市圈内雾霾治理效果不佳。对于雾霾天气频发的北京都市圈而言，各自为政、分而治之的碎片化治理模式使该区域的环境治理工作存在"集体行动的困境"，使雾霾治理成效不显著，政府的环境治理能力受到质疑。因此，防治雾霾天气，加强雾霾治理体制机制创新成为解决北京都市圈雾霾问题的必然选择。

基于区域环境治理视角，诸多学者已经有了相关研究成果。就京津冀地区而言，朱京安（2016）深入研究了我国京津冀地区的大气污染区域治理机制问题，提出了综合运用法律、市场、公众参与的多元治理手段，在大气污染治理方面加强区域间协同合作等结论；王宏斌（2015）指出对京津冀生态环境的协同治理，需要从制度创新的角度入手，通过权力下放和制度创新实现环境治理效率的提升；钱晓英等（2016）指出地方对京津冀的环境治理问题，应当理顺产业发展与环境治理之间的关系，通过各地政府的合作机制促进跨区域环境问题的解决；皮建才等（2017）认为京津冀环境治理的改进应当实行权力的分散化，促进公众的参与，实现公众参与的共同治理，通过多主体的合作发挥环境治理的协同效应。

由此可以看出，学者们对京津冀地区的环境治理研究在治理机制、协同治理、跨区域公共物品提供等诸多方面均有涉及，并且提出了相应的环境治理策略。在此基础上，本文将国内外都市圈治理经验与北京都市圈现实情境相结合，以期能够建立更加完善的都市圈治理体制机制，更好地提供跨区域公共物品及解决跨区域公共问题。

2 都市圈协同治理的特性与北京都市圈雾霾治理的现状

2.1 都市圈协同治理的特性

西方国家建立起许多跨行政区域的都市圈，地方政府为了更好地解决发展过程中面临的区域性公共问题，试图寻找一种适应都市圈发展的地方政府模式，都市圈的府际协同治理机制被当作是一种有效的政府行为模式。当前，我国也建立起诸如长三角、珠三角、京津冀这样的大型都市圈，都市圈内相关事务的治理问题也引起了广泛关注，探索并推进了都市圈协同治理机制的形成。当前，我国都市圈协同治理的现状呈现以下特征。

2.1.1 都市圈协同治理对象的复杂性增强

我国形成了长三角、珠三角、京津冀等著名的大都市圈，都市圈的形成和扩展带来了大量的区域公共事务。随着都市圈的进一步深度融合，都市圈内部的区域公共事务治理对象的复杂性不断增强，诸如都市圈内部的基础设施重复建设、缺乏互联互通造成设施浪费问题，由于跨行政区边界更容易形成生态分割及造成严重的跨界环境污染问题等，这些问题是快速城市化的过程遇上了传统的行政区划边界而产生的，严重影响了都市圈的内部秩序和整体发展进程，形成了诸多复杂的治理问题，治理难度不断升级。

2.1.2 都市圈协同治理主体多中心性明显

随着都市圈内部治理对象的复杂性增强，治理难度升级，都市圈内需要形成突破碎片化的整体性协同治理格局。目前通用的解决思路，即正视现有的行政边界障碍，通过大都市区内各地方的合作治理来实现区域的整体性协同治理。我国都市圈正在大力推进政府治理模式的改革和创新，打造多中心协同治理主体运行机制，以切实有效发挥社会和市场主体在治理过程中的协同作用，形成多中心治理主体的协同治理模式。

2.1.3 都市圈协同治理手段多元性叠加

面对复杂的治理客体，都市圈推动形成多元主体的协同治理模式，发挥多中心主体各自的优势作用，并形成合力。为了有效发挥政府、企业、社会多元主体的力量，都市圈内的协同治理手段也呈现出多元性叠加的特征，政府规制手段、市场化手段、社会化手段多元并行。通过叠加使用政府规制、市场化和社会化多种治理手段，利用多种治理手段叠加产生的"化学反应"，以形成良好的多元主体协同治理机制。

2.2 北京都市圈雾霾协同治理的运作状况

2.2.1 协同治理机构的组织架构单一

京津冀三地于2013年成立了大气污染防治协作小组，小组由京津冀三地政府及国家发展改革委、财政部、气象局、环保部等13个成员构成。但是，由于"协作小组"的配套制度和运行机制不健全，也缺乏足够的权威性，因此在调动地方政府合作意愿和合作主动性方面的作用难以得到充分发挥。2018年7月，国务院将该机构调整升级为由国务院副总理韩正担任组长的京津冀及周边地区大气污染防治领导小组，并且新增公安部等5个小组成员。由"协作小组"升级为"领导小组"是具有深刻意义和作用的，一方面，机构领导人较之前级别更高；另一方面，组织性质也调整为负责制定规划和政策的更具权威性的统筹性组织。

2.2.2 协同治理机制多以大型活动发起

京津冀三地在雾霾治理方面的府际协同形式主要是召开京津冀及周边地区大气污染防治协作小组的会议,通过会议来确定一定时期内京津冀雾霾治理的总体工作规划和具体任务分工。这种方式存在着一定的不足之处,一方面,从时间和频率角度来看,小组会议的召开具有相当大程度的随机性和特定性,且大多数是在某些重大活动召开前对该地空气质量进行协商治理的一种应对型会议;另一方面,从京津冀三地雾霾治理合作协同理念的形成到协同机制的构建,再到具体的协同政策和方案的出台与实施,占据主导地位的始终是中央层面的压力式推动。因此,这种协同往往不是由地方政府主动发起并开展的,而是一种为回应中央层面的特定压力而进行的被动式的"压力型协同"。

2.3 北京都市圈雾霾协同治理的特征分析

2.3.1 雾霾治理政策的统一性不足

第一,法律法规的制定和实施缺少协同。首先,最新修订的《中华人民共和国环境保护法》并没有明确规定区域内的各级政府应承担怎样的责任,因此容易产生推脱治理责任和转移治理成本的问题。其次,《中华人民共和国大气污染防治法》提出建立重点区域大气污染联防联控机制,但缺少对区域内具体工作实施的规定和安排,尤其是没有对京津冀都市圈各行政区划之间的职责权限、协调方式、意见执行等方面做出明确的规定。最后,在地方法律上,京津冀三地虽然都有自己的《大气污染防治条例》,但在修订方面,北京较为提前和及时,天津、河北相对落后,且相关规定也不统一,难以实现立法、司法和执法的统一协调,法律"碎片化"状态严重阻碍了协作的进程。

第二,三地污染物惩治标准不统一。二氧化硫、氮氧化物和可吸入颗粒物这三项是雾霾的主要构成部分,因此,制定污染物的收费标准是雾霾治理不可或缺的重要手段。但是,京津冀三地的排污量限制标准在各领域均存在不同,宽严不同的惩治标准已成为京津冀三地雾霾协同治理的一个重要障碍。如表1所示,京津冀三地关于二氧化硫、二氧化氮及其他污染物收费标准的调整前后的差距依旧明显。在这种情况下,收费标准的执行力度不统一将会导致重污染企业持续向河北转移,河北将要承受更大的治污成本,进而也影响京津冀整体的空气质量和治理效果。

表 1　京津冀三地各污染物收费标准调整前后对比　　　　　　　　　　　　单位：元/千克

项目	二氧化硫			二氧化氮			化学需氧量			氨氮		
城市	北京	天津	河北	北京	天津	河北	北京	天津	河北	北京	天津	河北
调整前	0.63	1.26	0.26	0.63	0.63	0.40	0.70	0.70	0.40	0.88	0.88	0.40
调整后	10.00	6.30	4.80	10.00	8.50	4.80	10.00	7.50	5.60	12.00	9.50	5.60

资料来源：河北省《关于调整排污费收费标准等有关问题的通知》（调整时间：2017年1月）、北京市《关于二氧化硫等四种污染物排污收费标准的通知》（调整时间：2014年1月）、天津市《调整二氧化硫等4种污染物排污费征收标准的通知》（调整时间：2014年7月）。

第三，缺乏良好的激励协同机制。一方面，经济激励型环境政策工具对市场的成熟度要求极高，但是京津冀三地的市场环境和市场工具并不完善且差距较大。在这种情况下，如果对三地统一采取经济激励型环境政策工具，存在引导污染源转移的风险。另一方面，区域雾霾治理对于"理性经济人"的地方政府来说，不仅成本高、收效慢，而且中央对区域大气污染防治的考核仍以属地主义为原则，"各人自扫门前雪"依旧是地方政府的主要行为模式。

2.3.2　雾霾治理工具的协同碎片化

从目前京津冀三地雾霾治理的实践过程来看，碎片化的政府治理模式造成了区域之间和部门之间的隔阂与冲突，在一定程度上导致了资源的浪费和效能的低下。目前，雾霾治理过程中存在的碎片化现象主要表现在以下4个方面。

一是治理价值观的碎片化。在目前区域大气污染治理结构体系中，发展水平不同的主体在认识上也存在差距，导致不同主体的行动目标很难协调一致。对于国家和中央政府而言，更追求长效的生态建设；而对于民众来说，则更关心自身的生存环境；地方政府也有其自身的政绩目标。因此，具有私利的主体常常削弱了政府的公共权力和分解了政府的公共目标，造成生态治理的"失效性"。

二是属地管理模式下的治理碎片化。一方面，空气的流动性和雾霾的扩散性决定了我国以行政区划为单位的政府负责制在大气污染治理过程中必然存在不足和缺陷；另一方面，区域大气污染治理必然涉及不同的部门，相互间的协同合作也非易事。从机构设置和职能分工角度来看，条块分割的管理架构使治理变成"多龙治水"，甚至"边界冲突"，大大降低了管理效能，加重了治理的负担。

三是社会力量引入的碎片化。目前，京津冀三地在雾霾治理时将重点放在了政府身上，忽视了社会主体的引入和参与，加上环境治理体系的不完善，导致市场、社会和公众难以有效地参与到政府对雾霾的治理过程中来。一方面，企业作为大气污染物排放的源头，自然也应该承担一定的责任，但企业往往以实现利益最大化为目标，缺乏环保意识，也没有履行应尽的社会责任；另一方面，公众和社会组织参与次数较少，参与机制的不健全、环境信息的不对称，以及公众利益的边缘化等也都制约了社会主体的参与意愿。

四是信息共享机制的碎片化。京津冀三地大气污染信息共享平台的作用十分有限，信息更新速度缓慢，污染物排放情况的获取、污染源的及时曝光及执法情况的披露等关键信息的共享还没有完全实现。因此，很难在大气污染治理信息的监测和收集方面进行有效沟通与共享，这种缺乏信息披露和共享机制而出现的"信息孤岛"现象更加剧了治理的碎片化。

2.4 京津冀三地雾霾协同治理机制的效益分析

2.4.1 环保效益持续性较差

目前京津冀三地开展的雾霾治理以运动式合作居多，呈现出目标的短期导向性，效益持续性较差。"运动式治理是一种以运动式的非常规手段来开展各种治理行动的常态化国家治理模式。"京津冀三地的雾霾治理合作主要有两个表现：一是应对空气污染突发事件的应急性协同治理，二是组织和承办大型活动时的临时性协同治理。这种目标明确的运动式治理仅仅是昙花一现，在短期的目标达成之后，协同治理行动往往也随之消失，环保效益的可持续性差，容易出现治理结果的反弹。

2.4.2 经济效益主导性突出

一方面，经济增长与环境保护的矛盾始终贯穿于社会发展的过程中，在长期实行的地方政府"GDP考核"模式下，地方政府是追求本地利益最大化的"理性经济人"，导致政府可能因为追求短期经济利益而忽视环境问题。另一方面，成本与收益的基本对等是各级地方政府参与大气污染治理的基本前提和关键影响因素。为了保障整个京津冀三地的大气质量达标，河北省势必要对其"两高"产业进行大规模的"关、限、停"，当河北省的协同成本大于协同收益时，协同的积极性就会减弱甚至退出合作。在京津冀大气污染的协同治理过程中，如果最核心的利益问题没有得到解决，地方政府协同意愿的持续性和协同的常态化也就无法保证。

2.4.3 社会效益有待提高

京津冀三地大气污染治理带来的最突出的效益之一就是社会生态效益，地区生态环境的改善对居民生活质量的提高有着重要意义。此外，从长远来看，地区内生态质量的提高对区域的经济社会可持续发展也有着重要的推动作用。为此，地方政府要继续严格依法行政、依法治理，避免"运动式"治理，提升执法透明度，让企业和公众对执法标准、法律依据看得更明白，减少误解和对立情绪，提高社会公众和市场企业的参与度。

综上所述，虽然目前京津冀三地已经成立了大气污染防治领导小组，并且在治霾效果上取得了较大成效；但相关举措大多是一种单一型的"运动式治理"，难以实现组织、政策和激励手段的有效协同。治理观念的差距、条块分割的冲突、社会力量引入的不足和信息孤岛现象的存在等问题导致京津冀三地经济效益难以协调、治霾效果持续性差、社会生态效益有待提高等问题的持续存在，亟须对其治理机制进行创新和调整。

3 国内外都市圈案例借鉴

3.1 珠三角：区域视角的空气污染联防联控

为解决严重且复杂的大气环境污染问题，珠三角地区率先进行尝试，大胆探索并积极开展珠三角区域空气污染联防联控行动，大气环境质量得到显著改善。2017年，珠三角地区的大气污染防治工作率先取得了突破性进展，并在全国三大空气污染重点防治区中连续3年达标。具体来说，珠三角地区雾霾治理经验主要有以下几点：

第一，制定和完善区域大气污染联防联控法规。从宏观性立法角度来看，2009年制定了《广东省珠江三角洲大气污染防治办法》，修订了《广东省机动车排气污染防治条例》。在这一办法中创造性地提出了要在珠三角地区建立关于大气污染的协调、合作和监督治理机制。2011年7月，广东省政府印发《广东省环境保护和生态建设"十二五"规划》，特别强调发挥联防联控的作用，通过联防联控机制来强化珠三角地区的区域性复合环境污染治理。2014年1月，广东省政府又印发《珠江三角洲区域大气重污染应急预案》，该预案在全国首次提出了"雾霾预警机制"。从专门性立法角度来看，为全面推进重点区域大气污染防治工作，经广东省政府批准，广东省环境保护厅牵头印发实施《广东省珠江三角洲清洁空气行动计划》《广东省机动车排气污染防治实施方案》，陆续出台《广东省火电厂大气污染物排放标准》等标准，初步建立起联防联控环境质量的标准体系。2011年，广东省环境保护厅又针对性地印发了《珠江三角洲清洁空气行动计划2011年度实施方案》等。

第二，推动珠三角地区雾霾治理的联动治理。珠三角地区雾霾治理的联动治理体现在纵向和横向两个层面。纵向联动主要发生在省级层面，早在2008年，广东省就率先建立起大气污染防治联席会议制度并且制定出相应的议事规则。2009年，珠三角地区又进一步设立了领导小组及其办公室。2014年，广东省政府果断提升珠三角地区大气污染防治联席会议的规格，时任广东省省长作为联席会议组长，即第一负责人。

除了省级层面的纵向协同，珠三角地区的大气污染联防联控工作还形成了独特的横向联动机制。横向联动主要体现在都市圈及市级层面在政府部门间的横向联动。从都市圈层面角度来看，广东省政府在2008年将珠三角地区进一步细分为"广佛肇""深莞惠""珠中江"3个都市圈并成立领导小组，分别建立了相应的联席会议制度，通过设立日常办事机构，确保落实联席会议的工作和事项。政府部门间的横向联动是由各市成立的领导小组和办公室来组织实施。

第三，实现全面、深入综合治理大气污染政策的目标。珠三角在区域大气污染联防联控的具体实施过程中，全面且深入地推行了相关政策。自2013年起，珠三角地区分析地区实情，从实际出发，根据各地的资源禀赋状态、发展需求及客观的环境承载力等相关因素，实行十分严格的差别化的环境准入制度。在能源结构优化和调整方面控制区域煤炭消费总量。同时，强化多污染物联合减排、实施多污染物协同控制并深入推进移动源污染控制。对各市环境空气质量的改善实行一票否决制，对工作责任不落实、项目进展滞后、环境空气质量改善目标未如期实现的城市进行约谈和责任追究。

第四，引入市场机制推动政府与市场的联动治理。为了有效发挥市场机制的作用，2013年，珠三角地区先行试点实施排污权交易政策。随着试点工作的深入开展，到2014年，广东省的排污权交易政策进入全面的实践阶段。除了实施排污权交易政策以外，广东省还探索实施了绿色金融制度及环境污染责任保障试点工作。绿色金融指对环保、节能、清洁能源、绿色交通等绿色环保领域的项目投融资、项目运营、风险管理等提供必要的金融服务，对社会经济资源进行绿色引导，以兴起生态环境保护和环境污染治理的现实行动。

第五，广泛动员社会力量，形成联动治理合力。政府推动社会组织参与治霾。为了培育和发展环保社会组织，促进民间环保社会组织能力的提升，珠三角举行广东省环保社会组织能力工作会议，一方面有效依托各种形式的环境保护基金会，鼓励社会各界进行捐赠；另一方面通过申请财政资金孵化环保公益项目，为环保组织提供资金支持。珠三角充分利用电视、报纸、网络等各大媒体，努力营造"经济发展、环保先行"的社会氛围，通过宣传科普、教育培训等多种措施，倡导文明、节约、绿色的消费方式和生活习惯，动员民众为雾霾治理添砖加瓦。

回顾珠三角地区治霾的整个过程，不难发现其综合运用了强制型、市场型和自愿型3种政策工具，在发挥3种政策工具独特作用的前提下，实现了3种工具配套使用。

珠三角地区大气污染防治联席会的高规格，解决了市场约束力不足的问题，有利于市场型政策工具的更好推行。经济手段、市场机制的引入和使用鼓励和刺激了市场主体自觉落实相关减排治污的举措，也为自愿型政策工具的使用进行了铺垫。自愿型政策工具也必须在强制型政策工具和市场型政策工具的基础和前提下才能更好地发挥应有的作用。

3.2 伦敦都市圈：从法律为本到多方协作的雾霾治理

1952年12月，英国伦敦出现了大范围高浓度的雾霾天气，肺炎、肺癌、流行性感冒等呼吸系疾病的发病率也大幅增加，在接下来的两个月内，12000人相继生病死亡，这就是震惊世界的"伦敦烟雾事件"。1952年的烟雾事件促使英国政府和人民开始深刻反思并采取行动，到20世纪80年代，伦敦的雾霾天数从19世纪末的每年将近90天减少至不到10天，铁腕治霾取得了显著效果。具体来说，伦敦治理大气污染的模式具有如下特点：

第一，管制型工具即命令控制型工具的广泛使用，该工具主要是指在一定的法律基础上制定标准、禁令和许可等手段的方式。一方面，纵观英国大气污染治理的全过程，"有法可依，有法必依"的思想贯穿于英国大气污染治理的始终，通过建立完善的法律法规体系，推动法治变革，增强公民绿色理念，开启绿色治理的法治化进程。另一方面，行政干预和强制执行也是政府管理必不可少的手段，英国政府设立了专门的行政管理机构负责各种协调工作，监督各环境要素的污染情况。1956年，在《比佛报告》的推动下，英国出台了世界上首部空气污染防治法案——《清洁空气法》，1968年又对其进行了进一步的修订和完善。之后，英国又相继出台了《污染控制法》（1974）、《气候变化法案》（2008）等一系列空气污染防控法案。英国政府十分重视法律的力量，随着空气污染状况的转变而不断修改和完善的法律法规逐步涵盖了大气污染的方方面面，形成了完备的法律体系，为政府治霾和社会参与提供了法律基础和保障。

第二，采用基于市场的经济激励型政策，主要包括利用市场机制的财政补贴、环境税费和押金、排放权交易等，在英国通常使用的形式是"污染者支付"和征收环境税。一方面，科技是伦敦大气污染治理取得长效的关键因素，英国政府利用清洁能源并大力发展低碳经济，发挥科技的重要作用，引领环保革命，加强雾霾治理的相关研究和科技创新。另一方面，不断加强城市和交通规划。在交通方面，尽量减少人们对私家车的依赖，大力推广公共交通、步行、自行车等出行方式，设立公交专用道，投资发展新型节能公交车。

第三，英国政府通过构建"政府—市场—社会公众"的多元环境治理模式，动员社会各主体力量形成多维合力，强化治理成效。作为代表公共利益、治理公共物品的主体，政府发挥着重要的主导作用，而市场主体发挥其自身的优势，通过税收和补贴等措施鼓励企业主动节能减排，实现环境成本的内部化。此外，动员社会组织和广大民众积极参与到污染防治过程中来，以加强教育等手段增进公民的环保意识，实现环境污染的协同治理。自愿型政策工具正是以信息及时、公开和公众广泛参与为主要表现特点的。在英国，政府通过制定法律来赋予和保障民众的各项环境参与权利，反过来民众也积极参与环境决策中去，这样就形成了一个良性的互动。

综上所述，英国在环境治理方面形成了独特的治理模式和一致性的行动框架，政府、市场、企业、公众等多元化主体之间互相协作。政府采取强制型工具制定法律法规和城市规划来进行宏观引导，建构了制度化的沟通渠道和参与平台为公众参与环境治理提供了保障；市场和企业在经济激励型工具和各种配套措施的引导下，采取税收补贴和产业升级等手段进行技术创新和排污成本缩减，以承担社会责任，促进绿色发展；公众通过自愿型政策工具不断增强环保意识和绿色理念，采取弹性、多样的行动方式自主管理、参与监督，且3种政策工具相互融合，相互保障，形成了全方位立体的环境治理体系。

3.3 洛杉矶湾区：层级有序的组织运行下的雾霾防控

洛杉矶位于美国加利福尼亚州，是典型的工业化城市。洛杉矶大都市的迅速发展，工业化和城市化迅速推进，最终造成了1943年的"洛杉矶雾霾"事件和"光化学烟雾"污染。这使洛杉矶政府和市民痛下决心进行以"雾霾"为主的污染治理。到20世纪80年代，洛杉矶雾霾治理成效显著，具体体现在以下几个方面：

一是有序灵活的政府机构。一般来说，洛杉矶环境治理机构分为4个层级，即联邦层面的美国环境保护署（EPA）、州层面的加州空气资源委员会（CARB）、区域层面的南海岸空气质量管理局（SCAQMD）和地方政府层面的洛杉矶地方空气质量管理部门。各个层级的政府机构有序运行，各负其责。EPA成立于1970年，致力于营造一个更清洁、更健康的环境，主要负责制定全国性的环境政策和法规，为各州提供技术帮助和资金支持，监督各地区的实施情况，并将美国50个州分为10个区域，分别对应设置10个区域办公室，沟通协调联邦、州和地方政府之间的关系，促进跨州的区域性环境问题的解决。其中，加州属于EPA第九大管辖区。CARB是加州环境保护局的6个委员会之一，主要负责保护公众健康免受空气污染的影响，指导35个当地大气污染控制区（35个区域空气质量管理局）的活动[①]，领导加州努力应对全球的气候变化，率先推行了一系列全球先进的治理方法。

以洛杉矶为中心的周边几个县区是加州大气污染最严重的区域，SCAQMD 就是为了跨区域治理全美污染最严重的四区县而成立的[②]，是加州35个区域性空气质量管理局之一。SCAQMD 的主要职责是按照联邦和州的要求使加州的南海岸地区达到清洁空气标准。四县区拥有超过1700万的人口，大约是整个加利福尼亚州人口的一半。SCAQMD 在制定政策和标准前，充分听取公众意见，主要程序有公开研讨会和公开听证会。SCAQMD 持续控制着辖区内的38个空气监测站点，实时通知公众的空气质量情况（公众也可以自主订阅）。洛杉矶地方大气污染管理机构起源于1943年的烟雾委员会，1947年成立了洛杉矶空气污染控制局。现今主要有南加州政府委员会（SCAG）负责衔接与所辖地区与加州实施计划（SIP）中有关交通控制设施、土地使用和人口预测的部分。进一步来说，由地方政府在城市规划内容中协调衔接各级大气污染治理的相关措施。

二是建立完善的法律法规体系。美国洛杉矶的空气污染治理机构不仅本身通过法律被赋予了权力，同时也使各层级机构发布的政策和法规具有权威性，其根源在于美国大气污染建立了完善的法律法规体系。在联邦政府层面，1970年国会授权 EPA 设立国家空气标准、汽车排放和抗污染标准，进而发布《清洁空气法》。《清洁空气法》催生了"转换器"的产生。EPA 随后确定了空气污染危险等级、车辆燃油的经济性测试、汽车保养法规，禁止向违反《清洁空气法》和《水污染控制法》的工厂和设施授予合同资助法规等。1977年，吉米·卡特总统通过了《清洁空气法修正案》。1978年，EPA 为铅含量制定了新的国家空气污染标准。1980年国会创建超级基金计划，要求污染者负责清理污染现场。EPA 一直在更新污染气体排放标准，完善相关法律法规，如1988年《室内大气消除法》《排污禁令》，1990年《防治污染法》、1999年《区域雾霾法则》《新汽车排放标准》、2009年《清洁汽车计划》、2011年《跨州污染条例》、2014年《清洁燃料新规则》等相关法律法规的推出。

在加州政府（CCAA）层面，1988年加州通过了《加州洁净空气法》，对未来20年的加州空气质量进行全面规划。加州空气资源局负责制定路面和非路面移动污染源的

[①] 根据 EPA《清洁空气法案》和《国家环境空气质量标准》规定的污染物排放标准，将全国分为3类：达标区、不达标区和无法判定区。其中，不达标区被划定为大气质量控制区，必须实行州实施计划（简称 SIP），以达到并保持大气质量标准。

[②] 洛杉矶，奥兰治县，里弗赛德和圣贝纳迪诺县（包括科切拉山谷）。

排放标准、汽车燃料标准，以及消费产品管制规定。加州空气资源局同时负责根据联邦《洁净空气法》制订州政府的空气质量实施计划。由于《加州洁净空气法》较联邦政府的《洁净空气法》更严格，故《加州洁净空气法》成为州政府监管空气质量标准的主要依据。CCAA 为地区规划做了许多要求，以达到标准空气污染物的州环境空气质量标准。例如，相关计划必须包含足以实现每年 5% 的减排的措施，或者必须包含所有可行的措施和可用的时间表。对于空气污染严重的地区，其实施计划应包括以下内容：新的和改良的固定源排放量不净增加；针对现有资源的最佳可用改装技术。

在地区管理层面，CCAA《健康与安全法》第 40400~40540 条确定并指定了南海岸地区的主管部门和计划职责。SCAQMD 负责控制主要来自固定空气污染源的排放，包括从大型发电厂、精炼厂到加油站的任何物品。在 SCAQMD 许可下，大约有 28400 家此类企业开始运营。SCAQMD 制订并采用了《空气质量管理计划》，该计划是使该地区符合联邦和州清洁空气标准的蓝图，包括采取了减少来自各种来源的污染的排放规则，涵盖特定类型的设备、工业过程、油漆和溶剂，甚至是消费品；向许多企业和行业颁发许可证以确保符合空气质量规定，并且 SCAQMD 工作人员进行定期检查以确保符合这些要求。

三是引入市场机制，将污染看作一种特殊商品。20 世纪 70 年代开始，各国治理空气污染借鉴了水污染治理的排污许可证制度，对排污企业进行管制。加州实行比美国联邦更加严格的标准，如美联邦将排污 100 吨以上的企业认定为主要污染源，而加州明确排污 10 吨以上就按主要污染源予以监控。如何用市场的手段治理空气污染，一直是人们思考的方向。SCAQMD 推出了空气污染排放交易机制。目前，纳入交易机制的有 300 多家工厂，由 SCAQMD 对其排污情况进行在线实时监测，其排放额度分配依据 10 多年前的估算量而得出，并且每年递减，从而强制排污企业减少空气污染。排放指标在芝加哥期货市场公开挂牌交易，目前每年交易额约 10 亿美元。这种做法，对控制固定污染源较有效果。

四是注重大气污染治理的技术开发与方法使用。美国注重环保研究中心的发展，大力支持对限制污染源排放技术和其他科技手段的应用。同时，各政府机构也加大对相关主体的奖励，促进环保技术的开发和应用。例如，国家层面建立超级基金计划和基金工作小组。SCAQMD 为企业、社区甚至是地方政府提供了广泛的奖励计划，比如资助小型企业、车辆引擎升级补助等。另外，在大气污染治理上，洛杉矶雾霾治理注重大气污染预测，分析未来的污染源，从而进行防治研究。

根据 SCAQMD 的空气数据，南海岸地区空气超出联邦大气排放标准的天数由 1980 年的

211 天下降至 2018 年的 141 天。虽然 SCAQMD 的工作仍然有进步的空间，但是自成立以来，治理效果明显。回顾洛杉矶雾霾治理工作，仍然是以强制性政策工具和激励性市场工具为主的治理模式。

4 国内外案例启示

从珠三角、伦敦地区和洛杉矶地区的治霾案例综合来看，严格的法制化治理模式是治理雾霾的重要基础和保障，其制定的各种国家战略和配套政策体系、市场化经济刺激手段和民众的广泛参与都是十分值得我们学习的。这些区域大气污染治理的政策工具是具有多重强制手段的组合体系。现阶段，京津冀区域大气污染治理政策工具体系的完善，可以从以下方向进行努力：

首先，强化管制型工具体系。它作为政府治理公共物品和社会问题的重要工具，具有强大的组织力和统筹力，能够为决策提供基本的制度保障，是目前改善京津冀大气污染状况不可或缺的手段。从命令控制型政策工具的子类型角度来看，"环境保护目标责任与考核""污染物排放总量控制"是各级政府主要采用的政策工具，可以看出目前我国的治理要求仍是目标责任式的环境考核制。

其次，加强经济激励性工具。设计具有前瞻性的市场调节机制，发挥市场型政策工具的积极作用。在面对京津冀地区"减污成本"差异性较大的区域复合型大气污染时，市场型政策工具比管制型工具更具有"效率"上的优势，能促使多个污染者的边际控制成本与其相适应。从市场型政策工具的选择角度来看，"财政补贴与奖励""超标处罚""排污收费"这 3 类政策工具是主要的市场化手段，北京使用最多的工具是"超标处罚"，天津、河北、山西使用最多的工具是"财政补贴与奖励"。

最后，完善自愿型政策工具的使用。在政府与市场两大社会主体之外，社会组织和广大群众的自愿性参与正在社会治理中扮演越来越重要的角色。较为常见的公众参与型政策有"环境信息公开""环境违法事件举报""环境保护宣传教育"等，北京使用最多的政策工具是"环境信息公开"；天津、河北使用最多的政策工具是"环境违法事件举报"。要想更好地发挥这一作用，需针对其中的每个工具进行细化完善，信息的收集、识别和共享是基础，群众的监督管理、智力支持是重要途径，环境宣传教育、环保知识普及是根本。

5 完善北京都市圈雾霾协同治理机制的创新路径

5.1 推进区域立法协同治理机制

面对北京都市圈雾霾肆虐的问题,必须建立高效的府际协同治理机制,有序推进府际协同治理实践,但由于府际协同治理过程中需要克服协同意识不足、协同举措不科学等障碍,上述机制绝非是一朝一夕便可以形成的。从党的十八大开始,我国多次强调要重视法治在国家治理过程中的重要作用,从法治国家的层面来看,要实现北京都市圈雾霾协同治理机制的创新,必须先建立起稳定的、长效的法律机制,不仅要通过科学的立法实现对府际协同治理主体的统筹和协调,保证府际协同工作的顺畅开展,还要通过完善的法律法规体系,确保协同治理举措的科学性和有效性。

5.1.1 提升中央层面立法的统筹性

由于大气这样的区域公共产品具有极强的外溢性特征,给北京都市圈各地方政府的治理提供了搭便车的可能,并且雾霾治理需要付出巨大的治理成本,地方政府出于自利性的考量,地方政府官员为了获得更多的政绩增加政治晋升的筹码,难免将更多的精力放在能够促进地方经济发展的事务上来,很难将精力集中于北京都市圈的雾霾治理工作。在这样的境遇下,提升中央层面立法的统筹性就显得至关重要,通过中央层面的京津冀三地府际协同治理雾霾问题的相关法规,将府际协同治理雾霾问题用法律的形式确定下来,引起地方政府的高度重视,有效统筹地方政府力量,为府际协同治理机制提供法律权威性。

5.1.2 增强区域间立法的协同性

要想形成良好的府际协同治理机制,不仅要发挥政府主体的作用,还要充分发挥市场、社会主体的作用,但由于大气污染治理具有特殊性,地方政府仍然是治理机制中最重要的治理主体,那么有效协调地方政府的行为也是决定大气污染治理成败的关键因素。中央层面的立法能够增强北京都市圈府际协同治理机制的权威性,有效统筹地方政府的力量。若要形成京津冀三地雾霾问题的府际协同治理长效机制,需要形成京津冀三地政府的协同治理格局,保障区域间立法的协同性。京津冀地区的地方人大、地方政府应加强合作与交流,结合各地方政府的规章制度,制定区域层面的相关法律,用区域性制度法规来指导协同治理实践,能更好地协调地方政府的力量。

5.1.3 提高法律内容的科学性

2015年通过的《大气污染防治法》提出了要建立区域联防联控的相关规定,但内容过于笼统，可操作性不强，对北京都市圈府际协同治理机制创新思路的启发意义不大。目前，京津冀三地在各项重大活动过程中为保障大气环境治理而采取的府际协同治理措施也多呈现运动性特征，未能形成长效治理机制，还会引起对治理举措合法性的争议。因此，相关地方政府仍需要在现有法律的基础上，对其做出进一步的跟进和补充。这就需要对雾霾治理工作进行详尽的调查分析，建立科学民主的决策程序，提高法律内容的科学性，形成具有可操作性的实践指导，用健全的法律法规来进一步推动京津冀三地府际协同治理机制的形成和完善。

5.2 搭建区域资源协同治理机制

根据奥茨（Oates）的理论，可根据区域公共品的规模和性质来确定其由哪一级政府来提供：当环境质量是纯公共产品时，本地的环境质量取决于所有地区排放物的总量，这类公共产品应由中央政府统一提供；当环境质量是地方性公共产品时，应该由地方政府独立提供；当环境质量具有溢出效应时，如果由各地政府独自提供，会出现供给不足和供给过剩的问题。实际上，清洁的空气作为一种公共资源，应该人人公平享有。这种京津冀跨界公共物品（清洁的空气）就要求由中央和地方政府携手建立区域资源协同治理机制。具体来说，体现在以下几个方面：

5.2.1 完善区域复合污染立体监测网

从珠三角的雾霾治理经验来看，广东依靠监测先行、大气分区的精准治污方式，使珠三角大气污染治理取得了重大成效。其中，广东省人民政府与科技部合作开展的"重点城市群大气复合污染防治技术与集成"863项目，以及"珠江三角洲区域大气复合污染立体监测网"的建成运用，基本摸清了珠三角区域性、复合型、压缩型的大气污染特征，明确了臭氧和PM2.5为首要污染物及其来源和形成机制，为珠三角实施区域空气质量精细化管理提供了不可或缺的手段和能力。

从京津冀地区的生态环保监测中心角度来看，各行政区域的监测能力并不缺乏，缺乏的是区域间数据协调和污染物预测能力。京津冀地区应借鉴粤港澳经验，完善区域复合污染立体监测网。从区域性的视角来分析大气污染特征、大气污染控制区和预测污染物。目前，京津冀及周边地区大气污染综合立体观测网的构建基本实现了大气环境多源数据的综合管理业务化，但是仍然需要继续技术创新，以便对相关污染物的来源及形成机制做更进一步的研究。

毋庸讳言，属地主义的数据监测无法完全反映具有流动性的大气污染特征，只有完善区域间的监测网络，才能厘清京津冀地区大气污染的特征，从而对大气污染进行精细化治理。因而，京津冀地区需完善区域监测网，同时协调各城市的子站点，增强监测数据的系统性，提升数据使用的科学性。

5.2.2 分配区域间大气污染指标

在完善区域复合污染立体监测网的基础上，京津冀地区在大气污染治理方面应该打破属地主义和行政壁垒。借鉴我国珠三角地区和美国环境保护署的思路，根据大气污染相关特征进行针对性的大气污染分区，对不同的大气质量控制区进行分类管理，从而达到精细化治理大气污染的目的。

借鉴美国 SCAQMD 机构的运行机制，打造京津冀空气质量管理中心。同时，从国家层面树立该机构的权威，使该机构拥有区域内的监测权、监管权和执法权，并针对不同的大气控制区设置相应的办事处。在遵守国家环保标准的前提下，对不同控制区实行不同的污染物排放总量控制、环境和煤炭消费总量等标准。各地政府需严格遵守相应的标准，由各控制区的办事处严格监督各地政府的落实情况。同时，该机构应加强运用数据的能力，引导各地政府部门在社会经济活动上合理布局，从而达到改善区域大气环境的目的。

5.2.3 构建区域间市场交易机制

私人所有者的激励结构更适用于资源环境管理，而且市场价格能够促使所有者树立长远的眼光。长期以来，京津冀地区大气污染治理都以行政力量为主导。然而，生态区和行政区的不一致性，造成了生态协同治理障碍。如前文所述，在成立独立于京津冀政府部门的管理机构的基础上，借助此平台来建立区域间市场交易机制。珠三角、伦敦地区和洛杉矶地区的大气污染治理取得了显著效果，三者都运用了相关市场交易机制。广东及深圳的碳交易量总额全国领先，碳交易市场活跃度较高。但是，京津冀地区除了北京有一定的碳成交量外，天津市场的活跃度不高。从我国目前的城市试点情况来看，全国性的碳排放市场尚未建立，区域性的碳排放市场也并不成熟。

2019 年 4 月《碳排放权交易管理暂行条例》已经对外征求意见，按照其要求，我国将在 2020 年正式启动全国碳市场的交易。同时根据党中央、国务院的安排部署，全国碳市场的建设工作转隶到生态环境部，相应的地方主管部门和支持单位也发生改变。因而，全国性碳市场的建立要注重协调生态环境部与各地政府的隶属关系。对于北京都市圈来说，京津冀地区早在 2014 年就有探索区域性碳排放交易的合作。2015 年北京与河北承德进行了跨区域碳交易试点，然而交易活跃度并不高。从北京和天津试点碳交易市场的规则来看（见表 2），二者对各自碳交易市场规则的制定有充分的自治权。

表 2　北京、天津碳交易市场规则

京津冀试点城市	配额分配模式	配额分配方法	碳市场覆盖范围	交易主体
北京	混合模式：95%以上免费，按年度发放，以上一年数据为依据（未考虑增量）	历史强度法	来自电力、热力、水泥、石化、汽车制造和公共建筑等行业约490家企业，覆盖城市排放量的50%	履约企业、机构投资者
天津	无偿分配：100%免费，一次性制定3年年度配额，每年可调整	历史强度法	来自钢铁、化工、电力、石化、炼油等行业的114家企业，占城市排放量的60%	履约企业、机构投资者、个人投资者

资料来源：北京市、天津市发展与改革委员会网站。

因而，全国性碳排放市场的建立会为完善京津冀区域性的碳排放交易市场带来动力。在此过程中，处理好北京、天津试点市场与全国碳市场的关系，继续进行自主创新，进而拉动河北地区的碳排放市场建设，完善区域间的市场交易机制。同时，各地区在注重碳交易市场建立的同时，也要注意对碳交易市场的监管，以保证碳交易机制正常运行。

5.3　完善区域财税协同治理机制

目前来看，京津冀三地经济差距明显，形成了"两强一弱"的局面。如果没有相对公平的利益调节机制，处于弱势地位的河北也不会有较强的意愿来进行区域性的雾霾治理合作。因而，京津冀三地需依托京津冀空气质量管理中心（前文假定设立的区域权威平台），从顶层设计的宏观视角来完善区域财税协同机制。同时，京津冀三地可以学习美国南海岸空气质量管理局的运作逻辑，即有稳定的大气治理资金来源、清晰的环境治理计划和完备的研发团队。具体来说，完善区域财税协同机制的手段体现在以下几个方面：

5.3.1　完善区域间空气质量保护补偿标准

2018年6月，北京市印发《关于健全生态保护补偿机制的实施意见》（以下简称《意见》），把空气质量治理作为一个新的重点领域，提出建立空气质量生态保护补偿机制。建立区域性空气质量生态保护补偿机制的基础是完善区域间空气质量保护补偿标准。

完善区域间空气质量保护补偿标准的核心问题是"谁补偿""补偿谁""怎么补偿"。就京津冀空气质量保护"谁补偿"的问题而言，应遵循"谁污染、谁治理，谁受益、谁付费"的原则。就"谁补偿"的问题而言，补偿主体一是作为公共产品提供者的中央政府、京津冀各级政府，二是造成污染的企业或者个人。就"补偿谁"的问题而言，应是对京津冀地区大气污染治理有贡献的地区、单位和人。一是因大气污染防治治理带来地方财政压力的地区。例如河北省，首先，经济基础弱；其次，因承接北京部分资源型企业的外迁而带来的额外治理成本；最后，本身产业结构中第三产业占比高。二是京津冀及周边地区[①]的减排企业和主动升级治污技术的企业。三是基于雾霾污染治理而进行环保技术研发的单位和个人。"怎么补偿"的问题是完善区域间空气质量保护补偿标准的核心问题。如果主要补偿主体是政府，那么对于中央对地方的纵向补偿来说，综合考虑京津冀三地经济发展水平、人口规模、财力状况及生态效益外溢程度等因素的前提下，以大气污染物减少量作为奖励指标，对大气污染改善地区进行奖励性一般转移支付。

值得提出的是，区域间空气质量保护补偿标准的确定应由独立于京津冀三地政府的权威性评估机构来完成，该机构可以下设京津冀空气质量管理中心。由质量管理中心来协调各地政府进行利益协商、集中科研力量和完善监测实验室，统一制定空气环境质量协作规划，科学确定补偿的对象和标准。

5.3.2 设立联动财税基金管理池

通过设立京津冀大气联动财税基金管理池，集中管理与支付京津冀地区间的关于大气污染治理的资金，进而破解空气质量保护补偿资金纵向转移支付过多和横向转移支付乏力的困境。该基金管理池的资金来源包括国家和京津冀各级政府的环保基金、社会融资、非政府组织的捐赠及个人捐款等。实现对京津冀地区关于大气污染治理方面的财税协同治理。通过对大气污染治理财税基金的管理与运行，提升基金管理池的收益，进而提高资金发放的效率性和公平性。

5.3.3 建设稳定的融资机制

有稳定的资金来源，不仅是机构正常运行的基础，也是相关政策落实的保证。因而，建立稳定的融资机制是创新京津冀雾霾治理长效机制的保证根本。

除设立联动财税基金管理池的举措外，还应开拓新的融资渠道。按照"谁污染、谁治理，谁受益、谁补偿"原则，显性受益人、隐性受益人和污染制造者的应付费用也是重要的资金来源，比如大气污染费、大气污染赔偿金等。美国 SCAQMD 机构的融资方式也很值得我们借鉴。SCAQMD 的评估费、年度运营费、排放费、听证会费、罚

---

① 京津冀及周边地区的界定：2017年，环保部根据京津冀大气污染传输通道的特性，提出京津冀及周边地区，也即"2+26"城市的概念，具体包括：北京，天津，河北石家庄、唐山、廊坊、保定、沧州、衡水、邢台、邯郸，山西太原、阳泉、长治、晋城，山东济南、淄博、济宁、德州、聊城、滨州、菏泽，河南郑州、开封、安阳、鹤壁、新乡、焦作、濮阳。

款、和解费及投资等收入占该机构总收入的 73%，其余 27% 的收入来自联邦赠款、加州空气资源（CARB）补助金和加州《清洁空气法》机动车费用。大约有 28400 家此类企业在 SCQMD 的许可下才能运营，由此带来的评估费和许可经营费是 SCQMD 收入的重要组成部分。因此，京津冀空气质量管理中心也可以通过拥有颁发许可证、承担环保评估等职能，以拓展平台融资渠道。

5.4 促进区域产业协同治理机制

如表 3 所示，北京已经处于产业结构的高级化阶段，第二产业增速平稳，产业布局趋于稳定；第三产业增速较大，占比越来越大。总体说来，产业结构经过不断优化，较天津、河北地区而言，北京已经率先完成产业升级。

表 3　2016—2018 年北京市三次产业增速及产业结构　　　　　单位：%

年份	第一产业增速	第二产业增速	第三产业增速	三次产业结构
2016	−8.8	5.6	7.1	0.5：19.2：80.3
2017	−6.2	4.6	7.3	0.4：19.0：80.6
2018	−2.3	4.2	18.6	0.4：18.6：81.0

资料来源：《北京市 2016 年国民经济和社会发展统计公报》《北京市 2017 年国民经济和社会发展统计公报》《北京市 2018 年国民经济和社会发展统计公报》。

如表 4 所示，天津的第一产业增速呈现下降趋势。第二产业增速乏力，但在天津市经济发展过程中仍占重要地位。同时，第三产业增速平稳，增长势头良好，在天津市经济发展过程中占据主导地位。根据区域产业结构发展规律，天津市第二产业、第三产业的发展都需要新突破。

表 4　2016—2018 年天津市三次产业增速及产业结构　　　　　单位：%

年份	第一产业增速	第二产业增速	第三产业增速	三次产业结构
2016	3.0	8.0	10.0	1.2：44.8：54.0
2017	2.0	1.0	6.0	1.2：40.8：58.0
2018	0.1	1.0	5.9	0.9：40.5：58.6

资料来源：《2016 年天津市国民经济和社会发展统计公报》《2017 年天津市国民经济和社会发展统计公报》《2018 年天津市国民经济和社会发展统计公报》。

如表 5 所示，河北省第三产业的结构比重于 2018 年首次超过第二产业，但是第二产业在河北经济发展过程中仍占据主导地位。河北省以经济发展为导向，经济增长方式仍以发展第二产业和污染密集型企业为主。同时，为了缓解大城市病、优化北京市功能结构和产业结构，河北省承接了北京市部分一般性产业，以及部分高端制造业、区域性物流基地和区域性专业市场等第三产业。

表5 2016—2018年河北省三次产业增速及产业结构　　　　　　　　　　　　单位：%

年份	第一产业增速	第二产业增速	第三产业增速	三次产业结构
2016	3.5	4.9	9.9	11∶47.3∶41.7
2017	3.9	3.4	11.3	9.2∶46.6∶44.2
2018	3.0	4.3	9.8	9.3∶44.5∶46.2

资料来源：《河北省2016年国民经济和社会发展统计公报》《河北省2017年国民经济和社会发展统计公报》《河北省2018年国民经济和社会发展统计公报》。

综上而言，北京、天津和河北在产业结构上呈现出"两强一弱"的局面。有学者指出，京津冀三地的产业结构不仅对当地的雾霾污染有直接影响，在与邻接地区相互影响及邻接地区间接影响的效应下，重工业比例偏高、高污染行业集聚的产业结构对该地区雾霾污染总体具有显著正向影响，以高新技术产业、低污染低排放为主的合理的产业结构对该地区雾霾污染总体具有显著负向影响。因而，京津冀三地须趋向以高新技术产业、低污染低排放为主的合理的产业结构进行升级。那么，河北省在承接北京、天津部分产业外迁的过程中，如何避免"产业转移"就是"换个地方污染"的窘境，同时如何解决给河北省带来的高昂大气治理成本的问题，这要求京津冀三地优化产业布局、完善区域间的产业转移标准。同时，需要指出的是，各地政府及政府间，需要引导和帮助各企业以产业转移为契机完成产业升级。具体来说，体现在以下几个方面：

5.4.1　优化区域产业布局

京津冀三地要实现产业的协同发展，需要从区域层面优化产业布局。目前，河北省处于工业化的中期，具有成本优势，处于京津冀产业链的低端；天津市处于工业化后期，拥有先进的制造业基础，处于产业链的中端；北京市处于后工业发展时期，是现代制造业的研发中心，重点是发展现代高端服务业，制造业处于"疏解状态"。

由此看来，京津冀三地在产业链上可以形成互补格局。首先，北京市在积极进行现有制造业疏解和转移的同时，要提升第三产业的服务水平，增强服务功能的辐射区域，加强高端制造业部分的科技创新，瞄准世界先进技术。其次，对于天津市来说，依托体制机制创新优势，打牢自身的制造业基础，加强与北京科技成果的孵化与转化，加强与河北省的交流，推进航空航天、新能源、电子信息等现代制造业与金融、航运等现代服务业的发展。最后，对于河北省来说，应发挥低成本和交通优势，依托天津、北京的科技创新资源，对钢铁、装备制造、食品化工等行业进行产业升级，积极发展新兴产业，提升新兴产业与传统产业的核心竞争力，完成产业升级。

充分发挥京津冀三地的优势，统筹三地产业在产业链中的上中下游的衔接配套工作，最终需要在统一的区域规划中得以落实。京津冀三地应加强区域规划与地区规划，明确产业定位，落实产业发展目标，促进三地产业全方位对接。

5.4.2 完善区域间产业转移标准

北京作为主要的产业疏散地，要综合考虑各地优势，与天津和河北地区进行有效对接。河北省在承接北京、天津产业迁移的过程中，应避免"产业转移"就是"换个地方污染"的窘境，这要求河北省在优化产业布局的基础上，完善区域间的产业转移标准。

按照京津冀《产业转移指南》，合理有序地进行产业转移。转移地与承接地要有效对接，并要给予一定的资金补助。一是帮助提升承接地的硬件实力，加强基础设施建设、帮助相关产业进行设备改造，提升其环保能力。二是最大限度地释放改革红利，为转移企业营造好的经营条件。三是对于承接地来说，要防止产业转移中的污染转移，严格设置准入标准、污染排放标准和违规处罚标准，避免承接地因考虑短期效益而放松产业准入条件。

5.4.3 市场化手段促产业升级

对于河北省来说，传统的制造业与转移的一般性产业，给其带来了抬高大气治理成本的压力。如何解决高昂的大气治理成本问题？一是需要转移地的技术和资金支持，为承接地的产业升级提供指导；二是要借鉴英国、美国经验，采用市场化手段来对企业设备进行升级和改造。

参考文献

[1] 朱京安，杨梦莎.我国大气污染区域治理机制的构建：以京津冀地区为分析视角[J].社会科学战线，2016（5）：215-223.

[2] 王宏斌.制度创新视角下京津冀生态环境协同治理[J].河北学刊，2015（5）：125-129.

[3] 钱晓英，王莹.京津冀地区产业集聚与生态环境间的耦合关系[J].统计与决策，2016（3）：103-106.

[4] 皮建才，赵润之.京津冀协同发展中的环境治理：单边治理与共同治理的比较[J].经济评论，2017（5）：40-50.

[5] 周雪光.权威体制与有效治理：当代中国国家治理的制度逻辑[J].开放时代，2011（10）：

67-85.

[6] 广东省生态环境厅.关于环境保护工作促进全省加快经济发展方式转变的意见［EB/OL］.（2010-05-19）［2020-01-02］.http：//gdee.gd.gov.cn/shbtwj/content/post_2304011.html.

[7] 万薇，张世秋，邹文博.中国区域环境管理机制探讨［J］.北京大学学报（自然科学版），2010，46（3）：449-456.

[8] RACHARD L S, SANDRA L G.Property rights，environmental resources and the future［J］.Harvard journal of law and public policy，1992（15）：427-454.

[9] 杜纯布.雾霾协同治理中的生态补偿机制研究：以京津冀地区为例［J］.中州学刊，2018（12）：29-34.

[10] SCAQMD.South Coast AQMD's sources of revenue［EB/OL］.［2020-01-02］.http：//www.aqmd.gov/nav/about.

[11] 中央财经领导小组.京津冀协同发展规划纲要［EB/OL］.［2020-01-02］.https：//baike.baidu.com/item/京津冀协同发展纲要/16978192？fr=aladdin.

[12] 戴宏伟，回莹.京津冀雾霾污染与产业结构、城镇化水平的空间效应研究［J］.经济理论与经济管理，2019（05）：4-19.

[13] 纪良纲，徐永兵.京津冀协同发展：现实与路径［M］.北京：人民出版社，2016.

都市圈核心城市规模等级与主题公园分布规律研究

汪欣欣[1]　王玉海[1]　刘梦圆[2]　高建寰[2]

（1. 北京师范大学地理学部，北京　100875；2. 华夏幸福研究院，北京　100875）

摘　要　随着城市化的发展，主题公园（Theme Park）已经成为城市旅游目的地和新形态，我国也正在迎来新一轮的主题公园建设热潮，那么在当前我国都市圈的形成过程中，都市圈核心城市规模等级与主题公园分布，存在着怎样的对应规律呢？本文选取全国范围内30个都市圈的核心城市，通过相关性分析探讨了核心城市规模与主题公园数量及区位指数的相关性，并以长三角地区典型城市——上海市为对象进行了案例分析。结果显示：①核心城市规模与主题公园整体分布密切相关，主题公园基本集中在都市圈核心城市，说明核心城市背后的都市圈对其具有强大的支撑作用。京津冀、长三角地区的主题公园无论从数量还是规模角度看，在全国范围内均处于领先地位；珠三角地区主要以广州和深圳为主；其他地区（中西部地区）的主题公园分布较为零散、规模有限。②核心城市规模与主题公园规模和类型的相关性较强，与各类型主体公园在数量上的相关性不显著。城市的规模等级与自然区位的相关性不显著，但与城市发展的其他因素（如聚集度）均呈显著的正相关关系。这一结论也为实证案例研究所证实，上海市特大型、大型和中小型主题公园均分布在远郊区，迷你型主题公园的数量随着与市中心距离的增加而增加，在远郊区分布的数量最多。这说明都市圈的形成对主题公园的规模、类型及分布产生了一定的影响，在主题公园的规划建设中，应该按照相关性的要求来进行。

关键词　都市圈核心城市　主题公园　规模和类型　匹配特征

1 前言

1.1 研究背景

2016年5月27日,在深圳召开的东进战略与区域协调发展研讨会上,与会专家们纷纷为东进战略建言献策,并提议将曾经由深圳、东莞、惠州与河源、汕尾组成的"深莞惠经济圈(3+2)"升级为"C5深圳大都市圈"(即"City 5"——深、莞、惠、河、汕,或称大亚湾大都市圈、珠江口东岸大都市圈)。2017年7月1日,国家主席习近平出席《深化粤港澳合作 推进大湾区建设框架协议》签署仪式。2017年12月15日,《上海市城市总体规划(2017—2035年)》获得国务院批复原则同意,提出上海主动融入长三角区域协同发展,构建上海大都市圈,打造具有全球影响力的世界级城市群。2018年11月,《中共中央 国务院关于建立更加有效的区域协调发展新机制的意见》明确要求以北京、天津为中心引领京津冀城市群发展,带动环渤海地区协同发展。2019年2月18日,中共中央、国务院印发《粤港澳大湾区发展规划纲要》,提出粤港澳大湾区不仅要建成充满活力的世界级城市群,还要打造成为宜居、宜业、宜游的优质生活圈,成为高质量发展的典范。以香港、澳门、广州、深圳四大核心城市作为我国区域发展的核心引擎。由此可见,城市向都市圈方向发展是必然趋势,也是国家层面对于区域发展的战略要求。

新时期社会的城市化与城市的旅游化趋向,使城市规模与旅游发展之间开始相互关联。随着城市发展进入都市圈时代,京津冀、长三角、珠三角地区已成为我国都市圈发展的代表,也是我国城市化与旅游经济发展的高地,其内部各个城市担负着不同的职能,既分工又协作,形成新的空间组织。

作为城市旅游发展的新要素,主题公园是旅游目的地发展的新形态,其独具匠心的创意、大规模投资的运营方式有别于传统基础型旅游资源的一般发展模式。一方面,主题公园基于主题的一个或一些特定含义,采用了先进的技术手段和多维度、多层次的表现形式。它集各种娱乐游戏活动、休闲元素和配套服务设施于一体,是现代旅游业的独特表现形式。另一方面,大型主题公园产业公司的主要业务领域包括影视娱乐、媒体网络、主题公园和消费产品,其中主题公园作为游客心之向往的著名人造景观,与其他3类业务互相配合促进,其乘数效应不应忽视,能够拉动旅游业其他构成要素(如住宿、餐饮、购物、交通、会展等)、服务性产业(如金融、物流、零售、印刷、传媒、动漫等)及相关制造业(如纪念品制造)的发展,进一步促进所在城市的经济发展。

现代的主题公园通过转型升级，完善了城市功能，在旅游产业发展过程中处于领先地位，并且具有城市旅游资源的独特性。有别于其他大型活动及旅游资源，主题公园旅游者在空间行为及空间流动特征方面有其独特规律，具有强烈的旅游辐射效应，也关系到城市所在都市圈的发展。我国主题公园的发展始于1989年，随后在珠江三角洲、长江三角洲等东部经济发达的城市和港台地区得到了较快发展。作为一种新型的旅游目的地，主题公园正以其独特的文化内涵、丰富的科技含量和强大的娱乐功能，吸引着越来越多的大众游客。自1955年迪士尼开创了第一个真正意义上的主题公园以来，在美国、欧洲和日本等国家（地区）迅速形成了较大规模。1990年，全球年接待超过百万人次的大型主题公园已有225家，游客量逾3亿人次，创造了70亿美元的收入；2000年，主题公园的数量增加了近50%，游客数量增加了近80%，收入翻了一番。近10年来，亚洲市场也已日益成为主题公园的主导市场之一。

受益于旅游休闲市场的繁荣，我国正在迎来新一轮的主题公园建设热潮。从国际上的迪士尼、环球影城、六旗乐园、默林娱乐集团，到国内的华侨城集团、长隆集团、华强方特旅游、海昌海洋公园、恒大童世界，国际国内投资者和运营商在主题公园领域的竞争空前激烈。2017年全球主题公园调查报告的结果显示，3家中国主题公园入围前十，并且以两位数的增速领跑排行榜；在亚太地区游客量排名前20的主题公园中，有13个来自中国。据统计，目前投资规模在5000万元以上的中国主题公园有300家左右，45%的主题公园实现了盈利，30%处于持平，25%处于亏损状态。董观志（2016）提出了中国主题公园经历了5轮投资建设热潮的观点，并阐述了主题公园的迭代演替标志着经济格局变化和文化走向。仅2018年开园的大型主题公园就有华谊兄弟电影世界、方特南宁东方神话主题乐园、上海海昌海洋公园等，国内外主题公园集团均在抓紧布局国内各地区的在建和拟建工程，其中尤以长三角地区数量最多。与此同时，主题公园在建设和发展过程中也出现了一些问题，为此国家发展改革委等五部门于2018年联合印发《关于规范主题公园建设发展的指导意见》（以下简称《指导意见》），就相关工作提出要求。《指导意见》提出坚持市场主导、坚持因地制宜、坚持聚焦主业、坚持创新发展等4项原则，并从科学规划、严格规范、提升质量等3个方面提出12条具体政策措施。

鉴于此，为了解我国主题公园的发展现状和分布情况，总结主题公园的发展规律等，本文主要对我国主题公园分布和发展的情况进行分析，有利于寻找主题公园在布局方面的规律性和发展趋势，对今后在该领域的理论研究和实践工作起到一定的指导作用。

2019年12月5日，中国社会科学院财经战略研究院发布了《中国城市群品牌发展指数报告（2019）》。该报告指出，城市群品牌发展指数包括文化品牌、旅游品牌、投资品牌、宜居品牌和品牌传播等5个一级指标，报告据此对全国20个主要城市群的品牌发展绩效进行了评估与测量。粤港澳大湾区、长三角、京津冀、珠三角和山东半岛城市群牢牢守住城市群品牌建设的头部阵营。另外，中国社会科学院财经战略研究院还发布了《中国城市文化品牌发展指数报告（2019）》。该报告指出，城市文化品牌发展指数包括文化独特性、文化潜力、文化活力与文化吸引力等4个二级指标和12个三级指标，对中国288个地级以上城市的文化品牌发展进行了评估与测量。北京、上海、香港、杭州、成都、广州、南京、西安、重庆、天津等城市荣膺2019年度中国城市文化品牌指数前十强。这些代表性的都市圈和都市圈内部核心城市或多或少因为在某一方面表现突出而成为都市圈前进的"排头兵"。因此，本文将选取中国30个具有代表性的都市圈核心城市内的主题公园进行研究。

1.2 文献综述

1.2.1 主题公园研究进展

1.2.1.1 研究数量阶段变化

以CNKI中文期刊全文数据库为平台，检索条件要求文章题目包含主题公园，来源类别为核心期刊，共检索到493篇文献，检索时间为2019年12月27日。分析显示，我国主题公园的研究工作整体呈现较快发展与波动变化相结合的特点，主要有4个阶段：

（1）研究起步阶段（1999年及之前）：该阶段的文献量较少，每年的文献总量为个位数，研究内容涉及主题公园概念的导入和方法创新的探讨，呈现文献数量少、描述分析多、研究内容分散的特点。一般而言，研究内容包括主题公园开发规划、行业分析、理论研究、运营管理等，这个阶段的学术研究落后于实业界的发展。1989—1999年，是国内主题公园投资建设的第一个和第二个热潮时期。20世纪90年代，我国主题公园的开发模式经历了从"小人国"和"民俗村"的"人造景观+民俗表演"到机械游乐园和野生动物园，再到遍地开花的投资大和规模大的杭州宋城、深圳欢乐谷、昆明世博园、苏州乐园等概念化主题公园。

（2）研究全面铺开阶段（2000—2004年）：这个阶段每年的文献量在20篇左右。研究成果的数量大幅度增加，对开发、规划和行业分析的研究持续升温，经济效应、游客行为和可持续发展等领域也一一被纳入研究范畴。该阶段对应着中国主题公园以"打造品牌"为主的第三轮投资建设热潮。主题公园的业态丰富，逐步形成了主题公园集群，例如大连圣亚海洋世界、常州中华恐龙园等主题公园，促成了主题公园与酒店、地产、生态休闲等方面的结合，共同打造了现代城市的旅游目的地，实现了主题公园产业化的全面创新和整体提升。

（3）研究完善成熟阶段（2005—2009年）：该阶段的研究整体呈现快速增长态势。年度文献总量从2005年的30余篇增长到2007年的60余篇；2007—2009年，文献量变动平稳，始终在60篇上下波动。该阶段关于主题公园与区域经济、产业融合等相结合的研究受到广泛关注。同时，实业界全面进入"集团化经验"的新阶段，华侨城以"旅游+地产"的商业模式，布局了北京、上海、成都等区域的开发；华强方特高举"打造中国迪士尼的大旗"，打造了以主题公园和文化、科技、房地产、酒店等领域相结合的产业模式；大连海昌集团以度假区酒店和主题公园为切入点，进军主题公园集团化经营领域；长隆集团对香江野生动物园进行改造，推出了长隆欢乐世界。

（4）研究高速发展阶段（2010年至今）：该阶段的研究整体也呈现快速增长态势，年均文献量在100篇上下波动。该阶段的研究视角转到主题公园的多元化经营模式、主题公园与城市形象的结合，以及就业、游客时空分流、发展策略、游客满意度等方面，研究的方法和手段也都有了创新，例如利用大数据和智能设备等进行相关内容的研究。

1.2.1.2 国内外研究内容

（1）主题公园的概念与内涵。就主题公园的概念与内涵而言，国内外学者至今尚未达成一致。例如，Hol loway等（1997）认为主题公园是自然和人文资源的编辑资源、信息资源与旅游经营活动相结合的休闲度假和旅游活动空间，是根据一个特定主题，采用现代化的科学技术和多层次空间活动的设置方式，集娱乐、休闲和服务等设施于一体的现代旅游目的地。Shaw和Williams（2004）认为主题公园营造了一种全新体验，游客在非真实的时间和地方陷入科学幻想和神话之中。而Haahtia等（2002）认为主题公园以特定主题创造的非日常性空间为目的，其所有设施建设与营运管理都围绕这一主题，具有强烈排他性的娱乐空间。Kempermana等（2002）认为主题公园是为了满足旅游者多样化休闲娱乐需求和选择而建造的一种具有创意性游园线索和策划性活动方式的现代旅游目的地形态。美国玛瑞特公司（Marriott Corporation）把主题公园界定为有特定主题或历史阶段的家庭娱乐地，并有统一的服装、娱乐建筑、商品和能激发幻想的氛围。保继刚（1995）从主题公园的特性出发，认为其具有特定主题，是由人创造而成的舞台化的休闲娱乐活动空间，是一种休闲娱乐产业。这两种概念都对主题公园的内容和功能进行了界定，实质基本相同且引用较为广泛。主题公园本质上是一种人造旅游景观，它着重于特定的主题、环境和气氛，随时代的发展其表现形式也日趋多样化。主题公园起源于欧洲的游乐园（Amusement Parks），美国洛杉矶市的迪士尼乐园是第一家真正意义上的主题公园。随着主题公园在发展过程中内容和表现形式的多样化，其概念在不断被拓展与延伸，内涵也不断被丰富与充实。

（2）主题公园的特征。保继刚（1997）认为主题公园应具有六大特征，即强烈的个性和普遍的适宜性；被动的游憩形式；投入高、占地规模大；高门票、高消费；生命周期的延长靠项目不断更新来实现；成功的主题公园对邻近地区的影响巨大等。董观志（1999）就主题公园提出了主题策划的创新性、规划建设的约束性、景观环境的模拟性、主题活动的多样性、目标市场的层次性、社会效应的广泛性、投资回报的高风险性和经营管理的企业性等特点。Chuo（2002）通过对主题公园概念模型的构建，也认为主题公园的主要特征是彻底的人造环境，并具有不同的属性，例如卡通人物、表演和骑乘等。虽然游乐园对主题公园的形成和发展有着重要的影响，但Borgersa（2003）从主题、社会环境及表现手法等方面与美国Coney Island和Disneyland进行了比较，认为二者之间有一定的本质差异，游乐园虽然也是一种人造环境，但明显缺少主题性特点。肖妮（2019）以旅游网评为大数据样本，构建了评价体系，测度了中国本土69家主题公园的旅游体验质量，揭示其空间分异特征。

（3）主题公园的类型。国内外学者从不同角度对主题公园进行了分类。石崎肇士（1991）按主题将日本主题公园划分为传统文化和民族文化、童话幻想、科学宇宙、动物观赏、异国地理环境和文化、文学文化遗产和影视文化等6类。另外，有一些学者将投资规模为8000万~10000万美元，占地约0.81 km^2 的主题公园称为大型主题公园，将投资规模为1000万~2 000万美元的主题公园称为小型主题公园。保继刚（1997）按主题内容、吸引范围和规模大小对国内主题公园进行了首次划分。Wit（2006）按年游客量、固定员工人数和初期投资等标准把主题公园分为3类，即具有国际、区域或国家、地方吸引力的主题公园。董观志（2006）从主题公园所处位置、功能、造园原理、表现形式、主题、客源市场、投资性质、经营管理和高科技含量等方面提出了详细的分类标准。这些分类较详细，然而在新的历史环境下对新出现的类型有待研究，例如环球嘉年华突破了季节性和固定区位的劣势，开创了一种全新的移动式主题公园类型，也为其发展提供了新的方向和模式。许咏媚等（2019）对长隆欢乐世界的旅游资源进行了综合评价并提出了合理建议，并通过实地调研发现：长隆欢乐世界一方面存在自然资源缺乏、娱乐设施单一等问题；另一方面旅客对旅游商品、节日及表演活动的参与感不足。

1.2.1.3 国内外研究理论与方法

国内外关于主题公园的研究理论与方法主要集中在以下几个方面：

（1）客源市场及区位研究。美国华盛顿的城市土地研究所（the Urban Land Institute）认为，一个大型主题公园的一级客源市场至少需要有 200 万人口（80 km 或 1 h 车程距离内），二级客源市场也要有 200 万以上的人口（在 240 km 或 3 h 车程距离内），对二级客源市场以外的三级客源市场不能过分依赖。在欧洲，Olive（2012）发现主题公园的区位总是选在高速公路或其他快速交通系统开车 90 min 内的腹地（约 1500 万人）。英国国家旅游局曾提出主题公园周围 2 h 的车程要有 1200 万人口或者应定位在周围 2 h 车程有 600 万人口的重点旅游区附近。不同区域主题公园的选址标准不同，但普遍都把时间、距离和腹地人口规模作为区位选择尺度。有关区位的确定是地理学和规划研究者们所关心的一个领域，目前较为成熟的实用模型包括平面上对于若干需求点距离最小的设施定位模型和网络系统中最佳区位选择模型。然而，对主题公园选址的时间、距离和人口规模尺度的研究还停留在经验性的解释上。

在国内，保继刚（1995）认为大型主题公园的布局，不但要考虑新颖的项目、充足的资金和良好的用地条件，同时城市感知形象、适宜的区位、空间竞争和主题公园的生命周期也是影响主题公园布局的重要因素。对于主题、类型、规模等不同的主题公园，选择最佳地理位置时所考虑的影响因素也不尽相同，但主要包括地区经济发展水平、区域发展战略、产业结构、文化环境、消费方式、交通条件、旅游吸引物与活动、竞争状况、地理特征、旅游业形象、客源市场群体、旅游接待设施和服务、配套基础设施、社区居民态度、当地政府态度等。另外，由于区位选择还要受所在国家或地区政策、制度等方面的影响，所以不同地区影响区位选择的主要因素有一定差异。此外，葛公文（1999）认为区域经济发展水平、人口规模与客源市场条件、交通条件及建设地原有的旅游资源情况等是影响主题公园布局的因素。黄秀琳（2011）认为大型主题公园的宏观布局要符合依托地选择和市场状况的需求，微观布局要考虑地价、交通等因素，设施布局原则上要最大限度地利用资源的经济价值与环境优势。秦金芳（2016）以长三角的 3 家大型游乐型主题公园为研究案例，采用大样本数据并结合 ArcGIS 技术空间分析方法等手段，分析了主题公园的市场、时空特征与影响因素。张腾（2017）基于新浪微博的签到数据，以上海迪士尼度假区为例，通过 ArcGIS10.2 绘制了上海迪士尼度假区的客源市场空间结构图，并借助 SPSS22.0 进行了客源市场空间结构影响因素的量化研究，对主题公园客源市场的空间分异现象及其深层次原因做出了解释，进而运用小波分析和核密度分析等方法分析了主题公园客流的多时间尺度特征和空间分布规律。左冰、陆嘉敏（2018）基于保继刚等学者的研究成果，对全国主题公园采用类"元分析"法提取影响主题公园空间布局的影响因素，应用主成分分析和逐步回归法对影响因素进行了统计检验。结果发现我国主题公园选址在总体上寻求空间集聚效应，低等级主题公园选址存在或者寻求溢出效应或者避免竞争两种情形。然而，对主题公园的市场定位与城市圈发展关系的研究相当少见。

（2）旅游者及其行为研究。主题公园的旅游客流具有特殊的属性和规律。Chuo（2002）以中国台湾地区主题公园的778位游客为样本，分析了主题公园游客的动机、年龄和体验变化，并基于动机变化对市场进行了细分。Zeppel（2002）研究了加拿大范库弗峰岛上的游客对印第安村落主题园中的文化体验，结果表明，游客对当地文化吸引物的体验和满意度受当地印第安人的历史和与其交流程度的影响。Pan等（2018）运用主成分分析法对游客满意度进行了研究，结果显示游客满意度在不同的细分市场中存在差异。Haahtia等（2004）利用多属性方法研究了游客对圣诞老人主题公园的意象。Wasim（2020）研究建立了一个概念框架，该框架整合了Schwartz（1992）的个人价值观和计划行为理论（TPB），来检验游客对生态友好目的地的访问意图。结果表明，所产生的自我超越和守恒值与3个TPB理论具有正相关关系，即：①态度；②主观规范；③感知的行为控制。相反，作者发现所得保护的价值与感知的行为控制之间的关系微不足道。

我国学者对主题公园旅游者的感知行为和时空行为进行了初步研究。随着我国台湾地区一批主题公园的相继出现，一些硕士论文开始关注旅游者的行为规律，例如，傅屏华（1993）研究了主题公园游客特征及市场域；魏宏发（1995）以台湾民俗村为例探讨了游客选择行为与游憩影响的关系；萧瑞贞（1996）探讨了游客重游行为与其对游乐区属性忠诚度的关系；吴佩芬（1996）研究了游客对主题公园主题的意象认知。保继刚（1997）较早分析了锦绣中华和世界之窗的客源市场与旅游者行为。随后，董观志（1999）、李舟（2001）研究了华侨城游客的空间行为分异。

李素馨和杨胜博（2000）认为周末和距离因素对主题公园的游客数量有影响。姚银（2016）以游乐型主题公园的游客为调研对象，通过实地发放问卷来收集数据，并运用SPSS和Amos软件对收集的数据进行探索性因子分析、验证性因子分析和回归分析，得到了游乐型主题公园游客感知价值的最终量表，识别了游乐型主题公园游客感知价值的维度构成，以及分析了游客感知价值的各维度与游客满意度的关系和影响程度。席思伟（2018）根据实证分析的结论，从三大模型的角度分别提出了包括感知质量、游客忠诚、游客抱怨、游客预期、感知价值和多群体方案等6个方面的娱乐型主题公园游客满意度提升的策略。路瑶（2018）以长沙世界之窗为例，运用统计软件对人口特征和消费行为进行统计与分析，对生活形态等因素进行因子分析和聚类分析，从而将旅游市场细分成为多个类群，为市场营销学提供可依据的实际理论。游小俪（2018）以长隆旅游度假区为例，从游客感知角度出发，通过对长隆旅游度假区的分析得出了不同的吸引力因素，根据这些因素对游客展开问卷调查并做出评价，同时运用层次分析法得到每个因子的权重，从而分析了长隆旅游度假区的旅游吸引力因子对其的影响。胡润鸿（2019）以方特为例，选取网络游记为数据来源，综合运用内容分析法和共现网络法，探索主题公园旅游体验记忆的结构维度，尝试构建主题公园旅游体验记忆的构成模型。郭旸、胡雅静和林玥（2019）以上海迪士尼乐园的外地游客的时空行为作为研究对象，结合运营商信令数据和UGC网络文本数据进行分析，通过时空路径方法和时空行为的可视化分析，结果发现：外地游客的自主性和灵活性较强，主要表现为短期自由行特征。综上，相比之下我国大陆学者对游客及其行为的研究较零散，缺少系统性分析，对主题公园游客的空间行为考虑较少。

（3）相关的数理模型研究。数理模型是进行科学研究的重要方法之一。Kemperman等（1998）利用逻辑特模型（Logit）和半参数危险模型（Semi-parametric Hazard Model）预测了主题公园游客在每项活动中的逗留时间；在前人研究的基础上提出了游客的偏好和求异行为随季节变化的联合选择模型，并对荷兰主题公园的游客行为调查进行了实证检验。Stemerding（1999）基于传统的交互选择模型，以荷兰的4家主题公园为例，利用约束效应模型探讨了游客选择的约束因素主要有障碍性约束和情景性约束。实际上，人们在不同的时间所偏好的主题是不同的。例如，从锦绣中华和世界之窗的微缩景观到欢乐谷的主题选择就体现了人们对主题偏好随时间变化的过程。Young等（2003）分析了影响韩国农家乐园的客流时间分布，提出基于日指数的时间序列预测模型，并与ARIMA和回归模型进行了比较，认为日指数的时间序列预测模型更符合实际。Josiam（2010）曾利用拉斯维加斯、内华达和佛罗里达州的迪士尼游客对以诱骗效应消费行为模型进行了实证检验，结果显示：游客的偏好变化是受诱骗报价的影响。与国外相比较，国内学者对主题公园模型的研究仍然停留在概念性阶段上，忽略了对数理模型的运用。

（4）主题公园发展的影响因素。影响现代主题公园发展的因素较多。Kau（1993）探讨了新加坡一家新的中国主题公园的市场域评价，认为决定因素是公众偏好、企业市场营销战略、本地和外部游客的类别等。Bradley（1999）探讨了佛罗里达州中部WDW（Walt Disney World）和周围主题公园之间的竞争战略，认为佛罗里达州主题公园行业结构和市场环境的变化会导致价格竞争策略上的变化。20世纪80年代，WDW主宰着周围公园的价格；90年代，随着WDW的产品走向成熟和Universal Studios等的介入，门票价格波动开始趋向稳定。

国内在这方面的定性研究较多，且主要以不同区域的主题公园为例探讨现存的问题并提出相应的对策。保继刚（1997）在系统分析影响因素的基础上提出了概念模型，认为客源市场和交通条件、区域经济发展水平、城市旅游感知形象、空间集聚和竞争及决策者行为是重要因素。马勇等（2008）在重构主题公园持续发展的影响因子系统的基础上，分析了国内主题公园将来竞争的五大焦点，并提出了相应的对策。马勇还对主题公园的吸引力评估系统进行了研究。此外，杨吉（2015）分析了主题公园的生命周期及其影响因素，郑瑜（2019）从市场规模及游客量、票价及收入状况、建设及投资等方面总结了当前国内主题公园的运营状况，并认为区域经济及城市形象、核心IP及产品更新、科技创新及管理团队、配套设施是影响主题公园运营的因素。

（5）主题公园的区域效应研究。主题公园投资规模大、风险高，一般布局在市区或周围郊县，容易对城市经济、文化、环境、景观、社会产生正面或负面影响。国外对主题公园影响因素的研究侧重于社会文化方面。Maanen（1992）探讨了迪士尼主题公园作为一种旅游产品成功跨越了文化边界，并认为迪士尼代表美国文化向全球扩散。Modrego等（2000）通过对巴黎迪士尼的分析，认为该主题公园是代表美国文化强势的最新冲击波。国内学者认为主题公园对所依托城市的建设有积极作用，尤其在城市土地开发、社会经济发展、环境、文化建设及旅游形象等方面。何艳芳（2016）认为主题公园可以实现区域资源的合理配置、提升区域核心竞争力、构建全新的区域产业链条，但是也会对区域发展产生一些负面影响。杨伟容（2019）认为主题公园在空间上的集聚，增加了长三角旅游的总体吸引力，提升了长三角在国际旅游市场上的竞争力，但同时也产生了空间竞争，使游客分流。长三角主题公园之间存在着空间竞争与合作，即竞合关系。王伟（2019）以上海迪士尼项目为例，深入研究自项目立项之始至2017年末的上海浦东新区房价的走势，通过数据收集，运用特征价格模型进行分析，以解释主题公园项目立项、筹建对周边房价影响的传导机制。朱军等（2020）认为中国主题公园推动的城市化，特别是主题公园与城市、区域发展的一体化，也揭示出一种相反的趋势，即"主题公园作为城市"（Theme Park as City）。由此可见，国内对主题公园与区域空间效应、环境效应、社会效应关系的研究较为少见。

综上所述，国内外学者对主题公园的研究虽然取得了一定进展，但很少涉及将不同等级规模的主题公园放入城市内部范畴，以探究其布局规律和与都市圈发展的关系。

1.2.2 城市规模等级划分

区域与城市的空间结构对社会、经济发展和环境有着多维度的影响，如资源需求增加、城市拥挤、生物多样性降低等。不同等级规模的城市具有不同的特征与影响力。

城市和城镇等级规模体系就是研究一个国家或地区的不同规模城镇的组合状况和发展规律。每个城镇有各自不同的发展条件，有着各不相同、不能完全替代的职能。发展的结果必然在一个国家或区域里形成若干大、中、小规模不等的城镇群体，等级性、层次性是区域城市体系普遍具有的特性。在分析城镇的人口规模和制定城镇的发展战略时，把单个城镇放在城镇体系的背景上，可以避免工作上的盲目性和思想上的片面性。周一星（1986）以1964和1980年的人口数据为基础，以人口规模为依据，将我国城市划分为17个等级，探讨了我国各规模等级城镇地位的变动情况。省（区）城镇等级规模体系的类型与城镇人口的数量关系最密切，与工商业发展的水平、交通运输网的密度和人口密度也有较密切的关系。赵静等（2005）分析了安徽省城市等级规模体系的结构特征及调整结果。钟海燕等（2010）研究了环鄱阳湖区32个城市的等级结构。高素英（2017）着眼于京津冀城市群空间结构的本质内涵及特征，从要素层面剖析城市群空间结构的现状及问题，采用熵值法及引力模型测度京津冀城市群的空间结构规模及城际空间联系。朱建华（2019）提出了市辖区的6种空间结构类型，即圈层式、组合式、并排式、独立式、包围式及飞地式，并总结了其主要特征。刘凌波（2019）借助反映丰富经济活动的兴趣点（POI）数据，构建不规则三角网格（TIN），引入H/T断裂点法，对中国大陆城市的自然城市规模进行了测度和等级划分。

有些学者以经济规模为指标进行研究，如李震和杨永春（2010）采用1991—2017年《中国城市统计年鉴》中的全国市辖区GDP规模排序前200位的地级以上城市的市辖区GDP数据，分别对其进行位序—规模分析，发现近年来中国城市体系等级性发展的趋势加强，不仅受第三产业产值、货物周转量、研究生毕业生数、城镇居民家庭人均可支配收入、利用外资金额因素的正向作用力的影响，同时也受财政收入、进出口总额、第一产业产值、全社会固定资产投资、旅客周转量、第二产业产值因素的负向作用力的影响。蒲欣冬（2004）认为，以人口指标为标准来衡量，并不能完全反映城市在其所处区域中的地位和作用。城市的区域中心职能更多地取决于其在该区域中的经济辐射影响力，选取城市非农业人口数和地区生产总值，来作为代表城市的经济实力和经济发展水平的指标，并通过该双指标来确定城市的等级。

城市的辐射和外向功能是通过物流、人流、基金流、技术流、信息流、经济流等来体现的，所以许多学者通过"流"的规模和强度来反映城市的等级。如白明英等（1999）依据城市航空运输资料，分析了中国城市航空运输职能的等级层次，并揭示了城市航空运输能力所反映出的中国城市体系的宏观特征。苗长虹（2009）通过对全国地级以上286个核心城市的城市流强度的计算和结构来分析我国核心城市对外服务能力的等级结构和空间格局。杨宇等（2010）指出城市之间的经济交往主要通过客货流的交往来实现，基于交通视角的城市等级体系构建更能反映出城市之间实质的相互作用、核心城市的辐射范围及其外向型功能。通过测度城市的交通水平，再用引力模型算出城市间的交通量，以此划分城市的等级，并与以人口和经济规模划分的城市等级进行对比，发现结果不尽相同。陆玉麒等（2011）将具有始发列车的186个地级以上城市作为研究对象，通过城市始发列车数据分析城市体系等级结构与分布格局。甄峰等（2012）以新浪微博为例，从网络社会空间的角度入手，对中国城市网络的发展特征进行了研究，微博社会空间视角下的中国城市网络存在明显的等级关系与层级区分，城市的网络连接度与城市等级表现出了相对一致性。

在多指标方面，许多学者从城市竞争力的视角来划分城市的等级，如许学强、程玉鸿等（2006）构建的城市竞争力评价指标包括城市规模、经济综合实力、经济结构与效益、金融实力、人力资本、综合增长能力、综合集聚能力、综合创新能力、全球化能力、企业管理水平、生态环境、居民福利、基础设施、信息化水平、政府管理、区位优势度。周春山等（2008）提出新经济背景下的城市竞争力系统由城市国际化度、城市创新能力、城市信息化水平、城市虚拟经济、开发区等5个要素组成，同时受到经济全球化、信息技术革命、创新精神等外界环境因素的影响。杨勇等（2011）以上海都市圈为研究对象，选取具有典型意义的城市规模指标，如反映城市人口规模的非农业人口数、反映城市经济总量的地区生产总值、反映商品流通渠道效率的社会商品零售总额、反映城市建设土地规模的建成区面积，运用都市圈城市等级体系的齐夫模型，较为系统地研究了城市等级规模的分形特征。王发曾等（2011）选取城市规模、基础设施、经济规模、经济结构、经济发展、经济效益、金融能力、市场规模、科研力量、人才规模、外资利用、对外联系能力、政府调控、硬环境、软环境作为指标，评价了中原城市群的城市竞争力并划分了4个等级。

综上所述，城市规模等级及边界一直以来都是城镇体系规模等级结构研究的核心内容。当前，城市规模等级划定的标准是2014年国务院颁布的《关于调整城市规模划分标准的通知》，据此人口规模是城市规模认定和等级划分的标准，与之相呼应的"位序—规模"方法仍是当前城镇等级模式界定的主要方法。大部分学者认同城市规模清晰呈现有规律的分布，即规模大的城市少，规模小的城市多的齐普夫（Zipf）模式，也被称为长尾效应。目前，关于城市规模等级的研究成果很丰富，通过人口规模、物流、货流、基金流、技术流、信息流、经济流，以及构建综合城市竞争力指标来反映城市的规模等级。就常见分析方法而言，单指标法往往比较简单，也能粗略的反映城市的规模等级，但城市规模等级的表现是多方面的，单指标法不能准确反映城市的实际规模等级水平。多指标法往往研究的是城市的竞争力水平，与城市的规模等级分析方法有一定的交叉，可以参考，但研究目的有所差异。城市规模等级更需要从其内涵出发，借助人口规模、经济规模、市场规模、资本规模、空间规模、劳动力规模等指标来反映城市在城市体系中的等级。

1.3 主要研究内容

（1）理论研究。通过基础理论研究、文献调研等手段，对主题公园、城市规模等概念进行全面梳理和界定，明确国内外相关研究的进展和方向，为本文研究的开展奠定理论基础。

（2）方法研究。遴选相关研究方法，包括：从不同维度构建核心城市规模等级评价指标体系，结合熵权法建立核心城市规模等级评价方法；依据相关标准和要求，明确主题公园规模和类型分类、分级的标准和方法；提出主题公园所在地区的区位分析方法；探究城市规模等级与主题公园的规模、分类，以及各个区位指数相关程度的分析方法。

（3）全国尺度案例研究。搜集全国范围内30个核心城市的相关基础数据，利用已建立的方法体系，开展城市规模等级评价、主题公园规模与类型划分、区位分析和相关性分析等实证研究。

（4）局部尺度案例研究。以长三角核心城市——上海市为例，介绍了上海市主题公园的主体情况并初步探讨了上海市主题公园的布局规律，为后续研究工作做好准备。

2 研究数据与研究方法

2.1 主题公园概念界定

定义：通过以上国内外学者对"主题公园"内涵界定的分析，以及笔者的学习与实地调研经历，本文总结出现代主题公园的概念：主题公园是围绕一个或几个特定的创意性主题，综合利用现代高科技手段，完全由人为创造的、占有一定规模土地的、以营利为目的的综合性现代旅游空间。可从以下几个方面对"主题公园"进行技术性定义：①主题公园应该具有一个或几个特定的主题；②主题公园应该是完全人为创造的旅游景观；③主题公园应该是以营利为目的的封闭式旅游景区；④主题公园的总占地面积应该不小于20000m^2，而完全室内的主题公园（如海洋公园等），其总建筑面积应不小于2000 m^2；⑤主题公园应该是能够满足旅游者求新、求奇、求乐、求知等休闲娱乐需求的现代旅游"吸引物"。

因此，本文先通过携程、大众点评、去哪儿网和马蜂窝四大旅游门户网站分别检索30个都市圈的核心城市主题公园，并依据上述定义对检索出的主题公园进行筛选，最后共选择272个主题公园作为研究对象，包含在建与建成运营的主题公园。

2.2 研究数据

本书所采用的大部分数据来自30个城市2019年的统计年鉴（2018年数据），部分数据来自相关研究报告。

2.3 研究方法

2.3.1 城市规模等级评价方法

（1）构建城市规模等级评价指标体系。本文从人口规模、空间规模、经济发展水平和交通联系度等4个维度筛选评价指标，建立核心城市规模等级评级指标体系，具体类别及相应指标见表1，对各指标的含义解释如下：

①人口规模。作为生产者和消费者，在同一城市群内部，城市人口数量越多，为企业提供更多可选择的劳动力和更广阔的市场。此部分内容本文选取常住人口、人口辐射圈和所在省份人口等3个具体指标。

②空间规模。空间作为人口、经济的载体，空间越大，承载的人口和经济类型相对更多。本地企业之间可以进行分工合作，使产业配套更加完善，柔性化生产方式得以推广，最终能提升产品的竞争力。相关产业之间的集聚容易打造区域品牌，节约营销成本。此部分内容本文选取核心城市面积、面积辐射圈和城镇化率等3个具体指标。

③经济发展水平。经济发展水平亦称"经济发展量""经济动态数列水平"，反映社会经济现象在不同时期的规模或水平。经济发展水平越高，人民的购买力增强，拉动消费的能力越强，资本和市场的规模越大，基础设施建设等方面也会更加完善，有利于各类产业的发展，同时形成良性循环，为城市产业结构升级和更快速度发展打牢基

础。此部分内容本文选取 GDP、GDP 辐射圈、一般公共预算收入和人均社会消费品零售额等 4 个具体指标。

④交通联系度。城市并不是一个孤立的个体，城市与城市之间通过交通、物流和人口迁移等方式发生着各种各样的联系。当一个城市与区域内的多个城市保持较密切的联系，甚至打破区域限制，成为众多城市之间联系的节点时，它就是一个典型的枢纽城市。一般来说，空间距离越近的城市之间，交通联系度越高。但高铁、飞机等交通工具的使用，也为远距离城市之间提供了建立便捷联系的可能。此部分内容本文选取枢纽度作为具体指标。

表 1 城市规模等级评价指标体系

指标类别	具体指标	单位
人口规模	常住人口	万人
	人口辐射圈	万人
	所在省份人口	万人
空间规模	核心城市面积	平方公里
	面积辐射圈	平方公里
	城镇化率	%
经济发展水平	GDP	亿元
	GDP 辐射圈	亿元
	一般公共预算收入	亿元
	人均社会消费品零售额	万元
交通联系度	枢纽度	

（2）采用熵权法确定指标的权重。本文采用熵权法确定指标的权重。信息熵表示对随机变量的不确定性的量度。对系统来说，熵值越小，表示其含有的信息量越大，说明系统越有序；反之，熵值越大，说明其信息量越小，系统越无序。信息熵被广泛运用于各个方面。目前，熵权法是一种比较成熟的分析评价和方案优选的方法。熵权法是通过量化指标体系的总体信息来确定指标的权重。指标的信息熵越小，决策时越重要，赋予的权重就越大。具体方法如下：

①归一化指标。由于本书采用的指标体系均为正向指标，所以均采用正向标准化方法对基础数据进行标准化处理。设有 m 个被评价对象，n 个指标，对指标值 X_{ij}（$i=1, 2, 3, \cdots, m$；$j=1, 2, 3, \cdots, n$）进行归一化处理，公式如下

$$Y_{ij} = \frac{X_{ij} - \min(X_{ij})}{\max(X_{ij}) - \min(X_{ij})}$$

式中，Y_{ij} 为各分配对象中 j 指标进行标准化处理后的指标值；$\min(X_{ij})$ 为各分配对象中 j 指标的最小值；$\max(X_{ij})$ 为各分配对象中 j 指标的最大值。

②指标熵值计算。第 j 个指标的熵值为

$$H_j = -k \sum_{i=1}^{m} P_{ij} \ln P_{ij}$$

$$k = 1/\ln m$$

$$P_{ij} = \frac{Y_{ij}}{\sum_{i=1}^{m} Y_{ij}}$$

式中，H_j 为第 j 个指标的熵；P_{ij} 为第 j 项指标在第 i 个分配对象中所占比重。注意，当 $P_{ij}=0$ 时，取 $P_{ij}\ln P_{ij}=0$。

（3）指标权重计算。公式为

$$w''_j = \frac{1 - H_j}{\sum_{j=1}^{n}(1 - H_j)}$$

式中，w''_j 为第 j 个指标的权重。

（4）综合计算与聚类分析。

①综合计算。利用标准化后的指标值和对应权重分别计算城市的单指标评价值和综合评价值。

第 i 个城市的单指标评价值

$$S_{ij} = w''_j Y_{ij}$$

第 i 个城市的综合指标值

$$S_i = \sum_{j=1}^{n} S_{ij}$$

②等级分类。根据 30 个核心城市的综合计算结果，按照结果范围等间距设置区间，对结果进行等级划分，本文将核心城市的规模等级划分为 4 类。

2.3.2 主题公园规模与分类方法

本文参考《关于规范主题公园建设发展的指导意见》（发改社会规〔2018〕400 号）中关于主题公园规模等级的相关标准要求："将主题公园划分为特大型、大型和中小型三个等级。总占地面积 2000 亩及以上或总投资 50 亿元及以上的，为特大型主题公园；总占地面积 600 亩及以上、不足 2000 亩或总投资 15 亿元及以上、不足 50 亿元的，为大型主题公园；总占地面积 200 亩及以上、不足 600 亩或总投资 2 亿元及以上、不足 15 亿元的，为中小型主题公园。"

在该标准的基础上,结合实际情况,本文将主题公园规模等级的分类标准进一步细化,分为特大型、大型、中小型和迷你型四大类,具体分类标准和结果见表2。

表2 主题公园规模等级的分类标准　　　　　　　　　　　　　　　单位:亩

规模等级	占地面积
特大型	≥2000
大型	600~2000
中小型	200~600
迷你型	3~200

同时,现今中国主题公园的主题类型更为丰富,分类标准也很多。在综合文献资料的基础上,本书将主题公园按照主题内容划分共5类,见表3。

表3 主题公园类型分类标准

序号	类型	分类标准
A	刺激性游乐设施体验型	以大型游乐设施为主的游乐园等
B	文化再现型	微缩景观、民俗村、历史朝代和宗教圣地等
C	场景模拟型	影视城、动漫园、现代VR体验等
D	生物景观型	动植物园、马戏、海洋馆等
E	康体娱乐型	冰雪世界、水上乐园等

2.3.3 主题公园所在地区的区位分析方法

区位理论是研究一定的经济活动为什么会在一定的地域范围内进行,以及经济产业为什么会在一定的地域范围内布局的科学。具体来说,区位研究主要是寻找经济活动中原材料、能源、产品和市场在空间的配置规律。同理,旅游业布局的生产性(或消费性)也具有区位特征,一般需要考虑包括资源、自然条件、资金、技术、劳动力和客源市场等在内的多种要素,因此,本文利用区位指数来探究主题公园的吸引力和影响其布局的主要因素。参考张凌云等(2011)对世界大型主题乐园的区位指数的研究,本文主要从区域经济条件和区域自然条件两大方面来构建主题公园所在地区的区位指数评价指标体系,具体指标见表4。

表4 30个核心城市主题公园区位指数评价指标体系

核心城市	主题公园数量（个）	人均GDP（元）	城市人口（万人）	经济密度（万元/km²）	全国营商环境排名（位）	城市面积（km²）	空气质量优良天数（天）	年均温度（℃）
北京	40	140211	2154.2	18481.04	4	16406	227	13.6
广州	30	155491	1490.0	30749.66	3	7434	294	22.1
上海	58	134982	2423.8	51537.45	2	6341	296	17.7
深圳	16	189568	1302.7	121291.94	1	1997	345	23.4
杭州	24	140180	980.6	8015.90	8	16853	269	18.1
南京	26	152886	843.6	19463.19	7	6587	251	17.0
武汉	12	135136	1108.1	17326.76	10	8569	249	17.3
成都	32	94782	1633.0	10703.03	6	14335	251	16.5
重庆	14	65933	1088.5	2471.20	5	82402	295	19.3
郑州	12	101349	1013.6	13622.48	17	7446	168	16.5
长沙	16	136920	815.5	9312.29	9	11816	278	17.7
天津	12	120711	1559.6	15994.56	18	11760	207	13.8
青岛	16	128459	939.5	10637.74	12	11282	308	13.5
济南	10	106302	883.6	9823.21	27	7998	188	15.4
宁波	28	132603	820.2	10946.92	15	9816	320	18.0
沈阳	16	75766	831.6	4893.00	25	12860	282	8.8
福州	15	102037	774.0	6411.10	21	12255	337	20.9
合肥	10	97470	808.7	6835.21	23	11445	260	17.0
西安	13	85114	1000.4	7619.91	11	10958	187	15.5
哈尔滨	16	66094	1085.8	1187.07	32	53076	310	5.1
石家庄	26	55723	1095.2	3838.09	35	15848	151	14.6
昆明	10	76387	685.0	2477.94	13	21013	361	15.7
厦门	10	118015	411.0	28168.14	16	1701	360	22.3
长春	14	95663	751.3	3484.36	23	20594	322	6.8
南昌	10	95825	554.6	7126.05	20	7402	327	19.2
南宁	16	55901	725.4	1810.33	22	22244	340	21.8
太原	8	88272	442.1	4727.38	31	6988	170	11.4
贵阳	10	78449	488.2	1821.14	14	8043	357	14.8
乌鲁木齐	14	87196	350.6	2248.11	28	13788	255	7.4
海口	16	66042	230.2	4801.37	26	2289	356	24.4

注：其中，营商环境排名来自粤港澳大湾区研究院发布的《2018年中国城市营商环境评价报告》，其余数据来自2019年各地统计年鉴（2018年数据）。

区位指数的评价方法具体如下：

$$LI_i = ELI_i + 0.5 \times NLI_i$$
$$ELI_i = D_i + S_i$$
$$D_i = P_i \times UP_i/10000$$
$$S_i = UP_i \times ED_i/1000\ EB_i$$
$$P_i = PC_i \times 100\alpha$$
$$NLI_i = UA_i \times AT_i \times AQ_i/10000$$

式中，LI_i为区位指数；ELI_i为经济区位指数；NLI_i为自然区位指数；D_i为需求指向系数；S_i为供给指向系数；P_i为购买力指数，用人均GDP和居民消费占GDP比例α来计算；UP_i为城市人口；EB_i为全国营商环境排名；ED_i为经济密度；UA_i为城市面积；PC_i为人均GDP；AT_i为年均温度；AQ_i为空气质量优良天数。各指数的计算都经过除以同一计量单位数字（10^n）后的无量纲化处理。

2.3.4 相关性分析方法

本文采用斯皮尔曼（Spearman）相关性分析方法对30个都市圈核心城市的规模等级和主题公园的数量和规模特征进行相关性分析。斯皮尔曼相关性分析方法是根据等级资料研究两个变量间相关关系的方法。具体来讲，斯皮尔曼相关系数被定义成等级变量之间的皮尔逊相关系数，对于样本容量为n的样本，n个原始数据被转换成等级数据，相关系数ρ为

$$\rho = \frac{\sum_i (x_i - \bar{x})(y_i - \bar{y})}{\sqrt{\sum_i (x_i - \bar{x})^2 \sum_i (y_i - \bar{y})^2}}$$

在实际应用中，变量间的联结是无关紧要的，于是可以通过简单的步骤计算ρ，则ρ为

$$\rho = 1 - \frac{6\sum d_i^2}{n(n^2-1)}$$

斯皮尔曼等级相关系数对数据条件的要求没有积差相关系数严格，只要两个变量的观测值是成对的"等级评定资料"，或者是由连续变量观测资料转化得到的"等级资料"，不论两个变量的总体分布形态如何、样本容量的大小如何，都可以用斯皮尔曼等级相关性分析方法来进行研究。

对于相关性分析结果，一般认为相关系数$|r|$的区间为0.8~1.0是极强相关；0.6~0.8是强相关；0.4~0.6是中等程度相关；0.2~0.4是弱相关；0~0.2则是极弱相关或

无相关。

3 研究结果

3.1 不同都市圈核心城市的主题公园匹配

3.1.1 都市圈核心城市规模等级分类

（1）城市规模等级综合评价体系计算结果。根据上述内容建立的评价指标体系，结合 2018 年 30 个核心城市的对应数据，计算得到评价体系的信息熵、冗余度和权重，结果见表 5。

表 5 城市规模等级综合评价体系计算结果

指标类别	具体指标	信息熵	冗余度	权重
人口规模	常住人口	0.92	0.08	0.07
	人口辐射圈	0.92	0.08	0.07
	所在省份人口	0.91	0.09	0.08
空间规模	核心城市面积	0.82	0.18	0.16
	面积辐射圈	0.91	0.09	0.08
	城镇化率	0.91	0.09	0.08
经济发展水平	GDP	0.92	0.08	0.07
	GDP 辐射圈	0.90	0.10	0.09
	一般公共预算收入	0.80	0.20	0.17
	人均社会消费品零售额	0.90	0.10	0.09
交通联系度	枢纽度	0.95	0.05	0.04

（2）各城市单指标评分和综合评分结果。利用单项评分和综合评分公式对 30 个城市各项指标进行计算并评分，具体结果见表 6。

表 6　2018 年 30 个核心城市单项指标评分和综合评分结果

城市	人口规模		空间规模			经济规模				交通联系度	综合评分
	常住人口	人口辐射圈	所在省份人口	核心城市面积	面积辐射圈	城镇化率	GDP	GDP辐射圈	一般公共预算收入	人均社会消费品零售额	枢纽度	
广州	0.04	0.05	0.08	0.01	0.07	0.06	0.05	0.06	0.04	0.08	0.04	0.57
上海	0.04	0.03	0.06	0.01	0.06	0.04	0.03	0.02	0.17	0.03	0.02	0.50
深圳	0.03	0.03	0.08	0.00	0.01	0.08	0.05	0.04	0.08	0.05	0.02	0.47
北京	0.06	0.04	0.01	0.00	0.08	0.06	0.06	0.04	0.17	0.04	0.04	0.63
成都	0.04	0.03	0.06	0.02	0.06	0.04	0.03	0.02	0.03	0.03	0.02	0.37
郑州	0.02	0.02	0.08	0.01	0.03	0.04	0.02	0.02	0.02	0.02	0.03	0.33
杭州	0.02	0.01	0.04	0.03	0.05	0.04	0.03	0.02	0.04	0.07	0.03	0.39
武汉	0.03	0.03	0.04	0.01	0.05	0.04	0.03	0.02	0.03	0.06	0.03	0.38
南京	0.02	0.02	0.06	0.01	0.04	0.04	0.02	0.03	0.03	0.09	0.03	0.39
西安	0.02	0.02	0.02	0.02	0.02	0.04	0.01	0.02	0.02	0.02	0.02	0.23
重庆	0.03	0.02	0.02	0.16	0.03	0.04	0.02	0.02	0.01	0.00	0.02	0.36
天津	0.04	0.02	0.01	0.02	0.02	0.05	0.04	0.02	0.05	0.02	0.02	0.31
长沙	0.02	0.02	0.05	0.02	0.02	0.04	0.02	0.02	0.02	0.07	0.03	0.32
沈阳	0.02	0.01	0.03	0.02	0.04	0.05	0.01	0.01	0.01	0.05	0.02	0.26
厦门	0.01	0.02	0.02	0.00	0.02	0.06	0.01	0.02	0.02	0.02	0.01	0.20
石家庄	0.03	0.01	0.05	0.03	0.03	0.02	0.01	0.01	0.01	0.01	0.01	0.21
济南	0.02	0.01	0.07	0.01	0.03	0.03	0.01	0.01	0.01	0.06	0.02	0.30
宁波	0.02	0.01	0.04	0.02	0.02	0.04	0.02	0.01	0.03	0.05	0.01	0.27
合肥	0.02	0.01	0.04	0.02	0.03	0.04	0.01	0.01	0.01	0.02	0.02	0.24
青岛	0.02	0.01	0.07	0.02	0.02	0.04	0.01	0.01	0.01	0.02	0.01	0.31
福州	0.02	0.01	0.02	0.02	0.03	0.04	0.01	0.01	0.01	0.06	0.01	0.25
昆明	0.01	0.01	0.03	0.04	0.02	0.02	0.01	0.01	0.01	0.03	0.01	0.21
太原	0.01	0.00	0.02	0.01	0.01	0.06	0.01	0.01	0.01	0.03	0.01	0.16
长春	0.02	0.00	0.01	0.04	0.01	0.03	0.01	0.01	0.01	0.03	0.01	0.18
哈尔滨	0.03	0.01	0.02	0.10	0.01	0.00	0.01	0.01	0.01	0.02	0.01	0.23
南昌	0.01	0.01	0.03	0.01	0.01	0.04	0.01	0.01	0.01	0.01	0.02	0.17
贵阳	0.01	0.00	0.02	0.02	0.01	0.02	0.01	0.01	0.01	0.00	0.01	0.13
南宁	0.02	0.00	0.03	0.04	0.01	0.04	0.01	0.01	0.00	0.01	0.01	0.17
乌鲁木齐	0.00	0.00	0.01	0.02	0.00	0.00	0.00	0.00	0.01	0.02	0.00	0.09
海口	0.00	0.00	0.00	0.00	0.00	0.01	0.00	0.00	0.00	0.01	0.00	0.03

（3）规模划分结果。本文选取人口规模、空间规模、经济发展水平和交通联系度等4个方面的11个指标，对30个核心城市进行规模等级评价。

从评价结果来看，有3个城市（北京、广州和上海）为一级规模城市，有7个城市（深圳、杭州和南京等）为二级规模城市，有14个城市（长沙、天津和青岛等）为三级规模城市，其他6个城市（南昌、南宁和太原等）为四级规模城市，分类结果具体见表7。

表7　30个核心城市规模等级分类结果　　　　　　　　　　　　　　　　单位：个

城市规模等级	数量	具体城市
一级（0.49~0.63）	3	北京、广州、上海
二级（0.34~0.48）	7	深圳、杭州、南京、武汉、成都、重庆、郑州
三级（0.19~0.33）	14	长沙、天津、青岛、济南、宁波、沈阳、福州、合肥、西安、哈尔滨、石家庄、昆明、厦门、长春
四级（0.03~0.18）	6	南昌、南宁、太原、贵阳、乌鲁木齐、海口

3.1.2 都市圈核心城市主题公园特征

主题公园的总数特征结果见图1和图2。分析可知，拥有主题公园数量最多的前3位城市分别是上海、北京和成都。在一级规模城市中，上海拥有的主题公园数量最多；在二级规模城市中，成都拥有的主题公园数量最多；在三级规模城市中，宁波拥有的主题公园数量最多；在四级规模城市中，南宁和海口的主题公园数量相同且为最多。

主题公园的规模特征结果见图1。分析可知，并不是所有城市都拥有4种规模的主题公园。其中，有20个城市拥有全部4种类型的主题公园，有7个城市无特大型主题公园（天津、深圳、武汉、福州、长春、昆明、厦门），1个城市无大型主题公园（合肥），3个城市无中小型主题公园（郑州、乌鲁木齐和厦门），1个城市无迷你型主题公园（济南）。

主题公园的类型特征结果见图2。分析可知，并不是所有城市都拥有5类主题公园。其中，有2个城市没有刺激性游乐设施体验型，9个城市没有文化再现型，15个城市没有场景模拟型，5个城市没有生物景观型，4个城市没有康体娱乐型。

主题公园的整体空间分布规律特征为：京津冀、长三角地区无论从主题公园的数量还是规模上看，在全国范围内均处于领先地位；其次是珠三角地区（主要以广州和深圳为主）；其他地区（中西部地区）的主题公园分布较为零散、规模有限。整体而言，核心城市的规模与主题公园的分布密切相关，尤其是在都市圈的核心城市区域，主题公园的分布比较集中。

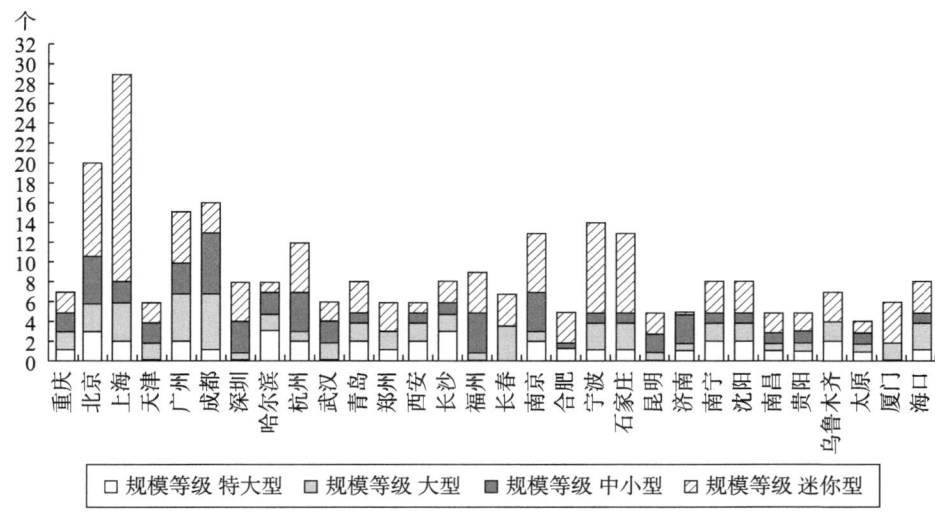

图 1　2018 年 30 个都市圈核心城市不同规模主题公园的数量分布

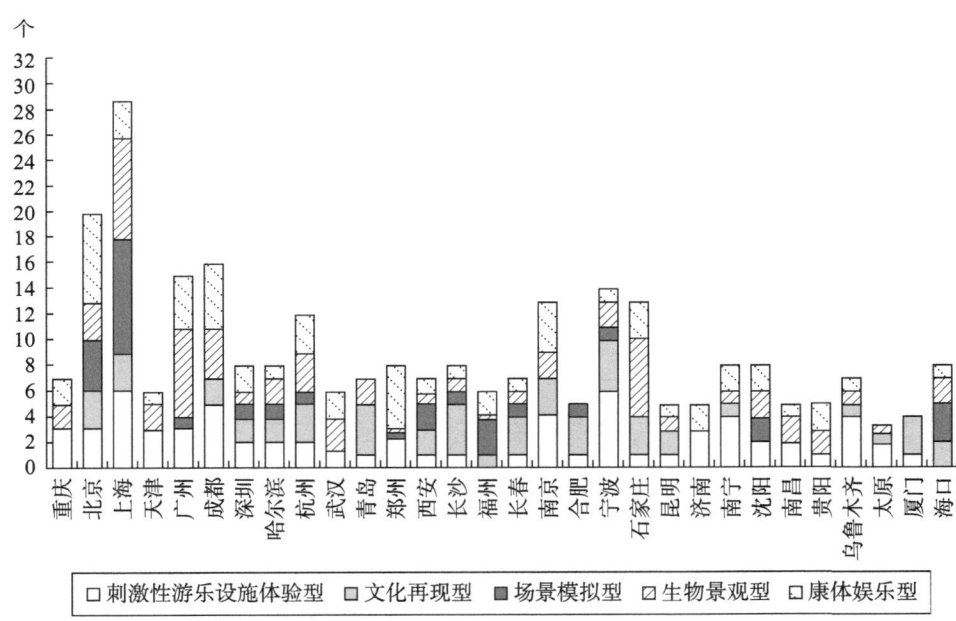

图 2　2018 年 30 个都市圈核心城市不同类型主题公园的数量分布

3.1.3　都市圈核心城市主题公园的区位指数

通过计算，对各项分指标（指数）（包括经济区位指数、自然区位指数、需求指向系数、供给指向系数、购买力系数）和区位指数进行计算和排序，计算结果见表 8，排序情况见表 9。通过分析可知：在购买力指数和需求指向指数方面，北京市居于首位；在供给指向指数、经济区位指数和区位指数方面，上海市居于首位；在自然区位指数方面，长沙市居于首位。说明都市圈核心城市的经济发展水平对主题公园的区位指数产生了较大影响，但在自然区位方面的影响力呈现一定弱势。

表8 都市圈核心城市主题公园区位指数计算结果

核心城市	P_i	D_i	S_i	ELI_i	NLI_i	LI_i
北京	61929	13341	264964	278305	4830	280720
广州	41423	6172	230409	236581	3310	238236
上海	41797	10131	587974	598105	1612	598911
深圳	40907	5329	24069	29398	5066	31931
杭州	41329	4053	99488	103541	5010	106046
南京	33433	2820	80444	83264	2064	84296
武汉	30817	3415	90200	93615	8080	97655
成都	27247	4449	171266	175716	3659	177545
重庆	23021	2506	105768	108274	2815	109681
郑州	26019	2637	142369	145006	2929	146471
长沙	36432	2971	8575	11546	46968	35030
天津	30151	4702	442022	446724	3412	448430
青岛	33214	3120	104960	108081	5816	110988
济南	32899	2907	115940	118847	3213	120453
宁波	36683	3009	346961	349970	1333	350637
沈阳	30266	2517	79794	82311	3494	84058
福州	29438	2278	156170	158449	2367	159633
合肥	25344	2050	203614	205663	5654	208490
西安	25040	2505	75217	77722	5059	80252
哈尔滨	25532	2772	369615	372388	4691	374733
石家庄	20550	2251	251644	253894	8429	258109
昆明	25844	1770	21593	23364	12170	29449
厦门	34974	1437	36497	37935	1356	38613
长春	25788	1937	60180	62118	4511	64373
南昌	24730	1372	13161	14533	8395	18730
南宁	35528	2577	113723	116300	4647	118623
太原	20207	893	64789	65683	4245	67805
贵阳	28010	1367	12447	13815	16389	22009
乌鲁木齐	33598	1178	22069	23247	2602	24548
海口	24275	559	28737	29296	2733	30662

表 9 都市圈核心城市主题公园区位指数排序结果

核心城市	P_i	D_i	S_i	ELI_i	NLI_i	LI_i
北京	1	1	5	5	12	5
广州	3	3	7	7	20	7
上海	2	2	1	1	28	1
深圳	5	4	25	24	9	25
杭州	4	7	16	16	11	16
南京	11	13	18	18	27	18
武汉	14	8	17	17	6	17
成都	19	6	9	9	17	9
重庆	28	18	14	14	23	15
郑州	20	15	11	11	22	11
长沙	7	11	30	30	1	24
天津	16	5	2	2	19	2
青岛	12	9	15	15	7	14
济南	13	12	12	12	21	12
宁波	6	10	4	4	30	4
沈阳	15	17	19	19	18	19
福州	17	20	10	10	26	10
合肥	24	22	8	8	8	8
西安	25	19	20	20	10	20
哈尔滨	23	14	3	3	13	3
石家庄	29	21	6	6	4	6
昆明	21	24	27	26	3	27
厦门	9	25	23	23	29	23
长春	22	23	22	22	15	22
南昌	26	26	28	28	5	30
南宁	8	16	13	13	14	13
太原	30	29	21	21	16	21
贵阳	18	27	29	29	2	29
乌鲁木齐	10	28	26	27	25	28
海口	27	30	24	25	24	26

3.1.4 都市圈核心城市规模与主题公园数量的相关性

为了定量化探究 30 个都市圈核心城市的规模等级与主题公园数量、规模的相关性，利用 Spearman 相关性分析方法对其进行分析，具体分析结果见表 10。通过相关性

299

分析可知：

（1）核心城市的规模等级与主题公园的总数量相关性显著、呈正向趋势、相关强度为中等，即随着核心城市规模等级的下降，主题公园的总数量也呈下降趋势。

（2）核心城市的规模等级与中小型主题公园的总数量相关性显著、呈正向趋势、相关强度为强，即随着核心城市规模等级的下降，中小型主题公园的总数量也呈下降趋势。

（3）核心城市规模等级与迷你型主题公园的总数量相关性显著、呈正向趋势、相关强度为中等，即随着核心城市规模等级的下降，迷你型主题公园的总数量也呈下降趋势。

（4）核心城市规模等级与刺激性游乐设施体验型主题公园的总数量相关性显著、呈正向趋势、相关强度为中等，即随着核心城市规模等级的下降，刺激性游乐设施体验型主题公园的总数量也呈下降趋势。

（5）核心城市规模等级与生物景观型主题公园的总数量相关性显著、呈正向趋势、相关强度为中等，即随着核心城市规模等级的下降，生物景观型主题公园的总数量也呈下降趋势。

（6）核心城市规模等级与康体娱乐型主题公园的总数量相关性显著、呈正向趋势、相关强度为强，即随着核心城市规模等级的下降，康体娱乐型主题公园的总数量也呈下降趋势。

（7）核心城市规模等级与特大型、大型、文化再现型和场景模拟型主题公园的数量相关性不显著。

从整体上看，核心城市规模与主题公园规模和类型的相关性较强，但与各类型主题公园在数量上的相关性不显著。

表10 都市圈核心城市规模与主题公园数量的相关性

因素1	因素2	相关性
核心城市规模等级	主题公园规模	
	主题公园总数	显著，正向，中等相关
	特大型	不显著
	大型	不显著
	中小型	显著，正向，强相关
	迷你型	显著，正向，中等相关
	主题公园类型	
	刺激性游乐设施体验型	显著，正向，中等相关

续表

因素1	因素2	相关性
	文化再现型	不显著
	场景模拟型	不显著
	生物景观型	显著，正向，中等相关
	康体娱乐型	显著，正向，强相关

3.1.5 都市圈核心城市规模与主题公园区位指数的相关性

为了定量化探究30个都市圈核心城市的规模等级与主题公园区位指数和各项分指数的相关性，利用Spearman相关性分析方法对其进行分析，具体分析结果见表11。

表11 都市圈核心城市规模与主题公园区位的相关性

因素1	因素2	相关性
核心城市规模等级	购买力指数	显著，正向，中等相关
	需求指向指数	显著，正向，强相关
	供给指向指数	显著，正向，中等相关
	经济区位指数	显著，正向，中等相关
	自然区位指数	不显著
	区位指数	显著，正向，中等相关

通过相关性分析可知：城市规模等级除了和自然区位指数的相关性不显著以外，与其他因素均呈显著的正向相关关系。其中，与购买力指数、供给指向指数、经济区位指数和区位指数的相关性强度均为中等，与需求指向指数呈强相关关系。从整体上看。城市的规模等级与自然区位的相关性不显著，与城市发展的其他因素均呈显著的正相关关系。

3.2 上海市主题公园的布局规律

3.2.1 研究区概况

（1）地理位置与行政区划。上海位于中国南北海岸线中部，交通便利，腹地广阔，是一个良好的江海港口城市。据民政部门统计，至2018年末，上海有16个区，共105个街道、107个镇、2个乡、4416个居民委员会和1572个村民委员会。

（2）自然条件。

①气候。上海属北亚热带季风性气候，四季分明，日照充分，雨量充沛。

②水文。上海河网大多属黄浦江水系，主要有黄浦江及其支流苏州河、川杨河、淀浦河等。

③地势。上海境内除西南部有少数丘陵山脉外，整体地势为坦荡低平的平原，是长江三角洲冲积平原的一部分，平均海拔高度 2.19 米左右。

（3）社会经济。

①整体水平。2018 年，上海加快提升城市能级和核心竞争力，经济发展有韧性、活力，包容性增强，高质量发展态势显现。全市实现生产总值达 32679.87 亿元，按可比价格计算，同比增长 6.6%。按常住人口和当年汇率折算的上海人均生产总值，2018 年首次突破 2 万美元，达到 20398 美元，同比增长 8.6%。

②经济结构。首先，从产业结构角度看，第三产业增加值同比增长 8.7%，占全市生产总值的比重达 69.9%。服务经济持续平稳发展，信息服务业、商务服务业、科研服务业、文化创意产业等现代服务业保持快速发展势头。同时，改造升级传统产业，调整淘汰落后产能，培育制造业新动能，新能源汽车推广量累计超过 20 万辆。

其次，从需求结构角度看，消费、投资和出口三大需求稳定增长，共同拉动经济增长。2018 年，社会消费品零售总额同比增长 7.9%，与消费升级相关的商品和服务消费引领增长，家用电器和音像器材类、化妆品、以轻奢品牌为主的服装类零售额分别同比增长 43.7%、13.2% 和 14.2%；固定资产投资同比增长 5.2%。其中工业投资在高端集成电路及大型客机等多个项目的带动下，同比增长 17.7%。进出口结构进一步优化，一般贸易出口同比增长 9.7%，跨境电商模式交易额同比增长 16.5%。

再次，从所有制结构角度看，创新创业环境不断优化，非公经济地位持续提升。2018 年，非公有制经济增加值达 16782.9 亿元，同比增长 6.5%，占全市生产总值的 51.4%。

最后，从收入结构角度看，财政收入、企业利润和居民收入协调增长。2018 年全市完成地方一般公共预算收入达 7108.15 亿元，同比增长 7%，其中非税收入占全市一般公共预算收入的比重为 11.6%，商业、金融业、租赁和商务等服务业合计贡献全市收入增量的 61.7%，房地产业收入占全市收入的比重从 2015 年的 20.2% 下降至 17.6%。企业利润持续增长，规模以上工业企业利润同比增长 4.3%。居民收入增长快于经济增长，全市居民人均可支配收入同比增长 8.8%，扣除价格因素后全市居民收入同比增长 7.1%。

（4）旅游产业发展情况。上海是中国的主要旅游城市之一，也是一座国际化旅游城市。2018 年，全市旅游产业实现增加值达 2078.64 亿元，同比增长 8.1%。旅游服务水平不断升级。截至 2018 年末，全市有星级宾馆 206 家，其中五星级宾馆有 72 家；旅行社有 1639 家，其中经营出境旅游业务的有 292 家；A 级旅游景点有 113 家；红色旅游基地有 34 个；旅游咨询服务中心有 60 个；旅游集散中心站点有 6 个。2018 年，上海接待国际入境游客达 893.71 万人次，同比增长 2.4%。国际旅游外汇收入达 73.71 亿美元，同比增长 8.2%。接待国内游客达 33976.87 万人次，同比增长 6.7%。国内旅游收入达 4477.15 亿元，同比增长 11.2%。

3.2.2 分布特征分析

（1）研究区主题公园总体情况。本文研究涉及上海市各类主题公园共计 29 个。统计资料包括主题公园的名称、开放状态、主题类型、规模、经纬度等。具体信息见表 12。

表 12 本书研究涉及的上海市主要主题公园信息　　　　单位：亩

序号	名称	开放状态	主题类型	规模	经度	纬度
TP1	迪士尼乐园	1	A	5850	121.660764	31.143657
TP2	上海欢乐谷	1	A	975	121.215730	31.096230
TP3	锦江乐园	1	A	170	121.408883	31.139579
TP4	玛雅海滩水公园	1	A	192	121.210376	31.095381
TP5	安徒生童话公园	1	A	122.1	121.509970	31.324350
TP6	世贸精灵之城主题乐园	1	A	90	121.155297	31.058187
TP7	巧克力开心乐园	1	B	45	121.493366	31.185470
TP8	青浦大观园	1	B	135	120.908688	31.074187
TP9	赛梦·微缩世界	1	B	1.5	121.497726	31.249315
TP10	上海影视乐园	1	C	1200	121.312825	31.010234
TP11	顾村恐龙园	1	C	150	121.372513	31.342413
TP12	幻影机器人庄园	1	C	6	121.403810	31.368100
TP13	Hello Kitty 主题乐园	1	C	9	121.475789	31.234440
TP14	宝燕乐园旗舰店	1	C	30	121.396760	31.088010
TP15	世嘉都市乐园馆	1	C	15	121.411910	31.232043
TP16	飞行家主题乐园	1	C	60	121.475700	31.179077
TP17	《火影忍者》主题公园	1	C	10.5	121.765810	31.099670
TP18	乐高探索中心	1	C	25	121.395532	31.223113
TP19	野生动物园	1	D	2300	121.721398	31.054467
TP20	金山花海主题公园	1	D	600	121.119580	30.886000
TP21	花开海上生态园	1	D	600	121.118310	30.887026
TP22	上海海昌极地海洋公园	1	D	445.5	121.904854	30.913610
TP23	海洋水族馆	1	D	30.75	121.502087	31.240784
TP24	大洋海底世界	1	D	15.00	121.501900	31.240412
TP25	大自然野生昆虫馆	1	D	4.50	121.497700	31.240420

续表

序号	名称	开放状态	主题类型	规模	经度	纬度
TP26	长风海洋世界	1	D	15	121.396980	31.224710
TP27	冰雪世界	0	E	340.5	121.899450	30.935210
TP28	热带风暴水上乐园	1	E	130	121.372129	31.139023
TP29	动霸 CHUA 蹦床	1	E	15	121.401840	31.040024

注：1. 在开放状态信息中，1 表示开放，0 表示在建。

2. A~E 依次代表主题公园的类型为刺激性游乐设施体验型、文化再现型、场景模拟型、生物景观型、康体娱乐型。

（2）研究区不同规模等级主题公园的分布。研究区不同规模等级主题公园数量分布的统计结果情况见表 13。根据结果分析可知：特大型、大型和中小型主题公园均分布在远郊区，迷你型主题公园的数量随着与市中心距离的增加而增加，同样也是远郊区的数量最多。

表 13 研究区不同规模等级主题公园数量分布统计

规模	核心区（内环）	近郊区（中环+外环）	远郊区	总数
特大型	0	0	2	2
大型	0	0	4	4
中小型	0	0	2	2
迷你型	5	7	9	21
总数	5	8	16	29

（3）研究区不同类型主题公园的分布。研究区不同类型主题公园数量分布的统计结果见表 14。根据结果分析可知：刺激性游乐设施体验型主要分布在近郊区和远郊区，文化再现型在不同范围内分布较为均匀，场景模拟型和生物景观型从核心区到远郊区呈逐步增加趋势，康体娱乐型全部分布在远郊区。

表 14 研究区不同类型主题公园数量分布统计

类型	核心区（内环）	近郊区（中环+外环）	远郊区	总数
刺激性游乐设施体验型	0	2	4	6
文化再现型	1	1	1	3
场景模拟型	1	3	5	9
生物景观型	2	2	4	8
康体娱乐型	0	0	3	3
总数	4	8	17	29

4 结论与展望

4.1 结论

（1）在核心城市规模方面，建立核心城市规模评价指标体系，从人口规模、空间规模、经济发展水平和交通联系度等4个方面选取了11个指标，利用熵权法确定指标的权重，计算其单指标分值和综合得分，再根据各核心城市的综合得分情况，利用等距离分类的方法对其进行分类。结果显示：将30个都市圈核心城市划分为4个等级，由一级到四级，城市规模等级逐渐下降。

（2）在主题公园分布方面，利用统计分析和空间分析的方法，展示了全国30个都市圈核心城市主题公园数量和规模的分布情况。结果显示：京津冀、长三角地区无论从主题公园的数量还是规模上看，在全国范围内均处于领先地位；其次为珠三角地区（主要以广州和深圳为主）；其他地区（中西部地区）主题公园的分布较为零散、规模有限。这说明整体上核心城市的规模与主题公园的分布密切相关，尤其是在都市圈核心城市区域，主题公园分布比较集中。

（3）在区位指数方面，利用区位指数及相关指标的计算公式计算了主题公园所在核心城市的各项指数。结果显示：在购买力指数和需求指向指数方面，北京市居于首位；在供给指向指数、经济区位指数和区位指数方面，上海市居于首位；在自然区位指数方面，长沙市居于首位。这说明都市圈核心城市的经济发展水平对主题公园的区位指数产生了较大影响，但在自然区位方面的影响力呈现一定弱势。

（4）在相关性分析方面，利用Spearman相关性分析方法分别分析了核心城市的规模与区位指数、主题公园规模和类型的相关性。结果显示：核心城市的规模除了与特大型、大型主题公园，文化再现型和场景模拟型主题公园在数量上的相关性不显著以外，与其他主题公园在规模和类型上均存在一定相关性。从区位指数相关性的分析结果来看，城市规模除了和自然区位指数的相关性不显著以外，与其他因素均呈显著的正向相关关系。这说明一方面，核心城市的规模与主题公园规模和类型的相关性较强，但与各类型主题公园在数量上的相关性不显著；另一方面，城市的规模等级与自然区位的相关性不显著，与城市发展的其他因素均呈显著的正相关关系。

（5）在实证研究方面，主要利用统计分析和空间分析的方法，展示了上海市不同规模和类型主题公园的分布情况。结果显示：上海市特大型、大型和中小型主题公园均分布在远郊区，迷你型主题公园的数量随与市中心距离的增加而增加，远郊区分布数量最多。同时，刺激性游乐设施体验型主要分布在近郊区和远郊区，文化再现型在不同范围内分布较为均匀，场景模拟型和生物景观型从核心区到远郊区呈逐步增加趋势，康体娱乐型全部分布在远郊区。这说明都市圈的形成对主题公园的规模、类型及分布均产生了一定的影响，因此在主题公园的规划、建设中，应该按照相关性的要求进行。

4.2 展望

本文主要是对都市圈核心城市的规模等级进行分类，并进行区位指数的计算，运用统计分析和相关性分析方法对不同规模等级的都市圈核心城市与主题公园规模与类型、区位指数之间的关系进行了分析和讨论。本文虽然在一定程度上分析了上述规律，但是仍存在不足之处，如主题公园本身缺乏更详细的量化数据，无法更进一步地对布局影响因素进行分析；在不同规模等级的城市中，不同规模等级与类型的主题公园吸引的人流范围与辐射范围还需做进一步的分析与讨论。另外，本文还拟从主观认知方面，通过问卷调查的方式研究主题公园对游客的吸引力情况及其相关影响因素。

参考文献

[1] 董观志. 主题公园的世界观与中国志 [J]. 旅游规划与设计, 2016 (1): 44-55.

[2] HOLLOWAY J, KITTY K, et al. Satisfaction with amusement parks [J]. Annals of tourism research, 1997, 24 (4): 1001-1005.

[3] SHA W, WILLIAM S. A multi-attribute approach to understanding image of a theme park: the case of Santa Park in Lapland [J]. European business review, 2004, 4 (16): 390-397.

[4] HAAHTI A, UGUR Y. Cultural tourism at the Cowichan Native Village, British Columbia [J]. Journal of travel research, 2002, 41 (1): 92.

[5] KEMPERMAN A, BORGERS A, HARRY T.A semi-parametric hazard model of activity timing and sequencing decisions during visits to theme parks u-sing experimental design data [J].Tourism analysis, 2002, 7 (1): 1-13.

[6] 保继刚. 主题公园的发展及其影响研究: 以深圳市为例 [D]. 广州: 中山大学, 1995.

[7] BORGERS A, HARRY T. Predicting the duration of theme park visitors' activities: an ordered logit model using conjoint choice data[J]. Journal of travel research, 2003, 41 (4): 375.

[8] 保继刚. 主题公园发展的影响因素系统分析 [J]. 地理学报, 1997, 52 (3): 237-245.

[9] 董观志. 深圳华侨城旅游客源分异规律的量化研究 [J]. 经济地理, 1999, 19 (6): 118-125.

[10] 肖妮,黄悦,刘继生.中国本土主题公园旅游体验质量评价及空间分异特征研究[J].地理学,2019,39(6):978-986.

[11] WIT T. Hierarchy in natural and social sciences [M]. Dordrecht: Springer Netherlands, 2006: 14-19.

[12] 董观志,李立志.近十年来国内主题公园研究综述[J].商业研究,2006(4):16-20.

[13] 许咏媚,张河清,王蕾蕾.主题公园旅游资源分类与利用研究:以广州长隆欢乐世界为例[J].产业与科技论坛,2019,18(14):107-109.

[14] OLIVE R. The mathematical relationship between Zif's law and the hierarchical scaling law [J]. Physical a: statistical mechanics & its applications, 2012, 391 (11): 3285-3299.

[15] 葛公文.试论主题公园的布局条件及其规划设计理念[J].陕西教育学院学报,1999(1):57-61.

[16] 黄秀琳.惠众与公平:未来旅游发展的终极诉求[J].中国软科学,2011(3):65-71.

[17] 张腾.基于微博签到数据的主题公园游客时空行为研究[D].上海:上海师范大学,2017.

[18] 秦金芳.长三角游乐型主题公园市场域时空特征及其影响因素分析[D].合肥:安徽师范大学,2016.

[19] 左冰,陆嘉敏.主题公园区位分布影响因素的实证检验[J].热带地理,2018,38(6):781-790.

[20] PAN H. Analysis of US theme park selection and international implications [J].Journal of transnational management, 2018, 23(1): 22-38.

[21] HAAHTI A, UGUR Y.A multi-attribute approach to understanding image of a theme park: the case of Santa Park in Lapland [J].European business review, 2004, 4 (16): 390-397.

[22] ZEPPEL H. Cultural tourism at the Cowichan Native Village, British Columbia [J]. Journal of travel research, 2002, 41 (1): 92.

[23] WASIM A, WOO G K, ZAHEER A, et al. Schwartz personal values, theory of planned behavior and environmental consciousness: how tourists' visiting intentions towards eco-friendly destinations are shaped? [J]. Journal of business research, 2020, 110.

[24] 董观志.深圳华侨城旅游客源分异规律的量化研究[J].经济地理,1999,19(6):118-125.

[25] 李舟.深圳华侨城2000年游客调查分析研究[J].旅游学刊,2001,16(1):51-53.

[26] 郭旸,胡雅静,林玥.基于手机信令和网络游记数据的游客时空行为分析:以上海迪士尼乐园外地游客为例[J/OL].旅游论坛:1-14[2020-02-24].http://kns.cnki.net/kcms/detail/45.1363.K.20190916.1549.008.html.

[27] 席思伟.娱乐型主题公园游客满意度提升策略研究[D].南昌:南昌大学,2018.

［28］路瑶.基于生活形态的主题公园重游者消费行为研究：以长沙世界之窗为例［J］.旅游纵览（下半月），2018（4）：40-44，48.

［29］姚银.游乐型主题公园游客满意度影响研究［D］.广州：暨南大学，2016.

［30］游小俪.基于游客感知的主题公园吸引力研究［D］.广州：广东外语外贸大学，2018.

［31］胡润鸿，邢露雨，徐玉梅.主题公园旅游体验记忆的结构维度与模型构建［J］.云南地理环境研究，2019，31（4）：13-19.

［32］JOSIAM K. ZHOU Y P, FAROOQ K. A practical perspective on cooperative relaying in cellular systems［P］. Acoustics Speech and Signal Processing (ICASSP), 2010 IEEE International Conference on, 2010.

［33］KEMPERMAN A, ROLEVINK H, BARGEMAN D, et al. Stabilization of supported liquid membranes by interfacial polymerization top layers［J］. Journal of membrane science, 1998, 138（1）：43-55.

［34］YOUNG J K, KYUNGW K. Visibility impairment by atmospheric fine particles in an urban area［J］. Journal of Korean society for atmospheric environment, 2003, 19（E3）：99-120.

［35］KAU. Evaluating the attractiveness of a new theme park: a cross-cultural comparison tourism management［J］.1993, 14（E3）：202-210.

［36］MILMAN A. The impact of tour quality and tourist satisfaction on tourist loyalty: the case of Chinese tourists in Korea［J］. Tourism management, 2011（32）：1115-1124.

［37］马勇，肖智磊.区域旅游竞争力的形成机制研究［J］.旅游科学，2008，22（5）：7-11.

［38］杨吉.基于生命周期理论的主题公园发展策略［J］.管理观察，2015（24）：185-187.

［39］郑瑜.国内主题公园运营效益影响因素分析［J］.纳税，2019，13（19）：239.

［40］杨伟容.更高质量一体化视域下长三角主题公园竞合机制研究［J］.江南论坛，2019（8）：13-15.

［41］何艳芳.主题公园的区域经济影响与发展研究［J］.科技经济市场，2016（2）：22-23.

［42］朱军，刘奕晨，王文达."迪士尼化"对中国城市的影响及应对：以上海为例［J］.上海城市管理，2020，28（1）：11-20.

［43］王伟.主题公园立项筹建对周边房价的影响研究［J］.上海房地，2019（1）：25-29.

［44］周一星，杨齐.我国城镇等级体系变动的回顾及其省区地域类型［J］.地理学报，1986（2）：97-111.

［45］钟海燕，赵小敏，黄宏胜.环鄱阳湖区32城市的等级结构与空间关联研究［J］.长江流域资源与环境，2010，19（10）：1119-1123.

［46］赵静，焦华富，宣国富.安徽省城市体系等级规模结构特征及其调整［J］.长江流域资源与环境，2005（5）：556-560.

[47] 高素英,张烨,王红月,等.京津冀城市群空间结构测度与优化路径选择[J].商业经济研究,2017(9):204-207.

[48] 朱建华,戚伟,修春亮.中国城市市辖区的空间结构及演化机制[J].地理研究,2019,38(5):1003-1015.

[49] 刘凌波,彭正洪,吴昊.基于H/T断裂点法的POI自然城市规模等级测度[J].国际城市规划,2019,34(3):56-64.

[50] 李震,杨永春.基于GDP规模分布的中国城市等级变化研究:等级结构扁平化抑或是等级性加强[J].城市规划,2010,34(4):27-31.

[51] 蒲欣冬,毛利伟,魏立军.甘肃省中心城市等级划分及其空间联系测度[J].兰州大学学报,2004(6):101-105.

[52] 杨宇,张小雷,雷军.基于客货运量的新疆城市等级体系分析[J].中国科学院研究生院学报,2010,27(1):27-35.

[53] 王海江,苗长虹.我国中心城市对外服务能力的空间格局[J].地理研究,2009,28(4):957-967.

[54] 钟业喜,陆玉麒.基于铁路网络的中国城市等级体系与分布格局[J].地理研究,2011,30(5):785-794.

[55] 郭文炯,白明英.中国城市航空运输职能等级及航空联系特征的实证研究[J].人文地理,1999(1):31-35.

[56] 甄峰,王波,陈映雪.基于网络社会空间的中国城市网络特征:以新浪微博为例[J].地理学报,2012,67(8):1031-1043.

[57] 杨勇,杨丹,张明勇.都市圈城市等级体系的分形特征研究[J].管理世界,2011(9):170-171,175.

[58] 许学强,程玉鸿.珠江三角洲城市群的城市竞争力时空演变[J].地理科学,2006(3):257-265.

[59] 王发曾,吕金嵘.中原城市群城市竞争力的评价与时空演变[J].地理研究,2011,30(1):49-60.

[60] 周春山,颜秉秋,刘艳艳,等.新经济下广州城市竞争力分析[J].人文地理,2008(2):113-118,25.

[61] 丁长发,谢晓琼.福建省城市规模结构之研究:基于首位度和位序—规模法则的视角[J].发展研究,2017(3):35-43.

[62] 周维思.基于位序—规模法则的长江中游城市群城市规模分布研究[C]//中国城市规划学会、

沈阳市人民政府.规划60年：成就与挑战——2016中国城市规划年会论文集（13区域规划与城市经济）.中国城市规划学会、沈阳市人民政府：中国城市规划学会，2016：577-587.

[63] 程开明，庄燕杰.城市体系位序—规模特征的空间计量分析：以中部地区地级以上城市为例[J].地理科学，2012，32（8）：905-912.

[64] 陈彦光，罗静.城市位序—规模问题的分形理论初探：Zipf定律的理论来源、异化形式及其统一基础[J].信阳师范学院学报（自然科学版），1998（3）：52-56.

[65] 周晓艳，韩丽媛，叶信岳，等.基于位序规模法则的我国城市用地规模分布变化研究（2000年~2012年）[J].华中师范大学学报（自然科学版），2015，49（1）：132-138.

[66] 马光德.基于位序—规模法则的山东省城镇体系分析[J].中国管理信息化，2017，20（5）：211-213.

后记

改革开放40多年时间里,中国经历了世界上规模最大、速度最快的城镇化运动。在这个过程中,以大城市为核心,受政策、资本、技术、劳动力等要素流动和布局的影响,城市功能向外围扩展蔓延的趋势日益显著,呈现跨越城市行政边界的都市圈发展格局。2019年2月,《国家发展改革委关于培育发展现代化都市圈的指导意见》出台,这意味着我国城镇化发展步入都市圈时代。

2018年12月,华夏幸福研究院与北京师范大学地理科学学部联合成立全国首个都市圈研究中心,以打造全球一流都市圈研究机构为目标,集合双方的资源和优势,根植于中国特色新型城镇化发展的实践,探索构建中国都市圈研究的理论框架体系。

2019年4月,都市圈研究中心多次组织双方研究人员进行研讨,提出一系列研究课题,采取以北京师范大学地理科学学部的博士研究生和硕士研究生为课题负责人、由双方研究人员共同指导的方式,聚焦都市圈发展中的空间、人口、产业、公共服务、协同治理等重点问题并开展探索性研究。

2019年7月,都市圈研究中心召开内部开题答辩会议,承担课题的各研究小组围绕选题依据、研究内容、研究方案、预期成果等进行汇报。与会的双方研究人员对每个课题的研究计划提出质询和建议,使各研究小组更加明确未来的研究方向和重点。答辩通过的课题不仅得到都市圈研究中心的经费资助,还在获取基础数据、收集实践案例、开展实地调研等方面获得支持。

2019年10月中期检查之后,各研究小组吸取专家的宝贵意见和建议,进一步明确研究目标,完善研究内容和方法,加快研究进度。2020年1月,各研究小组的全部课题顺利完成,都市圈研究中心还邀请相关领域的专家对各研究小组的工作进行结题评审。在听取课题负责人口头报告的基础上,专家们对课题的完成度、创新性、应用价值及报告的书写规范给予了中肯评价。此后,各研究小组在都市圈研究中心研究人员的指导下,对课题中存在的不足及结题报告中存在的问题进行了补充和修改，各课题最终的研究成果构成了本书的主体内容。

华夏幸福是培育现代化都市圈的实践者，长期坚持聚焦核心都市圈，通过在都市圈内的节点城市建设产业新城，助力都市圈高质量发展。北京师范大学地理科学学部在城市与城市化、区域规划与发展、城市资源环境问题等研究领域拥有丰硕的研究成果，具有扎实的研究基础和广泛的影响力。在目前国家大力培育和发展都市圈的背景下，双方合作共建的都市圈研究中心为探索学术研究与实践经验的有机结合提供了平台，将通过产研融合的方式为制定与都市圈发展相关的战略、规划和政策提供帮助。本书是都市圈研究中心由筹划、起步到逐渐走向正轨的一个标志，尽管双方的合作仍然需要不断磨合，但目前取得的成果是可喜的。

由于研究时间较短，本书涉及的一些课题的研究视角较为局限，研究方法尚属于初步探索，一些研究结果还有待深入分析，研究结论仍需进一步凝练。在都市圈研究中心的后续计划中，将继续围绕培育和发展与都市圈相关的重点问题，强化基础理论研究和实地调查研究，拓宽研究视角，丰富研究内容，开发研究方法，努力提升都市圈研究的前沿化、精准化和学术化水平。

书中若有不足之处敬请读者指出，以便及时修正。

2020 年 3 月 15 日